高等职业教育土木建筑大类专业系列规划教材——工程管理类

建设工程法规

胡六星　肖　洋　主　编
陆　婷　李　瑶　副主编

清华大学出版社
北京

内容简介

本书依据现行的《中华人民共和国建筑法》《中华人民共和国招标投标法》《中华人民共和国合同法》《中华人民共和国劳动法》《中华人民共和国环境保护法》等与工程建设相关的法律法规，并结合工程建设实践编写而成。全书共有 8 章，主要内容包括建设工程基本法律知识、建设许可法律制度、建设工程发包与承包制度、建设工程合同和劳动合同法律制度、建设工程安全生产管理法律制度、建设工程质量法律制度、解决建设工程纠纷法律制度、建设工程施工环境保护、节约能源和文物保护法律制度等。

本书可作为高职高专的工程管理、建筑工程技术、工程造价等专业的教学用书，也可作为工程建设管理人员的培训用书。

本书封面贴有清华大学出版社防伪标签，无标签者不得销售。
版权所有，侵权必究。举报：010-62782989，beiqinquan@tup.tsinghua.edu.cn。

图书在版编目（CIP）数据

建设工程法规/胡六星，肖洋主编．—北京：清华大学出版社，2019（2022.8 重印）
（高等职业教育土木建筑大类专业系列规划教材．工程管理类）
ISBN 978-7-302-51491-6

Ⅰ．①建… Ⅱ．①胡… ②肖… Ⅲ．①建筑法－中国－高等职业教育－教材 Ⅳ．①D922.297

中国版本图书馆 CIP 数据核字（2018）第 254861 号

责任编辑：杜　晓
封面设计：曹　来
责任校对：赵琳爽
责任印制：宋　林

出版发行：清华大学出版社
　　网　　址：http://www.tup.com.cn, http://www.wqbook.com
　　地　　址：北京清华大学学研大厦 A 座　　邮　　编：100084
　　社 总 机：010-83470000　　邮　　购：010-62786544
　　投稿与读者服务：010-62776969，c-service@tup.tsinghua.edu.cn
　　质量反馈：010-62772015，zhiliang@tup.tsinghua.edu.cn
　　课件下载：http://www.tup.com.cn,010-62770175-4278
印 装 者：三河市龙大印装有限公司
经　　销：全国新华书店
开　　本：185mm×260mm　　印　张：16.5　　字　数：393 千字
版　　次：2019 年 1 月第 1 版　　印　次：2022 年 8 月第 8 次印刷
定　　价：56.00 元

产品编号：080557-01

高等职业教育土木建筑大类专业系列规划教材——工程管理类教材编写指导委员会名单

顾　问：杜国城

主　任：胡兴福

副主任：胡六星　丁　岭

委　员：（按姓氏拼音字母排列）

鲍东杰　程　伟　杜绍堂　冯　钢
郭保生　郭起剑　侯洪涛　胡一多
华　均　黄春蕾　刘孟良　刘晓敏
刘学应　齐景华　时　思　斯　庆
孙　刚　孙日波　孙仲健　王　斌
王付全　王　群　吴立威　吴耀伟
夏清东　袁建刚　张　迪　张学钢
郑朝灿　郑　睿　祝和意　子重仁

秘　书：杜　晓

序

BIM(Building Information Modeling,建筑信息模型)源于欧美国家,21世纪初进入中国。它通过参数模型整合项目的各种相关信息,在项目策划、设计、施工、运行和维护的全生命周期过程中进行共享和传递,为各方建设主体提供协同工作的基础,在提高生产效率、节约成本和缩短工期方面发挥重要作用,在设计、施工、运维方面很大程度上改变了传统模式和方法。目前,我国已成为全球BIM技术发展最快的国家之一。

建筑业信息化是建筑业发展战略的重要组成部分,也是建筑业转变发展方式、提质增效、节能减排的必然要求。为了增强建筑业信息化的发展能力,优化建筑信息化的发展环境,加快推动信息技术与建筑工程管理发展的深度融合,2016年9月,住房和城乡建设部发布了《2016—2020年建筑业信息化发展纲要》,提出:"建筑企业应积极探索'互联网+'形势下管理、生产的新模式,深入研究BIM、物联网等技术的创新应用,创新商业模式,增强核心竞争力,实现跨越式发展。"可见,BIM技术被上升到了国家发展战略层面,必将带来建筑行业广泛而深刻的变革。BIM技术对建筑全生命周期的运营管理,是实现建筑业跨越式发展的必然趋势,同时,也是实现项目精细化管理、企业集约化经营的最有效途径。

然而,人才缺乏已经成为制约BIM技术进一步推广应用的瓶颈,培养大批掌握BIM技术的高素质技术技能人才成为工程管理类专业的使命和机遇,这对工程管理类专业教学改革特别是教学内容改革提出了迫切要求。

教材是体现教学内容和教学要求的载体,在人才培养中起着重要的基础性作用,优秀的教材更是提高教学质量、培养优秀人才的重要保证。为了满足工程管理类专业教学改革和人才培养的急需,清华大学出版社借助清华大学一流的学科优势,聚集全国优秀师资,启动基于BIM技术应用的"工程管理类"专业信息化教材建设工作。该系列教材具有以下特点。

(1) 规范性。本系列教材以《普通高等学校高等职业教育专科(专业)目录(2015年)》和教育部、全国住房和城乡建设职业教育教学指导委员会颁布的专业教学标准为依据,同时参照各高职院校的教学实践。

(2)科学性。教材建设遵循职业教育的教学规律,开发理实一体化教材,内容选取、结构安排体现职业性和实践性特色。

(3)灵活性。鉴于我国地域辽阔,自然条件和经济发展水平差异很大,本系列教材编写了不同课程体系的教材,以满足各院校的个性化需求。

(4)先进性。教材建设体现新规范、新技术、新方法,以及最新法律、法规及行业相关规定,不仅突出了BIM技术的应用,而且反映了装配式建筑、PPP、营改增等内容。同时,配套开发数字资源(包括但不限于课件、视频、图片、习题库等),80%的图书配套有富媒体素材,通过二维码的形式链接到出版社平台,供学生扫描学习。

教材建设是一项浩大而复杂的千秋工程,为培养建筑行业转型升级所需的合格人才贡献力量是我们的夙愿。BIM技术在我国的应用尚处于起步阶段,在教材建设中有许多课题需要探索,本系列教材难免存在差错和不足,恳请专家和读者批评、指正,希望更多的同仁与我们共同努力!

丛书主任　胡兴福

2018年1月

前言

"建设工程法规"是高职高专土建类专业的必修课程。通过本课程的学习,能够使学生掌握建设法律、法规基本知识,培养学生的工程建设法律意识,使学生具备运用所学建设法律、法规基本理论解决工程建设中实际问题的基本能力。本书内容的组织以工程建设与管理程序为主线,以实用、够用为原则,突出工程实践应用,并结合土建类相关执业资格考试考点,力求体现职业教育注重职业能力培养的特点。

本书每个项目后面均附有小结、案例分析等内容可以通过扫描二维码进行下载。这些内容有助于学生准确把握法律实质,正确理解法律理论。

本书由湖南城建职业技术学院胡六星、肖洋老师担任主编。湖南城建职业技术学院陆婷老师和辽宁城市建设职业技术学院李瑶老师担任副主编。其中,胡六星老师对大纲进行最终审定,并负责全书的总纂。第1章、第5章、第6章和第7章由胡六星、肖洋老师编写,第3章和第4章由湖南城建职业技术学院陆婷老师编写,第2章由湖南城建职业技术学院韩飞老师编写,第8章由湖南城建职业技术学院张舒平老师编写。辽宁城市建设职业技术学院李瑶老师负责案例的整理和课件的制作。

在本书的编写过程中,参考了许多学者的研究成果,谨此表示衷心的感谢。由于编者经验有限,本书不足之处在所难免,恳请读者多多提出宝贵意见。

编　者
2018年6月

目 录

第1章 建设工程基本法律知识 …………………………………… 1
1.1 建设法规的概念、体系 ………………………………………… 1
1.2 建设法律关系 …………………………………………………… 5
1.3 建设工程代理制度 ……………………………………………… 8
1.4 建设工程债权制度 ……………………………………………… 11
1.5 建设工程物权制度 ……………………………………………… 13
1.6 建设工程担保制度 ……………………………………………… 15
1.7 建设工程知识产权制度 ………………………………………… 22
1.8 建设工程法律责任制度 ………………………………………… 25

第2章 建筑许可法律制度 …………………………………………… 30
2.1 行政许可法律制度 ……………………………………………… 30
2.2 施工许可法律制度 ……………………………………………… 35
2.3 建设工程企业资质法律制度 …………………………………… 42
2.4 建设工程从业人员执业资格法律制度 ………………………… 56

第3章 建设工程发包与承包制度 …………………………………… 77
3.1 发包与承包概述 ………………………………………………… 77
3.2 建设工程承包制度 ……………………………………………… 78
3.3 违法行为应承担的责任 ………………………………………… 84
3.4 建设工程招标投标 ……………………………………………… 86
3.5 建设工程开标、评标与中标 …………………………………… 95

第4章 建设工程合同和劳动合同法律制度 ………………………… 100
4.1 建设工程合同概述 ……………………………………………… 100
4.2 建设工程合同的订立 …………………………………………… 104
4.3 无效合同、效力待定合同 ……………………………………… 108
4.4 合同的履行、变更、转让、撤销和终止 ……………………… 111
4.5 建设工程工期和价款支付的规定 ……………………………… 117

4.6 违约责任及违约责任的免除 …………………………………………………… 120
4.7 劳动合同的订立、履行、变更、解除和终止 ………………………………… 123
4.8 劳动保护的规定 …………………………………………………………… 129

第5章 建设工程安全生产管理法律制度 ……………………………………… 134
5.1 施工安全生产许可证制度 …………………………………………………… 134
5.2 施工单位安全生产责任和安全生产教育培训制度 ………………………… 137
5.3 施工现场安全防护制度 …………………………………………………… 147
5.4 施工安全事故的应急救援与调查处理 ……………………………………… 156
5.5 建设单位和相关单位的建设工程安全责任制度 …………………………… 161

第6章 建设工程质量法律制度 ………………………………………………… 169
6.1 建设工程标准 ……………………………………………………………… 169
6.2 建设工程主体的质量责任和义务 …………………………………………… 174
6.3 建设工程质量检测 ………………………………………………………… 181
6.4 建设工程质量监督 ………………………………………………………… 184
6.5 建设工程竣工验收制度 …………………………………………………… 187
6.6 建设工程质量保修制度 …………………………………………………… 190

第7章 解决建设工程纠纷法律制度 …………………………………………… 194
7.1 建设工程纠纷的主要种类和法律解决途径 ………………………………… 194
7.2 和解制度 …………………………………………………………………… 196
7.3 调解制度 …………………………………………………………………… 197
7.4 仲裁制度 …………………………………………………………………… 200
7.5 民事诉讼制度 ……………………………………………………………… 206
7.6 行政强制、行政复议和行政诉讼制度 ……………………………………… 215

第8章 建设工程施工环境保护、节约能源和文物保护法律制度 …………… 223
8.1 施工现场噪声污染防治的规定 …………………………………………… 223
8.2 施工现场废气、废水污染防治的规定 ……………………………………… 226
8.3 施工现场固体废弃物污染防治的规定 …………………………………… 233
8.4 施工节约能源制度 ………………………………………………………… 236
8.5 施工文物保护制度 ………………………………………………………… 243

参考文献 …………………………………………………………………………… 251

第1章 建设工程基本法律知识

1.1 建设法规的概念、体系

 导入案例

依据《光伏发电工程验收规范》(GB/T 50796—2012)的规定,光伏发电工程是指利用光伏组件将太阳能转换为电能,并与公共电网有电气连接的工程实体,由光伏组件、逆变器、线路等电气设备、监控系统和建(构)筑物组成。

问题:光伏发电工程是否属于《中华人民共和国建筑法》的管辖范围?

1. 建设法规概述

1) 建设法规的概念

建设法规是指国家权力机关或其授权的行政机关制定的,旨在调整国家及其有关机构、企事业单位、社会团体、公民在建设活动中或建设行政管理活动中相互之间发生的各种社会关系的法律规范的总称。

2) 建设法规的调整对象

建设法规的调整对象,就是发生在各种建设活动和建设管理活动中的社会关系。具体如下。

(1) 建设活动中的行政管理关系

国家在建设工程的规划、立项、资金筹集、设计、施工、验收等阶段均进行严格的监督管理,从而形成建设活动中的行政管理关系。例如,施工企业的资质管理制度,建设项目开工的施工许可制度,建设工程项目的竣工验收备案制度,还有关系到个人的注册建筑师、注册建造师、注册监理工程师、注册造价工程师、注册结构工程师等执业资格制度,都体现了国家对建设行业中的单位和个人的行政管理关系。这种相应的管理与被管理的关系,要由有关的建设法规来调整。这是建设主管部门依法行政的具体依据和规范。具体来说,这种关系有两个相互关联的方面:一方面是规划、指导、协调与服务;另一方面是检查、监督、控制与调节。

(2) 建设活动中的民事关系

建设活动中的民事关系既涉及国家、社会利益,又直接关系着企业、公民个人的权益和自由。具体来说,这种关系主要包括:在建设活动中因人身损害而发生的损害赔偿关系;建设活动参与单位的名称权、名誉权等人格权和知识产权保护等法律关系;建设活动从业人员的人身关系,建设单位、施工单位的财产保险法律关系,等等。因此必须按照民法和建

设法规中的民事法律规范予以调整。

（3）建设活动中的经济协作关系

在各项建设活动中，不同的单位主体会产生经济协作关系。例如，投资主体（建设单位）同勘察设计单位、建筑安装施工单位等发生的勘察设计和施工关系。这是一种平等自愿、互利互助的横向协作关系，一般以合同的形式确定。

建设法规的上述三种具体调整对象既互相关联，又有各自的属性。它们都是因从事建设活动而形成的社会关系，都必须以建设法律法规来加以规范和调整。不能或不应当撇开建设法律法规来处理建设活动中发生的各种关系。这是其共同点或相互关联之处。但它们适用的范围不同，适用规范的法律后果也不相同。从这个意义上说，它们既不能混同，也不能相互取代。在承认建设法律法规统一调整的前提下，应当侧重适用它们各自所属的调整规范。

3）建设法规的作用

根据行为主体的不同，法律的规范作用具体可以分为引导作用和强制作用。

（1）引导作用

引导作用是指建设法律规范对人的行为具有引导作用。通过法律的规定，可以明确工程建设行为的正确方向，可以引导工程建设从业人员按照正确的行为规范进行活动。如《中华人民共和国建筑法》（以下简称《建筑法》）规定，提倡对建筑工程实行总承包。

（2）强制作用

强制作用是指建设法律规范可以对人们不遵守法律的行为予以惩罚。如《建筑法》第二十八条规定："禁止承包单位将其承包的全部建筑工程转包给他人，禁止承包单位将其承包的全部建筑工程肢解以后以分包的名义分别转包给他人。"《建筑法》第六十七条规定："承包单位将承包的工程转包的或者违反本法规定进行分包的，责令改正，没收违法所得，并处罚款，可以责令停止整顿，降低资质等级；情节严重的，吊销资质证书。"

2. 建设法规体系

1）建设法规体系的概念

法规体系，通常指由一个国家的全部现行法律规范分类组合为不同的法律部门而形成的有机联系的统一整体。简单地说，法规体系就是部门法体系。部门法，又称法律部门，是根据一定标准、原则所制定的同类规范的总称。任何一个国家的各种现行法律规范，虽然所调整的社会关系的性质不同，具有不同的内容和形式，但都是建立在共同的经济基础上，反映同一阶级的意志，受共同的原则指导，具有内在的协调一致性，从而构成一个有机联系的统一整体。在统一的法规体系中，各种法律规范，根据其所调整的社会关系的性质不同，划分为不同的法的部门，如《中华人民共和国宪法》《中华人民共和国刑法》《中华人民共和国民法总则》《中华人民共和国刑事诉讼法》《中华人民共和国经济法》《中华人民共和国婚姻法》《中华人民共和国民事诉讼法》《中华人民共和国行政法》等。在各个法的部门内部或几个法的部门之间，又包括各种法律制度，如所有权制度、合同制度、公开审理制度、辩护制度等。部门与部门之间，制度与制度之间，既存在差别，又相互联系，相互制约，于是形成了一个统一整体。

建设法规体系，是指全部建设法律规范构成的一个相互联系、相互协调的完整统一体系。

2) 建设法规体系的构成

我国建设法规的体系构成包括宪法、法律、行政法规、行政规章、地方性法规、司法解释文件及国际条约等。

(1) 宪法

当代中国法的渊源主要是以宪法为核心的各种制定法。宪法是每一个民主国家最根本的法的渊源,其法律地位和效力是最高的。

(2) 法律

这里所说的法律是指狭义的法律,按照法律规定的机关及调整的对象和范围不同,法律可分为基本法律和一般法律。

基本法律是由全国人民代表大会制定的调整国家和社会生活中带有普遍性的社会关系的规范性法律文件的统称,如《中华人民共和国刑法》《中华人民共和国民法总则》《中华人民共和国诉讼法》《中华人民共和国合同法》等。

一般法律是由全国人民代表大会常务委员会制定的调整国家和社会生活中某种具体社会关系或其中某一方面内容的规范性文件的统称。其调整范围比基本法律小,内容较具体,如《建筑法》《中华人民共和国招标投标法》(以下简称《招标投标法》)、《中华人民共和国商标法》(以下简称《商标法》)和《中华人民共和国安全生产法》(以下简称《安全生产法》)等。

(3) 行政法规

行政法规是最高国家行政机关即国务院制定的规范性文件,如《建设工程质量管理条例》《建设工程勘察设计管理条例》《建设工程安全生产管理条例》《安全生产许可证条例》和《建设项目环境保护管理条例》等。

行政法规的效力低于宪法和法律。

(4) 行政规章

行政规章是由国家行政机关制定的法律规范性文件,包括部门规章和地方政府规章。

部门规章是由国务院各部委制定的法律规范性文件,如《必须招标的工程项目规定》(2018年3月27日中华人民共和国国家发展和改革委员会令第16号)、《评标委员会和评标方法暂行规定》(2001年7月5日7部委令第12号)、《建筑业企业资质管理规定》(2015年1月22日中华人民共和国住房和城乡建设部令第22号)等。

部门规章的效力低于法律、行政法规。

地方政府规章是由省、自治区、直辖市以及省、自治区人民政府所在地的市和国务院批准的较大的市的人民政府所制定的法律规范性文件。

地方政府规章的效力低于法律、行政法规,低于同级或上级地方性法规。

(5) 地方性法规

地方性法规是指省、自治区、直辖市以及省、自治区人民政府所在地的市和经国务院批准的较大的市的人民代表大会及其常委会,在其法定权限内制定的法律规范性文件,如《湖南省建筑市场管理条例》《长沙市政府投资工程建设项目招标代理机构库管理办法》《长沙市建设工程施工招标投标管理办法》《深圳经济特区建设工程施工招标投标条例》等。

地方性法规只在本辖区内有效,其效力低于法律和行政法规。

《中华人民共和国立法法》第八十五条规定,地方性法规、规章之间不一致时,由有关机关依照下列规定的权限作出裁决。

① 同一机关制定的新的一般规定与旧的特别规定不一致时,由制定机关裁决。

② 地方性法规与部门规章之间对同一事项的规定不一致,不能确定如何适用时,由国务院提出意见。国务院认为应该适用地方性法规的,应该决定在该地方适用地方性法规规定;认为应当适用部门规章的,应当提请全国人民代表大会常务委员会裁决。

③ 部门规章之间、部门规章与地方政府规章之间对同一事项的规定不一致时,由国务院裁决。

(6) 最高人民法院司法解释规范性文件

最高人民法院对于法律的系统性解释文件和对法律适用的说明,对法院审判有约束力,具有法律规范的性质,在司法实践中具有重要的地位和作用。在民事领域,最高人民法院制定的司法解释文件有很多,如《最高人民法院关于民事执行中财产调查若干问题的规定》《关于贯彻执行〈中华人民共和国民法通则〉若干问题的意见(试行)》《关于审理建设工程施工合同纠纷案件适用法律问题的解释》等。

(7) 国际条约

国际条约是指我国作为国际法主体同外国缔结的双边、多边协议和其他具有条约、协定性质的文件,如《建筑业安全卫生公约》等。国际条约是我国法的一种形式,具有法律效力。我国法规体系的构成如图 1-1 所示。

图 1-1

小结

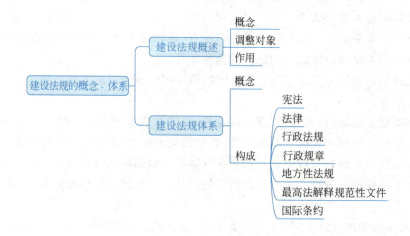

1.2 建设法律关系

导入案例

2016年年底,长沙梅溪湖国际文化艺术中心大剧院牵手北京保利剧院管理有限公司,举行梅溪湖国际文化艺术中心大剧院合作运营项目签约仪式。梅溪湖国际文化艺术中心是湖南湘江集团下属全资子公司梅溪湖投资(长沙)有限公司打造的重点文化产业项目。北京保利剧院管理有限公司是国内首家行业内形成产业链规模的演出剧院管理企业。双方约定签约后,梅溪湖国际文化艺术中心大剧院(包括大剧场和小剧场)将由长沙梅溪湖文化管理有限公司与北京保利剧院管理有限公司合作运营。在运营中将结合北京保利剧院管理有限公司优质的剧院演出、原创剧目制作资源和丰富的剧院管理经验,以"一流的运营、一流的营销、一流的品牌、一流的节目"为目标,将长沙梅溪湖国际文化艺术中心大剧院打造成"世界的艺术殿堂、人民的艺术天地"。

问题:在此项目中,建设法律关系的主体、客体和内容分别是什么?

1. 建设法律关系的概念

法律关系是指法律规范调整一定社会关系而形成的人与人之间的权利与义务关系。一定的法律关系是以一定的法律规范为前提的,是一定的法律规范调整一定的社会关系的结果。

建设法律关系则是指由建设法律规范所确认和调整的,在建设活动过程中产生的权利、义务关系。

建设法律关系是建设法律规范在建设领域中实施的结果,只有当建设活动的参与者按照建设法律规范进行建设活动或建设活动管理,形成具体的权利和义务关系时,才构成建设法律关系。

2. 建设法律关系的构成要素

建设法律关系的构成要素是指建设法律关系不可缺少的组成部分。任何法律关系都是由法律关系主体、法律关系客体和法律关系内容三个要素构成,缺少其中一个要素就不能构成法律关系。三个要素的内涵不同,组成的法律关系也不同,如民事法律关系、行政法律关系、劳动法律关系等。

1) 建设法律关系主体

建设法律关系主体是指参加建设活动,受建设法律规范调整,在法律上享有权利、承担义务的当事人,也就是建设活动的参与者。

(1) 国家机关

参加建设法律关系的国家机关如下。

① 国家发展和改革委员会以及各级地方人民政府发展和改革委员会。其职权是负责编制长、中期和年度建设计划,组织计划的实施,督促各部门严格执行工程建设程序等。

② 国家建设主管部门,主要指住房和城乡建设部以及各级地方人民政府建设行政主管部门。其职权是制定建设法规,对城市建设、村镇建设、工程建设、建筑业、房地产业、市政公用事业进行组织管理和监督。如管理基本建设勘察设计部门和施工队伍;进行城市规划;

制定工程建设的各种标准、规范和定额；监督勘察、设计、施工安装的质量，规范房地产开发；市政建设等。

③ 国家建设监督部门。它主要包括国家财政机关、中国人民银行、国家审计机关、国家统计机关等。

④ 国家建设各业务主管部门，负责本部门、本行业的建筑管理工作，如交通运输部、水利部等。

(2) 社会组织

作为建设法律关系主体的社会组织一般应为法人。法人是指具有民事权利能力和民事行为能力，依法独立享有民事权利和承担民事义务的组织。在建设活动中，不具备法人资格的社会组织也可以参与建设活动，如总公司与分公司之间的内部承包关系，分公司可以作为承包合同的主体；不具备法人资格的合伙人设立的建筑设计事务所可以承揽一定范围内的设计业务，与委托方签订设计合同等。具有营业执照的分公司，作为总公司的授权单位可以对外签订合同，但总公司对合同的履行承担连带责任。

作为法人资格的建设活动主体，主要有如下几种。

① 建设单位。建设单位是指进行工程投资建设的国家机关、企业或事业单位。由于建设项目的多样化，作为建设单位的社会组织也是种类繁多，有工业企业、商业企业、文化教育部门、医疗卫生单位、国家各机关等。

建设单位作为建设活动权利主体，是从设计任务书批准开始的。任何一个社会组织，在它的建设项目设计任务书没有批准，建设项目尚未被正式确认时，它是不能以权利主体资格参加建设活动的。当建设项目编有独立的总体设计并单独列入建设计划，获得国家批准时，这个社会组织方能成为建设单位，以已经取得的法人资格及自己的名义对外进行经济活动和法律行为。建设单位作为工程的需要方，是建设投资的支配者，也是工程建设的组织者和监督者。

② 勘察设计单位。勘察设计单位是指从事工程勘察设计工作的各类设计院、所等。我国有勘察设计合一的机构，也有分立的勘察和设计机构。

③ 建设工程监理单位。建设工程监理单位是受建设单位的委托，代表建设单位对工程承包单位在建筑工程进度、工程质量和工程投资等方面进行监督和管理的组织。

④ 施工企业。施工企业是指由主管部门批准并在国家工商行政管理机关登记注册的从事建设工程施工安装活动的组织。

勘察、设计、施工单位等对外签订建设工程合同以及监理单位签订监理合同时，还应当具备相应的资质等级。

(3) 公民个人

公民个人作为建筑市场的主体参与建设活动的领域已经相当广泛。如公民作为注册建筑师、注册建造师、注册房地产估价师、注册房地产经纪人等参与建筑活动、房地产经营活动。公民个人提供具有个人知识产权的设计软件、预决算软件等与建设参与单位确立法律关系。建设企业职工同企业单位签订劳动合同时，即成为建设法律关系主体。

2) 建设法律关系客体

建设法律关系客体是指参加建设法律关系的主体享有的权利和承担的义务所共同指向的对象。法律关系中的客体习惯上也称为标的。在通常情况下，建设主体都是为了某一客体，彼此才设立一定的权利、义务，从而产生建设法律关系。

法学理论上,一般客体分为物、财、行为和非物质财富,建设法律关系客体也是这四类。

(1) 物

法律意义上的物是指可为人们控制的并具有经济价值的生产资料和消费资料。在建设法律关系中表现为物的客体主要是建筑材料,如钢材、木材、水泥等,及其构成的建筑物,还有建筑机械设备等。

(2) 财

财,一般指资金及各种有价证券。在建设法律关系中表现为财的客体主要是建设资金,如基本建设贷款合同的标的,即一定数量的货币。

(3) 行为

法律意义上的行为是指人的有意识的活动。在建设法律关系中,行为多表现为完成一定的工作,如勘察设计、施工安装、监理活动、代理招标等活动。如建筑工程施工合同的标的,即按期完成一定质量要求施工项目的施工行为。

(4) 非物质财富

法律意义上的非物质财富是指人们脑力劳动的成果或智力方面的创作,也称智力成果。在建设法律关系中,如设计单位提供的具有创造性的设计成果,该设计单位依法可以享有专有权,使用单位未经允许不能无偿使用。如个人开发的预决算软件,开发者对之享有版权(著作权)。

3) 建设法律关系的内容

建设法律关系的内容即建设活动参与者具体享有的权利和应当承担的义务。建设法律关系的内容是建设主体的具体要求,决定着建设法律关系的性质,它是连接主体的纽带。

(1) 建设权利

权利是指建设法律关系主体在法定范围内,根据国家建设管理要求和自己业务活动的需要,有权进行各种工程建设活动。权利主体可要求其他主体做出一定的行为或抑制一定的行为,以实现自己的权利,因其他主体的行为而使其权利不能实现时,有权要求国家机关加以保护并对该其他主体予以制裁。

(2) 建设义务

义务是指工程建设法律关系主体必须按法律规定或合同约定承担应负的责任。义务和权利是相互对应的,相应主体应自觉履行义务,义务主体如果不履行或不适当履行,就要承担相应的法律责任。

3. 建设法律关系的产生、变更与终止

1) 建设法律关系的产生

建设法律关系的产生,是指因一定的建设法律事实出现,建设法律关系主体之间形成了一定的权利和义务关系。例如,某建设单位与施工单位签订了建设工程承包合同,主体双方产生了相应的权利和义务;建设行政主管部门对建设单位的建筑工程的质量和安全依法实施监督,对违法行为依法实施行政处罚时,主体双方产生了相应的权利和义务。

2) 建设法律关系的变更

法律关系的变更,是指法律关系的三个要素发生变化。

(1) 主体变更

主体变更,是指法律关系主体数目增多或减少,也可以是主体改变。在合同中,客体不变,相应权利和义务也不变,此时主体改变也称合同转让。

(2) 客体变更

客体变更,是指法律关系中权利义务指向的事物发生变化。客体变更可以是其范围变更,也可以是其性质变更。

(3) 内容变更

法律关系主体与客体的变更,必然导致相应的权利和义务,即内容变更。

3) 建设法律关系的终止

法律关系的终止,是指法律关系主体之间的权利和义务不复存在,彼此丧失了约束力。

(1) 自然终止

法律关系自然终止,是指某类法律关系所规范的权利和义务顺利得到履行,取得了各自的利益,从而使该法律关系完结。

(2) 协议终止

法律关系协议终止,是指法律关系主体之间协商解除某类工程建设法律关系规范的权利和义务,致使该法律关系归于终止。

(3) 违约终止

法律关系违约终止,是指法律关系主体一方违约,或发生不可抗力,致使某类法律关系规定的权利不能实现。

法律关系只有在一定的情况下才能产生,同样法律关系的变更和终止也由一定的情况决定。这种引起法律关系产生、变更和终止的情况,即人们通常所称的法律事实。法律事实是法律关系产生、变更和终止的原因。

法律事实按是否包含当事人的意志为依据分为以下两类。

① 事件:指不以当事人意志为转移的法律事实,包括自然事件、社会事件、意外事件。

② 行为:指人的有意识的活动。行为包括积极的作为和消极的不作为。

小结

1.3 建设工程代理制度

导入案例

A 是一家建筑公司,承建了 B 某的一项建筑工程,并把此工程承包给了 C 某,C 某作为 A 公司的副总,并且担当本项目的项目经理。在工程的建设过程中由于资金的不足,C 某就向 D 某（自然人）借了 50 万元人民币，并且欠条上明确写着此款是用于建设这一工程，但是没有加盖 A 公司印章。后来 D 某向 C 某要钱，C 某一直没还钱，在此种情况下，D 某就把 C 某及 A 公司告上了法庭，要求 A 公司和 C 某一起承担这笔债务。而 A 公司却说借款行为是 C 某个人行为，不承担此笔债务。

问题：A 公司的抗辩成立吗？

1. 代理的概念

代理，是指代理人在代理权限内，以被代理人的名义与第三人实施民事法律行为。被代理人对代理人的代理行为承担民事责任。由此可见，在代理关系中，通常涉及三个人，即被代理人、代理人和第三人。

2. 代理的种类

代理有委托代理、法定代理和指定代理三种形式。

1）委托代理

委托代理，是指根据被代理人的委托而产生的代理。如公民委托律师代理诉讼即属于委托代理。

委托代理可采用口头形式委托，也可采用书面形式委托。如果法律明确规定必须采用书面形式委托的，则必须采用书面形式，如代签建设工程合同就必须采用书面形式。

2）法定代理

法定代理，是指基于法律的直接规定而产生的代理。如父母作为监护人代理未成年人进行民事活动就属于法定代理。法定代理是为了保护无行为能力的人或限制行为能力的人的合法权益而设立的一种代理形式，适用范围比较窄。

3）指定代理

指定代理，是指根据主管机关或人民法院的指定而产生的代理。这种代理也主要是为无行为能力的人和限制行为能力的人设立的。如人民法院指定一名律师作为离婚诉讼中丧失行为能力而又无其他法定代理人的一方当事人的代理人，就属于指定代理。

3. 无权代理

1）无权代理的概念

无权代理，是指行为人没有代理权或超越代理权限而进行的"代理"活动。

2）无权代理的表现形式

无权代理的表现形式具体有以下几种。

① 无合法授权的"代理"行为。

② 代理人超越代理权限所为的"代理"行为。

③ 代理权终止后的"代理"行为。

3）无权代理的法律后果

（1）"被代理人"的追认权

"被代理人"的追认权，是指"被代理人"对无权代理行为所产生的法律后果表示同意和认可。按照法律规定，无权代理行为对被代理人不发生法律效力，但是如果被代理人认为无权代理行为对自己有利，则有权追认。"被代理人"行使追认权是一项重要的民事法律行为，当其作出追认的意思表示后，无权代理便产生了与合法的代理行为相同的法律后果。

（2）"被代理人"的拒绝权

"被代理人"的拒绝权，是指"被代理人"为了维护自身的合法权益，对无权代理行为及其所产生的法律后果，享有拒绝的权利。被拒绝的无权代理行为所产生的法律后果，由行为人承担民事责任。

此外，在无权代理活动中，无权代理行为人也享有一定的权利，即催告权和撤回权。无权代理行为人在作出无权代理行为后，可以向"被代理人"催告，催告其对上述行为是追认有效还是拒绝追认，并限期作出答复。如果"被代理人"在限期内未作出答复的，则视为拒绝。无权代理行为人还享有撤回权，即向"被代理人"提出撤回以前曾作出的"代理"表示的法律行为。但如果"被代理人"已经追认了其所作的无权代理行为，该行为人就不得再撤回。若该行为人已经行使撤回权，则"被代理人"就不能行使追认权。

4）表见代理

表见代理是指虽无代理权，但表面上有足以使人相信有代理权而需由被代理人负授权之责的代理。表见代理是广义无权代理的一种。

表见代理的构成要件。

① 行为人没有代理权。

② 没有代理权的代理人实施了代理的行为。

③ 善意相对人有正当理由相信行为人有代理权。

《中华人民共和国合同法》（以下简称《合同法》）第四十九条规定："行为人没有代理权、超越代理权或代理权终止后以被代理人名义订立合同，相对人有理由相信行为人有代理权的，该代理行为有效。"

4. 代理人与被代理人的责任承担

1）委托代理采用书面形式

《中华人民共和国民法总则》（以下简称《民法总则》）第一百六十五条规定：委托代理授权采用书面形式的，授权委托书应当载明代理人的姓名或者名称、代理事项、权限和期间，并由被代理人签名或者盖章。

2）无权代理的责任承担

《民法总则》第一百七十一条规定：行为人没有代理权、超越代理权或者代理权终止后，仍然实施代理行为，未经被代理人追认的，对被代理人不发生效力。

相对人可以催告被代理人自收到通知之日起一个月内予以追认。被代理人未作表示的，视为拒绝追认。行为人实施的行为被追认前，善意相对人有撤销的权利。撤销应当以通知的方式作出。

行为人实施的行为未被追认的，善意相对人有权请求行为人履行债务或者就其受到的损害请求行为人赔偿，但是赔偿的范围不得超过被代理人追认时相对人所能获得的利益。

相对人知道或者应当知道行为人无权代理的，相对人和行为人按照各自的过错承担责任。

3）代理事项违法的责任承担

《民法总则》第一百六十七条规定：代理人知道或者应当知道代理事项违法仍然实施代理行为，或者被代理人知道或者应当知道代理人的代理行为违法未作反对表示的，被代理人和代理人应当承担连带责任。

4) 转托他人代理的责任承担

《民法总则》第一百六十九条规定：代理人需要转委托第三人代理的，应当取得被代理人的同意或者追认。转委托代理经被代理人同意或者追认的，被代理人可以就代理事务直接指示转委托的第三人，代理人仅就第三人的选任以及对第三人的指示承担责任。

转委托代理未经被代理人同意或者追认的，代理人应当对转委托的第三人的行为承担责任，但是在紧急情况下代理人为了维护被代理人的利益需要转委托第三人代理的除外。

5. 代理权的终止

由于代理的种类不同，代理关系终止的原因也不尽相同。

1) 委托代理的终止

有下列情形之一的，委托代理终止。

① 代理期间届满或代理事务完成。
② 被代理人取消委托或代理人辞去委托。
③ 代理人死亡或丧失民事行为能力。
④ 代理人或者被代理人死亡。
⑤ 作为代理人或者被代理人的法人、非法人组织终止。

2) 法定代理的终止

有下列情形之一的，法定代理终止。

① 被代理人取得或者恢复完全民事行为能力。
② 代理人丧失民事行为能力。
③ 代理人或者被代理人死亡。
④ 法律规定的其他情形。

小结

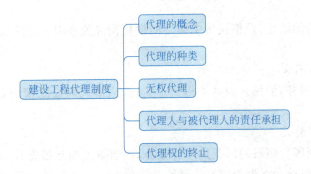

1.4 建设工程债权制度

 **导入案例**

浙江慈溪秦女士在某银行取款 22 400 元，银行却给了秦女士 24 000 元。事后，银行向秦女士讨要额外的 1 600 元，遭到秦女士拒绝。银行以"不当得利"为由将秦女士告上法庭。

秦女士对此却坚称,银行规定储户的钱"离柜概不负责",她也"离柜概不负责"。出了类似差错,双方真的都可以不用负责吗?

1. 债的概念

债是按照合同约定或依照法律规定,在当事人之间产生的特定的权利和义务关系。

2. 债的种类

根据《民法总则》以及相关的法律规范的规定,能够引起债的发生的法律事实,即债的发生根据,主要有以下几种。

1) 合同

合同,是指民事主体之间关于设立、变更和终止民事关系的协议。合同是引起债权和债务关系发生的最主要、最普遍的根据。

2) 侵权行为

侵权行为,是指行为人非法侵害他人的财产权或人身权的行为。

3) 不当得利

不当得利,是指没有法律或合同根据,有损于他人而取得的利益。它可能表现为得利人财产的增加,致使他人不应减少的财产减少了;也可能表现为得利人应支付的费用没有支付,致使他人应当增加的财产没有增加。不当得利一旦发生,不当得利人负有返还的义务。因而,这是一种债权债务关系。

4) 无因管理

无因管理,是指既未受人之托,也不负有法律规定的义务,而是自觉为他人管理事务的行为。无因管理行为一经发生,便会在管理人和其事务被管理人之间产生债权债务关系,其事务被管理者负有赔偿管理者在管理过程中所支付的合理费用及直接损失的义务。

5) 债的其他发生根据

债的发生根据除前述几种外,遗赠、扶养、发现埋藏物等,也是债的发生根据。

3. 债的消灭

债的消灭,即债的终止,是指民事主体之间债权债务关系因一定的法律事实而不再存在的情况。

1) 债因履行而消灭

债务人履行了债务,债权人的利益得到了实现,当事人间设立债的目的已达到,债的关系也就自然消灭了。

2) 债因抵消而消灭

抵消,是指已到履行期限的同类的对等债务,因当事人相互抵充其债务而同时消灭。用抵消方法消灭债务应符合下列条件:必须是对等债务;必须是同一种类的给付之债;同类的对等之债都已到履行期限。

3) 债因提存而消灭

提存,是指债权人无正当理由拒绝接受履行或其下落不明,或数人就同一债权主张权利,债权人一时无法确定,致使债务人一时难以履行债务,经公证机关证明或人民法院的裁决,债务人可以将履行的标的物提交有关部门保存的行为。

提存是债务履行的一种方式。如果超过法律规定的期限,债权人仍不领取提存标的物的,应收归国库所有。

4)债因混同而消灭

混同,是指某一具体之债的债权人和债务人合为一体。如两个相互订有合同的企业合并,则产生混同的法律效果。

5)债因免除而消灭

免除,是指债权人放弃债权,从而免除债务人所承担的义务。债务人的债务一经债权人解除,债的关系自行解除。

6)债因当事人死亡而解除

债因当事人死亡而解除,仅指具有人身性质的合同之债,因为人身关系是不可继承和转让的,所以,凡属委托合同的受托人、出版合同的约稿人等死亡时,其所签订的合同也随之终止。

小结

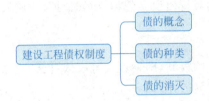

1.5 建设工程物权制度

导入案例1

市民章先生将自己的一辆轿车卖给李先生,李先生付清车款开走轿车使用至今,一直没办理过户登记手续。同时,章先生欠徐先生一笔钱,一直未归还。徐先生经查询发现章先生的轿车还登记在其名下,所以打算将章先生告上法庭。但徐先生心里有个疑问,《中华人民共和国物权法》新解释颁布以后,自己如果打赢官司,能不能执行要求拿章先生的这辆轿车来充抵自己的欠款呢?

导入案例2

市民杨先生在买期房时,向开发商缴纳了部分购房款,签署《商品房预售合同》。因为房子仍在建设中,杨先生担心开发商"一房二卖",甚至"一房多卖"。有什么办法可以限制约束开发商对房子进行擅自处分?

1. 物权的概念

物权是民事主体在法律规定的范围内,直接支配特定的物而享受其利益,并排除他人干涉的权利,包括所有权、用益物权和担保物权。2007年3月16日第十届全国人民代表大会第五次会议通过、自2007年10月1日起施行的《中华人民共和国物权法》规定:"国家、集体、私人的物权和其他权利人的物权受法律保护,任何单位和个人不得侵犯。""物权的种类和内容,由法律规定。""不动产物权的设立、变更、转让和消灭,应当依照法律规定登记。动产物权的设立和转让,应当依照法律规定交付。""物权的取得和行使,应当遵守法律,尊重社会公德,不得损害公共利益和他人合法权益。"

2. 物权的分类

1) 按物权的权利主体划分

按物权的权利主体是否为财产的所有人划分,可以将物权分为自物权和他物权。

2) 按物权的客体划分

按物权的客体是动产还是不动产划分,可以把物权分为动产物权和不动产物权。动产物权是指以能够移动的财产为客体的物权,如动产所有权、动产质权、留置权等。不动产物权是指以土地、房屋等不动产为客体的物权,如不动产所有权、土地使用权、不动产抵押权等。

3) 按设立目的划分

按设立目的的不同划分,可以把物权分为用益物权和担保物权。用益物权是指以物的使用和收益为目的而设立的物权,如国有土地使用权,全民所有制企业经营权、采矿权等。担保物权是指为了担保债的履行而设立的物权,如抵押权、质权、留置权等。

3. 物权的特征

1) 物权是支配权

物权是权利人直接支配的权利,即物权人可以依自己的意志就标的物直接行使权利,无须他人的意思或义务人的行为的介入。

2) 物权是绝对权(对世权)

物权的权利主体只有一个,权利人是特定的,义务人是不特定的第三人,且义务内容是不作为,即只要不侵犯物权人行使权利就算履行义务,所以物权是一种绝对权。

3) 物权是财产权

物权是一种具有物质内容的、直接体现为财产利益的权利,财产利益包括对物的利用、物的归属和就物的价值设立的担保,与人身权相对。

4) 物权的客体是物

物权的客体是物,且主要是有体物。

5) 物权具有排他性

首先,物权的权利人可以对抗一切不特定的人,所以物权是一种对世权;其次,同一物上不许有内容不相容的物权并存(最典型的就是一个物上不可以有两个所有权,但可以同时有一个所有权和几个抵押权并存),即"一物一权"。(应该注意的是:在共有关系上,只是几个共有人共同享有一个所有权,并非是一物之上有几个所有权。在担保物权中,同一物之上可以设立两个或两个以上的抵押权,但效力有先后次序的不同。因此,共有关系以及两个以上抵押权的存在都与物权的排他性不矛盾。)

4. 债权与物权的区别

债权与物权都是与财产有密切联系的法律关系,但它们有着明显的不同。

1) 债权与物权的主体不同

债权的权利主体和义务主体都是特定的,是对人权;物权的权利主体是特定的,义务主体则为不特定的,是对世权。

2) 债权与物权的内容不同

债权的实现需要义务主体的积极行为的协助,是相对权;物权的实现则不需要他人的协助,是绝对权。

3)债权与物权的客体不同

债权的客体可以是物、行为和智力成果;物权的客体则只能是物。

5. 物权保护

物权受到侵害时,权利人可以通过和解、调解等途径解决,也可以依法向人民法院提起诉讼。物权的保护应当采取如下方式。

① 因物权的归属和内容发生争议的,利害关系人可以请求确认权利。

② 被无权占有人占有不动产或者动产的,权利人可以请求返还原物;不能返还原物或者返还原物后仍有损失的,可以请求损害赔偿。

③ 造成不动产或者动产损毁的,权利人可以请求恢复原状;不能恢复原状或恢复原状仍有损失的,可以请求损害赔偿。

④ 妨碍行使物权的,权利人可以请求排除妨碍。

⑤ 有可能危及行使物权的,权利人可以请求消除危险。

⑥ 侵害物权,造成权利人损害的,权利人可以请求损害赔偿。

上述物权保护方式可以单独适用,也可以根据权利被侵害的情形合并适用。

小结

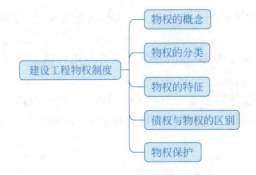

1.6 建设工程担保制度

导入案例

小刘并非厦门居民,其户籍地为江西省抚州市,他从 2016 年 11 月才开始在厦门缴纳社会保险。根据当时厦门的住房限购政策规定,对无法提供购房之日前 3 年内在本市逐月连续缴纳 2 年以上个人所得税或社会保险证明的非本市户籍居民家庭,暂停在本行政区域内向其销售建筑面积 180 平方米及以下的商品住房。也就是说,小刘属于限购对象。

尽管因限购政策没有买房资格,但小刘还是决定要买房。2017 年 3 月 6 日,小刘与房东王先生签订了一份房产买卖合同,约定王先生将房产以 230 万元的价格卖给小刘。协议签订当日，小刘向王先生支付了定金20万元。

但是，签订合同不久后，小刘就委托律师函告王先生：其因限购政策影响，无法继续履行双方签订的房产买卖合同，建议解除购房合同，由王先生退还全部款项。

不过，王先生只同意解除购房合同，不同意退还购房定金。

为此，小刘起诉至法院，要求王先生返还20万元定金。他起诉认为，因限购导致房产无法过户，购房协议无法继续履行，因此，他有权要求王先生解除合同并返还定金。

王先生却反驳说，小刘在明知自己不具备购房资格的情况下仍签订购房合同，合同无法履行并不属于不可预见的不可抗力情形，小刘不继续履行合同，应当承担相应的违约责任，无权要求返还已经支付的定金。

问题：小刘能拿回定金吗？

担保是法律为保证特定债权人利益实现而特别规定的以第三人的信用或者以特定财产保障债务人履行义务，债权人实现权利的制度。《中华人民共和国担保法》（以下简称《担保法》）规定的担保形式有五种，即保证、抵押、质押、留置和定金。

1. 保证

1）保证的概念

保证，是指保证人和债权人约定，当债务人不履行债务时，保证人按照约定履行债务或承担责任的法律行为。

2）保证人

保证人须是具有代为清偿债务能力的人，既可以是法人，也可以是其他组织或公民。下列单位不可以做保证人。

① 国家机关不得为保证人，但经国务院批准为使用外国政府或国际经济组织贷款而进行转贷的除外。

② 学校、幼儿园、医院等以公益为目的的事业单位、社会团体不得为保证人。

③ 企业法人的分支机构、职能部门不得为保证人，但有法人书面授权的，可在授权范围内提供保证。

3）保证合同

保证人与债权人应当以书面形式订立保证合同。保证合同应包括以下内容。

① 被保证的主债权种类、数量。

② 债务人履行债务的期限。

③ 保证的方式。

④ 保证担保的范围。

⑤ 保证的期间。

⑥ 双方认为需要约定的其他事项。

4）保证方式

保证的方式有两种，一是一般保证，二是连带责任保证。

（1）一般保证

一般保证，是指当事人在保证合同中约定，当债务人不履行债务时，由保证人承担保证责任的保证方式。一般保证的保证人在主合同纠纷未经审判或仲裁，并就债务人财产依法强制执行仍不能履行债务前，对债权人可以拒绝承担保证责任。

（2）连带责任保证

连带责任保证，是指当事人在保证合同中约定保证人与债务人对债务承担连带责任的保证方式。连带责任保证的债务人在主合同规定的债务履行期届满没有履行债务的，债权人可以要求债务人履行债务，也可以要求保证人在其保证范围内承担保证责任。

当事人对保证方式没有约定或者约定不明确的，按照连带保证承担保证责任。

5）保证责任范围及保证期间

（1）保证责任范围

保证责任范围，包括主债权及利息、违约金、损害赔偿和实现债权的费用。保证合同另有约定的，按照约定执行。当事人对保证责任范围无约定或约定不明确的，保证人应对全部债务承担责任。

（2）保证期间

保证期间，债权人依法将主债权转让给第三人的，保证人在原保证担保的范围内继续承担保证责任。保证合同另有约定的，按照约定执行。

保证期间，债权人许可债务人转让债务的，应当取得保证人书面同意，保证人对未经其同意转让的债务，不再承担保证责任。

债权人与债务人协议变更主合同的，应当取得保证人书面同意，未经保证人书面同意的，保证人不再承担保证责任。保证合同另有约定的，按照约定执行。

（3）特殊情形下的保证责任

① 同一债权既有保证又有物的担保的，应优先执行物的担保，保证人对物的担保以外的债权承担保证责任。债权人放弃物的担保的，保证人在债权人放弃权利的范围内免除保证责任。

② 同一债务有两个以上保证人的，保证人应当按照保证合同约定的保证份额承担保证责任。没有约定保证份额的，保证人承担连带责任。

③ 由于主合同当事人双方串通，骗取保证人提供保证的，或者主合同债权人采取欺诈、胁迫等手段，使保证人在违背真实意思的情况下提供保证的，保证人不承担保证责任。

2. 抵押

1）抵押的概念

抵押是指债务人或者第三人不转移对特定财产的占有，将该财产作为债权的担保。当债务人不履行债务时，债权人有权依法以该财产折价或者以拍卖、变卖该财产的价款优先受偿。在抵押法律关系中，提供财产的债务人或者第三人称为抵押人；债权人享有的当债务人不履行债务时以变卖抵押物优先受偿的权利称为抵押权；享有抵押权的债权人称为抵押权人；提供担保的财产称为抵押物。

2）抵押物

《担保法》第三十四条规定，下列财产可以抵押。

① 抵押人所有的房屋和其他地上定着物。

② 抵押人所有的机器、交通运输工具和其他财产。

③ 抵押人依法有权处分的国有土地使用权、房屋和其他地上定着物。

④ 抵押人依法有权处分的国有机器、交通运输工具和其他财产。

⑤ 抵押人依法承包并经发包方同意抵押的荒山、荒沟、荒丘、荒滩等荒地的土地使

用权。

⑥ 依法可以抵押的其他财产。

抵押人可以将上述财产一并抵押。

3）禁止抵押的财产

《担保法》第三十七条规定，下列财产不得抵押。

① 土地所有权。

② 耕地、宅基地、自留地、自留山等集体所有的土地使用权，但抵押人依法承包并经发包方同意抵押的荒山、荒沟、荒丘、荒滩等荒地的土地使用权以乡（镇）、村企业厂房等建筑抵押的除外。

③ 学校、幼儿园、医院等以公益为目的的事业单位、社会团体的教育设施、医疗设施和其他社会公益设施。

④ 所有权、使用权不明确或有争议的财产。

⑤ 依法被查封、扣押、监管的财产。

⑥ 依法不得抵押的其他财产。

以抵押作不履行合同的担保，还应依据有关法律、法规签订抵押合同并办理抵押登记。

4）抵押合同

抵押人和抵押权人应当以书面形式订立抵押合同。抵押合同应当包括以下内容。

① 被担保的主债权种类、数额。

② 债务人履行债务的期限。

③ 抵押物的名称、数量、质量、状况、所在地、所有权权属或者使用权权属。

④ 抵押担保的范围。

⑤ 当事人认为需要约定的其他事项。

抵押合同不完全具备上述内容的，可以补正。

5）抵押权的效力

抵押担保的范围：主债权及利息、违约金、损害赔偿金和实现抵押权的费用。

当事人以法律规定的特定财产抵押，应当办理抵押物登记，抵押合同自登记之日起生效。

抵押物登记记载的内容与抵押合同约定的内容不一致的，以登记记载的内容为准。同日登记的（含在不同的法定登记部门登记的），视为顺序相同。根据抵押物的不同，办理登记的部门不同。以无地上定着物的土地使用权抵押的，为核发土地使用权证书的土地管理部门；以城市房地产或者乡（镇）、村企业的厂房等建筑物抵押的，为县级以上地方人民政府规定的部门；以林木抵押的，为县级以上林木主管部门；以航空器、船舶、车辆抵押的，为运输工具的登记部门；以企业的设备和其他动产抵押的，为财产所在地的工商行政管理部门。法律规定登记生效的抵押合同签订后，抵押人违背诚实信用原则拒绝办理抵押登记致使债权人受到损失的，抵押人应当承担赔偿责任。

当事人对以上述财产以外的财产抵押的，可自愿办理登记。是否办理抵押物登记，不影响抵押合同的生效，抵押合同自签订之日起生效。不过当事人未办理抵押物登记的，不得对抗第三人。抵押人再次设置抵押并办理登记，经登记的抵押权人将优先于发生时间在前的未登记的抵押权人受偿。

6) 抵押物的转让

在抵押期间,抵押人转让已办理登记的抵押物的,应当通知抵押权人并告知受让人转让物已经抵押的情况。抵押人未通知抵押权人或未告知受让人的,转让行为无效。

7) 抵押权的实现

抵押物折价的,价款低于抵押权设定时约定价值的,就按抵押物实现的价值进行清偿。不足清偿的债权,由债务人清偿。

抵押物灭失的,抵押权人可就该抵押物的保险金、赔偿金或补偿金优先受偿。如抵押权所担保的债权未届清偿期的,抵押权人可请求法院对保险金、赔偿金或补偿金等采取保全措施。

抵押物登记的顺序相同的,按债权比例清偿;登记的先于未登记的受偿;因登记部门原因致使连续登记的,抵押第一次登记的日期,视为抵押登记的日期,并依此确定抵押权的顺序。

3. 质押

1) 质押的概念

质押,是指债务人或第三人将其动产或权利转移债权人占有,用以担保债权的实现,当债务人不能履行债务时,债权人依法有权就该动产或权利优先得到清偿的担保法律行为。

在质押法律关系中,提供动产或权利的债务人或第三人称为出质人;提供担保的动产或权利称为质物;债权人享有的当债务人不履行债务时以变卖质物优先受偿的权利称为质权;享有质权的债权人称为质权人。

质押包括动产质押和权利质押两种。

2) 动产质押

(1) 动产质押的概念

动产质押是指债务人或者第三人将其动产移交债权人占有,将该动产作为债权的担保。

债务人不履行债务时,债权人有权依照法律规定以该动产折价或者以拍卖、变卖该动产的价款优先受偿。

(2) 动产质押合同

出质人和质权人应当以书面形式订立动产质押合同。质押合同自质物移交于质权人占有时生效。质押合同应当包括以下内容。

① 被担保的主债权种类、数额。
② 债务人履行债务的期限。
③ 质物的名称、数量、质量、状况。
④ 质物担保的范围。
⑤ 质物移交的时间。
⑥ 当事人认为需要约定的其他事项。

当合同不具备法律规定的内容时,可以补正。出质人和质权人在合同中不得约定在债务履行期限届满质权人未受清偿时,质物的所有权转移为质权人所有。

(3) 质押担保的范围

质押担保包括主债权及利息、违约金、损害赔偿金、质物保管费用和实现质权的费用。质押合同另有约定的,按照约定执行。质权人有权收取质物所生的孳息。

(4) 质权人的义务

质权人负有妥善保管质物的义务,因保管不善致使质物灭失或者毁损的,质权人应当承担民事责任。

质权人不能妥善保管质物可能致使其灭失或者毁损的,出质人可以要求质权人将质物提存,或者要求提前清偿债权而返还质物。

《担保法》第七十二条规定,为债务人质押担保的第三人,在质权人实现质权后,有权向债务人追偿。

质权与其担保的债务同时存在,债权消灭的,质权也消灭。

3) 权利质押

(1) 权利质押的概念

权利质押是指出质人将其法定的可以质押的权利凭证交付质权人,以担保质权人的债权得以实现的法律行为。

(2) 可以质押的权利

《担保法》第七十五条规定,下列权利可以质押。

① 汇票、支票、本票、债券、存款单、仓单、提单。

② 依法可以转让的股份、股票。

③ 依法可以转让的商标专用权、专利权、著作权中的财产权。

④ 依法可以质押的其他权利。

(3) 权利质押合同的生效时间

权利质押合同因出质标的不同,合同生效的时间也不同。

① 以汇票、支票、本票、债券、存款单、仓单、提单出质的,应当在合同约定的期限内将权利凭证交付质权人。质押合同自权利凭证交付之日起生效。

② 以依法可以转让的股票出质的,出质人与质权人应当订立书面合同,并向证券登记机构办理出质登记。质押合同自登记之日起生效。

③ 以依法可以转让的商标专用权、专利权、著作权中的财产权出质的,出质人与质权人应当订立书面合同,并向其管理部门办理出质登记。质押合同自登记之日起生效。

4) 权利质押合同当事人的权利义务

出质人以载明兑现或提货日期的汇票、支票、本票、债券、存款单、仓单、提单出质的,汇票、支票、本票、债券、存款单、仓单、提单兑现或提货日期先于债务履行期的,质权人可以在债务履行期届满前兑现或者提货,并与出质人协议将兑现的价款或者提取的货物用于提前清偿所担保的债权或者向与出质人约定的第三人提存。

出质人将股票出质后,不得转让,但经出质人与质权人协商同意的可以转让。出质人转让股票所得的价款应当向质权人提前清偿所担保的债权或者向与出质人约定的第三人提存。

出质人将依法可以转让的商标专用权、专利权、著作权中的财产权出质后,出质人不得转让或者许可他人使用,但经出质人与质权人协商同意的可以转让或者许可他人使用。出质人所得的转让费、许可费应当向质权人提前清偿所担保的债权或者向与质权人约定的第三人提存。

4. 留置

1) 留置的概念

留置,是指债权人按照合同约定占有债务人的动产,债务人不按照合同约定的期限履行债务的,债权人有权扣留该动产,以该动产折价或者以拍卖、变卖该动产的价款优先受偿的一种债权担保方式。

因保管合同、运输合同、加工承揽合同发生的债权,债务人不履行债务的,债权人有留置权。法律规定可以留置的其他合同,债权人也享有留置权。

2) 留置合同

合同当事人双方为调整债权、债务关系应签订留置合同,以保障债权人和债务人的合法权益。债权人为留置权人,债务人为留置人。

3) 留置担保的范围

留置担保包括主债权及利息、违约金、损害赔偿金、留置物保管费用和为实现留置权的费用。

4) 留置物

我国《担保法》第八十五条规定,债权人按照合同约定占有债务人的动产,留置的财产为可分物的,留置物的价值应当相当于债务的金额。

5) 当事人的权利和义务

债权人留置财产后,债务人应当在不少于两个月的期限内履行债务。债权人与债务人在合同中未约定的,债权人留置债务人财产后,应当确定两个月以上的期限,并通知债务人在该期限内履行债务。

债务人逾期仍不履行的,债权人可以与债务人协议留置物折价,也可以依法拍卖、变卖留置物。留置物折价或者拍卖、变卖后,其价款超过债权数额的部分归债务人所有,不足部分由债务人清偿。

留置权人负有妥善保管留置物的义务。因保管不善致使留置物灭失或者毁损的,留置权人应当承担民事责任。

6) 留置权的消灭

留置权消灭的原因:债权消灭的;债务人另行提供担保并被债权人接受的。

5. 定金

1) 定金的概念

定金,是指合同当事人一方为了证明合同的成立和担保合同的履行,在按合同规定应付的款额内,向对方预先给付一定数额的货币。定金的数额由当事人约定,但不得超过主合同标的额的 20%。

2) 定金合同和当事人的权利义务

(1) 定金合同

当事人采用定金方式作担保时,应签订书面合同,定金合同从实际交付定金之日起生效。

(2) 当事人的权利义务

定金是根据合同的约定，需方向供方给付或者需方应供方的要求给付一定数额货币所作出的担保。法律规定债务人履行债务后，定金应当抵作价款或者收回，给付定金的一方不履行约定的债务的，无权要求返还定金；收受定金的一方不履行约定的债务的，应当双倍返还定金。

小结

1.7 建设工程知识产权制度

A公司是一家设计公司，其经营范围包括设计、制作和发布国内各类广告业务，室内外装饰工程的设计与施工，以及园林绿化工程的设计与施工等；B公司是一家主营汽车维修、销售汽车配件、出租商业用房等业务的公司，同时，B公司是东风本田汽车有限公司的特约经销商。2004年，A公司与东风本田汽车（武汉）有限公司（以下简称东风本田武汉公司）签订了《东风本田汽车（武汉）有限公司4S店设计合同书》，其中约定A公司接受东风本田武汉公司的委托，进行东风本田4S店的形象设计和建筑结构设计，但是该合同并未对上述建筑作品的著作权归属进行约定。随后，A公司发现，B公司负责建设的北京东风本田4S店采用了其设计方案。A公司认为，B公司侵犯了其对东风本田4S店建筑作品依法享有的著作权，故将B公司诉至法院，请求法院判令B公司停止侵权，并赔偿经济损失等。

问题：建筑作品有知识产权吗？

1. 知识产权

知识产权是指民事主体对智力成果依法享有的专有权利。《建筑法》第四条规定："国家扶持建筑业的发展，支持建筑科学技术研究，提高房屋建筑设计水平，鼓励节约能源和保护环境，提倡采用先进技术、先进设备、先进工艺、新型建筑材料和现代管理方式。"知识产权具有如下特征。

1）具有人身权和财产权的双重性质

人身权是指与民事主体的人身不可分离的，不具有直接财产内容的民事权利。人身权是财产权的对称。财产权是指民事主体所享有的具有一定物质内容并直接体现为经济利益的权利。例如，作者的署名权即是人身权，而获得稿费的权利即是财产权。

2）专有性

知识产权的权利主体依法享有独占使用智力成果的权利，他人不得侵犯。例如，未经专利权人许可不得使用其专利就表现了专利权的专有性。

3）地域性

知识产权只有在特定国家或地区的地域范围内有效，一国的知识产权要获得他国的法律保护，必须依照有关国际条约，双边协议或按互惠原则办理。

4）时间性

通常情况下，依法成立的知识产权只有在法律规定的期限内有效，超过法定保护期后，该权利将不受法律保护。

2. 著作权

著作权又称版权，是指文学、艺术和科学作品的作者及其相关主体依法对作品所享有的人身权利和财产权利。著作权主要受《中华人民共和国著作权法》（以下简称《著作权法》）的调整。

1）著作权的保护对象

《著作权法》保护的对象是作品，即文学、艺术和科学领域内具有独创性并能以某种有形形式复制的智力成果。根据《著作权法》及其实施条例的规定，作品的种类有很多种。其中，在工程建设领域较为常见的，除文字作品外，还主要包括以下几种。

① 美术作品，是指绘画、书法、雕塑等以线条、色彩或者其他方式构成的有审美意义的平面或立体的造型艺术作品。

② 建筑作品，是指以建筑物或构筑物形式表现的有审美意义的作品。

③ 图形作品，是指为施工、生产绘制的工程设计图、产品设计图以及反映地理现象、说明事物原理或结构的地图、示意图等作品。

④ 模型作品，是指为展示、试验或观测等用途，根据物体的形式和结构按照一定比例制成的立体作品。

2）著作权的内容

根据《著作权法》第十条的规定，著作权包括人身权和财产权。

（1）人身权

著作人身权包括四种：①发表权；②署名权；③修改权；④保护作品完整权。

（2）财产权

① 使用权，是指以复制、发行、出租、展览、放映、广播、信息网络传播、摄制、改编、翻译、汇编以及其他方式使用作品的权利。

② 许可使用权，是指著作权人可以许可他人使用著作财产权，并依法获得报酬的权利。

③ 转让权，是指著作权人可以全部或部分转让著作财产权，并依法获得报酬的权利。

④ 获得报酬权，实施著作权人依法享有的因作品的使用或转让而获得报酬的权利。

3）著作权的侵犯及保护

著作权的侵犯行为，是指既未取得著作权人同意，又无法律根据，违法使用他人作品或行使著作权人专有权的行为,包括但不限于:未经著作权人许可发表其作品;歪曲、篡改、剽窃他人作品;使用他人作品,应当支付报酬而未支付等。

有著作权侵权行为的,应当根据具体情况承担停止侵害、消除影响、赔礼道歉、赔偿损失等民事责任;对于损害公共利益或情节严重的侵权行为,可以由著作权行政管理部门依法追究其行政责任;构成犯罪的,依法追究刑事责任。

3. 专利权

1)专利权的主体

专利权的主体即专利权人,是指依法享有专利权并承担相应义务的人。根据《中华人民共和国专利法》(以下简称《专利法》)及其实施细则,专利权主体主要包括以下几种。

(1)发明人或设计人

发明人或设计人,是指对发明创造的实质性特点作出创造性贡献的人。在完成发明创造过程中,只负责组织工作的人、为物质技术条件的利用提供方便的人或从事其他辅助工作的人,不是发明人或设计人。

(2)发明人或设计人的单位

对于职务发明创造,专利权的主体是发明人或设计人所在的单位。根据《专利法》第六条第一款的规定,执行本单位的任务或主要是利用本单位的物质技术条件所完成的发明创造为职务发明创造。职务发明创造申请专利的权利属于该单位;申请被批准后,该单位为专利权人。

但是,根据《专利法》第六条第三款的规定,利用本单位的物质技术条件所完成的发明创造,单位与发明人或设计人订有合同,对申请专利的权利和专利权的归属作出约定的,从其约定。

2)受让人

受让人是指依法通过合同或其他合法方式而获得专利权的单位或个人。

3)专利权的客体

专利权的客体,即专利权的保护对象,是指依法应授予专利的发明创造。根据《专利法》及其实施细则的规定,包括发明、实用新型和外观设计。

① 发明,是指对产品、方法或其改进所提出的新的技术方案。

② 实用新型,是指对产品的形状、构造或其结合所提出的适于使用的新的技术方案。

③ 外观设计,是指对产品的形状、图案或其结合以及色彩与形状、图案的结合所作出的富有美感并适于工业应用的新设计。

发明专利权的期限是20年,实用新型和外观设计专利权的期限是10年,均自申请日起计算。专利权期限届满后,专利权终止。

4)专利权的侵权及保护

根据《专利法》及其实施细则的有关规定,专利权的侵权行为主要表现为以下几点。

① 未经专利权人许可,实施其专利。

② 假冒他人专利。

③ 以非专利产品冒充专利产品。

④ 侵夺发明人或设计人的非职务发明创造专利申请权和其他相关合法权益。

发生专利权侵权行为的,行为人应当依法承担相应的民事责任、行政责任或刑事责任。

4. 商标权

根据《商标法》第三条第一款的规定,经商标局核准注册的商标为注册商标;商标注册人享有商标专用权,受法律保护。

根据《商标法》第五十二条的规定,有下列行为之一的,均属侵犯注册商标专用权。

① 未经商标注册人的许可,在同一种商品或类似商品上使用与其注册商标相同或近似的商标的。

② 销售侵犯注册商标专用权的商品的。

③ 伪造、擅自制造他人注册商标标志或销售伪造、擅自制造的注册商标标志的。

④ 未经商标注册人同意,更换其注册商标并将该更换商标的商品又投入市场的。

⑤ 给他人的注册商标专用权造成其他伤害的。

发生侵犯注册商标专用权的,行为人应当依法承当相应的民事责任、行政责任或刑事责任。

小结

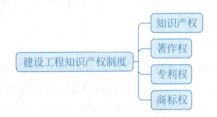

1.8 建设工程法律责任制度

导入案例

某市一栋在建住宅楼发生楼体倒覆事故,造成1名工人身亡。经调查分析,事故调查组认定是一起重大责任事故。其直接原因是:紧贴该楼北侧,在短时间内堆土过高,最高处达10米;紧邻该楼南侧的地下车库基坑正在开挖,开挖深度4.6米。大楼两侧的压力差使土体产生水平位移,过大的水平力超过了桩基的抗侧能力,导致房屋倾倒。此外,还主要存在6个方面的间接原因。一是土方堆放不当。在未对天然地基进行承载力计算的情况下,开发商随意指定将开挖土方短时间内集中堆放于该楼北侧。二是开挖基坑违反相关规定。土方开挖单位在未经监理方同意、未进行有效监测并不具备相应资质的情况下,没有按照相关技术要求开挖基坑。三是监理不到位。监理方对开发商、施工方的违法违规行为未进行有效处置,对施工现场的事故隐患未及时报告。四是管理不到位。开发商管理混乱,违章指挥、违法指定施工单位,不合理压缩施工工期。五是安全措施不到位。施工方对基坑开挖及土方处置未采取专项防护措施。六是围护桩施工不规范。施工方未严格按照相关要求组织施工,施工速度快于规定的技术标准要求。

事故发生后,该楼所在地的副区长和镇长、副镇长等公职人员,因对辖区内建设工程安全生产工作负有领导责任,分别被给予行政警告、行政记过、行政记大过处分;开发商、总包单位对事故发生负有主要责任,土方开挖单位对事故发生负有直接责任,基坑围护及桩基工程施工单位对事故发生负有一定责任,分别给予了经济罚款,其中对开发商、总包单位均处以法定最高限额罚款50万元,并吊销总包单位的建筑施工企业资质证书及安全生产许可证,待事故善后处理工作完成后吊销开发商的房地产开发企业资质证书;监理单位对事故发生负有重要责任,吊销其工程监理资质证书;工程监测单位对事故发生负有一定责任,予以通报批评处理。监理单位、土方开挖单位的法定代表人等8名责任人员,对事故发生负有相关责任,被处以吊销执业证书、罚款、解除劳动合同等处罚。秦某、张某、夏某、陆某、张某、乔某6人,犯重大责任事故罪,被追究刑事责任,分别被判处有期徒刑3~5年。该楼的21户购房户,有11户业主退房,10户置换,分别获得相应的赔偿费。

问题:本案中的民事责任、行政责任和刑事责任分别有哪些?

1. 法律责任的构成要件

1) 一般构成要件

建设工程法律责任的一般构成要件有以下四个条件,它们之间相互联系、相互作用,缺一不可。

(1) 有损害事实发生

损害事实,是违法行为对法律所保护的社会关系和社会秩序造成的侵害。

① 具有客观性,即已经存在。没有存在损害事实,则不构成法律责任。

② 损害事实不同于损害结果。损害结果是违法行为对行为指向的对象所造成的实际损害。

(2) 存在违法行为

法律规范中规定法律责任的目的在于让国家的政治生活和社会生活符合统治阶级的意志,以国家强制力来树立法律的威严,制裁违法,减少犯罪。如果没有违法行为,就无须承担法律责任,而且合法的行为要受到法律的保护。行为没有违法,尽管造成了一定的损害结果,也不承担法律责任。

(3) 违法行为与损害事实之间有因果关系

违法行为与损害事实之间的因果关系,是违法行为与损害事实之间存在着客观的、必然的因果关系。也就是说,一定损害事实是该违法行为所引起的必然结果,该违法行为正是引起损害事实的原因。

(4) 违法者主观上有过错

所谓过错,是指行为人对其行为及由此引起的损害事实所抱的主观态度,包括故意和过失。如果行为在主观上既没有故意也没有过失,则行为人对损害结果不必承担法律责任。如企业在施工中遇到罕见的暴雨,不得不停工,从而延误了工期,在这种情况下,停工行为和延误工期造成损失的结果并非出自施工者的主观故意,也不存在过失,而是属于不可抗力,因此不应承担法律责任。

2) 特殊构成要件

特殊构成要件是指由法律特殊规定的法律责任的构成要件,它们不是有机地结合在一起的,而是分别同一般要件构成法律责任。

(1) 特殊主体

在一般构成要件中对违法者即承担责任的主体没有特殊规定,只要具备了相应的行为能力即可成为责任主体。而特殊主体则不同,它是指法律规定违法者必须具备一定的身份和职务时才能承担法律责任,主要指刑事责任中的职务犯罪,如贪污受贿等,以及行政责任中的职务违法,如徇私舞弊、以权谋私等。不具备这一条件的,不承担这类责任。

(2) 特殊结果

在一般构成要件中,只要有损害事实的发生就要承担相应的法律责任,而在特殊结果中则要求后果严重、损失重大,否则不能构成法律责任。如质量监督人员对工程的质量监督工作粗心大意,导致应当发现的隐患没有发现,造成严重的质量事故,那么他就要承担玩忽职守的法律责任。

(3) 无过错责任

一般构成要件都要求违法者主观上必须有过错,但许多民事责任的构成要件则不要求行为者主观上是否有过错,只要有损害事实发生,受益人就要承担一定的法律责任。这种责任,主要反映了法律责任的补偿性,而不具有法律制裁意义。

(4) 转承责任

一般构成要件都要求实施违法行为者承担法律责任,但在民法和行政法中,有些法律责任则要求与违法者有一定关系的第三人来承担。如未成年人将他人打伤的侵权赔偿责任,应由未成年人的监护人来承担。

2. 法律责任的种类

1) 民事责任

(1) 民事责任的概念

民事责任即民事法律责任,是指民事主体对自己在民事活动中违反民事法律规范的行为所引起的法律后果应当承担的法律责任。

(2) 民事责任的分类

① 违约责任。违约责任是指行为人不履行合同义务或者履行合同义务不符合合同约定所产生的民事责任。

② 侵权责任。侵权责任是指行为人侵犯国家、集体和公民的财产权利以及侵犯法人名称权和自然人的人身权时所产生的民事责任。

(3) 承担民事责任的方式

① 停止侵害;

② 排除妨碍;

③ 消除危险;

④ 返还财产;

⑤ 恢复原状;

⑥ 修理、重作、更换;

⑦ 继续履行;

⑧ 赔偿损失;

⑨ 支付违约金;

⑩ 消除影响、恢复名誉；

⑪ 赔礼道歉。

以上承担民事责任的方式，可以单独适用，也可以合并适用。

2) 行政责任

(1) 行政责任的概念

行政责任，是指行政主体及其工作人员因违反行政法律规范而必须承担的法律责任。它是行政违法及部分行政不当所引起的否定性法律后果。有权追究行政责任的机关包括：国家权力机关、国家行政机关、人民法院。

(2) 行政责任的种类

① 公民和法人因违反行政管理法律、法规的行为而应承担的行政责任。

② 国家工作人员因违反政纪或在执行职务时违反行政法规的行为而应承担的行政责任。

(3) 行政责任的承担方式

① 行政处罚。即由国家行政机关或授权的企事业单位、社会团体，对公民和法人违反行政管理法律、法规的行为所实施的制裁，主要有警告、罚款、没收违法所得、没收非法财物、责令停产停业、暂扣或者吊销许可证、暂扣或者吊销执照、行政拘留等。

② 行政处分。即由国家机关、企事业单位对其工作人员违反行政法规或政纪的行为所实施的制裁，主要有警告、记过、记大过、降职、降薪、撤职、留用察看、开除等。

3) 刑事责任

(1) 刑事责任的概念

刑事责任，是指犯罪主体违反《中华人民共和国刑法》的规定，实施了犯罪行为时所应承担的法律责任。

(2) 刑事责任的种类

① 重大责任事故罪。

② 重大劳动安全事故罪。

③ 工程重大安全事故罪。

④ 公司、企业人员受贿罪。

⑤ 向公司、企业人员行贿罪。

⑥ 贪污罪。

⑦ 介绍贿赂罪。

⑧ 单位行贿罪。

⑨ 签订、履行合同失职罪。

⑩ 强迫职工劳动罪。

⑪ 挪用公款罪。

⑫ 重大环境污染事故罪。

⑬ 玩忽职守罪。

⑭ 滥用职权罪。

⑮ 徇私舞弊罪等。

(3) 刑事责任的承担方式

① 刑事责任的承担方式是刑事处罚。刑事处罚有两种：主刑，包括管制、拘役、有期徒

刑、无期徒刑和死刑；附加刑，包括罚金、没收财产和剥夺政治权利。

② 有些刑事责任可以根据犯罪的具体情况而免除刑事处罚。对免除刑事处罚的罪犯，有关部门可以根据法律的规定使其承担其他种类法律责任，如对贪污犯可以给予开除公职的行政处分等。

小结

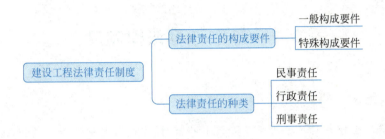

第1章 案例分析

第 2 章 建筑许可法律制度

2.1 行政许可法律制度

导入案例

某国土资源管理部门根据村民王某报上的材料,在未进行实地勘测的情况下,为其办理了集体土地使用证。不久,国土资源管理部门接到举报,称王某占用耕地建房。国土资源管理部门现场调查后,发现举报属实,拟对王某作出拆除房屋并复垦的行政处罚。王某认为用地情况都已经在上报的材料中写明,现在的问题是国土资源管理部门在办理集体土地使用证中工作失职所致,如果要拆除房屋,国土资源管理部门必须承担办证中的过错责任并赔偿其损失。

问题:在本案中,宅基地审批是否属于行政许可范畴?如果是,国土资源管理部门应当承担什么责任?王某在申请过程中没有说明用地性质,如果他事先知道所用土地为耕地,其行为是否有骗取行政许可的嫌疑?

1. 行政许可法律制度的概念

《中华人民共和国行政许可法》(以下简称《行政许可法》)是规范行政许可的设定和实施,保护公民、法人和其他组织的合法权益,维护公共利益和社会秩序,保障和监督行政机关有效实施行政管理的法律规范,是继《中华人民共和国行政诉讼法》《中华人民共和国国家赔偿法》《中华人民共和国行政处罚法》《中华人民共和国行政复议法》之后的又一部对行政机关的工作产生重要影响的法律,由第十届全国人民代表大会常务委员会第四次会议于 2003 年 8 月 27 日通过,自 2004 年 7 月 1 日起施行。

所谓行政许可是指行政机关根据公民、法人或者其他组织的申请,经依法审查,准予其从事特定活动的行为,其主要特征如下。

1) 依申请的行政行为

行政许可是一种依申请的行政行为。没有行政相对人的申请,行政机关不能主动予以许可。

2) 外部管理行为、事前管理行为

行政许可存在意味着法律的一般禁止。行政许可的内容是国家一般禁止的活动,为适应社会生活和生产的需要,对符合一定条件者解除禁止,允许其从事某项特定活动,享有特定权利和资格;许可是对禁止的解除,没有法律的一般禁止,便不存在行政许可。例如,制作、运输、销售爆破物品是国家一般禁止的行为,但国家为了国防安全及社会需要,对符合条件的组织和个人准许实施这类行为。

3) 经依法审查的行为

行政机关对行政相对人的申请要依法审查。这是行政机关必须依法履行的职责,对符合法定条件的申请人即应准予申请,对不符合法定条件的申请要坚决拒绝,否则就要追究行政机关及相关责任人的法律责任。

4) 授益性行政行为

行政许可是授益性行政行为。行政许可不同于行政处罚和行政征收,它不是对相对人课以义务或者惩罚,而是赋予相对人某种权利和资格的授益性行政行为。如开业、生产、经营许可,这类许可使相对人获得了某种权利;而律师证、会计师证的颁发,则使相对人获得了从事相应职业的资格。行政许可的目的在于抑止公益上的危险或影响秩序的因素,不得随意将许可制度与创收相联系,不得滥设许可、乱收费。

5) 要式行为

行政许可是要式行政行为。行政许可应遵循一定的法定程序,并应以正规的文书、格式、日期印章等形式予以准予。许可证是行政许可行为的主要表现形式,书面许可是行政许可形式上的特点。

建设工程许可,是指建设行政主管部门或者其他有关行政主管部门准许、变更和终止公民、法人和其他组织从事建设工程活动的具体行政行为。建设工程许可的表现形式为施工许可证、批准证件(开工报告)、工程建设企业资质证书和工程建设从业人员执业资格证书等。实行建筑工程许可制度的目的在于有效保证建设工程的质量和安全,这也是国际上的通行做法,如日本、韩国、英国、挪威、德国以及我国台湾地区的建筑立法,都明确地规定建筑许可制度。

《建筑法》规定的建筑许可包括施工许可与从业资格许可两种。实行施工许可,既可以监督建设单位尽快建成拟建项目,防止闲置土地、影响社会公共利益;又能保证建设项目开工后顺利进行,避免由于不具备施工条件盲目上马,给参与建筑工程的单位造成不必要的损失;同时也有助于建设行政主管部门对在建项目实施有效的监督管理。实行从业资格制度,有利于确保从事建筑活动的单位和个人的素质,提高建筑工程的质量,确保建筑工程的安全和国家财产安全。

2. 行政许可的设定

行政许可的设定是指国家有权机关根据法定权限和法定程序创设行政许可规范的活动,是一种创制性的立法行为(从"无"到"有")。在其所涉及的具体事项上,并不存在更高位阶的法律规范,不是更高位阶法律规范的具体化。过去,我国关于设定行政许可的制度很不完善,主要表现为:①行政许可的主体过多且权限不清,导致行政许可范围失控,设定混乱;②设定许可的范围过广,事项过多,对经济、社会和个人自由形成过度干预,降低了经济效率,妨碍了市场开放和公平竞争,不利于发挥公民、组织的积极性、主动性;③设定行政许可的目的异化,某些部门设定行政许可是出于追求部门的权力或利益,与民争利,目的异化必然会使行政许可的设定及其实施产生混乱;④设定过多的许可环节,损害了行政相对人的权利,降低了行政效率。行政许可的设定是行政许可法律制度的核心与关键,《行政许可法》对行政许可的设定应遵循的原则、行政许可的设定范围、行政许可的设定权限、行政许可的设定程序等方面作出了具体规定。

而在建设工程领域,行政许可宜少不宜多,行政许可的设定应当慎之又慎。《行政许可法》第十一条至第十七条对行政许可的设定权限和范围均作了详细的规定,其中第十一条规定:"设定行政许可,应当遵循经济和社会发展规律,有利于发挥公民、法人或者其他组织的积极性、主动性,维护公共利益和社会秩序,促进经济、社会和生态环境协调发展。"它要求有权限的主体在设定行政许可时须综合考量各方面的利益和各类因素,然后再作出是否设定许可的决策。

1) 行政许可的设定权分配

全国人民代表大会及其常务委员会、国务院、省级的地方人民代表大会及其常务委员会、较大的市的地方人民代表大会及其常务委员会和省级人民政府享有行政许可设定权。其他国家机关,包括国务院部门,一律无权设定行政许可。

行政许可权的设定权包含两种含义,即行政许可的创设权与规定权。创设权是指享有国家立法权的机关制定、认可、修改、废止行政许可事项的权利。规定权是指对法律、法规已经设定的行政许可事项,为结合实施的需要,就其条件、标准、程序等进行具体解释和适用的权利。

《行政许可法》对设定行政许可的权限作了三个方面的规定:①凡《行政许可法》规定可以设定行政许可的事项,法律都可以设定行政许可。②对可以设定行政许可的事项,尚未制定法律的,行政法规可以设定行政许可。必要时,国务院可以通过发布决定的方式设定行政许可,实施后,除临时性行政许可事项外,应当及时提请全国人大及其常委会制定法律,或者自行制定行政法规。③对于可以设定行政许可的事项,尚未制定法律、行政法规的,地方性法规可以设定行政许可;尚未制定法律、行政法规和地方性法规,因行政管理需要,确需立即实施行政许可的,省、自治区、直辖市人民政府可以设定临时性的行政许可。临时性行政许可实施满一年需要继续实施的,应当提请本级人大及其常委会制定地方性法规。但是,地方性法规、地方政府规章不得设定应当由国家统一确定的有关公民、法人或者其他组织的资格、资质的行政许可,不得设定企业或者其他组织的设立登记及其前置性行政许可。其设定的行政许可,不得限制其他地区的个人或者企业到本地区从事生产经营和提供服务,不得限制其他地区的商品进入本地区市场。

为提高设定行政许可的合理性、可行性,《行政许可法》规定设定行政许可必须遵循下列规则:①设定行政许可,应当明确规定行政许可的实施机关、条件、程序、期限;②起草法律草案、法规草案和省级人民政府规章草案,拟设定行政许可的,起草单位应当采取听证会、论证会等形式听取意见,并向制定机关说明设定该行政许可的必要性、对经济和社会可能产生的影响以及听取和采纳意见的情况;③行政许可的设定机关应当定期对其设定的行政许可进行评价,对于随着形势的发展不再需要实施行政许可的,应当对设定该行政许可的规定及时予以修改或者废止。

2) 行政许可的设定范围

《行政许可法》第十二条规定下列事项可以设定行政许可。

① 直接涉及国家安全、公共安全、经济宏观调控、生态环境保护以及直接关系人身健康、生命财产安全等特定活动,需要按照法定条件予以批准的事项。

② 有限自然资源开发利用、公共资源配置以及直接关系公共利益的特定行业的市场准入等,需要赋予特定权利的事项。

③ 提供公众服务并且直接关系公共利益的职业、行业,需要确定具备特殊信誉、特殊条件或者特殊技能等资格、资质的事项。

④ 直接关系公共安全、人身健康、生命财产安全的重要设备、设施、产品、物品,需要按照技术标准、技术规范,通过检验、检测、检疫等方式进行审定的事项。

⑤ 企业或者其他组织的设立等,需要确定主体资格的事项。

⑥ 法律、行政法规规定可以设定行政许可的其他事项。

由以上法律规定可将行政许可的设定范围归纳如下。

(1) 普通许可

普通许可,行政机关准予公民、法人或者其他组织从事特定活动的事项。

此类事项的范围较广,直接关系到国家、经济安全、公共利益、人身及财产安全。其主要特点有:①在此范围内,相对人行使法定权利或者从事法律没有禁止但附有条件的活动,需经批准。②许可事项一般没有数量控制。③法律、法规对这类许可事项规定的条件和标准较明确,行政机关的自由裁量权受到限制。④申请人自身的条件决定能否取得许可,且取得许可后不得转让。

普通许可主要包括:①与国家安全有关的事项,如《中华人民共和国测绘法》第十九条规定,外国的组织或者个人在中华人民共和国领域和管辖的其他海域从事测绘活动,必须经国务院测绘行政主管部门会同军队测绘主管部门批准,并遵守中华人民共和国的有关法律、行政法规的规定。②经济宏观调控的事项,如投资立项、产业布局、进出口管制等。③生态环境保护的事项,如我国的《中华人民共和国环境保护法》《中华人民共和国水污染防治法》《中华人民共和国大气污染防治法》《中华人民共和国固体废物污染环境防治法》《中华人民共和国噪声污染防治法》《中华人民共和国海洋环境保护法》《建设项目环境保护管理条例》等都规定,建设项目环境影响报告书、向环境排放污染物、环境保护工程设施,均须经批准或者验收。④直接关系公共安全、人身健康、生命财产安全的事项,如《中华人民共和国药品管理法》规定,开办药品生产企业,须经企业所在地省、自治区、直辖市人民政府药品监督管理部门批准并发给《药品生产许可证》;开办药品批发企业,须经企业所在地省、自治区、直辖市人民政府药品监督管理部门批准并发给《药品经营许可证》;生产新药或者已有国家标准的药品的,须经国务院药品监督管理部门批准,并发给药品批准文号。

(2) 特许

特许,赋予公民、法人或者其他组织特定权利并且具有数量限制的事项。

此类许可之事项一般与民事权利有关,是为了合理分配及有效利用有限的自然资源和公共资源,其结果是向相对人授予某种民事权利,一般都有数量限制,且申请人若要获得许可,通常须支付一定的对价,特别是有关自然资源开发、利用方面的许可。该类许可与民事合同发生竞合,国家以自然资源和公共资源所有者的身份,向申请人颁发许可,兼具行政权力与民事权利双重身份,申请人取得许可之后可依法转让。

特许主要包括:①有限自然资源的配置,如《中华人民共和国矿产资源法》《中华人民共和国煤炭法》《中华人民共和国水法》《中华人民共和国森林法》《中华人民共和国草原法》等法律都规定,开发利用土地、矿产、草原、水等自然资源必须经审批。②有限公共资源的配置,对各种市政设施、道路交通、航空航线、无线电频率等公共资源的利用实行许可,可以优化对公共资源的配置,提高其利用率,如对出租车牌照、公共汽车运营线路实行招标拍卖。

③专营权利的赋予,即特定行业的市场准入,主要是公用事业服务等行业,如自来水、煤气、电力、电信、邮政等与人民群众日常生活、公共利益密切相关的行业。如《中华人民共和国电力法》规定,一个供电营业区内只设一个供电营业机构。省、自治区、直辖市范围内的供电营业区的设立、变更由供电企业提出申请,经省级电力管理部门会同有关部门审查批准后,由省级电力管理部门发给《供电营业许可证》。

(3) 认可

认可,资格资质方面的事项。

公民、法人或者其他组织为公众提供服务,所从事的职业和工作直接关系公共利益,因而国家要求从事这些职业或行业的公民和组织具备特殊的资格和条件。其主要目的是提高从业水平或者某种技能、信誉。其特点是:①这种许可事项限于为公众直接提供服务的特定职业和行业,间接提供服务,不需要设定许可。②这些职业和行业直接关系公共利益。③从事这些职业或行业要具备特殊信誉、特殊条件或者特殊技能,并且需要国家统一规定。④这类资格资质的授予,通过考试、考核方式确定。⑤资格资质与相对人的身份相联系,不能转让、不能继承。

目前公民的职业资格许可主要有两类:一类是职业资格许可。如律师资格证,《中华人民共和国律师法》规定,律师执业应当取得律师资格和执业证书。另一类是劳动技能资格许可。《中华人民共和国劳动法》规定,国家确定职业分类,对规定的职业制定职业技能标准,实行职业资格证书制度,由经过政府批准的考核鉴定机构负责对劳动者实施职业技能考核鉴定。

而在建设工程领域的相关企业资质许可主要有施工企业、勘察单位、设计单位、监理单位资质证书等;从业人员执业资格许可主要有注册建筑师、注册建造师、注册监理工程师、注册造价工程师、注册咨询工程师等。

(4) 核准

核准,对特定物的检测、检验和检疫。

此类事项通常被认为是对物的许可,其实质则是对物的所有人支配和使用该物的一种许可。依据既定的技术规范和技术标准对物进行检验、检测和检疫,是否许可取决于检验结果,行政机关没有自由裁量权,且没有数量限制。被检定为合格的物在得到许可之后,该物的所有权人即可使用、销售该物品,在其所有权发生转变时,对该物品的许可仍然有效。

核准主要包括:①直接关系公共安全、人身健康、生命财产安全的重要设备、设施的设计、建造、安装和使用,如《中华人民共和国民用航空法》规定,设计民用航空器及其发动机、螺旋桨和民用航空器上的设备,应当向国务院民用航空主管部门申请领取型号合格证书,经审查合格的发给型号证书。生产、维修民用航空器及其发动机、螺旋桨和民用航空器上的设备,应当向国务院民用航空主管部门申请领取生产许可证、维修许可证,经审查合格发给相应证书。②直接关系人身健康、生命财产安全的特定产品、物品的检验、检疫,如《生猪屠宰管理条例》规定,定点屠宰场屠宰的生猪,应当经生猪产地动物防疫机构检疫合格。肉品品质检验合格的生猪产品,定点屠宰场应当加盖肉品品质检验合格验讫印章,放行出场。

(5) 登记

登记,确定主体资格方面的事项。

通过登记确立个人、企业或者其他组织的特定主体资格。其特点是:①未经合法登记并取得特定主体资格的,不得从事相关活动。②没有数量上的限制。③对申请材料一般只进行形式审查,通常可以当场作出是否准予的决定。④行政机关没有自由裁量权。

登记许可主要有两类:一类是企业法人登记,确立其市场主体资格;另一类是社会组织登记,包括社会团体、事业单位、民办非企业单位登记等,以确立其从事社会活动的资格。这两类主体的确立,都需要按照法定条件登记。

对于可以设定行政许可的事项,并不是在任何情况下都应当设定行政许可。《行政许可法》第十三条规定,本法第十二条所列事项,通过下列方式能够予以规范的,可以不设行政许可。

① 公民、法人或者其他组织能够自主决定的。
② 市场竞争机制能够有效调节的。
③ 行业组织或者中介机构能够自律管理的。
④ 行政机关采用事后监督等其他行政管理方式能够解决的。

小结

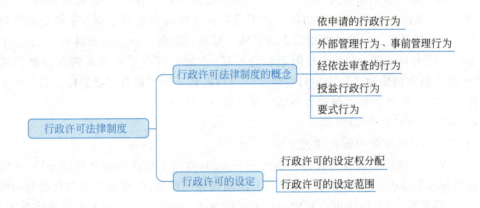

2.2 施工许可法律制度

导入案例

当事人王某以河北某公司名义,申请在茨榆坨市场建设羊绒批发大厅。茨榆坨镇政府与县市场服务中心就该项目书面请示县政府,由主管副县长批准同意。经茨榆坨镇政府审核同意,王某向住建局提出建设羊绒大厅的临时建筑申请,住建局在《村镇临时建筑工程规划审批表》加盖村镇规划审批专用章,批准王某临时建筑为二层砖混结构,建筑面积2 450平方米,在该审批表中政府审批意见栏内,县政府未签署意见。县住建局未向王某发放《临时建筑用地规划许可证》和《临时建筑工程规划许可证》。随后王某在未办理临时用地审批、未取得用地规划和工程规划许可证、未经规划审批机关现场放线和验线的情况下,开工进行建设。

两个月后,县政府召开由茨榆坨镇政府、行政执法局、公安局、卫生局等参加的会议,会议决定对王某违法临时建筑予以拆除。当日下午,茨榆坨镇政府、行政执法局等部门联合对王某的建筑实施了强制拆除。王某则以茨榆坨镇政府、行政执法局、公安局为被告提起行政诉讼。其诉讼请求如下:①要求确认强制拆除行为违法;②赔偿损失人民币165万元。

问题:在本案中,王某的行为是否违法?行政执法机关是否应赔偿王某的经济损失?

设立施工许可制度的意义重大,有利于保证建设工程的开工符合必要条件,避免不具备条件的建设工程盲目开工而给当事人造成损失或导致国家财产的浪费,从而使建设工程在开工后能够顺利实施,也便于有关行政主管部门了解和掌握所辖范围内有关建设工程的数量、规模以及施工队伍等基本情况,依法进行指导和监督,保证建设工程活动依法有序进行。

我国目前对建设工程开工条件的审批,存在着颁发"施工许可证"和"开工报告"两种形式。大多数工程是办理施工许可证,部分工程则为批准开工报告。

开工报告制度是我国沿用已久的一种建设项目开工管理制度。1979年,原国家计划委员会、国家基本建设委员会在《关于做好基本建设前期工作的通知》中规定了这项制度。1984年原国家计划委员会发布的《关于简化基本建设项目审批手续的通知》中将其简化,1988年以后,又恢复了开工报告制度。开工报告审查的内容主要包括:①资金到位情况;②投资项目市场预测;③设计图纸是否满足施工要求;④现场条件是否具备"三通一平"等的要求。1995年国务院《关于严格限制新开工项目,加强固定资产投资源头控制的通知》《关于严格控制高档房地产开发项目的通知》中,均提到了开工报告审批制度。近些年来,公路建设项目等已由开工报告制度改为施工许可制度。

1. 施工许可证的适用范围

1)需要办理施工许可证的建设工程

2014年6月住房和城乡建设部经修改后发布的《建筑工程施工许可管理办法》规定,在中华人民共和国境内从事各类房屋建筑及其附属设施的建造、装修装饰和与其配套的线路、管道、设备的安装,以及城镇市政基础设施工程的施工,建设单位在开工前应当依照本办法的规定,向工程所在地的县级以上人民政府建设行政主管部门申请领取施工许可证。

2)不需要办理施工许可证的建设工程

(1)限额以下的小型工程

按照《建筑法》的规定,国务院建设行政主管部门确定的限额以下的小型工程,可以不申请办理施工许可证。

据此,《建筑工程施工许可管理办法》规定,工程投资额在30万元以下或者建筑面积在300平方米以下的建筑工程,可以不申请办理施工许可证。省、自治区、直辖市人民政府建设行政主管部门可以根据当地的实际情况,对限额进行调整,并报国务院建设行政主管部门备案。

(2)抢险救灾等工程

《建筑法》规定,抢险救灾及其他临时性房屋建筑和农民自建低层住宅的建筑活动,不适用本法。

抢险救灾及其他临时性房屋建筑,因其具有的时效性、临时性和简易性等特点,不可能也没有必要按照本法的规定进行管理;农民在农村自建的低层住宅,量大面广、情况千差万别,目前仍以较为简易的居多,要将这类农村自建住宅都纳入国家的行政管理之中,目前难以做到,从执法成本考虑,也没有大的必要。从实际出发,法律规定不需要办理施工许可证。

(3) 不重复办理施工许可证的建设工程

为避免同一建设工程的开工由不同行政主管部门重复审批的现象,《建筑法》规定,按照国务院规定的权限和程序批准开工报告的建筑工程,不再领取施工许可证。即实行开工报告批准制度的建设工程,必须符合国务院的规定,其他任何部门无权规定。

(4) 另行规定的建设工程

《建筑法》规定,军用房屋建筑工程建筑活动的具体管理办法,由国务院、中央军事委员会依据本法制定。

据此,军用房屋建筑工程是否实行施工许可,由国务院、中央军事委员会另行规定。

2. 施工许可证的申请主体和法定批准条件

1) 施工许可证的申请主体

《建筑法》规定,建设单位应当按照国家有关规定向工程所在地县级以上人民政府建设行政主管部门申请领取施工许可证。

建设单位(又称业主或项目法人)是建设项目的投资者,如果建设项目是政府投资,则建设单位为该建设项目的管理单位或使用单位。为建设工程开工和施工单位进场做好各项前期准备工作,是建设单位应尽的义务。

2) 施工许可证的法定批准条件

《建筑法》规定,申请领取施工许可证,应当具备下列条件:①已经办理该建筑工程用地批准手续;②在城市规划区的建筑工程,已经取得规划许可证;③需要拆迁的,其拆迁进度符合施工要求;④已经确定建筑施工企业;⑤有满足施工需要的施工图纸及技术资料;⑥有保证工程质量和安全的具体措施;⑦建设资金已经落实;⑧法律、行政法规规定的其他条件。

《建筑工程施工许可管理办法》进一步规定,建设单位申请领取施工许可证,应当具备下列条件,并提交相应的证明文件:①依法应当办理用地批准手续的,已经办理该建筑工程用地批准手续;②在城市、镇规划区的建筑工程,已经取得建设工程规划许可证;③施工场地已经基本具备施工条件,需要征收房屋的,其进度符合施工要求;④已经确定施工企业;⑤有满足施工需要的技术资料,施工图设计文件已按规定审查合格;⑥有保证工程质量和安全的具体措施;⑦按照规定应当委托监理的工程已委托监理;⑧建设资金已经落实;⑨法律、行政法规规定的其他条件。以上各法定审批条件的具体规定如下。

(1) 依法应当办理用地批准手续的,已经办理该建筑工程用地批准手续

2004年8月经修改后颁布的《中华人民共和国土地管理法》规定,任何单位和个人进行建设,需要使用土地的,必须依法申请使用国有土地。依法申请使用的国有土地包括国家所有的土地和国家征收的原属于农民集体所有的土地。经批准的建设项目需要使用国有建设用地的,建设单位应当持法律、行政法规规定的有关文件,向有批准权的县级以上人民政府土地行政主管部门提出建设用地申请,经土地行政主管部门审查,报本级人民政府批准。

办理用地批准手续是建设工程依法取得土地使用权的必经程序,也是建设工程取得施工许可的必要条件。如果没有依法取得土地使用权,就不能批准建设工程开工。

(2) 在城市、镇规划区的建筑工程,已经取得规划许可证

在城市、镇规划区内,规划许可证包括建设用地规划许可证和建设工程规划许可证。在

乡、村庄规划区内进行乡镇企业、乡村公共设施和公益事业建设的,须核发乡村建设规划许可证。

2015年4月经修改后公布的《中华人民共和国城乡规划法》规定,在城市、镇规划区内以划拨方式提供国有土地使用权的建设项目,经有关部门批准、核准、备案后,建设单位应当向城市、县人民政府城乡规划主管部门提出建设用地规划许可申请,由城市、县人民政府城乡规划主管部门依据控制性详细规划核定建设用地的位置、面积、允许建设的范围,核发建设用地规划许可证。建设单位在取得建设用地规划许可证后,方可向县级以上地方人民政府土地主管部门申请用地,经县级以上人民政府审批后,由土地主管部门划拨土地。

以出让方式取得国有土地使用权的建设项目,在签订国有土地使用权出让合同后,建设单位应当持建设项目的批准、核准、备案文件和国有土地使用权出让合同,向城市、县人民政府城乡规划主管部门领取建设用地规划许可证。

在城市、镇规划区内进行建筑物、构筑物、道路、管线和其他工程建设的,建设单位或者个人应当向城市、县人民政府城乡规划主管部门或者省、自治区、直辖市人民政府确定的镇人民政府申请办理建设工程规划许可证。

这两个规划许可证,分别是申请用地和确认有关建设工程符合城市、镇规划要求的法律凭证。所以,只有取得规划许可证后,方可申请办理施工许可证。

(3) 施工场地已经基本具备施工条件,需要拆迁的,其拆迁进度符合施工要求

施工场地应该具备的基本施工条件,通常要根据建设工程项目的具体情况决定。如已具备"三通一平"(场地平整、水通、电通、路通),安全监督手续已办理。勘察、设计文件已通过审查,现有的施工图纸已经建设、设计、监理、施工四方会审,主材料已由厂家签订相应合同,设备已落实。项目监理部已组成,总监理工程师、专业监理工程师已到位。施工单位项目经理部已组建,施工管理人员已到位,完成开工前的准备工作。经监理单位审查并填写"施工场地已具备施工条件的证明",且已加盖单位公章确认。

需要拆迁的,其拆迁进度符合施工要求。《中华人民共和国物权法》规定,为了公共利益的需要,依照法律规定的权限和程序可以征收集体所有的土地和单位、个人的房屋及其他不动产。房屋征收要根据城乡规划和国家专项工程的迁建计划以及当地政府的用地文件,拆除和迁移建设用地范围内的房屋及其附属物,并对原房屋及其附属物的所有人或使用人进行补偿和安置。拆迁分为成片大面积拆迁、整栋房屋拆迁和一栋房屋的局部拆迁。需要先期进行拆迁的建筑工程,其拆迁工作状况直接影响到整个建筑工程能否顺利进行。在建筑工程开始施工时,拆迁的进度必须符合工程开工的要求,这是保证该建筑工程正常施工的基本条件。

(4) 已经确定施工企业

建设工程的施工必须由具备相应资质的施工企业来承担。因此,在建设工程开工前,建设单位必须依法通过招标或直接发包的方式确定承包该建设工程的施工企业,并签订建设工程承包合同,明确双方的责任、权利和义务。否则,建设工程的施工将无法进行。

《建筑工程施工许可管理办法》进一步规定,按照规定应该招标的工程没有招标,应该公开招标的工程没有公开招标,或者肢解发包工程,以及将工程发包给不具备相应资质条件的,所确定的施工企业无效。

(5) 有满足施工需要的施工图纸及技术资料

施工图设计文件已按规定进行了审查,施工图纸是实行建设工程的最根本的技术文件,也是在施工过程中保证建设工程质量的重要依据。这就要求设计单位要按工程的施工顺序和施工进度,安排好施工图纸的配套交付计划,保证满足施工的需要。特别是在开工前,必须有满足施工需要的施工图纸和技术资料。技术资料一般包括地形、地质、水文、气象等自然条件资料和主要原材料、燃料来源,水电供应和运输条件等技术经济条件资料。掌握客观、准确、全面的技术资料,是实现建设工程质量和安全的重要保证。在建设工程开工前,必须有能够满足施工需要的技术资料。

2015年6月经修改后颁布的《建设工程勘察设计管理条例》规定,编制施工图设计文件,应当满足设备材料采购、非标准设备制作和施工的需要,并注明建设工程合理使用年限。

我国已建立施工图设计文件的审查制度,施工图设计文件不仅要满足施工需要,还应当按照规定对其涉及公共利益、公众安全、工程建设强制性标准的内容进行审查。2000年1月颁布的《建设工程质量管理条例》和新修订的《建设工程勘察设计管理条例》均规定,施工图设计文件未经审查批准的,不得使用。

(6) 有保证工程质量和安全的具体措施

工程质量和安全是工程建设的永恒主题。《建设工程质量管理条例》规定,建设单位在领取施工许可证或者开工报告前,应当按照国家有关规定办理工程质量监督手续。2003年11月颁布的《建设工程安全生产管理条例》规定,建设单位在申请领取施工许可证时,应当提供建设工程有关安全施工措施的资料。建设行政主管部门在审核发放施工许可证时,应当对建设工程是否有安全施工措施进行审查,对没有安全施工措施的,不得颁发施工许可证。

《建筑工程施工许可管理办法》中对"有保证工程质量和安全的具体措施"作了进一步规定,施工企业编制的施工组织设计中有根据建筑工程特点制定的相应质量、安全技术措施,专业性较强的工程项目编制了专项质量、安全施工组织设计,并按照规定办理了工程质量、安全监督手续。

施工组织设计的编制是施工准备工作的中心环节,其编制的好坏直接影响建设工程质量和安全生产,影响组织施工能否顺利进行。因此,施工组织设计须在开工前由施工企业负责编制,并按照其隶属关系及建设工程的性质、规模、技术简繁等进行审批,其重要内容就是要有保证建设工程质量和安全的具体措施。

(7) 按照规定应当委托监理的工程已委托监理

根据《建筑法》的规定,国务院可以规定实行强制监理的建筑工程的范围。为此,《建设工程质量管理条例》明确规定,下列建设工程必须实行监理:①国家重点建设工程;②大中型公用事业工程;③成片开发建设的住宅小区工程;④利用外国政府或者国际组织贷款、援助资金的工程;⑤国家规定必须实行监理的其他工程。因此,对于上述规定中应当委托监理的工程已委托监理是申办施工许可的基本条件之一。

(8) 建设资金已经落实

建设资金的落实是建设工程开工后能否顺利实施的关键。某些地方和建设单位无视国家有关规定和自身经济实力,在建设资金不落实或资金不足的情况下,盲目上建设项目,强行要求施工企业垫资承包或施工,转嫁投资缺口,造成拖欠工程款的问题难以杜绝,不仅加重了施工企业的生产经营困难,影响了工程建设的正常进行,也扰乱了建设市场的秩序,许多"烂尾楼"工程等都是建设资金不到位的结果。因此,在建设工程开工前,建设资金必须落实。

《建筑工程施工许可管理办法》明确规定,建设工期不足1年的,到位资金原则上不得少于工程合同价的50%;建设工期超过1年的,到位资金原则上不得少于工程合同价的30%。建设单位应当提供银行出具的到位资金证明,有条件的可以实行银行付款保函或者其他第三方担保。

(9)法律、行政法规规定的其他条件

由于施工活动本身很复杂,各类工程的施工方法、建设要求等也不同,申请领取施工许可证的条件很难在一部法律中采用列举的方式全部涵盖。国家对建设活动的管理也在不断完善,施工许可证的申领条件还会发生变化。所以,《建筑法》为今后法律、行政法规可能规定的施工许可证申领条件作了特别规定。需要说明的是,只有全国人大及其常委会制定的法律和国务院制定的行政法规,才有权增加施工许可证新的申领条件,其他如部门规章、地方性法规、地方规章等都不得规定增加施工许可证的申领条件。《建筑工程施工许可管理办法》明确规定,县级以上地方人民政府住房城乡建设主管部门不得违反法律、法规规定,增设办理施工许可证的其他条件。

目前,已增加的施工许可证申领条件主要是消防设计审核。2008年10月经修改后颁布的《中华人民共和国消防法》规定,依法应当经公安机关消防机构进行消防设计审核的建设工程,未经依法审核或者审核不合格的,负责审批该工程施工许可的部门不得给予施工许可,建设单位、施工单位不得施工,其他建设工程取得施工许可后经依法抽查不合格的,应当停止施工。

上述的法定条件必须同时具备,缺一不可。发证机关应当自收到申请之日起15日内,对符合条件的申请颁发施工许可证。对于证明文件不齐全或者失效的,应当当场或者5日内一次告知建设单位需要补正的全部内容,审批时间可以自证明文件补正齐全后作相应顺延;对于不符合条件的,应当自收到申请之日起15日内书面通知建设单位,并说明理由。此外,《建筑工程施工许可管理办法》还明确规定,应当申请领取施工许可证的建筑工程未取得施工许可证的,一律不得开工。任何单位和个人不得将应当申请领取施工许可证的工程项目分解为若干限额以下的工程项目,规避申请领取施工许可证。

3. 延期开工、核验和重新办理批准的规定

1) 申请延期的规定

《建筑法》规定,建设单位应当自领取施工许可证之日起3个月内开工。因故不能按期开工的,应当向发证机关申请延期;延期以两次为限,每次不超过3个月。既不开工又不申请延期或者超过延期时限的,施工许可证自行废止。

施工活动不同于一般的生产活动,其受气候、经济、环境等因素的制约较大,根据客观条件的变化,允许适当延期还是必要的。但是,申请延期也须有必要的限制。

2) 核验施工许可证的规定

《建筑法》规定,在建的建筑工程因故中止施工的,建设单位应当自中止施工之日起1个月内,向发证机关报告,并按照规定做好建筑工程的维护管理工作。建筑工程恢复施工时,应当向发证机关报告;中止施工满1年的工程恢复施工前,建设单位应当报发证机关核验施工许可证。

所谓中止施工是指建设工程开工后,在施工过程中因特殊情况的发生而中途停止施工的一种行为。中止施工的原因很复杂,如地震、洪水等不可抗力,以及宏观调控压缩基建规模、停建缓建建设工程等。对于因故中止施工的,建设单位应当按照规定的时限向发证机关报告,并按照规定做好建设工程的维护管理工作,以防止建设工程在中止施工期间遭受不必要的损失,保证在恢复施工时可以尽快启动。例如,建设单位与施工单位应当确定合理的停工部位,并协商提出善后处理的具体方案,明确双方的职责、权利和义务;建设单位应当派专人负责,定期检查中止施工工程的质量状况,发现问题及时解决;建设单位要与施工单位共同做好中止施工的工地现场安全、防火、防盗、维护等工作,防止因工地脚手架、施工铁架、外墙挡板等腐烂、断裂、坠落、倒塌等导致人身安全事故,并保管好工程技术档案资料。

在恢复施工时,建设单位应当向发证机关报告恢复施工的有关情况。中止施工满1年的,在建设工程恢复施工前,建设单位还应当报发证机关核验施工许可证,看是否仍具备组织施工的条件。经核验符合条件的,应允许恢复施工,施工许可证继续有效;经核验不符合条件的,应当收回其施工许可证,不允许恢复施工,待条件具备后,由建设单位重新申领施工许可证。

3) 重新办理批准手续的规定

对于实行开工报告制度的建设工程,《建筑法》规定,按照国务院有关规定批准开工报告的建筑工程,因故不能按期开工或者中止施工的,应当及时向批准机关报告情况。因故不能按期开工超过6个月的,应当重新办理开工报告的批准手续。

按照国务院有关规定批准开工报告的建筑工程,一般都属于大中型建设项目。对于这类工程因故不能按期开工或者中止施工的,在审查和管理上更应该严格。

4. 违法行为应承担的法律责任

办理施工许可证或开工报告违法行为应承担的主要法律责任如下。

1) 未经许可擅自开工应承担的法律责任

《建筑法》规定,违反本法规定,未取得施工许可证或者开工报告未经批准擅自施工的,责令改正,对不符合开工条件的责令停止施工,可以处以罚款。

《建设工程质量管理条例》规定,建设单位未取得施工许可证或者开工报告未经批准,擅自施工的,责令停止施工,限期改正,处工程合同价款1‰以上2‰以下的罚款。

2) 规避办理施工许可证应承担的法律责任

《建筑工程施工许可管理办法》规定,对于未取得施工许可证或者为规避办理施工许可证将工程项目分解后擅自施工的,由有管辖权的发证机关责令停止施工,限期改正,对建设单位处工程合同价款1‰以上2‰以下罚款;对施工单位处3万元以下罚款。

3) 骗取和伪造施工许可证应承担的法律责任

《建筑工程施工许可管理办法》规定,建设单位采用欺骗、贿赂等不正当手段取得施工许可证的,由原发证机关撤销施工许可证,责令停止施工,并处1万元以上3万元以下罚款;构成犯罪的,依法追究刑事责任。

建设单位隐瞒有关情况或者提供虚假材料申请施工许可证的,发证机关不予受理或者不予许可,并处1万元以上3万元以下罚款;构成犯罪的,依法追究刑事责任。

建设单位伪造或者涂改施工许可证的,由发证机关责令停止施工,并处1万元以上3万元以下罚款；构成犯罪的，依法追究刑事责任。

4) 对单位主管人员等处罚的规定

给予单位罚款处罚的，对单位直接负责的主管人员和其他直接责任人员处单位罚款数额5%以上10%以下罚款。单位及相关责任人受到处罚的，作为不良行为记录予以通报。

小结

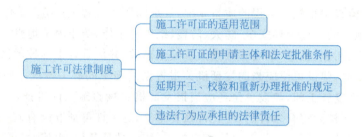

2.3 建设工程企业资质法律制度

导入案例

某商品住宅工程建筑面积96 953平方米，由A开发公司开发，施工总承包单位为B工程公司，施工合同价款为12 768万元。该工程于2015年6月5日开工，当地住房城乡建设主管部门接到举报称该工程涉嫌存在违法违规问题后，随即展开了调查。经查，B公司授权委托的第五分公司经理甲承认，乙于2015年春节后主动找上门，以交1.5%管理费的名义由乙承揽该工程，乙是实际施工人。B公司未与乙签订劳务合同，未为其缴纳社保。甲提供了内部承包合同、B公司转账给乙的凭证、乙支付有关设备材料的租赁采购费用的明细。

当地住房城乡建设主管部门责令B公司改正出借资质行为，并处已完工程合同价款3 078万元2%的罚款——人民币陆拾壹万伍仟陆佰元整（¥615 600元）。

问题：在本案中，乙和B公司的行为违反了哪些法律法规？其行为对建筑工程的质量和安全是否有危害？

工程建设执业资格制度就是国家通过法定条件和立法程序对建设活动主体资格进行认定和批准，赋予其在法律规定的范围内从事一定的建设活动的制度。只有取得相应资质或资格的单位或个人，才允许其在法律规定的范围内从事一定的建筑活动，具体包含从业单位资质制度和从业人员执业资格制度两个方面的内容。

《建筑法》第十二条规定，从事建筑活动的建筑施工企业、勘察单位、设计单位和工程监理单位，应当具备下列条件：①有符合国家规定的注册资本；②有与其从事的建筑活动相适应的具有法定执业资格的专业技术人员；③有从事相关建筑活动所应有的技术装备；④法律、行政法规规定的其他条件。

《建筑法》第十三条规定，从事建筑活动的建筑施工企业、勘察单位、设计单位和工程监理单位，按照其拥有的注册资本、专业技术人员、技术装备和已完成的建筑工程业绩等资质条件，划分为不同的资质等级。

1．建筑施工企业

2014年11月6日中华人民共和国住房和城乡建设部（以下简称住建部）发布"住房城乡建设部关于印发《建筑业企业资质标准》的通知"（建市〔2014〕159号），经修改后公布的《建筑业企业资质标准》对施工企业的资质等级、资质标准、申请与审批、业务范围等作出了明确规定。

1）施工企业的资质序列、类别和等级

《建筑业企业资质等级标准》中规定：建筑业企业资质分为施工总承包、专业承包和施工劳务三个序列。其中，施工总承包资质序列设有12个类别，分别是：建筑工程施工总承包、公路工程施工总承包、铁路工程施工总承包、港口与航道工程施工总承包、水利水电工程施工总承包、电力工程施工总承包、矿山工程施工总承包、冶金工程施工总承包、石油化工工程施工总承包、市政公用工程施工总承包、通信工程施工总承包、机电工程施工总承包。施工总承包资质一般分为4个等级，即特级、一级、二级和三级。

专业承包序列设有36个类别，分别是：地基基础工程专业承包、起重设备安装工程专业承包、预拌混凝土专业承包、电子与智能化工程专业承包、消防设施工程专业承包、防水防腐保温工程专业承包、桥梁工程专业承包资质、隧道工程专业承包、钢结构工程专业承包、模板脚手架专业承包、建筑装修装饰工程专业承包、建筑机电安装工程专业承包、建筑幕墙工程专业承包、古建筑工程专业承包、城市及道路照明工程专业承包、公路路面工程专业承包、公路路基工程专业承包、公路交通工程专业承包、铁路电务工程专业承包、铁路铺轨架梁工程专业承包、铁路电气化工程专业承包、机场场道工程专业承包、民航空管工程及机场弱电系统工程专业承包、机场目视助航工程专业承包、港口与海岸工程专业承包、航道工程专业承包、通航建筑物工程专业承包、港航设备安装及水上交管工程专业承包、水工金属结构制作与安装工程专业承包、水利水电机电安装工程专业承包、河湖整治工程专业承包、输变电工程专业承包、核工程专业承包、海洋石油工程专业承包、环保工程专业承包、特种工程专业承包。专业承包序列一般分为3个等级，即一级、二级和三级。

施工劳务序列不分类别和等级。

2）施工企业资质的法定条件

《建筑业企业资质标准》（建市〔2014〕159号）规定，具有法人资格的企业申请建筑业企业资质应具备下列基本条件：①具有满足本标准要求的资产；②具有满足本标准要求的注册建造师及其他注册人员、工程技术人员、施工现场管理人员和技术工人；③具有满足本标准要求的工程业绩；④具有必要的技术装备。

（1）有符合规定的净资产

如《建筑业企业资质标准》（建市〔2014〕159号）规定，建筑工程施工总承包一级企业净资产1亿元以上；二级企业净资产4000万元以上；三级企业净资产800万元以上。

《施工总承包企业特级资质标准》（建市〔2007〕72号）规定，申请特级资质要求企业资信能力如下：①企业注册资本金3亿元以上；②企业净资产3.6亿元以上；③企业近3年上缴建筑业营业税均在5000万元以上；④企业银行授信额度近3年均在5亿元以上。

(2) 有符合规定的主要人员

《建筑业企业资质标准》(建市〔2014〕159号)中规定,一级企业:①建筑工程、机电工程专业一级注册建造师合计不少于12人,其中建筑工程专业一级注册建造师不少于9人;②技术负责人具有10年以上从事工程施工技术管理工作经历,且具有结构专业高级职称;建筑工程相关专业中级以上职称人员不少于30人,且结构、给排水、暖通、电气等专业齐全;③持有岗位证书的施工现场管理人员不少于50人,且施工员、质量员、安全员、机械员、造价员等人员齐全;④经考核或培训合格的中级工以上技术工人不少于150人。

二级企业:①建筑工程、机电工程专业注册建造师合计不少于12人,其中建筑工程专业注册建造师不少于9人;②技术负责人具有8年以上从事工程施工技术管理工作经历,且具有结构专业高级职称或建筑工程专业一级注册建造师执业资格;建筑工程相关专业中级以上职称人员不少于15人,且结构、给排水、暖通、电气等专业齐全;③持有岗位证书的施工现场管理人员不少于30人,且施工员、质量员、安全员、机械员、造价员等人员齐全;④经考核或培训合格的中级工以上技术工人不少于75人。

三级企业:①建筑工程、机电工程专业注册建造师合计不少于5人,其中建筑工程专业注册建造师不少于4人;②技术负责人具有5年以上从事工程施工技术管理工作经历,且具有结构专业中级以上职称或建筑工程专业注册建造师执业资格;建筑工程相关专业中级以上职称人员不少于6人,且结构、给排水、电气等专业齐全;③持有岗位证书的施工现场管理人员不少于15人,且施工员、质量员、安全员、机械员、造价员等人员齐全;④经考核或培训合格的中级及以上技术工人不少于30人;⑤技术负责人(或注册建造师)主持完成过本类别资质二级以上标准要求的工程业绩不少于2项。

《施工总承包企业特级资质标准》(建市〔2007〕72号)规定,申请特级资质要求:①企业经理具有10年以上从事工程管理工作经历;②技术负责人具有15年以上从事工程技术管理工作经历,且具有工程序列高级职称及一级注册建造师或注册工程师执业资格;主持完成过两项及以上施工总承包一级资质要求的代表工程的技术工作或甲级设计资质要求的代表工程或合同额2亿元以上的工程总承包项目;③财务负责人具有高级会计师职称及注册会计师资格;④企业具有注册一级建造师(一级项目经理)50人以上;⑤企业具有本类别相关的行业工程设计甲级资质标准要求的专业技术人员。

(3) 有符合规定的已完成工程业绩

《建筑业企业资质标准》(建市〔2014〕159号)中规定,一级企业:近5年承担过下列4类中的2类工程的施工总承包或主体工程承包,工程质量合格。①地上25层以上的民用建筑工程1项或地上18~24层的民用建筑工程2项;②高度100米以上的构筑物工程1项或高度80~100米(不含)的构筑物工程2项;③建筑面积3万平方米以上的单体工业、民用建筑工程1项或建筑面积2万~3万平方米(不含)的单体工业、民用建筑工程2项;④钢筋混凝土结构单跨30米以上(或钢结构单跨36米以上)的建筑工程1项或钢筋混凝土结构单跨27~30米(不含)(或钢结构单跨30~36米(不含))的建筑工程2项。

二级企业:近5年承担过下列4类中的2类工程的施工总承包或主体工程承包,工程质量合格。①地上12层以上的民用建筑工程1项或地上8~11层的民用建筑工程2项;②高度50米以上的构筑物工程1项或高度35~50米(不含)的构筑物工程2项;③建筑面积1万平方米以上的单体工业、民用建筑工程1项或建筑面积0.6万~1万平方米(不含)

的单体工业、民用建筑工程2项；④钢筋混凝土结构单跨21米以上(或钢结构单跨24米以上)的建筑工程1项或钢筋混凝土结构单跨18～21米(不含)(或钢结构单跨21～24米(不含))的建筑工程2项。

三级企业不再要求已完成的工程业绩。

《施工总承包企业特级资质标准》(建市〔2007〕72号)规定，申请房屋建筑工程施工总承包特级资质，要求企业近5年承担过下列5项工程总承包或施工总承包项目中的3项，工程质量合格。①高度100米以上的建筑物；②28层以上的房屋建筑工程；③单体建筑面积5万平方米以上房屋建筑工程；④钢筋混凝土结构单跨30米以上的建筑工程或钢结构单跨36米以上房屋建筑工程；⑤单项建安合同额2亿元以上的房屋建筑工程。

其中，申请施工总承包特级资质还要求企业科技进步水平如下：①企业具有省部级(或相当于省部级水平)及以上的企业技术中心。②企业近3年科技活动经费支出平均达到营业额的0.5%以上。③企业具有国家级工法3项以上，近5年具有与工程建设相关的，能够推动企业技术进步的专利3项以上，累计有效专利8项以上，其中至少有1项发明专利。④企业近10年获得过国家级科技进步奖项或主编过工程建设国家或行业标准。⑤企业已建立内部局域网或管理信息平台，实现了内部办公、信息发布、数据交换的网络化；已建立并开通了企业外部网站；使用了综合项目管理信息系统和人事管理系统、工程设计相关软件，实现了档案管理和设计文档管理。

随着改革开放和社会主义市场经济的深入发展，为充分发挥市场配置资源的决定性作用，进一步简政放权，促进建筑业健康发展，在建筑市场准入管理上，也逐渐由单位资质管理制度转向个人执业资格管理制度。住建部于2014年7月1日出台的《关于推进建筑业发展和改革的若干意见》中明确指出，要推行政审批制度改革，坚持淡化工程建设企业资质、强化个人执业资格的方向，对现有企业资质管理制度进行相应的改革。其中，关于施工总承包资质、专业承包资质、施工劳务资质法定审批条件改革的具体规定如下。

第一，住建部于2015年10月9日发布《住房城乡建设部关于建筑业企业资质管理有关问题的通知》(建市〔2015〕154号)，就建筑业企业资质有关问题通知如下：①取消《施工总承包企业特级资质标准》(建市〔2007〕72号)中关于国家级工法、专利、国家级科技进步奖项、工程建设国家或行业标准等考核指标要求。对于申请施工总承包特级资质的企业，不再考核上述指标。②取消《建筑业企业资质标准》(建市〔2014〕159号)中建筑工程施工总承包一级资质企业可承担单项合同额3000万元以上建筑工程的限制；取消《建筑业企业资质管理规定和资质标准实施意见》(建市〔2015〕20号)一级资质企业限承担施工单项合同额3000万元以上建筑工程的限制以及《施工总承包企业特级资质标准》(建市〔2007〕72号)特级资质企业限承担施工单项合同额6000万元以上房屋建筑工程的限制。③将《建筑业企业资质标准》(建市〔2014〕159号)中钢结构工程专业承包一级资质承包工程范围修改为：可承担各类钢结构工程的施工。④将《建筑业企业资质管理规定和资质标准实施意见》(建市〔2015〕20号)规定的资质换证调整为简单换证，资质许可机关取消对企业资产、主要人员、技术装备指标的考核，企业按照《建筑业企业资质管理规定》(住房城乡建设部令第22号)确定的审批权限以及建市〔2015〕20号文件规定的对应换证类别和等级要求，持旧版建筑业企业资质证书到资质许可机关直接申请换发新版建筑业企业资质证书(具体换证要求另行通知)。将过渡期调整至2016年6月30日，2016年7月1日起，旧版建筑业企业资质证书失效。⑤取消《建筑业企业资质管理规定和资质标准实施意见》（建市〔2015〕20号）第二十八条"企业申请资质升级（含一级升特级）、资质增项的，资质许可机关应对其既有全部建筑业企业资质要求的资产和主要人员是否满足标准要求进行检查"的规定；取消第四十二条关于"企业最多只能选择5个类别的专业承包资质换证，超过5个类别的其他专业承包资质按资质增项要求提出申请"的规定。

第二，住建部于2016年10月14日发布《住房城乡建设部关于简化建筑业企业资质标准部分指标的通知》（建市〔2016〕226号），决定简化《建筑业企业资质标准》（建市〔2014〕159号）中部分指标，并将有关事项通知如下：①除各类别最低等级资质外，取消关于注册建造师、中级以上职称人员、持有岗位证书的现场管理人员、技术工人的指标考核。②取消通信工程施工总承包三级资质标准中关于注册建造师的指标考核。③调整建筑工程施工总承包一级及以下资质的建筑面积考核指标。④对申请建筑工程、市政公用工程施工总承包特级、一级资质的企业，未进入全国建筑市场监管与诚信信息发布平台的企业业绩，不作为有效业绩认定；省级住房城乡建设主管部门要加强本地区工程项目数据库建设，完善数据补录办法，使真实有效的企业业绩及时进入全国建筑市场监管与诚信信息发布平台。⑤各级住房城乡建设主管部门要进一步加强事中事后监管，加强对施工现场主要管理人员在岗履职的监督检查，重点加强对项目经理是否持注册建造师证书上岗、在岗执业履职等行为的监督检查。对有违法违规行为的企业，依法给予罚款、停业整顿、降低资质等级、吊销资质证书等行政处罚；对有违法违规行为的注册建造师，依法给予罚款、暂停执业、吊销注册执业资格证书等行政处罚；要将企业和个人不良行为记入信用档案并向社会公布，切实规范建筑市场秩序，保障工程质量安全。

第三，为深化行政审批制度改革，促进建筑业科学发展，住建部建筑市场监管司对2007年颁布的《施工总承包企业特级资质标准》进行了修订，形成《施工总承包企业特级资质标准》（征求意见稿）（建市施函〔2017〕32号）。对于施工总承包企业特级资质标准，拟作如下要求。

① 企业资信能力：企业净资产在6亿元以上；企业近3年营业收入均在50亿元以上；企业银行授信额度近3年均在10亿元以上；企业未被列入失信被执行人名单；近3年未被列入行贿犯罪档案。[申报公路工程特级资质的企业，行业主管部门当期信用评价等级为优良（AA级或A级）；申报港口与航道工程特级资质的企业，近3年未被行业主管部门评为过最低信用等级；申报铁路工程特级资质的企业，近3年在国家级信用平台没有严重失信行为记录。]

② 企业技术负责人：技术负责人应当具有15年以上从事本类别工程技术管理经历，且具有工程序列高级工程师或注册建造师执业资格；主持完成过2项符合施工总承包一级资质标准要求的代表工程。

③ 科技进步水平：企业具有省部级（或相当于省部级水平）及以上的企业技术中心；企业近3年科技活动经费支出均达到营业收入的0.8%以上。

④ 企业工程业绩（建筑工程）：近5年承担过下列4类中的3类工程的施工总承包或主体工程承包，工程质量合格。高度120米以上的建筑物；钢筋混凝土结构单跨30米以上（或钢结构单跨36米以上）的建筑工程2项；以工程总承包方式承建的单项合同额5亿元以上的建筑工程；高度60米以上的预制装配式建筑工程。

取得施工总承包特级资质的企业可承担本类别各等级工程的工程总承包、施工总承包和项目管理业务。

第四，为加强和完善建筑劳务管理工作的整体要求，并对加强建筑劳务用工管理，落实建筑施工企业在队伍培育、权益保护、质量安全等方面的责任，保障劳务人员合法权益，构建起有利于形成建筑产业工人队伍的长效机制，住建部于2016年4月11日发布了"住房城乡建设部关于批准浙江、安徽、陕西3省开展建筑劳务用工制度改革试点工作的函"。安徽省试点方案覆盖全省，直接提出了"自试点工作开始之日起（即2016年6月1日），取消建筑劳务企业资质和安全生产行政许可管理，各级住房城乡建设主管部门不再将建筑劳务资质列入建筑市场监督执法检查违法分包打击范围"。

浙江省试点范围选择了杭州市、嘉兴市，提出逐步取消建筑劳务企业资质，积极发展建筑业专业作业企业。

陕西省决定在西安市、安康市和陕西建工集团、西安建工集团开展建筑劳务用工制度改革试点工作，强调"利用互联网＋新型建筑用工管理"模式，建立"建筑务工信息网"。通过改革试点，探索包括从业人员培训制度、实名管理制度、工资支付制度、改革劳保统筹管理、弱化劳务企业资质及信用评级制度在内的新型建筑业劳务用工工作新体制。

第五，为贯彻落实《新时期产业工人队伍建设改革方案》《国务院办公厅关于促进建筑业持续健康发展的意见》和《国务院办公厅关于全面治理拖欠农民工工资问题的意见》，加快培育新时期建筑业产业工人队伍。住建部于2017年11月7日发布了《关于培育新时期建筑产业工人队伍的指导意见》（征求意见稿）（建办市函〔2017〕763号），拟取消建筑施工劳务资质审批，设立专业作业企业资质，实行告知备案制。专业作业企业取得工商登记后，应到县级住房城乡建设主管部门备案其基本情况、联系人等信息，并明确所从事的主要工种；县级住房城乡建设部门根据备案信息核发专业作业企业资质证书，专业作业企业在资质证书许可范围内从事专业作业分包。

3）施工企业的资质许可

我国对建筑业企业的资质管理，实行分级实施与有关部门相配合的管理模式。

（1）施工企业资质管理体制

《建筑业企业资质管理规定》（2015第22号）中规定，国务院建设主管部门负责全国建筑业企业资质的统一监督管理。国务院铁路、交通、水利、信息产业、民航等有关部门配合国务院建设主管部门实施相关资质类别建筑业企业资质的管理工作。

省、自治区、直辖市人民政府建设主管部门负责本行政区域内建筑业企业资质的统一监督管理。省、自治区、直辖市人民政府交通、水利、信息产业等有关部门配合同级建设主管部门实施本行政区域内相关资质类别建筑业企业资质的管理工作。

建筑业企业违法从事建筑活动的，违法行为发生地的县级以上地方人民政府建设主管部门或者其他有关部门应当依法查处，并将违法事实、处理结果或处理建议及时告知该建筑业企业的资质许可机关。

（2）施工企业资质的许可权限

下列建筑业企业资质，由国务院住房城乡建设主管部门许可：①施工总承包资质序列特级资质、一级资质及铁路工程施工总承包二级资质；②专业承包资质序列公路、水运、水利、铁路、民航方面的专业承包一级资质及铁路、民航方面的专业承包二级资质；涉及多个专业的专业承包一级资质。

下列建筑业企业资质,由企业工商注册所在地省、自治区、直辖市人民政府住房城乡建设主管部门许可:①施工总承包资质序列二级资质及铁路、通信工程施工总承包三级资质。②专业承包资质序列一级资质(不含公路、水运、水利、铁路、民航方面的专业承包一级资质及涉及多个专业的专业承包一级资质)。③专业承包资质序列二级资质(不含铁路、民航方面的专业承包二级资质);铁路方面专业承包三级资质;特种工程专业承包资质。

下列建筑业企业资质,由企业工商注册所在地设区的市人民政府住房城乡建设主管部门许可:①施工总承包资质序列三级资质(不含铁路、通信工程施工总承包三级资质);②专业承包资质序列三级资质(不含铁路方面专业承包资质)及预拌混凝土、模板脚手架专业承包资质;③施工劳务资质;④燃气燃烧器具安装、维修企业资质。

4)施工企业资质证书的申请、延续和变更

(1)企业资质的申请

《建筑业企业资质管理规定》(2015第22号)中规定,建筑业企业可以申请一项或多项建筑业企业资质;企业首次申请或增项申请资质,应当申请最低等级资质。

企业申请建筑业企业资质,应当提交以下材料:①建筑业企业资质申请表及相应的电子文档;②企业营业执照正副本复印件;③企业章程复印件;④企业资产证明文件复印件;⑤企业主要人员证明文件复印件;⑥企业资质标准要求的技术装备的相应证明文件复印件;⑦企业安全生产条件有关材料复印件;⑧按照国家有关规定应提交的其他材料。

(2)企业资质证书的延续

资质证书有效期为5年。建筑业企业资质证书有效期届满,企业继续从事建筑施工活动的,应当于资质证书有效期届满3个月前,向原资质许可机关提出延续申请。

资质许可机关应当在建筑业企业资质证书有效期届满前作出是否准予延续的决定;逾期未作出决定的,视为准予延续。

(3)企业资质证书的变更

① 办理企业资质证书变更手续的程序。在资质证书有效期内,企业名称、地址、注册资本、法定代表人等发生变更的,应当在工商部门办理变更手续后1个月内办理资质证书变更手续。

由国务院住房城乡建设主管部门颁发的建筑业企业资质证书的变更,企业应当向企业工商注册所在地省、自治区、直辖市人民政府住房城乡建设主管部门提出变更申请,省、自治区、直辖市人民政府住房城乡建设主管部门应当自受理申请之日起2日内将有关变更证明材料报国务院住房城乡建设主管部门,由国务院住房城乡建设主管部门在2日内办理变更手续。

前款规定以外的资质证书的变更,由企业工商注册所在地的省、自治区、直辖市人民政府住房城乡建设主管部门或者设区的市人民政府住房城乡建设主管部门依法另行规定。变更结果应当在资质证书变更后15日内,报国务院住房城乡建设主管部门备案。

涉及公路、水运、水利、通信、铁路、民航等方面的建筑业企业资质证书的变更,办理变更手续的住房城乡建设主管部门应当将建筑业企业资质证书变更情况告知同级有关部门。

② 企业更换、遗失补办建筑业企业资质证书。企业需更换、遗失补办建筑业企业资质

证书的,应当持建筑业企业资质证书更换、遗失补办申请等材料向资质许可机关申请办理。资质许可机关应当在2个工作日内办理完毕。

企业遗失建筑业企业资质证书的,在申请补办前应当在公众媒体上刊登遗失声明。

③ 企业发生合并、分立、重组、改制的资质办理。企业发生合并、分立、重组以及改制等事项,须承继原建筑业企业资质的,应当申请重新核定建筑业企业资质等级。

(4) 不予批准企业资质升级申请和增项申请的规定

企业申请建筑业企业资质升级、资质增项,在申请之日起前1年至资质许可决定作出前,有下列情形之一的,资质许可机关不予批准其建筑业企业资质升级申请和增项申请:①超越本企业资质等级或以其他企业的名义承揽工程,或允许其他企业或个人以本企业的名义承揽工程的;②与建设单位或企业之间相互串通投标,或以行贿等不正当手段谋取中标的;③未取得施工许可证擅自施工的;④将承包的工程转包或违法分包的;⑤违反国家工程建设强制性标准施工的;⑥恶意拖欠分包企业工程款或者劳务人员工资的;⑦隐瞒或谎报、拖延报告工程质量安全事故,破坏事故现场、阻碍对事故调查的;⑧按照国家法律、法规和标准规定需要持证上岗的现场管理人员和技术工种作业人员未取得证书上岗的;⑨未依法履行工程质量保修义务或拖延履行保修义务的;⑩伪造、变造、倒卖、出租、出借或者以其他形式非法转让建筑业企业资质证书的;⑪发生过较大以上质量安全事故或者发生过两起以上一般质量安全事故的;⑫其他违反法律、法规的行为。

(5) 企业资质证书的撤回、撤销和注销

① 撤回。取得建筑业企业资质证书的企业,应当保持资产、主要人员、技术装备等方面满足相应建筑业企业资质标准要求的条件。企业不再符合相应建筑业企业资质标准要求条件的,县级以上地方人民政府住房城乡建设主管部门、其他有关部门,应当责令其限期改正并向社会公告,整改期限最长不超过3个月;企业整改期间不得申请建筑业企业资质的升级、增项,不能承揽新的工程;逾期仍未达到建筑业企业资质标准要求条件的,资质许可机关可以撤回其建筑业企业资质证书。

被撤回建筑业企业资质证书的企业,可以在资质被撤回后3个月内,向资质许可机关提出核定低于原等级同类别资质的申请。

② 撤销。有下列情形之一的,资质许可机关应当撤销建筑业企业资质:a)资质许可机关工作人员滥用职权、玩忽职守准予资质许可的;b)超越法定职权准予资质许可的;c)违反法定程序准予资质许可的;d)对不符合资质标准条件的申请企业准予资质许可的;e)依法可以撤销资质许可的其他情形。

以欺骗、贿赂等不正当手段取得资质许可的,应当予以撤销。

③ 注销。有下列情形之一的,资质许可机关应当依法注销建筑业企业资质,并向社会公布其建筑业企业资质证书作废,企业应当及时将建筑业企业资质证书交回资质许可机关:a)资质证书有效期届满,未依法申请延续的;b)企业依法终止的;c)资质证书依法被撤回、撤销或吊销的;d)企业提出注销申请的;e)法律、法规规定的应当注销建筑业企业资质的其他情形。

5) 禁止无资质或越级承揽工程的规定

(1) 禁止无资质承揽工程

《建筑法》规定,承包建筑工程的单位应当持有依法取得的资质证书,并在其资质等级许可的业务范围内承揽工程。禁止总承包单位将工程分包给不具备相应资质条件的单位。

《建设工程质量管理条例》也规定,施工单位应当依法取得相应等级的资质证书,并在其资质等级许可的范围内承揽工程。《建设工程安全生产管理条例》进一步规定,施工单位从事建设工程的新建、扩建、改建和拆除等活动,应当具备国家规定的注册资本、专业技术人员、技术装备和安全生产等条件,依法取得相应等级的资质证书,并在其资质等级许可的范围内承揽工程。

2004年2月原建设部发布的《房屋建筑和市政基础设施工程施工分包管理办法》进一步规定,"分包工程承包人必须具有相应的资质,并在其资质等级许可的范围内承揽业务。严禁个人承揽分包工程业务"。

2004年10月原建设部发布的《最高人民法院关于审理建设工程施工合同纠纷案件适用法律问题的解释》第二十六条规定,"实际施工人以转包人、违法分包人为被告起诉的,人民法院应当依法受理。实际施工人以发包人为被告主张权利的,人民法院可以追加转包人或者违法分包人为本案当事人,发包人只在欠付工程价款的范围内对实际施工人承担责任"。此规定旨在依法查处违法承揽工程的同时维护实际施工人的合法权益。

(2) 禁止越级承揽工程

《建筑法》和《建设工程质量管理条例》均规定,禁止施工单位超越本单位资质等级许可的业务范围承揽工程。

《建筑法》规定,两个以上不同资质等级的单位实行联合共同承包的,应当按照资质等级低的单位的业务许可范围承揽工程。

《建筑法》规定,禁止总承包单位将工程分包给不具备相应资质条件的单位。《房屋建筑和市政基础设施工程施工分包管理办法》进一步规定,分包工程承包人必须具有相应的资质,并在其资质等级许可的范围内承揽业务。

《建设工程质量管理条例》规定,"本条例所称违法分包,是指下列行为:总承包单位将建设工程分包给不具备相应资质条件的单位的;……"《房屋建筑和市政基础设施工程施工分包管理办法》也规定,"禁止将承包的工程进行违法分包。下列行为,属于违法分包:分包工程发包人将专业工程或者劳务作业分包给不具备相应资质条件的分包工程承包人的;……"据此,将工程分包给无资质或超越资质等级的单位的,应当定性为违法分包。

6) 禁止以他企业或他企业以本企业名义承揽工程的规定

《建筑法》规定,禁止建筑施工企业超越本企业资质等级许可的业务范围或者以任何形式用其他建筑施工企业的名义承揽工程;禁止建筑施工企业以任何形式允许其他单位或者个人使用本企业的资质证书、营业执照,以本企业的名义承揽工程。《建设工程质量管理条例》也规定,禁止施工单位超越本单位资质等级许可的业务范围或者以其他施工单位的名义承揽工程;禁止施工单位允许其他单位或者个人以本单位的名义承揽工程。

《房屋建筑和市政基础设施工程施工分包管理办法》规定,分包工程发包人没有将其承包的工程进行分包,在施工现场所设项目管理机构的项目负责人、技术负责人、项目核算负责人、质量管理人员、安全管理人员不是工程承包人本单位人员的,视同允许他人以本企业名义承揽工程。

《建筑工程施工转包违法分包等违法行为认定查处管理办法(试行)》(建市〔2014〕118号)第十一条规定,存在下列情形之一的,属于挂靠:①没有资质的单位或个人借用其他施工单位的资质承揽工程的;②有资质的施工单位相互借用资质承揽工程的,包括资质等级低的借用资质等级高的,资质等级高的借用资质等级低的,相同资质等级相互借用的;③专业分包的发包单位不是该工程的施工总承包或专业承包单位的,但建设单位依约作为发包单位的除外;④劳务分包的发包单位不是该工程的施工总承包、专业承包单位或专业分包单位的;⑤施工单位在施工现场派驻的项目负责人、技术负责人、质量管理负责人、安全管理负责人中一人以上与施工单位没有订立劳动合同,或没有建立劳动工资或社会养老保险关系的;⑥实际施工总承包单位或专业承包单位与建设单位之间没有工程款收付关系,或者工程款支付凭证上载明的单位与施工合同中载明的承包单位不一致,又不能进行合理解释并提供材料证明的;⑦合同约定由施工总承包单位或专业承包单位负责采购或租赁的主要建筑材料、构配件及工程设备或租赁的施工机械设备,由其他单位或个人采购、租赁,或者施工单位不能提供有关采购、租赁合同及发票等证明,又不能进行合理解释并提供材料证明的。

7) 违法行为应承担的法律责任

(1) 企业申请办理资质违法行为应承担的法律责任

《建筑法》规定,以欺骗手段取得资质证书的,吊销资质证书,处以罚款;构成犯罪的,依法追究刑事责任。

《建筑业企业资质管理规定》中规定,申请人隐瞒有关情况或者提供虚假材料申请建筑业企业资质的,不予受理或者不予行政许可,并给予警告,申请人在1年内不得再次申请建筑业企业资质。

以欺骗、贿赂等不正当手段取得建筑业企业资质证书的,由县级以上地方人民政府建设主管部门或者有关部门给予警告,并依法处以罚款,申请人3年内不得再次申请建筑业企业资质。

建筑业企业未按照规定及时办理资质证书变更手续的,由县级以上地方人民政府建设主管部门责令限期办理;逾期不办理的,可处以1000元以上1万元以下的罚款。

(2) 无资质承揽工程应承担的法律责任

《建筑法》规定,发包单位将工程发包给不具有相应资质条件的承包单位的,或者违反本法规定将建筑工程肢解发包的,责令改正,处以罚款。未取得资质证书承揽工程的,予以取缔,并处罚款;有违法所得的,予以没收。

《建设工程质量管理条例》进一步规定,建设单位将建设工程发包给不具有相应资质等级的勘察、设计、施工单位或者委托给不具有相应资质等级的工程监理单位的,责令改正,处50万元以上100万元以下的罚款。未取得资质证书承揽工程的,予以取缔,对施工单位处工程合同价款2%以上4%以下的罚款;有违法所得的,予以没收。

(3) 超越资质等级承揽工程应承担的法律责任

《建筑法》规定,超越本单位资质等级承揽工程的,责令停止违法行为,处以罚款,可以责令停业整顿,降低资质等级;情节严重的,吊销资质证书;有违法所得的,予以没收。

《建设工程质量管理条例》进一步规定,勘察、设计、施工、工程监理单位超越本单位资质等级承揽工程的,责令停止违法行为……;对施工单位处工程合同价款2%以上4%以下的罚款,可以责令停业整顿,降低资质等级;情节严重的,吊销资质证书;有违法所得的,予以没收。

(4) 允许其他单位或者个人以本单位名义承揽工程应承担的法律责任

《建筑法》规定,建筑施工企业转让、出借资质证书或者以其他方式允许他人以本企业的名义承揽工程的,责令改正,没收违法所得,并处罚款,可以责令停业整顿,降低资质等级;情节严重的,吊销资质证书。对因该项承揽工程不符合规定的质量标准造成的损失,建筑施工企业与使用本企业名义的单位或者个人承担连带赔偿责任。

《建设工程质量管理条例》规定,勘察、设计、施工、工程监理单位允许其他单位或者个人以本单位名义承揽工程的,责令改正,没收违法所得……;对施工单位处工程合同价款2%以上4%以下的罚款;可以责令停业整顿,降低资质等级;情节严重的,吊销资质证书。

(5) 违法分包应承担的法律责任

《建筑法》规定,承包单位将承包的工程转包的,或者违反本法规定进行分包的,责令改正,没收违法所得,并处罚款,可以责令停业整顿,降低资质等级;情节严重的,吊销资质证书。承包单位有以上规定的违法行为的,对因转包工程或者违法分包的工程不符合规定的质量标准造成的损失,与接受转包或者分包的单位承担连带赔偿责任。

《建设工程质量管理条例》规定,承包单位将承包的工程转包或者违法分包的,责令改正,没收违法所得……;对施工单位处工程合同价款0.5%以上1%以下的罚款;可以责令停业整顿,降低资质等级;情节严重的,吊销资质证书。

《建筑工程施工转包违法分包等违法行为认定查处管理办法(试行)》(建市〔2014〕118号)规定,对认定有转包、违法分包违法行为的施工单位,依据《建筑法》第六十七条和《建设工程质量管理条例》第六十二条规定,责令其改正,没收违法所得,并处工程合同价款0.5%以上1%以下的罚款;可以责令停业整顿,降低资质等级;情节严重的,吊销资质证书。

《房屋建筑和市政基础设施工程施工分包管理办法》规定,转包、违法分包或者允许他人以本企业名义承揽工程的,按照《建筑法》《招标投标法》和《建设工程质量管理条例》的规定予以处罚;对于接受转包、违法分包和用他人名义承揽工程的,处1万元以上3万元以下的罚款。

(6) 以欺骗手段取得资质证书承揽工程应承担的法律责任

《建设工程质量管理条例》规定,以欺骗手段取得资质证书承揽工程的,吊销资质证书,处工程合同价款2%以上4%以下的罚款;有违法所得的,予以没收。

2. 工程勘察设计企业

为了加强对建设工程勘察、设计活动的监督管理,保证建设工程勘察、设计质量,根据《行政许可法》《建筑法》《建设工程质量管理条例》和《建设工程勘察设计管理条例》等法律、行政法规,住建部对《建设工程勘察设计资质管理规定》(原建设部令第160号)进行了修订,并于2015年5月4日发布。经修订后发布的《建设工程勘察设计资质管理规定》明确指出,从事建设工程勘察、工程设计活动的企业,应当按照其拥有的资产、专业技术人员、技术装备和勘察设计业绩等条件申请资质,经审查合格,取得建设工程勘察、工程设计资质证书后,方可在资质许可的范围内从事建设工程勘察、工程设计活动。

国务院建设主管部门负责全国建设工程勘察、工程设计资质的统一监督管理。国务院铁路、交通、水利、信息产业、民航等有关部门配合国务院建设主管部门实施相应行业的建设工程勘察、工程设计资质管理工作。

省、自治区、直辖市人民政府建设主管部门负责本行政区域内建设工程勘察、工程设计资质的统一监督管理。省、自治区、直辖市人民政府交通、水利、信息产业等有关部门配合同级建设主管部门实施本行政区域内相应行业的建设工程勘察、工程设计资质管理工作。

1) 工程勘察企业的资质类别和等级

工程勘察资质分为工程勘察综合资质、工程勘察专业资质、工程勘察劳务资质。

工程勘察综合资质只设甲级；工程勘察专业资质设甲级、乙级，根据工程性质和技术特点，部分专业可以设丙级；工程勘察劳务资质不分等级。

取得工程勘察综合资质的企业，可以承接各专业（海洋工程勘察除外）、各等级工程勘察业务；取得工程勘察专业资质的企业，可以承接相应等级相应专业的工程勘察业务；取得工程勘察劳务资质的企业，可以承接岩土工程治理、工程钻探、凿井等工程勘察劳务业务。

2) 工程设计企业的资质类别和等级

工程设计资质分为工程设计综合资质、工程设计行业资质、工程设计专业资质和工程设计专项资质。

工程设计综合资质只设甲级；工程设计行业资质、工程设计专业资质、工程设计专项资质设甲级、乙级。根据工程性质和技术特点，个别行业、专业、专项资质可以设丙级，建筑工程专业资质可以设丁级。

取得工程设计综合资质的企业，可以承接各行业、各等级的建设工程设计业务；取得工程设计行业资质的企业，可以承接相应行业相应等级的工程设计业务及本行业范围内同级别的相应专业、专项（设计施工一体化资质除外）工程设计业务；取得工程设计专业资质的企业，可以承接本专业相应等级的专业工程设计业务及同级别的相应专项工程设计业务（设计施工一体化资质除外）；取得工程设计专项资质的企业，可以承接本专项相应等级的专项工程设计业务。

建设工程勘察、工程设计资质标准和各资质类别、级别企业承担工程的具体范围，由国务院建设主管部门和国务院有关部门制定。

关于工程勘察设计企业资质标准的具体规定可参阅《工程勘察资质标准》（建市〔2013〕9号）、《工程设计资质标准》（建市〔2007〕86号）和"关于征求《工程设计资质标准》（征求意见稿）意见的函"（建市设函〔2016〕78号）等规章制度。

3. 工程监理企业

为了加强工程监理企业资质管理，规范建设工程监理活动，维护建筑市场秩序，《工程监理企业资质管理规定》（原建设部令第158号）对工程监理单位的资质等级与标准、申请与审批、业务范围等作出了明确规定。

从事建设工程监理活动的企业，应当按照本规定取得工程监理企业资质，并在工程监理企业资质证书许可的范围内从事工程监理活动。

国务院建设主管部门负责全国工程监理企业资质的统一监督管理工作。国务院铁路、交通、水利、信息产业、民航等有关部门配合国务院建设主管部门实施相关资质类别工程监理企业资质的监督管理工作。

省、自治区、直辖市人民政府建设主管部门负责本行政区域内工程监理企业资质的统一监督管理工作。省、自治区、直辖市人民政府交通、水利、信息产业等有关部门配合同级建设主管部门实施相关资质类别工程监理企业资质的监督管理工作。

工程监理企业资质分为综合资质、专业资质和事务所三个序列。综合资质只设甲级。专业资质原则上分为甲、乙、丙三个级别,并按照工程性质和技术特点划分为14个专业工程类别:房屋建筑工程、冶炼工程、矿山工程、化工石油工程、水利水电工程、电力工程、农林工程、铁路工程、公路工程、港口与航道工程、航天航空工程、通信工程、市政公用工程、机电安装工程;除房屋建筑、水利水电、公路和市政公用4个专业工程类别设丙级资质外,其他专业工程类别不设丙级资质。事务所不分等级。

关于工程监理企业资质标准的具体规定可参阅《工程监理企业资质标准》(建市〔2007〕131号)和《住房城乡建设部关于促进工程监理行业转型升级创新发展的意见》(建市〔2017〕145号)。

4. 工程造价咨询企业

为了加强对工程造价咨询企业的管理,提高工程造价咨询工作质量,维护建设市场秩序和社会公共利益,经住建部修订后发布的《工程造价咨询企业管理办法》(2015年5月4日住房和城乡建设部令第24号)对工程造价咨询单位的资质等级与标准、申请与审批、业务范围等作出了明确规定。

1)工程造价咨询企业的资质和承担任务范围

工程造价咨询企业资质等级分为甲级、乙级,甲级工程造价咨询企业可以从事各类建设项目的工程造价咨询业务,乙级工程造价咨询企业可以从事工程造价5 000万元人民币以下的各类建设项目的工程造价咨询业务。

甲级工程造价咨询企业资质标准如下:①已取得乙级工程造价咨询企业资质证书满3年;②企业出资人中,注册造价工程师人数不低于出资人总人数的60%,且其出资额不低于企业认缴出资总额的60%;③技术负责人已取得造价工程师注册证书,并具有工程或工程经济类高级专业技术职称,且从事工程造价专业工作15年以上;④专职从事工程造价专业工作的人员(以下简称专职专业人员)不少于20人,其中,具有工程或者工程经济类中级以上专业技术职称的人员不少于16人;取得造价工程师注册证书的人员不少于10人,其他人员具有从事工程造价专业工作的经历;⑤企业与专职专业人员签订劳动合同,且专职专业人员符合国家规定的职业年龄(出资人除外);⑥专职专业人员人事档案关系由国家认可的人事代理机构代为管理;⑦企业近3年工程造价咨询营业收入累计不低于人民币500万元;⑧具有固定的办公场所,人均办公建筑面积不少于10平方米;⑨技术档案管理制度、质量控制制度、财务管理制度齐全;⑩企业为本单位专职专业人员办理的社会基本养老保险手续齐全;⑪在申请核定资质等级之日前3年内无本办法第二十七条禁止的行为。

工程造价咨询业务范围包括:①建设项目建议书及可行性研究投资估算、项目经济评价报告的编制和审核。②建设项目概预算的编制与审核,并配合设计方案比选、优化设计、限额设计等工作进行工程造价分析与控制。③建设项目合同价款的确定(包括招标工程工程量清单和标底、投标报价的编制和审核);合同价款的签订与调整(包括工程变更、工程洽商和索赔费用的计算)及工程款支付,工程结算及竣工结(决)算报告的编制与审核等。④工程造价经济纠纷的鉴定和仲裁的咨询。⑤提供工程造价信息服务等。工程造价咨询企业可以对建设项目的组织实施进行全过程或者若干阶段的管理和服务。

2)工程造价咨询企业资质的申请

为贯彻落实《国务院关于第二批取消152项中央指定地方实施行政审批事项的决定》

(国发〔2016〕9号），住建部办公厅于2016年3月21日发布《住房城乡建设部办公厅关于做好取消甲级造价咨询企业资质和注册造价工程师执业资格初审事项的后续衔接工作的通知》(建办标〔2016〕10号），在相关部门规章和规范性文件修订颁布之前，请各省级住房城乡建设主管部门受理企业资质和个人执业资格申报材料，但不出具初审意见。

申请乙级工程造价咨询企业资质许可的实施程序由省、自治区、直辖市人民政府建设主管部门依法确定。省、自治区、直辖市人民政府建设主管部门应当自作出决定之日起30日内，将准予资质许可的决定报国务院建设主管部门备案。

住建部办公厅于2017年7月13日发布《住房城乡建设部办公厅关于简化工程造价咨询企业资质申报材料的通知》(建办标〔2017〕43号），经取消和简化后，企业在申请工程造价咨询甲级（或乙级）资质，以及在申请资质延续、变更时，须提交以下申报材料：①工程造价咨询企业资质申请书（含企业法定代表人承诺书）；②企业营业执照；③工程造价咨询企业资质证书（新申请工程造价咨询企业资质的，不需提供）；④工商部门备案的企业章程；⑤专职专业人员的身份证和中级及以上专业技术职称证书；⑥企业缴纳社保证明：由人力资源社会保障部门出具并盖章的企业员工缴纳社保情况表（退休人员提供退休证）；⑦营业收入证明：企业开具的工程造价咨询营业收入发票和对应的工程造价咨询合同（新申请工程造价咨询企业资质的，不需提供）。

3）工程造价咨询企业资质的监督管理

县级以上地方人民政府建设主管部门、有关专业部门应当依照有关法律、法规和本办法的规定，对工程造价咨询企业从事工程造价咨询业务的活动实施监督检查。

监督检查机关履行监督检查职责时，有权采取下列措施：①要求被检查单位提供工程造价咨询企业资质证书、造价工程师注册证书，有关工程造价咨询业务的文档，有关技术档案管理制度、质量控制制度、财务管理制度的文件；②进入被检查单位进行检查，查阅工程造价咨询成果文件以及工程造价咨询合同等相关资料；③纠正违反有关法律、法规和本办法及执业规程规定的行为。监督检查机关应当将监督检查的处理结果向社会公布。

有下列情形之一的，资质许可机关或者其上级机关，根据利害关系人的请求或者依据职权，可以撤销工程造价咨询企业资质：①资质许可机关工作人员滥用职权、玩忽职守作出准予工程造价咨询企业资质许可的；②超越法定职权作出准予工程造价咨询企业资质许可的；③违反法定程序作出准予工程造价咨询企业资质许可的；④对不具备行政许可条件的申请人作出准予工程造价咨询企业资质许可的；⑤依法可以撤销工程造价咨询企业资质的其他情形。工程造价咨询企业以欺骗、贿赂等不正当手段取得工程造价咨询企业资质的，应当予以撤销。

工程造价咨询企业取得工程造价咨询企业资质后，不再符合相应资质条件的，资质许可机关根据利害关系人的请求或者依据职权，可以责令其限期改正；逾期不改的，可以撤回其资质。

有下列情形之一的，资质许可机关应当依法注销工程造价咨询企业资质：①工程造价咨询企业资质有效期满，未申请延续的；②工程造价咨询企业资质被撤销、撤回的；③工程造价咨询企业依法终止的；④法律、法规规定的应当注销工程造价咨询企业资质的其他情形。

小结

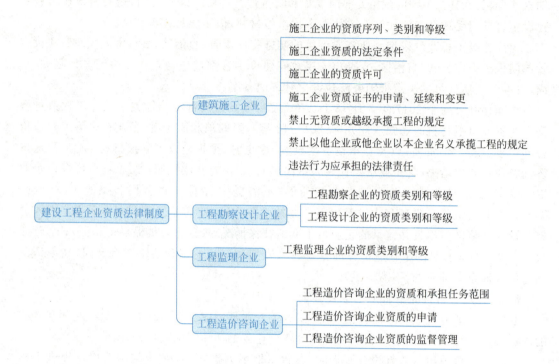

2.4 建设工程从业人员执业资格法律制度

导入案例

近日,住建部调查发现多人隐瞒真实工作单位,将资格证书"挂靠"在相关单位。住建部公布了"建市行撤字〔2016〕106号""建市行撤字〔2017〕9号""建市行撤字〔2017〕7号""建市行撤字〔2017〕33号""建市行撤字〔2017〕32号""建市行撤字〔2017〕3号"等多份行政处理决定书,决定撤销祝某、宋某、林某、张某、董某、窦某等多人执业资格证书的注册,3年内不得再次申请注册。据官网公布显示,执业资格证书"挂靠"被查名单中一级建造师占多数,其他还有电气工程师、一级注册结构工程师、监理工程师、土木工程师(岩土)等。

问题:个人职业资格证书"挂靠"有危害吗?建设行政主管部门为何要清理?

执业资格制度是对具有一定专业学历的技术人员,要求其参加相关考试获得专业资格,再按规定进行注册方可实行执业的管理制度。《建筑法》第十四条规定,从事建筑活动的专业技术人员,应当依法取得相应的执业资格证书,并在执业资格证书许可的范围内从事建筑活动。我国建筑业实行执业资格的专业技术人员主要有注册建筑师、注册结构工程师、注册造价工程师、注册土木工程师(岩土)、注册房地产估价师、注册监理工程师、注册建造师。专业技术人员执业资格的共同特点为:①需考试——获得资格证书;②需注册——获得注册;③有各自的执业范围限制;④须接受继续教育。

1. 注册建造师

注册建造师是指通过考核认定或考试合格取得中华人民共和国建造师资格证书,并按照规定注册,取得中华人民共和国建造师注册证书和执业印章,担任施工单位项目负责人及从事相关活动的专业技术人员。为了加强建设工程项目管理,提高工程项目总承包及施工管理专业技术人员素质,规范施工管理行为,保证工程质量和施工安全,根据《建筑法》《建设工程质量管理条例》和国家有关职业资格证书制度的规定,原人事部、原建设部于2002年12月5日发布的"关于印发《建造师执业资格制度暂行规定》的通知(人发〔2002〕111号)",原建设部于2007年7月4日发布的《注册建造师执业工程规模标准》,住建部办公厅于2017年7月24日发布的"住房城乡建设部办公厅关于征求注册建造师管理规定(征求意见稿)意见的函(建办市函〔2017〕512号)"对注册建造师的考试、注册管理、权利义务等作出了明确规定。

建造师分为一级建造师(Constructor)和二级建造师(Associate Constructor)。一级建造师设置10个专业:建筑工程、公路工程、铁路工程、民航机场工程、港口与航道工程、水利水电工程、市政公用工程、通信与广电工程、矿业工程、机电工程。二级建造师设置6个专业:建筑工程、公路工程、水利水电工程、矿业工程、市政公用工程、机电工程。

1) 一级建造师的考试

《建造师执业资格制度暂行规定》(人发〔2002〕111号)中规定,凡遵守国家法律、法规,具备下列条件之一者,可以申请参加一级建造师执业资格考试:①取得工程类或工程经济类大学专科学历,工作满6年,其中从事建设工程项目施工管理工作满4年;②取得工程类或工程经济类大学本科学历,工作满4年,其中从事建设工程项目施工管理工作满3年;③取得工程类或工程经济类双学士学位或研究生班毕业,工作满3年,其中从事建设工程项目施工管理工作满2年;④取得工程类或工程经济类硕士学位,工作满2年,其中从事建设工程项目施工管理工作满1年;⑤取得工程类或工程经济类博士学位,从事建设工程项目施工管理工作满1年。

《建造师执业资格考试实施办法》规定,一级建造师执业资格考试时间定于每年的第三季度。一级建造师执业资格考试分4个半天,以纸笔作答方式进行。《建设工程经济》科目的考试时间为2小时,《建设工程法规及相关知识》和《建设工程项目管理》科目的考试时间均为3小时,《专业工程管理与实务》科目的考试时间为4小时。考试成绩实行2年为一个周期的滚动管理办法,参加全部4个科目考试的人员须在连续的两个考试年度内通过全部科目。

2) 一级建造师的注册

《注册建造师管理规定》(征求意见稿)(建办市函〔2017〕512号)规定,注册建造师实行注册执业管理制度,取得资格证书的人员,经过注册方能以注册建造师的名义执业。

(1) 申请初始注册、延续注册

取得一级建造师资格证书并受聘于一个从事工程建设单位的人员,应当通过聘用单位向国务院住房城乡建设主管部门提出注册申请;也可以向聘用单位工商注册所在地的省、自治区、直辖市人民政府住房城乡建设主管部门提交申请材料。

申请初始注册时应当具备以下条件:①经考核认定或考试合格取得资格证书;②受聘且只受聘于一个单位;③达到继续教育要求;④没有《注册建造师管理规定》第十五条所列情形。

注册证书是注册建造师的执业凭证,由注册建造师本人保管、使用。注册证书有效期为5年。申请人与聘用企业签订聘用合同不足5年的,以聘用合同截止日为有效期截止日。一级注册建造师的注册证书由国务院住房城乡建设主管部门统一印制。注册建造师证书推行电子证书,具体办法另行规定。

首次注册者,可自资格证书签发之日起5年内提出申请。逾期未申请者,须符合本专业继续教育的要求后方可申请注册。申请注册需要提交下列材料:①注册建造师注册申请表;②身份证明;③申请人与聘用单位签订的聘用劳动关系有效证明;④逾期申请注册的,应当提供达到继续教育要求的证明。

注册有效期满须继续执业的,应当在注册有效期届满30日前,按照规定申请延续注册。延续注册的,有效期为5年。逾期未申请注册的,证书自动失效。

申请延续注册的,应当提交下列材料:①注册建造师延续注册申请表;②原注册证书复印件;③申请人与聘用单位签订的聘用劳动关系有效证明;④申请人注册有效期内达到继续教育要求的证明。

(2) 变更注册和增项注册

在注册有效期内,注册建造师变更执业单位,应当与原聘用单位解除劳动关系,办理证书注销手续,并按照《注册建造师管理规定》第七条、第八条的规定申请注册到新聘用单位,证书有效期重新计算。

注册建造师需要增加执业专业的,应当按照《注册建造师管理规定》第七条的规定申请专业增项注册,并提供相应的资格证明。

(3) 不予注册和注册证书的失效、注销

《注册建造师管理规定》中规定,申请人有下列情形之一的,不予注册:①不具有完全民事行为能力的;②受聘于两个或者两个以上单位的;③未达到注册建造师继续教育要求的;④受到刑事处罚,刑事处罚尚未执行完毕的;⑤因执业活动受到刑事处罚,自刑事处罚执行完毕之日起至申请注册之日止不满5年的;⑥因前项规定以外的原因受到刑事处罚,自刑事处罚执行完毕之日起至申请注册之日止不满3年的;⑦被吊销注册证书,自处罚决定之日起至申请注册之日止不满2年的;⑧在申请注册之日前3年内担任项目负责人、项目技术负责人期间,所负责项目发生过较大以上质量和安全事故的;⑨行政许可机关依法作出决定前年龄超过65周岁的;⑩法律、法规规定不予注册的其他情形。

注册建造师有下列情形之一的,其注册证书失效:①聘用单位破产的;②聘用单位被注销或吊销营业执照的;③已与聘用单位解除聘用合同关系的;④注册有效期满且未延续注册的;⑤年龄超过65周岁的;⑥死亡或不具有完全民事行为能力的;⑦其他导致注册失效的情形。

注册建造师有下列情形之一的,由许可机关办理注销手续,注册证书作废:①有《注册建造师管理规定》第十六条(注册证书失效)所列情形发生的;②依法被撤销注册的;③依法被吊销注册证书的;④受到刑事处罚的;⑤法律、法规规定应当注销的其他情形。

3) 一级建造师的继续教育

接受继续教育,既是注册建造师应当享有的权利,也是注册建造师应当履行的义务。

住建部于2010年11月发布的《注册建造师继续教育管理暂行办法》规定,注册建造师按规定参加继续教育,是申请初始注册、延续注册、增项注册和重新注册(以下统称注册)的必要条件。

(1) 必修课、选修课的学时和内容

注册一个专业的建造师在每一注册有效期内应参加继续教育不少于120学时,其中必修课60学时,选修课60学时。注册两个及以上专业的,每增加一个专业还应参加所增加专业60学时的继续教育,其中必修课30学时,选修课30学时。

必修课包括以下内容:①工程建设相关的法律法规和有关政策;②注册建造师职业道德和诚信制度;③建设工程项目管理的新理论、新方法、新技术和新工艺;④建设工程项目管理案例分析。选修课内容为:各专业牵头部门认为一级建造师需要补充的与建设工程项目管理有关的知识。

注册建造师在每一注册有效期内可根据工作需要集中或分年度安排继续教育的学时。

(2) 继续教育培训单位的选择与职责

注册建造师应在企业注册所在地选择中国建造师网公布的培训单位接受继续教育,在企业注册所在地外担任项目负责人的一级注册建造师,报专业牵头部门备案后可在工程所在地接受继续教育。个别专业的一级注册建造师可在专业牵头部门的统一安排下,跨地区参加继续教育。

培训单位对培训质量负直接责任。培训单位应当遵照国务院住房城乡建设主管部门公布的继续教育课程安排,使用规定的教材,按照国家有关规定收取费用,不得乱收费或变相摊派。

对于完成规定学时并测试合格的,培训单位报各专业牵头部门或各省级住房城乡建设主管部门确认后,发放统一式样的《注册建造师继续教育证书》,加盖培训单位印章。完成规定学时并测试合格后取得的《注册建造师继续教育证书》,是建造师申请注册的重要依据。

(3) 可充抵继续教育选修课部分学时的规定

注册建造师在每一注册有效期内从事以下工作并取得相应证明的,可充抵继续教育选修课部分学时:①参加全国建造师执业资格考试大纲编写及命题工作,每次计20学时。②从事注册建造师继续教育教材编写工作,每次计20学时。③在公开发行的省部级期刊上发表有关建设工程项目管理的学术论文的,第一作者每篇计10学时;公开出版5万字以上专著、教材的,第一、二作者每人计20学时。④参加建造师继续教育授课工作的,按授课学时计算。

每一注册有效期内,充抵继续教育选修课学时累计不得超过60学时。

4) 建造师的基本权利和基本义务

(1) 建造师的基本权利

《注册建造师管理规定》(征求意见稿)(建办市函〔2017〕512号)规定,注册建造师享有下列权利:①使用注册建造师名称;②在规定范围内从事执业活动;③在本人执业活动中形成的文件上签字;④保管和使用本人注册证书;⑤对本人执业活动进行解释和辩护;⑥接受继续教育;⑦获得相应的劳动报酬;⑧对侵犯本人权利的行为进行申述。

担任建设工程施工项目负责人和项目技术负责人的注册建造师应当在工程项目相关技术、质量、安全、管理等文件上签字,并承担相应责任。其中担任施工项目负责人的注册建造师应当对工程质量终身负责。

注册建造师有权拒绝在不合格或者有弄虚作假内容的建设工程施工管理文件上签字。

修改注册建造师签字的工程施工管理文件,应当征得所在企业同意后,由注册建造师本人进行修改;注册建造师本人不能进行修改的,应当由企业指定同等资格条件的注册建造师修改,由其签字并对修改部分承担相应的法律责任。

(2) 建造师的基本义务

注册建造师应当履行下列义务:①遵守法律法规,有关管理规定和合同约定,到岗尽责,恪守职业道德;②执行技术标准、规范和规程;③保证执业成果的质量,并承担相应责任,对工程质量终身负责;④接受继续教育,努力提高执业水准;⑤保守在执业中知悉的国家秘密和他人的商业、技术等秘密;⑥与当事人有利害关系的,应当主动回避;⑦协助注册管理机关完成相关工作。

注册建造师不得有下列行为:①不履行注册建造师义务;②在执业过程中索贿、受贿或者牟取合同约定费用外的其他利益;③在执业过程中实施商业贿赂;④签署有虚假记载等不合格的文件;⑤允许他人以自己的名义从事执业活动;⑥同时在两个或者两个以上单位受聘;⑦涂改、倒卖、出租、出借或以其他形式非法转让资格证书、注册证书;⑧超出执业范围和聘用单位业务范围内从事执业活动;⑨法律、法规、规章禁止的其他行为。

(3) 注册机关的监督管理

《注册建造师管理规定》中规定,县级以上人民政府住房城乡建设主管部门、其他有关部门应当依照有关法律、法规和本规定,对注册建造师的注册、执业和继续教育实施监督检查。

国务院住房城乡建设主管部门应当将注册建造师的注册信息告知省、自治区、直辖市人民政府住房城乡建设主管部门。省、自治区、直辖市人民政府住房城乡建设主管部门应当将注册建造师的注册信息告知本行政区域内市、县、市辖区人民政府住房城乡建设主管部门。

有下列情形之一的,注册机关依据职权或者根据利害关系人的请求,可以撤销注册建造师的注册:①注册机关工作人员滥用职权、玩忽职守作出准予注册许可的;②超越法定职权作出准予注册许可的;③违反法定程序作出准予注册许可的;④对不符合法定条件的申请人颁发注册证书的;⑤依法可以撤销注册的其他情形。申请人以欺骗、贿赂等不正当手段获准注册的,应当予以撤销。

5) 违法行为应承担的法律责任

《注册建造师管理规定》中规定,隐瞒有关情况或者提供虚假材料申请注册的,住房城乡建设主管部门不予受理或者不予注册,1年内不得再次申请注册,作为不良记录记入诚信档案。

以欺骗、贿赂等不正当手段取得注册证书的注册建造师,由注册机关撤销其注册,3年内不得再次申请注册,由县级以上地方人民政府住房城乡建设主管部门处以罚款,并作为不良记录记入诚信档案。其中没有违法所得的,处以1万元以下的罚款;有违法所得的,处以1万元以上3万元以下的罚款。

违反《注册建造师管理规定》,未取得注册证书,担任建设工程项目施工单位项目负责人,或者以注册建造师的名义从事相关活动的,其所签署的工程文件无效,由县级以上地方人民政府住房城乡建设主管部门或者其他有关部门给予警告,责令停止违法活动,并对聘用单位处以1万元以上3万元以下的罚款。

违反《注册建造师管理规定》,因本人原因未按时办理注销手续的注册建造师,由县级以上地方人民政府住房城乡建设主管部门或者其他有关部门责令限期改正,没有违法所得的,处以1万元以下的罚款;有违法所得的,处以1万元以上3万元以下的罚款。

违反《注册建造师管理规定》,注册建造师在执业活动中有第三十一条所列行为之一的,由县级以上地方人民政府住房城乡建设主管部门或者其他有关部门依法给予处罚。可视情节,给予警告,责令改正,没有违法所得的,处以1万元以下的罚款;有违法所得的,处以1万元以上3万元以下的罚款。

聘用单位为申请人提供虚假注册材料的,由县级以上地方人民政府住房城乡建设主管部门或者其他有关部门给予警告,并处以1万元以上3万元以下的罚款。其不良行为记入诚信档案。

县级以上人民政府住房城乡建设主管部门及其工作人员,在注册建造师管理工作中,有下列情形之一的,由其上级行政机关或者监察机关责令改正,对直接负责的主管人员和其他直接责任人员依法给予处分:①对不符合法定条件的申请人准予注册的;②对符合法定条件的申请人不予注册或者不在法定期限内作出准予注册决定的;③对符合法定条件的申请不予受理或者未在法定期限内初审完毕的;④利用职务上的便利,收受他人财物或者其他好处的;⑤不依法履行监督管理职责或者监督不力,造成严重后果的。

《建设工程质量管理条例》规定,违反本条例规定,注册建筑师、注册结构工程师、监理工程师等注册执业人员因过错造成质量事故的,责令停止执业1年;造成重大质量事故的,吊销执业资格证书,5年以内不予注册;情节特别恶劣的,终身不予注册。

2. 注册建筑师

注册建筑师,是指经考试、特许、考核认定取得中华人民共和国注册建筑师执业资格证书(以下简称执业资格证书),或者经资格互认方式取得建筑师互认资格证书(以下简称互认资格证书),并按照本细则注册,取得中华人民共和国注册建筑师注册证书(以下简称注册建筑师注册证书)和中华人民共和国注册建筑师执业印章(以下简称注册建筑师执业印章),从事建筑设计及相关业务活动的专业技术人员。注册建筑师分为一级注册建筑师和二级注册建筑师。

未取得注册建筑师注册证书和注册建筑师执业印章的人员,不得以注册建筑师的名义从事建筑设计及相关业务活动。国务院于1995年9月23日发布的《中华人民共和国注册建筑师条例》(中华人民共和国国务院令第184号),原建设部于2008年1月29日发布的《中华人民共和国注册建筑师条例实施细则》(中华人民共和国建设部令第167号)对注册建筑师的考试、注册管理、权利义务等作出了具体规定。

1) 注册建筑师的考试

符合下列条件之一的,可以申请参加一级注册建筑师考试:①取得建筑学硕士以上学位或者相近专业工学博士学位,并从事建筑设计或者相关业务2年以上的;②取得建筑学学士学位或者相近专业工学硕士学位,并从事建筑设计或者相关业务3年以上的;③具有建筑学专业大学本科毕业学历,并从事建筑设计或者相关业务5年以上的,或者具有建筑学相近专业大学本科毕业学历,并从事建筑设计或者相关业务7年以上的;④取得高级工程师技术职称,并从事建筑设计或者相关业务3年以上的,或者取得工程师技术职称,并从事建筑设计或者相关业务5年以上的;⑤不具有前四项规定的条件,但设计成绩突出,经全国注册建筑师管理委员会认定达到前四项规定的专业水平的。

一级注册建筑师考试内容包括:建筑设计前期工作、场地设计、建筑设计与表达、建筑结构、环境控制、建筑设备、建筑材料与构造、建筑经济、施工与设计业务管理、建筑法规等。上述内容分成若干科目进行考试。科目考试合格有效期为8年。

符合下列条件之一的,可以申请参加二级注册建筑师考试:①具有建筑学或者相近专业大学本科毕业以上学历,从事建筑设计或者相关业务2年以上的;②具有建筑设计技专业或者相近专业大专毕业以上学历,并从事建筑设计或者相关业务3年以上的;③具有建筑设计技术专业4年制中专毕业学历,并从事建筑设计或者相关业务5年以上的;④具有建筑设计技术相近专业中专毕业学历,并从事建筑设计或者相关业务7年以上的;⑤取得助理工程师以上技术职称,并从事建筑设计或者相关业务3年以上的。

二级注册建筑师考试内容包括:场地设计、建筑设计与表达、建筑结构与设备、建筑法规、建筑经济与施工等。上述内容分成若干科目进行考试。科目考试合格有效期为4年。

2) 一级建筑师的注册

(1) 申请初始注册、延续、变更注册

注册建筑师实行注册执业管理制度。取得执业资格证书或者互认资格证书的人员,必须经过注册方可以注册建筑师的名义执业。注册证书和执业印章是注册建筑师的执业凭证,由注册建筑师本人保管、使用。

取得一级注册建筑师资格证书并受聘于一个相关单位的人员,应当通过聘用单位向单位工商注册所在地的省、自治区、直辖市注册建筑师管理委员会提出申请;省、自治区、直辖市注册建筑师管理委员会受理后提出初审意见,并将初审意见和申请材料报全国注册建筑师管理委员会审批;符合条件的,由全国注册建筑师管理委员会颁发一级注册建筑师注册证书和执业印章。

省、自治区、直辖市注册建筑师管理委员会在收到申请人申请一级注册建筑师注册的材料后,应当即时作出是否受理的决定,并向申请人出具书面凭证;申请材料不齐全或者不符合法定形式的,应当在5日内一次性告知申请人需要补正的全部内容。逾期不告知的,自收到申请材料之日起即为受理。

申请注册建筑师初始注册,应当具备以下条件:①依法取得执业资格证书或者互认资格证书;②只受聘于中华人民共和国境内的一个建设工程勘察、设计、施工、监理、招标代理、造价咨询、施工图审查、城乡规划编制等单位(以下简称聘用单位);③近3年内在中华人民共和国境内从事建筑设计及相关业务1年以上;④达到继续教育要求;⑤没有《注册建筑师条例实施细则》第二十一条所列的情形。

注册建筑师每一注册有效期为2年。注册建筑师注册有效期满需继续执业的,应在注册有效期届满30日前,按照本细则第十五条规定的程序申请延续注册。延续注册有效期为2年。

延续注册需要提交下列材料:①延续注册申请表;②与聘用单位签订的聘用劳动合同复印件;③注册期内达到继续教育要求的证明材料。

注册建筑师变更执业单位,应当与原聘用单位解除劳动关系,并按照本细则第十五条规定的程序办理变更注册手续。变更注册后,仍延续原注册有效期。

原注册有效期届满在半年以内的,可以同时提出延续注册申请。准予延续的,注册有效期重新计算。变更注册需要提交下列材料:①变更注册申请表;②新聘用单位资质证书副本的复印件;③与新聘用单位签订的聘用劳动合同复印件;④工作调动证明或者与原聘用单位解除聘用劳动合同的证明文件、劳动仲裁机构出具的解除劳动关系的仲裁文件、退休人员的退休证明复印件;⑤在办理变更注册时提出延续注册申请的,还应当提交在本注册有效期内达到继续教育要求的证明材料。

(2) 不予注册和注册证书的失效、注销

申请人有下列情形之一的,不予注册:①不具有完全民事行为能力的;②申请在两个或者两个以上单位注册的;③未达到注册建筑师继续教育要求的;④因受刑事处罚,自刑事处罚执行完毕之日起至申请注册之日止不满5年的;⑤因在建筑设计或者相关业务中犯有错误受行政处罚或者撤职以上行政处分,自处罚、处分决定之日起至申请之日止不满2年的;⑥受吊销注册建筑师证书的行政处罚,自处罚决定之日起至申请注册之日止不满5年的;⑦申请人的聘用单位不符合注册单位要求的;⑧法律、法规规定不予注册的其他情形。

注册建筑师有下列情形之一的,其注册证书和执业印章失效:①聘用单位破产的;②聘用单位被吊销营业执照的;③聘用单位相应资质证书被吊销或者撤回的;④已与聘用单位解除聘用劳动关系的;⑤注册有效期满且未延续注册的;⑥死亡或者丧失民事行为能力的;⑦其他导致注册失效的情形。

注册建筑师有下列情形之一的,由注册机关办理注销手续,收回注册证书和执业印章或公告注册证书和执业印章作废:①有本细则第二十二条所列情形发生的;②依法被撤销注册的;③依法被吊销注册证书的;④受刑事处罚的;⑤法律、法规规定应当注销注册的其他情形。

3) 违法行为应承担的法律责任

隐瞒有关情况或者提供虚假材料申请注册的,注册机关不予受理,并由建设主管部门给予警告,申请人1年之内不得再次申请注册。

以欺骗、贿赂等不正当手段取得注册证书和执业印章的,由全国注册建筑师管理委员会或省、自治区、直辖市注册建筑师管理委员会撤销注册证书并收回执业印章,3年内不得再次申请注册,并由县级以上人民政府建设主管部门处以罚款。其中没有违法所得的,处以1万元以下罚款;有违法所得的处以违法所得3倍以下且不超过3万元的罚款。

违反《注册建筑师条例实施细则》,未受聘并注册于中华人民共和国境内一个具有工程设计资质的单位,从事建筑工程设计执业活动的,由县级以上人民政府建设主管部门给予警告,责令停止违法活动,并可处以1万元以上3万元以下的罚款。

违反《注册建筑师条例实施细则》,未办理变更注册而继续执业的,由县级以上人民政府建设主管部门责令限期改正;逾期未改正的,可处以5 000元以下的罚款。

违反《注册建筑师条例实施细则》,涂改、倒卖、出租、出借或者以其他形式非法转让执业资格证书、互认资格证书、注册证书和执业印章的,由县级以上人民政府建设主管部门责令改正,其中没有违法所得的,处以1万元以下罚款;有违法所得的处以违法所得3倍以下且不超过3万元的罚款。

违反《注册建筑师条例实施细则》,注册建筑师或者其聘用单位未按照要求提供注册建筑师信用档案信息的,由县级以上人民政府建设主管部门责令限期改正;逾期未改正的,可处以1 000元以上1万元以下的罚款。

聘用单位为申请人提供虚假注册材料的,由县级以上人民政府建设主管部门给予警告,责令限期改正;逾期未改正的,可处以1万元以上3万元以下的罚款。

有下列情形之一的,全国注册建筑师管理委员会或者省、自治区、直辖市注册建筑师管理委员会可以撤销其注册:①全国注册建筑师管理委员会或者省、自治区、直辖市注册建筑师管理委员会的工作人员滥用职权、玩忽职守颁发注册证书和执业印章的;②超越法定职权颁发注册证书和执业印章的;③违反法定程序颁发注册证书和执业印章的;④对不符合法定条件的申请人颁发注册证书和执业印章的;⑤依法可以撤销注册的其他情形。

县级以上人民政府建设主管部门、人事主管部门及全国注册建筑师管理委员会或者省、自治区、直辖市注册建筑师管理委员会的工作人员,在注册建筑师管理工作中,有下列情形之一的,依法给予处分;构成犯罪的,依法追究刑事责任:①对不符合法定条件的申请人颁发执业资格证书、注册证书和执业印章的;②对符合法定条件的申请人不予颁发执业资格证书、注册证书和执业印章的;③对符合法定条件的申请不予受理或者未在法定期限内初审完毕的;④利用职务上的便利,收受他人财物或者其他好处的;⑤不依法履行监督管理职责,或者发现违法行为不予查处的。

3. 勘察设计注册工程师

勘察设计注册工程师(以下简称注册工程师),是指经考试取得中华人民共和国注册工程师资格证书(以下简称资格证书),并按照规定注册,取得中华人民共和国注册工程师注册执业证书(以下简称注册证书)和执业印章,从事建设工程勘察、设计及有关业务活动的专业技术人员。全国勘察设计注册工程师包括注册结构工程师、注册土木工程师(岩土、水利水电工程、港口与航道工程)、注册公用设备工程师(暖通空调、给水排水、动力)、注册电气工程师(发输变电、供配电)、注册化工工程师、注册环保工程师。除注册结构工程师分为一、二级外,其他专业注册工程师不分级别。原建设部于2005年2月4日发布了《勘察设计注册工程师管理规定》(建设部令第137号),住建部于2016年9月13日发布的"住房城乡建设部关于修改《勘察设计注册工程师管理规定》等11个部门规章的决定"(中华人民共和国住房和城乡建设部令第32号)对其进行了修订。

1) 注册工程师的考试

由于勘察设计注册工程师的种类较多,以下仅介绍注册结构工程师和注册土木工程师(岩土)的考试。

注册结构工程师,是指取得中华人民共和国注册结构工程师执业资格证书和注册证书,从事房屋结构、桥梁结构及塔架结构等工程设计及相关业务的专业技术人员。注册结构工程师分为一级注册结构工程师和二级注册结构工程师。原人事部、原建设部联合于1997年9月1日发布了《注册结构工程师执业资格制度暂行规定》(建办设〔1997〕222号)。

一级注册结构工程师资格考试由基础考试和专业考试两部分组成。通过基础考试的人员,从事结构工程设计或相关业务满规定年限,方可申请参加专业考试。

一级注册结构工程师资格考试科目:①基础考试(上);②基础考试(下);③专业考试(上);④专业考试(下)。

二级注册结构工程师资格考试:①专业考试(上);②专业考试(下)。

全国一级注册结构工程师执业资格考试基础科目考试报考的具体条件如表2-1所示。

表2-1 全国一级注册结构工程师基础科目考试报考条件

类别	专业名称	学历或学位	职业实践最少时间
本专业	结构工程	工学硕士或研究生毕业及以上学位	
	建筑工程(不含岩土工程)	评估通过并在合格有效期内的工学学士学位	
		未通过评估的工学学士学位	
		专科毕业	1年

续表

类 别	专 业 名 称	学历或学位	职业实践最少时间
相近专业	建筑工程的岩土工程 交通土建工程 矿井建设 水利水电建筑工程 港口航道及治河工程 海岸与海洋工程 农业建筑与环境工程 建筑学 工程力学	工学硕士或研究生毕业及以上学位	
		工学学士或本科毕业	
		专科毕业	1年
其他工科专业		工学学士或本科毕业及以上学位	1年

1971年(含1971年)以后毕业,不具备规定学历的人员,从事建筑工程设计工作累计15年以上,且具备下列条件之一,也可申报一级注册结构工程师资格考试基础科目的考试:①作为专业负责人或主要设计人,完成建筑工程分类标准三级以上项目4项(全过程设计),其中二级以上项目不少于1项;②作为专业负责人或主要设计人,完成中型工业建筑工程以上项目4项(全过程设计),其中大型项目不少于1项。

全国一级注册结构工程师执业资格考试专业科目考试报考的具体条件如表2-2所示。

表2-2 全国一级注册结构工程师专业科目考试报考条件

类 别	专 业 名 称	学历或学位	Ⅰ类人员 职业实践最少时间	Ⅱ类人员 职业实践最少时间
本专业	结构工程	工学硕士或研究生毕业及以上学位	4年	6年
	建筑工程(不含岩土工程)	评估通过并在合格有效期内的工学学士学位	4年	
		未通过评估的工学学士学位	5年	8年
		专科毕业	6年	9年
相近专业	建筑工程的岩土工程 交通土建工程 矿井建设 水利水电建筑工程 港口航道及治河工程 海岸与海洋工程 农业建筑与环境工程 建筑学 工程力学	工学硕士或研究生毕业及以上学位	5年	8年
		工学学士或本科毕业	6年	9年
		专科毕业	7年	10年
其他工科专业		工学学士或本科毕业及以上学位	8年	12年

注:(1)表中"Ⅰ类人员"指基础考试已经通过,继续申报专业考试的人员;"Ⅱ类人员"指按原建设部发文《关于一级注册结构工程师资格考核认定和1997年资格报考工作有关问题的说明》[(97)建设注字第46号]文件规定,符合免基础考试条件,只参加专业考试的人员,免考范围不再扩大,该类人员可一直参加专业考试,直至通过为止。
(2)1970年(含1970年)以前建筑工程专业大学本科、专科毕业的人员。
(3)1970年(含1970年)以前建筑工程或相近专业中专及以上学历毕业,从事结构设计工作累计10年以上的人员。
(4)1970年(含1970年)以前参加工作,不具备规定学历要求,从事结构设计工作累计15年以上的人员。

全国二级注册结构工程师执业资格考试报考的具体条件如表2-3所示。

表2-3 全国二级注册结构工程师执业资格考试报考条件

类别	专业名称	学历或学位	职业实践最少时间
本专业	工业与民用建筑	本科及以上学历	2年
		普通大专毕业	3年
		成人大专毕业	4年
		普通中专毕业	6年
		成人中专毕业	7年
相近专业	建筑设计技术 村镇建设 公路与桥梁 城市地下铁道 铁道工程 铁道桥梁与隧道 小型土木工程 水利水电工程建筑 水利工程 港口与航道工程	本科及以上学历	4年
		普通大专毕业	6年
		成人大专毕业	7年
		普通中专毕业	9年
		成人中专毕业	10年
不具备规定学历		从事结构设计工作满13年以上,且作为项目负责人或专业负责人,完成过三级(或中型工业建筑)项目不少于2项	13年

注册土木工程师(岩土),是指取得中华人民共和国注册土木工程师(岩土)执业资格证书和中华人民共和国注册土木工程师(岩土)执业资格注册证书,从事岩土工程工作的专业技术人员。为加强对岩土工程专业技术人员的管理,保证工程质量,维护社会公共利益和人民生命财产安全,依据《建筑法》《建设工程勘察设计管理条例》等法律法规和国家有关执业资格制度的规定,原人事部、原建设部于2002年4月8日联合发布了"关于印发《注册土木工程师(岩土)执业资格制度暂行规定》《注册土木工程师(岩土)执业资格考试实施办法》和《注册土木工程师(岩土)执业资格考核认定办法》的通知"(人发〔2002〕35号)。

《注册土木工程师(岩土)执业资格考试实施办法》规定,注册土木工程师(岩土)执业资格基础考试报考条件如下:①取得本专业(指勘查技术与工程、土木工程、水利水电工程、港口航道与海岸工程专业,下同)或相近专业(指地质勘探、环境工程、工程力学专业,下同)大学本科及以上学历或学位;②取得本专业或相近专业大学专科学历,从事岩土工程专业工作满1年;③取得其他工科专业大学本科及以上学历或学位,从事岩土工程专业工作满1年。

基础考试合格,并具备以下条件之一的,可申请参加专业考试:①取得本专业博士学位,累计从事岩土工程专业工作满2年;或取得相近专业博士学位,累计从事岩土工程专业工作满3年。②取得本专业硕士学位,累计从事岩土工程专业工作满3年;或取得相近专业硕士学位,累计从事岩土工程专业工作满4年。③取得本专业双学士学位或研究生班毕业,累计从事岩土工程专业工作满4年;或取得相近专业双学士学位或研究生班毕业,累计从事岩土工程专业工作满5年。④取得本专业大学本科学历,累计从事岩土工程专业工作满5年;或取得相近专业大学本科学历,累计从事岩土工程专业工作满6年。⑤取得本专业大学专科学历,累计从事岩土工程专业工作满6年;或取得相近专业大学专科学历,累计从事岩土工程专业工作满7年。⑥取得其他工科专业大学本科及以上学历或学位,累计从事岩土工程专业工作满8年。

2) 注册工程师的注册

注册工程师实行注册执业管理制度,取得资格证书的人员,必须经过注册方能以注册工程师的名义执业。

取得资格证书的人员申请注册,由省、自治区、直辖市人民政府建设主管部门初审,国务院建设主管部门审批;其中涉及有关部门的专业注册工程师的注册,由国务院建设主管部门和有关部门审批。

取得资格证书并受聘于一个建设工程勘察、设计、施工、监理、招标代理、造价咨询等单位的人员,应当通过聘用单位向单位工商注册所在地的省、自治区、直辖市人民政府建设主管部门提出注册申请;省、自治区、直辖市人民政府建设主管部门受理后提出初审意见,并将初审意见和全部申报材料报审批部门审批;符合条件的,由审批部门核发由国务院建设主管部门统一制作、国务院建设主管部门或者国务院建设主管部门和有关部门共同用印的注册证书,并核发执业印章。

省、自治区、直辖市人民政府建设主管部门在收到申请人的申请材料后,应当即时作出是否受理的决定,并向申请人出具书面凭证;申请材料不齐全或者不符合法定形式的,应当在5日内一次性告知申请人需要补正的全部内容。逾期不告知的,自收到申请材料之日起即为受理。

省、自治区、直辖市人民政府建设主管部门应当自受理申请之日起20日内审查完毕,并将申请材料和初审意见报审批部门。

国务院建设主管部门自收到省、自治区、直辖市人民政府建设主管部门上报材料之日起,应当在20日内审批完毕并作出书面决定,自作出决定之日起10日内,在公众媒体上公告审批结果。其中,由国务院建设主管部门和有关部门共同审批的,审批时间为45日;对不予批准的,应当说明理由,并告知申请人享有依法申请行政复议或者提起行政诉讼的权利。

二级注册结构工程师的注册受理和审批,由省、自治区、直辖市人民政府建设主管部门负责。

注册证书和执业印章是注册工程师的执业凭证,由注册工程师本人保管、使用。注册证书和执业印章的有效期为3年。

初始注册者,可自资格证书签发之日起3年内提出申请。逾期未申请者,须符合本专业继续教育的要求后方可申请初始注册。注册工程师每一注册期为3年,注册期满须继续执业的,应在注册期满前30日,按照本规定第七条规定的程序申请延续注册。延续注册需要提交下列材料:①申请人延续注册申请表;②申请人与聘用单位签订的聘用劳动合同复印件;③申请人注册期内达到继续教育要求的证明材料。

在注册有效期内,注册工程师变更执业单位,应与原聘用单位解除劳动关系,并按本规定第七条规定的程序办理变更注册手续,变更注册后仍延续原注册有效期。变更注册需要提交下列材料:①申请人变更注册申请表;②申请人与新聘用单位签订的聘用劳动合同复印件;③申请人的工作调动证明(或者与原聘用单位解除聘用劳动合同的证明文件、退休人员的退休证明)。

注册工程师有下列情形之一的,其注册证书和执业印章失效:①聘用单位破产的;②聘用单位被吊销营业执照的;③聘用单位相应资质证书被吊销的;④已与聘用单位解除聘用劳动关系的;⑤注册有效期满且未延续注册的;⑥死亡或者丧失行为能力的;⑦注册失效的其他情形。

注册工程师有下列情形之一的,负责审批的部门应当办理注销手续,收回注册证书和执业印章或者公告其注册证书和执业印章作废:①不具有完全民事行为能力的;②申请注销注册的;③有本规定第十四条所列情形发生的;④依法被撤销注册的;⑤依法被吊销注册证书的;⑥受到刑事处罚的;⑦法律、法规规定应当注销注册的其他情形。

注册工程师有前款情形之一的,注册工程师本人和聘用单位应当及时向负责审批的部门提出注销注册的申请;有关单位和个人有权向负责审批的部门举报;建设主管部门和有关部门应当及时向负责审批的部门报告。

有下列情形之一的,不予注册:①不具有完全民事行为能力的;②因从事勘察设计或者相关业务受到刑事处罚,自刑事处罚执行完毕之日起至申请注册之日止不满2年的。

3) 注册工程师的执业

取得资格证书的人员,应受聘于一个具有建设工程勘察、设计、施工、监理、招标代理、造价咨询等一项或多项资质的单位,经注册后方可从事相应的执业活动。但从事建设工程勘察、设计执业活动的,应受聘并注册于一个具有建设工程勘察、设计资质的单位。

注册工程师的执业范围:①工程勘察或者本专业工程设计;②本专业工程技术咨询;③本专业工程招标、采购咨询;④本专业工程的项目管理;⑤对工程勘察或者本专业工程设计项目的施工进行指导和监督;⑥国务院有关部门规定的其他业务。

建设工程勘察、设计活动中形成的勘察、设计文件由相应专业注册工程师按照规定签字盖章后方可生效。各专业注册工程师签字盖章的勘察、设计文件种类及办法由国务院建设主管部门会同有关部门规定。

修改经注册工程师签字盖章的勘察、设计文件,应当由该注册工程师进行;因特殊情况,该注册工程师不能进行修改的,应由同专业其他注册工程师修改,并签字、加盖执业印章,对修改部分承担责任。

注册工程师从事执业活动,由所在单位接受委托并统一收费。

因建设工程勘察、设计事故及相关业务造成的经济损失,聘用单位应承担赔偿责任;聘用单位承担赔偿责任后,可依法向负有过错的注册工程师追偿。

其中,注册土木工程师(岩土)的执业范围:①岩土工程勘察;②岩土工程设计;③岩土工程咨询与监理;④岩土工程治理、检测与监测;⑤环境岩土工程和与岩土工程有关的水文地质工程业务;⑥国务院有关部门规定的其他业务。

注册土木工程师(岩土)必须加入一个具有工程勘察或工程设计资质的单位方能执业。

注册土木工程师(岩土)执业,由其所在单位接受委托并统一收费。

因岩土工程技术质量事故造成的经济损失,接受委托单位应承担赔偿责任,并可向签字的注册土木工程师(岩土)追偿。

注册结构工程师的执业范围:①结构工程设计;②结构工程设计技术咨询;③建筑物、

构筑物、工程设施等调查和鉴定；④对本人主持设计的项目进行施工指导和监督；⑤原建设部和国务院有关部门规定的其他业务。

一级注册结构工程师的执业范围不受工程规模及工程复杂程度的限制。注册结构工程师执行业务，应当加入一个勘察设计单位。注册结构工程师执行业务，由勘察设计单位统一接受委托并统一收费。因结构设计质量造成的经济损失，由勘察设计单位承担赔偿责任；勘察设计单位有权向签字的注册结构工程师追偿。

4) 违法行为应承担的法律责任

隐瞒有关情况或者提供虚假材料申请注册的，审批部门不予受理，并给予警告，一年之内不得再次申请注册。

以欺骗、贿赂等不正当手段取得注册证书的，由负责审批的部门撤销其注册，3年内不得再次申请注册；并由县级以上人民政府建设主管部门或者有关部门处以罚款，其中没有违法所得的，处以1万元以下的罚款；有违法所得的，处以违法所得3倍以下且不超过3万元的罚款；构成犯罪的，依法追究刑事责任。

注册工程师在执业活动中有下列行为之一的，由县级以上人民政府建设主管部门或者有关部门予以警告，责令其改正，没有违法所得的，处以1万元以下的罚款；有违法所得的，处以违法所得3倍以下且不超过3万元的罚款；造成损失的，应当承担赔偿责任；构成犯罪的，依法追究刑事责任：①以个人名义承接业务的；②涂改、出租、出借或者以非法形式转让注册证书或者执业印章的；③泄露执业中应当保守的秘密并造成严重后果的；④超出本专业规定范围或者聘用单位业务范围从事执业活动的；⑤弄虚作假提供执业活动成果的；⑥其他违反法律、法规、规章的行为。

有下列情形之一的，负责审批的部门或者其上级主管部门，可以撤销其注册：①建设主管部门或者有关部门的工作人员滥用职权、玩忽职守颁发注册证书和执业印章的；②超越法定职权颁发注册证书和执业印章的；③违反法定程序颁发注册证书和执业印章的；④对不符合法定条件的申请人颁发注册证书和执业印章的；⑤依法可以撤销注册的其他情形。

县级以上人民政府建设主管部门及有关部门的工作人员，在注册工程师管理工作中，有下列情形之一的，依法给予行政处分；构成犯罪的，依法追究刑事责任：①对不符合法定条件的申请人颁发注册证书和执业印章的；②对符合法定条件的申请人不予颁发注册证书和执业印章的；③对符合法定条件的申请人未在法定期限内颁发注册证书和执业印章的；④利用职务上的便利，收受他人财物或者其他好处的；⑤不依法履行监督管理职责，或者发现违法行为不予查处的。

4. 注册监理工程师

注册监理工程师，是指经考试取得中华人民共和国监理工程师资格证书（以下简称监理工程师资格证书），并按照本规定注册，取得中华人民共和国注册监理工程师注册执业证书（以下简称监理工程师注册证书）和监理工程师执业印章，从事工程监理及相关业务活动的专业技术人员。原建设部于2006年1月26日发布了《注册监理工程师管理规定》（中华人民共和国建设部令第147号），对注册监理工程师的注册管理、权利义务等作出了具体规定。

1) 监理工程师的考试

凡中华人民共和国公民，遵纪守法并具备以下条件之一的，均可申请参加全国监理工程师执业资格考试：①工程技术或工程经济专业大专（含大专）以上学历，按照国家有关规定,取得工程技术或工程经济专业中级职务,并任职满3年;②按照国家有关规定,取得工程技术或工程经济专业高级职务;③1970年(含1970年)以前工程技术或工程经济专业中专毕业,按照国家有关规定,取得工程技术或工程经济专业中级职务,并任职满3年。

注册监理工程师的考试设《建设工程监理基本理论与相关法规》《建设工程合同管理》《建设工程质量、投资、进度控制》《建设工程监理案例分析》4个科目。参加全部4个科目考试的人员,必须在连续两个考试年度内通过全部科目考试。

对于从事工程建设监理工作且同时具备下列4项条件的报考人员,可免试《建设工程合同管理》和《建设工程质量、投资、进度控制》两个科目,只参加《建设工程监理基本理论与相关法规》和《建设工程监理案例分析》两个科目的考试:①1970年(含1970年)以前工程技术或工程经济专业中专(含中专)以上毕业;②按照国家有关规定,取得工程技术或工程经济专业高级职务;③从事工程设计或工程施工管理工作满15年;④从事监理工作满1年。

报名条件中有关学历的要求是指经国家教育部承认的正规学历,从事相关专业工作年限的计算截止日期一般为考试报名年度当年年底,详细信息以各地区具体规定为准。

2) 监理工程师的注册

注册监理工程师实行注册执业管理制度,取得监理工程师资格证书的人员,经过注册方能以注册监理工程师的名义执业。注册监理工程师依据其所学专业、工作经历、工程业绩,按照《工程监理企业资质管理规定》划分的工程类别,按专业注册。每人最多可以申请两个专业注册。

取得监理工程师资格证书的人员申请注册,由省、自治区、直辖市人民政府建设主管部门初审,国务院建设主管部门审批。

取得监理工程师资格证书并受聘于一个建设工程勘察、设计、施工、监理、招标代理、造价咨询等单位的人员,应当通过聘用单位向单位工商注册所在地的省、自治区、直辖市人民政府建设主管部门提出注册申请;省、自治区、直辖市人民政府建设主管部门受理后提出初审意见,并将初审意见和全部申报材料报国务院建设主管部门审批;符合条件的,由国务院建设主管部门核发监理工程师注册证书和监理工程师执业印章。

监理工程师注册证书和监理工程师执业印章是注册监理工程师的执业凭证,由注册监理工程师本人保管、使用。监理工程师注册证书和监理工程师执业印章的有效期为3年。

初始注册者,可自资格证书签发之日起3年内提出申请。逾期未申请者,须符合继续教育的要求后方可申请初始注册。申请初始注册,应当具备以下条件:①经全国注册监理工程师执业资格统一考试合格,取得资格证书;②受聘于一个相关单位;③达到继续教育要求;④没有《注册监理工程师管理规定》第十三条所列情形。

注册监理工程师每一注册有效期为3年,注册有效期满须继续执业的,应当在注册有效期满30日前,按照本规定第七条规定的程序申请延续注册。延续注册有效期3年。延续注册需要提交下列材料:①申请人延续注册申请表;②申请人与聘用单位签订的聘用劳动合同复印件;③申请人注册有效期内达到继续教育要求的证明材料。

在注册有效期内,注册监理工程师变更执业单位,应当与原聘用单位解除劳动关系,并按本规定第七条规定的程序办理变更注册手续,变更注册后仍延续原注册有效期。变更注册需要提交下列材料:①申请人变更注册申请表;②申请人与新聘用单位签订的聘用劳动合同复印件；③申请人的工作调动证明（与原聘用单位解除聘用劳动合同或者聘用劳动合同到期的证明文件、退休人员的退休证明）。

申请人有下列情形之一的，不予初始注册、延续注册或者变更注册：①不具有完全民事行为能力的；②刑事处罚尚未执行完毕或者因从事工程监理或者相关业务受到刑事处罚，自刑事处罚执行完毕之日起至申请注册之日止不满2年的；③未达到监理工程师继续教育要求的；④在两个或者两个以上单位申请注册的；⑤以虚假的职称证书参加考试并取得资格证书的；⑥年龄超过65周岁的；⑦法律法规规定不予注册的其他情形。

注册监理工程师有下列情形之一的，其注册证书和执业印章失效：①聘用单位破产的；②聘用单位被吊销营业执照的；③聘用单位被吊销相应资质证书的；④已与聘用单位解除劳动关系的；⑤注册有效期满且未延续注册的；⑥年龄超过65周岁的；⑦死亡或者丧失行为能力的；⑧其他导致注册失效的情形。

注册监理工程师有下列情形之一的，负责审批的部门应当办理注销手续，收回注册证书和执业印章或者公告其注册证书和执业印章作废：①不具有完全民事行为能力的；②申请注销注册的；③有本规定第十四条所列情形发生的；④依法被撤销注册的；⑤依法被吊销注册证书的；⑥受到刑事处罚的；⑦法律法规规定应当注销注册的其他情形。注册监理工程师有前款情形之一的，注册监理工程师本人和聘用单位应当及时向国务院建设主管部门提出注销注册的申请；有关单位和个人有权向国务院建设主管部门举报；县级以上地方人民政府建设主管部门或者有关部门应当及时报告或者告知国务院建设主管部门。

被注销注册者或者不予注册者，在重新具备初始注册条件，并符合继续教育要求后，可以按照本规定第七条规定的程序重新申请注册。

3）违法行为应承担的法律责任

隐瞒有关情况或者提供虚假材料申请注册的，建设主管部门不予受理或者不予注册，并给予警告，1年之内不得再次申请注册。

以欺骗、贿赂等不正当手段取得注册证书的，由国务院建设主管部门撤销其注册，3年内不得再次申请注册，并由县级以上地方人民政府建设主管部门处以罚款，其中没有违法所得的，处以1万元以下罚款，有违法所得的，处以违法所得3倍以下且不超过3万元的罚款；构成犯罪的，依法追究刑事责任。

违反《注册监理工程师管理规定》，未经注册，擅自以注册监理工程师的名义从事工程监理及相关业务活动的，由县级以上地方人民政府建设主管部门给予警告，责令停止违法行为，处以3万元以下罚款；造成损失的，依法承担赔偿责任。

违反《注册监理工程师管理规定》，未办理变更注册仍执业的，由县级以上地方人民政府建设主管部门给予警告，责令限期改正；逾期不改的，可处以5 000元以下的罚款。

注册监理工程师在执业活动中有下列行为之一的，由县级以上地方人民政府建设主管部门给予警告，责令其改正，没有违法所得的，处以1万元以下罚款，有违法所得的，处以违法所得3倍以下且不超过3万元的罚款；造成损失的，依法承担赔偿责任；构成犯罪的，依法追究刑事责任：①以个人名义承接业务的；②涂改、倒卖、出租、出借或者以其他形式非法转让注册证书或者执业印章的；③泄露执业中应当保守的秘密并造成严重后果的；④超出规定执业范围或者聘用单位业务范围从事执业活动的；⑤弄虚作假提供执业活动成果的；⑥同时受聘于两个或者两个以上的单位，从事执业活动的；⑦其他违反法律、法规、规章的行为。

有下列情形之一的,国务院建设主管部门依据职权或者根据利害关系人的请求,可以撤销监理工程师注册:①工作人员滥用职权、玩忽职守颁发注册证书和执业印章的;②超越法定职权颁发注册证书和执业印章的;③违反法定程序颁发注册证书和执业印章的;④对不符合法定条件的申请人颁发注册证书和执业印章的;⑤依法可以撤销注册的其他情形。

县级以上人民政府建设主管部门的工作人员,在注册监理工程师管理工作中,有下列情形之一的,依法给予处分;构成犯罪的,依法追究刑事责任:①对不符合法定条件的申请人颁发注册证书和执业印章的;②对符合法定条件的申请人不予颁发注册证书和执业印章的;③对符合法定条件的申请人未在法定期限内颁发注册证书和执业印章的;④对符合法定条件的申请不予受理或者未在法定期限内初审完毕的;⑤利用职务上的便利,收受他人财物或者其他好处的;⑥不依法履行监督管理职责,或者发现违法行为不予查处的。

5. 注册造价工程师

造价工程师,是指通过全国统一考试取得中华人民共和国造价工程师职业资格证书,并经注册后从事建设工程造价工作的专业人员。凡从事工程建设活动的建设、设计、施工、造价咨询等单位,必须在建设工程造价工作岗位配备造价工程师。

原建设部于2006年12月25日发布的《注册造价工程师管理办法》(中华人民共和国建设部令第150号),住建部于2016年9月13日发布的"住房城乡建设部关于修改《注册造价工程师管理办法》等11个部门规章的决定"对注册造价工程师的注册、执业、继续教育和监督管理等作出了明确规定。

为加强工程造价专业人员队伍建设,提高工程造价专业人员素质,提升建设工程造价管理水平,维护国家和社会公共利益,根据《建筑法》和国家职业资格制度有关规定,住建部于2018年1月16日发布"关于征求《造价工程师职业资格制度规定(征求意见稿)》《造价工程师职业资格考试实施办法(征求意见稿)》意见的通知"(建办人函〔2018〕32号),拟将造价工程师分为一级造价工程师(Level 1 Cost Engineer)和二级造价工程师(Level 2 Cost Engineer)。一级和二级造价工程师职业资格考试均设置基础科目和专业科目。

一级造价工程师职业资格考试合格者,由各省、自治区、直辖市人力资源社会保障行政主管部门,颁发由人力资源社会保障部统一印制,住房城乡建设部、交通运输部、水利部分别与人力资源社会保障部用印的《中华人民共和国造价工程师职业资格证书(一级)》。该证书在全国范围内有效。

二级造价工程师职业资格考试合格者,由各省、自治区、直辖市人力资源社会保障行政主管部门,颁发省级住房城乡建设、交通运输、水利行政主管部门分别与人力资源社会保障行政主管部门用印的《中华人民共和国造价工程师职业资格证书(二级)》。该证书原则上在所在行政区域内有效。

1) 造价工程师的考试

一级造价工程师职业资格实行全国统一大纲、统一命题、统一组织的考试制度。二级造价工程师职业资格实行全国统一大纲,各省、自治区、直辖市自主命题并组织实施的考试制度。一级造价工程师职业资格考试每年一次。二级造价工程师职业资格考试每年不少于一次,具体考试日期由各地确定。考点原则上设在直辖市和省会城市的大、中专院校或者高考定点学校。

凡遵守国家法律、法规,具有良好的政治业务素质和道德品行,从事工程造价工作且具备下列条件之一者,可以申请参加一级造价工程师职业资格考试:①取得工程造价专业大学专科学历(或高等职业教育),从事工程造价业务工作满5年;取得土木建筑、水利、装备制造、交通运输、电子信息、财经商贸大类大学专科学历(或高等职业教育),从事工程造价业务工作满6年。②取得通过专业评估(认证)的工程管理、工程造价专业大学本科学历或学位,从事工程造价业务工作满4年;取得工学、管理学、经济学门类大学本科学历或学位,从事工程造价业务工作满5年。③取得工学、管理学、经济学门类硕士学位或者第二学士学位,从事工程造价业务工作满3年。④取得工学、管理学、经济学门类博士学位,从事工程造价业务工作满1年。⑤取得其他专业类(门类)相应学历或者学位的人员,从事工程造价业务工作年限相应增加1年。

造价工程师职业资格考试专业科目分为土木建筑工程、交通运输工程、水利工程和安装工程4个专业类别。其中,土木建筑工程、安装工程专业由住房城乡建设部负责;交通运输工程专业由交通运输部负责;水利工程专业由水利部负责。考生在报名时可根据实际工作需要选择其一。

一级造价工程师职业资格考试设《建设工程造价管理》《建设工程计价》《建设工程技术与计量》《建设工程造价案例分析》4个科目。其中《建设工程造价管理》和《建设工程计价》为基础科目,《建设工程技术与计量》和《建设工程造价案例分析》为专业科目。

一级造价工程师职业资格考试分4个半天进行。《建设工程造价管理》《建设工程技术与计量》《建设工程计价》科目的考试时间均为2.5小时,《建设工程造价案例分析》科目的考试时间为4小时。

一级造价工程师职业资格考试成绩实行4年为一个周期的滚动管理办法,在连续的4个考试年度内通过全部考试科目,方可取得一级造价工程师职业资格证书。

凡遵守国家法律、法规,具有良好的政治业务素质和道德品行,从事工程造价工作且具备下列条件之一者,可以申请参加二级造价工程师职业资格考试:①取得工程造价专业大学专科学历(或高等职业教育),从事工程造价业务工作满2年;取得土木建筑、水利、装备制造、交通运输、电子信息、财经商贸大类大学专科(或高等职业教育)学历,从事工程造价业务工作满3年。②取得工程管理、工程造价专业大学本科及以上学历或学位,从事工程造价业务工作满1年;取得工学、管理学、经济学门类大学本科及以上学历或学位,从事工程造价业务工作满2年。③取得其他专业类(门类)相应学历或学位的人员,从事工程造价业务工作年限相应增加1年。

二级造价工程师职业资格考试设《建设工程造价管理基础知识》《建设工程计量与计价实务》2个科目。其中《建设工程造价管理基础知识》为基础科目,《建设工程计量与计价实务》为专业科目。

二级造价工程师职业资格考试分2个半天。《建设工程造价管理基础知识》科目的考试时间为2.5小时,《建设工程计量与计价实务》为3小时。

二级造价工程师职业资格考试成绩实行2年为一个周期的滚动管理办法,参加全部2个科目考试的人员必须在连续的2个考试年度内通过全部科目,方可取得二级造价工程师职业资格证书。

已取得造价工程师一种专业职业资格证书的人员,可报名参加其他专业科目考试。考试合格后,核发人力资源社会保障部门统一印制的相应专业考试合格证明。该证明作为注册时增加执业专业类别的依据。

通过专业评估(认证)的工程管理、工程造价专业大学本科毕业生,且取得学士学位的,参加二级造价工程师考试时,可免试《建设工程造价管理基础知识》科目,只参加《建设工程计量与计价实务》科目。申请免考部分科目的人员在报名时应提供相应材料。

符合造价工程师职业资格考试报名条件的报考人员,按规定携带相关证件和材料到指定地点进行报名资格审查。报名时,各地人力资源社会保障部门会同相关行业主管部门对报名人员的资格条件进行审核。审核合格后,核发准考证。参加考试人员凭准考证和有效证件在指定的日期、时间和地点参加考试。

2)造价工程师的注册

中央和国务院各部门及所属单位、中央管理企业的人员按属地原则报名参加考试。国家对造价工程师职业资格实行注册执业管理制度。取得造价工程师职业资格证书且从事工程造价相关工作的人员,经注册方可以注册造价工程师名义从事工程造价工作。

一级造价工程师职业资格注册的组织实施由住房城乡建设部、交通运输部、水利部分别负责。二级造价工程师职业资格注册的组织实施由省级住房城乡建设、交通运输、水利行政主管部门分别负责。

住房城乡建设部、交通运输部、水利部按照职责分工,制定相应造价工程师职业资格注册管理办法并监督执行。

准予注册的,住房城乡建设部、交通运输部、水利部予以发放《中华人民共和国造价工程师注册证(一级)》(或电子证书);省级住房城乡建设、交通运输、水利行政主管部门予以发放《中华人民共和国造价工程师注册证(二级)》(或电子证书)。

注册造价工程师执业时应持注册证书和执业印章。注册证书、执业印章样式以及注册证书编号由住房城乡建设部会同交通运输部、水利部统一制定。

住房城乡建设部、交通运输部、水利部及省级住房城乡建设、交通运输、水利行政主管部门按职责分工分别负责注册证书的制作和发放;执业印章由注册造价工程师按照统一规定自行制作。

3)造价工程师的执业

注册造价工程师在工作中必须遵纪守法,恪守职业道德和从业规范,诚信执业,并主动接受有关主管部门的监督检查和行业自律。住房城乡建设部、交通运输部、水利部应共同建立健全注册造价工程师诚信体系,制定相关规章制度或从业标准规范,并指导监督信用评价工作。

注册造价工程师不得同时受聘于两个或两个以上单位执业,不得允许他人以本人名义执业,严禁"证书挂靠",出租出借注册证书的,由发证机构撤销其注册证书,不再予以重新注册;构成犯罪的,依法追究刑事责任。

注册造价工程师职业资格的国际互认和国际交流,以及与港澳台地区注册造价工程师(或工料测量师)的互认,由人力资源社会保障部、住房城乡建设部负责实施。

一级注册造价工程师的执业范围包括建设项目全过程工程造价管理与咨询等,具体工作内容：①项目建议书、可行性研究投资估算与审核，项目评价造价分析；②建设工程设计、施工招投标工程计量与计价；③建设工程合同价款、结算价款、竣工决算价款的编制与管理；④建设工程审计、仲裁、诉讼、保险中的造价鉴定，工程造价纠纷调解；⑤建设工程计价依据、造价指标的编制与管理；⑥与工程造价管理有关的其他事项。

二级注册造价工程师的执业范围协助一级注册造价工程师开展相关工作，并可独立开展的具体工作内容：①建设工程工料分析、计划、组织与成本管理，施工图预算、设计概算编制；②建设工程量清单、招标控制价、投标报价编制；③建设工程合同价款、结算和竣工决算价款的编制。

注册造价工程师应在其规定业务范围内的工作成果上签章。对外的工程造价咨询成果文件应由一级造价工程师审核并加盖印章。取得造价工程师注册证书的人员，应当按照国家专业技术人员继续教育的有关规定接受继续教育，更新专业知识，提高业务水平。

4）违法行为应承担的法律责任

隐瞒有关情况或者提供虚假材料申请造价工程师注册的，不予受理或者不予注册，并给予警告，申请人在1年内不得再次申请造价工程师注册。

聘用单位为申请人提供虚假注册材料的，由县级以上地方人民政府建设主管部门或者其他有关部门给予警告，并可处以1万元以上3万元以下的罚款。

以欺骗、贿赂等不正当手段取得造价工程师注册的，由注册机关撤销其注册，3年内不得再次申请注册，并由县级以上地方人民政府建设主管部门处以罚款。其中，没有违法所得的，处以1万元以下罚款；有违法所得的，处以违法所得3倍以下且不超过3万元的罚款。

违反《造价工程师注册管理办法》规定，未经注册而以注册造价工程师的名义从事工程造价活动的，所签署的工程造价成果文件无效，由县级以上地方人民政府建设主管部门或者其他有关部门给予警告，责令停止违法活动，并可处以1万元以上3万元以下的罚款。

违反《造价工程师注册管理办法》规定，未办理变更注册而继续执业的，由县级以上人民政府建设主管部门或者其他有关部门责令限期改正；逾期不改的，可处以5000元以下的罚款。

注册造价工程师有本办法第二十条规定行为之一的，由县级以上地方人民政府建设主管部门或者其他有关部门给予警告，责令改正，没有违法所得的，处以1万元以下罚款，有违法所得的，处以违法所得3倍以下且不超过3万元的罚款。

违反本办法规定，注册造价工程师或者其聘用单位未按照要求提供造价工程师信用档案信息的，由县级以上地方人民政府建设主管部门或者其他有关部门责令限期改正；逾期未改正的，可处以1000元以上1万元以下的罚款。

县级以上人民政府建设主管部门和其他有关部门工作人员，在注册造价工程师管理工作中，有下列情形之一的，依法给予处分；构成犯罪的，依法追究刑事责任：①对不符合注册条件的申请人准予注册许可或者超越法定职权作出注册许可决定的；②对符合注册条件的申请人不予注册许可或者不在法定期限内作出注册许可决定的；③对符合法定条件的申请不予受理或者未在法定期限内初审完毕的；④利用职务之便，收取他人财物或者其他好处的；⑤不依法履行监督管理职责，或者发现违法行为不予查处的。

小结

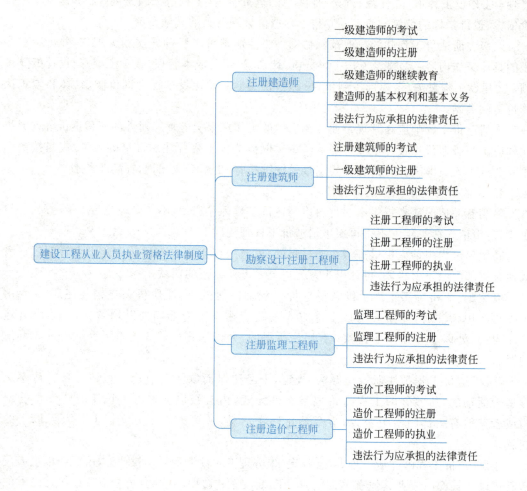

第 2 章 案例分析

第3章 建设工程发包与承包制度

3.1 发包与承包概述

导入案例

某建筑工程公司法定代表人李某与个体经营者张某是老乡。张某要求能以该公司的名义承接一些工程施工业务,双方便签订了一份承包合同,约定张某可使用该公司的资质证书、营业执照等承接工程,每年上交承包费20万元,如不能按时如数上交承包费,该公司有权解除合同。合同签订后,张某利用该公司的资质证书、营业执照等多次承揽工程施工业务,但年底只向该公司上交了8万元承包费。为此,该公司与张某发生激烈争执,并诉至法院。

问题:该建筑工程公司与张某是否存在着违法行为?该建筑工程公司的违法行为应当受到什么处罚?

1. 建设工程承发包的概念

承发包是指一方当事人为另一方当事人完成某项工作,另一方当事人接受工作成果并支付工作报酬的行为。把某项工作交给他人完成并有义务接受工作成果,支付工作报酬的一方,是发包方;承揽他人交付的某项工作并完成某项工作的一方,是承包方。

建设工程承发包,是指作为交易一方的建设单位,将需要完成的建设工程勘察、设计、施工等工作全部或者其中一部分工作交给交易的另一方勘察、设计、施工单位去完成,并按照双方约定支付报酬的行为。其中,建设单位是以建设工程所有者的身份委托他人完成勘察、设计、施工、安装等工作并支付报酬的公民、法人或其他组织,是发包人,又称甲方;以建设工程勘察、设计、施工、安装者的身份向建设单位承包,有义务完成发包人交给的建设工程勘察、设计、施工、安装等工作,并有权获得报酬的企业是承包人,又称乙方。

建设工程发包、承包制度,是建设行业适应市场经济的产物。建设工程勘察、设计、施工、安装单位要通过参加市场竞争来承揽建设工程项目。这样,可以激发企业活力,改变计划经济体制下建设活动僵化的体制,有利于工程行业健康发展,有利于建筑市场的活跃和繁荣。

2. 建设工程发包与承包的一般规定

建设工程发包、承包活动是一项特殊的商品交易活动,同时又是一项重要的法律活动,因此,承发包双方必须共同遵循交易活动的一些基本原则,依法进行,才能确保活动顺利、高效、公平地进行。

1) 承发包双方依法订立书面合同和全面履行合同义务的原则

这是国际通行的原则,这里所称的书面合同是指建设工程承包合同。由于建设工程承包合同所涉及的内容特别复杂,合同履行期较长,为便于明确各自的权利与义务,减少纷争,《建筑法》和《合同法》都明确规定,建筑工程承包合同应当采用书面形式。这包括建筑工程合同的订立、合同条款的变更,均应采用书面形式。全部或者部分使用国有资金投资或者国家融资的建筑工程应当采用国家发布的建设工程示范合同文本。

订立建筑工程合同时,应当以发包单位发出的招标文件和中标通知书规定的承包范围、工期、质量和价款等实质性内容为依据;非招标工程应当以当事人双方协商达成的一致意见为依据订立合同。

承发包双方应根据建筑工程承包合同约定的时间、地点、方式、内容及标准等要求,全面、准确地履行合同义务。一旦发生不按照合同约定履行义务的情况,违约方将依法承担违约责任。

2)建设工程发包、承包实行以招标、投标为主,直接发包为辅的原则

工程发包可以分为招标发包与直接发包两种形式。招标发包是一种科学先进的发包方式,也是国际通用的形式,受到社会和国家的重视。《建筑法》规定:建筑工程依法实行招标发包,对不适于招标发包的可以直接发包。由于我国已于2000年1月1日起,开始实施《招标投标法》;2017年12月进行了修正。因此,对于符合该法要求招标范围的建筑工程,必须依照《招标投标法》实行招标发包。招标投标活动,应该遵循公开、公正、公平的原则,择优选择承包单位。

3)禁止承发包双方采取不正当竞争手段的原则

发包单位及其工作人员在建筑工程发包中不得收受贿赂、回扣或者索取其他好处。承包单位及其工作人员不得利用向发包单位及其他工作人员行贿、提供回扣或者给予其他好处等不正当手段承揽工程。

4)禁止发包单位肢解工程

建设工程的发包单位不得将应由一个承包单位完成的建设工程肢解成若干部分发包给几个承包单位。建筑材料、建筑构配件和设备由工程承包单位采购的,发包单位不得指定承包单位购入用于工程的建筑材料、建筑构配件和设备或者指定生产厂、供应商。

小结

3.2 建设工程承包制度

A公司因新建生产厂房与B公司签订了工程总承包合同。后来,经A公司同意,B将

工程勘察设计任务和施工任务分别发包给C设计单位和D建筑公司,并各自签订了书面合同。合同约定由D根据C提供的设计图纸进行施工,工程竣工时依据国家有关规定、设计图纸进行质量验收。合同签订后,C按时交付图纸,D按照图纸进行施工。工程竣工后,A会同有关质量监督部门对工程进行验收,发现工程存在严重质量问题,是由于C未对现场进行仔细勘察,设计不符合规范所致。A遭受重大损失,但C声称与A不存在合同关系,拒绝承担责任,B以自己不是设计人为由也拒绝赔偿。

问题:
(1) A、B、C、D公司在承发包合同中各自身份是什么?
(2) B公司发包工程项目的做法是否符合法律规定?
(3) B、C公司拒绝承担责任的理由是否充分?为什么?

1. 承包单位的资质管理

资质证书,是指承包建设工程的单位承包工程所必需的凭证。承包建设工程的单位,包括施工企业、监理单位、勘察设计单位。因其单位性质和技术、设备不同,其资质等级也不完全一样。级别不同,所从事的业务范围也不完全相同。一般情况下,高资质等级的企业可以从事低资质等级企业的业务,但低资质等级的企业不能从事高资质等级企业的业务。如果低资质等级单位从事高资质等级单位的业务,则会因其不具备从事高资质等级单位的业务条件,而给承揽的工作带来质量与安全问题。所以,承包建筑工程的单位应当"在其资质等级许可的业务范围内承揽工程"。若违反此项规定,则应当承担法律责任。

《建筑法》第二十六条规定:"禁止建筑施工企业超越本企业资质等级许可的业务范围或者以任何形式用其他建筑施工企业的名义承揽工程。""禁止建筑施工企业以任何形式允许其他单位或者个人使用本企业的资质证书、营业执照,以本企业的名义承揽工程。"这就要求建筑施工企业必须根据自己所具备的资质等级从事建筑承揽活动,不能以借用其他建筑施工企业的资质或者以挂靠等形式以其他建筑施工企业的名义来承揽工程。另外,建筑施工企业也不得出借自己的资质证书、营业执照,不得出租自己的资质证书、营业执照,不得允许其他建筑施工企业挂靠在自己企业之下。这些规定都具有强制性,建筑施工企业必须遵守,否则应承担法律责任。

 知识链接:什么是挂靠?挂靠怎么认定?

所谓挂靠,是指单位或者个人以其他有资质的施工单位的名义承揽工程的行为。存在下列行为之一的,属于挂靠。

① 没有资质的单位或个人借用其他施工单位的资质承揽工程的。

② 有资质的施工单位相互借用资质承揽工程的，包括资质等级低的借用资质等级高的，资质等级高的借用资质等级低的，相同资质等级相互借用的。

③ 专业分包的发包单位不是该工程的施工总承包或专业承包单位，但建设单位依照约定作为发包单位的除外。

④ 劳务分包的发包单位不是该工程的施工总承包、专业承包单位或专业分包单位的。

⑤ 施工单位在施工现场派驻的项目负责人、技术负责人、质量管理负责人、安全管理负责人中一人以上与施工单位没有订立劳动合同，或没有建立劳动工资或社会养老保险关系的。

⑥ 实际施工总承包单位或专业承包单位与建设单位之间没有工程款收付关系，或者工程款支付凭证上载明的单位与施工合同中载明的承包单位不一致，又不能进行合理解释并提供材料证明的。

⑦ 法律、法规规定的其他挂靠行为。

2. 建设工程总承包制度

建设工程承包制度包括总承包、联合承包、分包等制度。其中，工程总承包是国际通行的工程建设项目组织实施方式，有利于发挥具有较强技术力量和组织管理能力的大承包商的专业优势，综合协调工程建设中的各种关系，强化统一指挥和组织管理，保证工程质量和进度，提高投资效益。

总承包通常分为工程总承包和施工总承包两大类。工程总承包是指从事工程总承包的企业受建设单位的委托，按照工程总承包合同的约定，对工程项目的勘察、设计、采购、施工、试运行（竣工验收）等实行全过程或若干阶段的承包。施工总承包是指发包人将全部施工任务发包给具有施工总承包资质的建筑业企业，由施工总承包企业按照合同的约定向建设单位负责，承包完成施工任务。

1）工程总承包的分类

（1）工程总承包按照过程内容划分主要有下列方式

① 设计采购施工（EPC）/交钥匙总承包。设计采购施工总承包[EPC，即 Engineering（设计）、Procurement（采购）、Construction（施工）的组合]是指工程总承包企业按照合同约定，承担工程项目的设计、采购、施工、试运行服务等工作，并对承包工程的质量、安全、工期、造价全面负责。

交钥匙总承包是设计采购施工总承包业务和责任的延伸，最终是向建设单位提交一个满足使用功能、具备使用条件的工程项目。

② 设计—施工总承包（D-B）。设计—施工总承包是指工程总承包企业按照合同约定，承担工程项目设计和施工，并对承包工程的设计和施工的质量、安全、工期、造价负责。

③ 设计—采购总承包（E-P）。设计—采购总承包是指工程总承包企业按照合同约定，承担工程项目设计和采购工作，并对工程项目设计和采购的质量、进度等负责。

④ 采购—施工总承包（P-C）。采购—施工总承包是指工程总承包企业按照合同约定，承担工程项目的采购和施工，并对承包工程的采购和施工的质量、安全、工期、造价负责。

（2）工程总承包按照融资运营的方式还可以划分为以下几种模式

① 项目 BOT 模式。项目 BOT 模式（Build-Operation-Transfer）即建设—经营—移交，指一国政府或其授权的政府部门经过一定程序并签订特许协议将专属国家的特定的基础设

施、公用事业或工业项目的筹资、投资、建设、营运、管理和使用的权利在一定时期内赋予本国或/和外国民间企业，政府保留该项目、设施以及其相关的自然资源永久所有权；由民间企业建立项目公司并按照政府与项目公司签订的特许协议投资、开发、建设、营运和管理特许项目，以营运所得清偿项目债务、收回投资、获得利润，在特许权期限届满时将该项目、设施无偿移交给政府。国家体育馆(图3-1)、国家会议中心、位于五棵松的北京奥林匹克篮球馆等项目都实践了BOT模式，由政府对项目建设、经营提供特许权协议，投资者须全部承担项目的设计、投资、建设和运营，在有限时间内获得商业利润，期满后须将场馆交付政府。

② 项目BT模式。BT是Build(建设)和Transfer(移交)缩写形式，意即"建设—移交"，是政府或开发商利用承包商资金来进行融资建设项目的一种模式。BT模式是BOT模式的一种变换形式，指一个项目的运作通过项目公司总承包，融资、建设验收合格后移交给业主，业主向投资方支付项目总投资加上合理回报的过程。

③ 项目PPP模式。PPP(Public-Private Partnership)，又称PPP模式，即政府和社会资本合作，是公共基础设施中的一种项目运作模式。在该模式下，鼓励私营企业、民营资本与政府进行合作，参与公共基础设施的建设。如北京四号线地铁(图3-2)、广州西朗污水处理项目等城市基础设施建设项目取得了PPP模式的成功实施经验。

图 3-1　国家体育馆

图 3-2　北京地铁四号线

2) 总承包企业的资质管理

我国对工程总承包不设立专门的资质。凡具有工程勘察、设计或施工总承包资质的企业，均可依法从事资质许可范围内相应等级的建设工程总承包业务。但是，承接施工总承包业务的，必须是取得施工总承包资质的企业。工程勘察、设计、施工企业也可以组成联合体对工程项目进行联合总承包。

3) 总承包单位的责任

无论是工程总承包还是施工总承包，承包合同的签约主体都是建设单位和总承包单位，总承包单位均应按照承包合同约定的权利义务向建设单位负责。如果分包工程发生问题，总承包单位不得以分包工程已分包他人为由推卸自己的总承包责任，而应与分包单位就分包工程承担连带责任。

3. 建设工程联合承包

联合承包是指由两个以上具备承包资格的单位共同组成非法人的联合体，以共同的名义对工程进行承包的行为。这是在国际工程发承包活动中较为通行的一种做法,可有效地规避工程承包风险。

《建筑法》第二十七条规定:"大型建筑工程或者结构复杂的建筑工程,可以由两个以上的承包单位联合共同承包。共同承包的各方对承包合同的履行承担连带责任。两个以上不同资质等级的单位实行联合共同承包的,应当按照资质等级低的单位的业务许可范围承揽工程。"联合承包须注意以下问题。

1) 联合承包的前提条件

承包单位联合承包的前提是大型建筑工程或者是结构复杂的建筑工程。也就是说,一些中小型工程以及结构不复杂的建筑工程不可以采取联合承包工程的方式。对于什么是大型建筑工程和结构复杂的建筑工程,应以国务院、地方政府或者国务院有关部门确定的标准为准。大型建筑工程的划分,应当以建筑面积或者总造价来划分为宜;结构复杂的建筑工程,一般应是结构的专业性较强的建筑工程。

2) 联合承包的责任分担

共同承包的各方对承包合同的履行应承担连带责任。所谓连带责任,是指一方不能履行义务时,由另一方来承担责任。连带责任是对他方讲的,对于联合共同承包的内部各方来讲,应当根据各自的过错承担责任。联合承包既然是共同施工、共同承包、共享利润,相应地必须共担风险,共负亏损。这样,联合承包才既能发挥企业互补优势的好处,又能通过连带民事责任的规定加强联合承包各企业的责任感,防患于未然,从而使建筑工程联合承包健康、活跃地进行和发展。

3) 高资质与低资质联合承包

在联合承包过程中,如果企业资质等级不同,要按照资质等级低的业务许可范围来承包工程。这样规定是为了防止低资质等级企业通过联合承包这种形式进行投机行为,以确保业主的利益。这一规定是一个义务性规定,联合承包各方应当履行这一义务。

4) 不同类别资质联合承包

两个以上资质类别不同的承包单位实行联合承包的,应当按照联合体的内部分工,各自按资质类别及等级的许可范围承担工程。

4. 建设工程分包

建设工程分包,是指建设工程总承包单位可以将承包工程中的部分工程发包给具有相应资质条件的分包单位。

1) 分包的分类

建设工程施工分包可分为专业工程分包与劳务作业分包。

① 专业工程分包,是指施工总承包企业将其所承包工程中的专业工程发包给具有相应专业承包资质的其他建筑业企业完成的活动。

② 劳务作业分包,是指施工总承包企业或者专业承包企业将其承包工程中的劳务作业发包给施工劳务企业完成的活动(专业分包需要约定或经同意,劳务可直接分包,但需总包到住建部门备案)。

2) 分包的资质管理

《建筑法》第二十九条规定:"建筑工程总承包单位可以将承包工程中的部分工程发包给具有相应资质条件的分包单位。"例如,对于建筑业企业,依据下列原则承揽工程。

(1) 施工总承包企业

获得施工总承包资质的企业可以对工程实行施工总承包或者对主体工程实行施工承包。承担施工总承包的企业可以对所承接的工程全部自行施工，也可以将非主体工程或者劳务作业分包给具有相应专业承包资质或者施工劳务资质的其他建筑业企业。

(2) 专业承包企业

获得专业承包资质的企业可以承接施工总承包企业分包的专业工程或者建设单位按照规定发包的专业工程。专业承包企业可以对所承接的工程全部自行施工，也可以将劳务作业分包给具有相应施工劳务资质的劳务分包企业。

(3) 施工劳务企业

获得施工劳务资质的企业可以承接施工总承包企业或者专业承包企业分包的劳务作业。

3) 对分包单位的认可

《建筑法》第二十九条规定："除总承包合同中约定的分包外，必须经建设单位认可。"

这条规定实际上赋予了建设单位对分包商的否决权，即没有经过建设单位认可的分包商是违法的分包商。尽管《建筑法》将认可的范围局限于"总承包合同中约定的分包单位"以外的分包商，但是，由于总承包合同中的分包单位已经在合同中得到了建设单位的认可，所以，实质上需要建设单位认可的分包单位的范围包含了所有的分包单位。

4) 总承包单位与分包单位的连带责任

《建筑法》第二十九条规定："建筑工程总承包单位按照总承包合同的约定对建设单位负责；分包单位按照分包合同的约定对总承包单位负责。总承包单位和分包单位就分包工程对建设单位承担连带责任。"

连带责任既可以依合同约定产生，也可以依法律规定产生。建设单位虽然和分包单位之间没有合同关系，但是当分包工程发生质量、安全、进度等方面的问题给建设单位造成损失时，建设单位既可以根据总承包合同向总承包单位追究违约责任，也可以根据法律规定直接要求分包单位承担损害赔偿责任，分包单位不得拒绝。总承包单位和分包单位之间的责任划分，应当根据双方的合同约定或者各自过错大小确定；一方向建设单位承担的责任超过其应承担份额的，有权向另一方追偿。

5) 分包单位不得再分包

《建筑法》第二十九条规定："禁止分包单位将其承包的工程再分包。"这主要是防止层层分包，"层层剥皮"，难以保障工程质量、安全和工期等。

6) 转包与违法分包的界定

转包是指承包单位承包工程后，不履行合同的责任和义务，将其承包的工程转手转让给第三方获取非法利润，使第三方成为该工程的实际承包方的行为。

违法分包是指下列行为：①总承包单位将建设工程分包给不具备相应资质条件的单位的；②建设工程总承包合同中未有约定，又未经建设单位认可，承包单位将其承包的部分建设工程交由其他单位完成的；③施工总承包单位将建设工程主体结构的施工分包给其他单位的；④分包单位将其承包的建设工程再分包的。

转包与违法分包都有较大的危害性，往往最后实际用于工程建设的费用大大减少，导致严重的偷工减料，留下严重的工程质量隐患，甚至造成重大的质量事故，应当杜绝此类行为。

小结

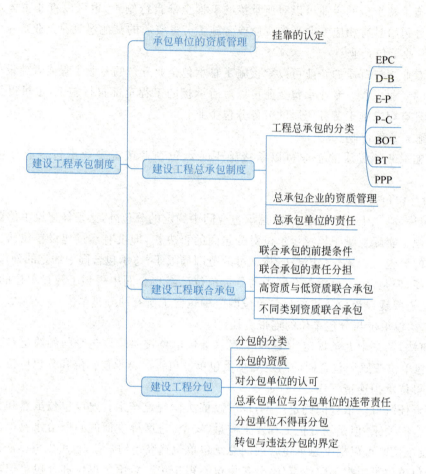

3.3 违法行为应承担的责任

现实执法过程中,勘察、设计、施工、监理单位超越本单位资质等级承揽工程的,责令停止违法行为,对勘察、设计、施工、监理单位处合同约定的勘察费、设计费或者监理酬金多少的罚款?

1. 发包单位违法行为应承担的法律责任

《建筑法》第六十五条规定:"发包单位将工程发包给不具有相应资质条件的承包单位的,或者违反本法规定将建筑工程肢解发包的,责令改正,处以罚款。"

《建设工程质量管理条例》规定:"建设单位将建设工程发包给不具有相应资质等级的勘察、设计、施工单位或者委托给不具有相应资质等级的工程监理单位的,责令改正,处50万元以上100万元以下的罚款。"

建设单位将建设工程肢解发包的,责令改正,处工程合同价款0.5%以上1%以下的罚款;对全部或者部分使用国有资金的项目,可以暂停项目执行或者暂停资金拨付。

2. 承包单位违法行为应承担的法律责任

《建筑法》六十五条规定:"超越本单位资质等级承揽工程的,责令停止违法行为,处以罚款,可以责令停业整顿,降低资质等级;情节严重的,吊销资质证书;有违法所得的,予以没收。未取得资质证书承揽工程的,予以取缔,并处罚款;有违法所得的,予以没收。"

建筑施工企业转让、出借资质证书或者以其他方式允许他人以本企业的名义承揽工程的,责令改正,没收违法所得,并处罚款,可以责令停业整顿,降低资质等级;情节严重的,吊销资质证书。对因该项承揽工程不符合规定的质量标准造成的损失,建筑施工企业与使用本企业名义的单位或者个人承担连带赔偿责任。

承包单位将承包的工程转包的,或者违反本法规定进行分包的,责令改正,没收违法所得,并处罚款,可以责令停业整顿,降低资质等级;情节严重的,吊销资质证书。承包单位有以上规定的违法行为的,对因转包工程或者违法分包的工程不符合规定的质量标准造成的损失,与接受转包或者分包的单位承担连带赔偿责任。

《建设工程质量管理条例》规定,勘察、设计、施工、工程监理单位超越本单位资质等级承揽工程的,责令停止违法行为,对勘察、设计单位或者工程监理单位处合同约定的勘察费、设计费或者监理酬金1倍以上2倍以下的罚款;对施工单位处工程合同价款2%以上4%以下的罚款,可以责令停业整顿,降低资质等级;情节严重的,吊销资质证书;有违法所得的,予以没收。未取得资质证书承揽工程的,予以取缔,依照以上规定处以罚款;有违法所得的,予以没收。

勘察、设计、施工、工程监理单位允许其他单位或者个人以本单位名义承揽工程的,责令改正,没收违法所得,对勘察、设计单位和工程监理单位处合同约定的勘察费、设计费和监理酬金1倍以上2倍以下的罚款;对施工单位处工程合同价款2%以上4%以下的罚款;可以责令停业整顿,降低资质等级;情节严重的,吊销资质证书。

承包单位将承包的工程转包或者违法分包的,责令改正,没收违法所得,对勘察、设计单位处合同约定的勘察费、设计费25%以上50%以下的罚款;对施工单位处工程合同价款0.5%以上1%以下的罚款;可以责令停业整顿,降低资质等级;情节严重的,吊销资质证书。

《房屋建筑和市政基础设施工程施工分包管理办法》规定,对于接受转包、违法分包和用他人名义承揽工程的,处1万元以上3万元以下的罚款。

3. 其他法律责任

《建筑法》规定,在工程发包与承包中索贿、受贿、行贿,构成犯罪的,依法追究刑事责任;不构成犯罪的,分别处以罚款,没收贿赂的财物,对直接负责的主管人员和其他直接责任人员给予处分。对在工程承包中行贿的承包单位,除依照以上规定处罚外,可以责令停业整顿,降低资质等级或者吊销资质证书。

小结

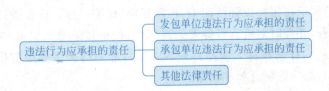

3.4 建设工程招标投标

导入案例

××市某重点中学2017年由市发改委批准立项综合教学楼建设工程,建筑面积8 000平方米,投资7 000万元。项目2016年5月开工。此项目中,施工单位由业主经市政府和主管部门批准不招标,奖励给某建工集团承建,双方直接签订了施工合同。

问题:该重点中学的综合教学楼施工合同是否有效?不招标的做法是否合法合规?

1. 建设工程招标投标概述

建设工程招标投标,是建设单位对拟建的建设工程项目通过法定的程序和方式吸引承包单位进行公平竞争,并从中选择条件优越者来完成建设工程任务的行为。这是在市场经济条件下常用的一种建设工程项目交易方式。

采用招标投标方式进行交易活动的最显著特征,是将竞争机制引入了交易过程,它具有公平竞争、减少或杜绝行贿受贿等腐败和不正当竞争行为、节省和合理使用资金、保证建设项目质量等明显的优越性。

为了规范这种交易方式,确立招标投标的法律制度是十分必要的。1999年8月30日,第九届全国人大常委会第十一次会议审议并通过了《中华人民共和国招标投标法》,自2000年1月1日起实施,这标志着我国的招标投标活动在法制的轨道上,已经进入了一个规范的、公平竞争的崭新阶段。依据《招标投标法》,我国陆续发布了《招标公告发布暂行办法》和《工程建设项目自行招标试行办法》《房屋建筑和市政基础设施工程施工招标投标管理办法》《必须招标的工程项目规定》等一系列规范招标投标活动的部门规章。2017年12月27日,第十二届全国人民代表大会常务委员会第三十一次会议对《招标投标法》进行了修订。目前,招标投标法律法规已日趋成熟,其现实意义也逐步显现。

在招投标法律制度的框架之下,建设工程招投活动,应当遵循公开、公平、公正和诚实信用的原则,择优选择承包单位。

1) 公开原则

公开原则,就是要求招标投标活动具有较高的透明度,实行招标信息、招标程序、招标结果公开。

2) 公平原则

要求给予所有投标人平等的机会,使其享有同等的权利,履行同等的义务。任何部门或个人不得以任何方式非法干涉招投标活动。

3) 公正原则

公正原则就是要求在招标投标活动中,程序规范、标准一致。评标委员会成员也应当客观、公正地履行职务,评标时对所有投标者一视同仁,严格按照事先公布的标准和规则统一对待各投标人,不得向任何投标人泄露标底或其他可能妨碍公平竞争的信息;任何单位和个人不得非法干预、影响评标过程和结果。

4）诚实信用原则

在招标投标活动中，招标人或招标代理机构、投标人等均应以诚实、善意的态度参与招标投标活动，严格按照法律的规定行使自己的权利和义务，坚持良好的信用，不得弄虚作假，欺骗他人，牟取不正当利益，不得损害对方、第三者或者社会的利益。对违反诚实信用原则，给他方造成损失的，要依法承担赔偿责任。

2. 建设工程法定招标的范围与规模标准

法定招标，是指法律、法规规定某些特定类型的采购项目，凡是达到规定的规模标准的，必须通过招标进行采购，否则采购单位要承担法律责任。在我国，当前推行强制性招标可以减少国有资产的投资风险，促进民主科学的投资决策，防止市场竞争中由于盲目性、随意性、自发性带来的决策失误；除此之外，还能有效遏制投资领域的不正之风和贪污腐败行为，为所有符合条件的供应商、承包商提供公开、公平、公正的竞争环境，使招标者能够择优确定投标人，保证采购的质量。

1）法定必须招标的范围

《招标投标法》第三条规定，在中华人民共和国境内进行下列工程建设项目包括项目的勘察、设计、施工、监理以及与工程建设有关的重要设备、材料等的采购，必须进行招标。

① 大型基础设施、公用事业等关系社会公共利益、公众安全的项目。
② 全部或者部分使用国有资金投资或者国家融资的项目。
③ 使用国际组织或者外国政府贷款、援助资金的项目。

《中华人民共和国招标投标法实施条例》（以下简称《招标投标法实施条例》）第二条规定，工程建设项目是指工程以及与工程建设有关的货物、服务。工程是指建设工程，包括建筑物和构筑物的新建、改建、扩建及其相关的装修、拆除、修缮等；与工程建设有关的货物，是指构成工程不可分割的组成部分，且为实现工程基本功能所必需的设备、材料等；与工程建设有关的服务，是指为完成工程所需的勘察、设计、监理等服务。

2）法定必须招标的规模标准

按照最新的《必须招标的工程项目规定》，必须招标范围内的各类工程建设项目，达到下列标准之一的，必须进行招标：施工单项合同估算价在人民币400万元以上的；重要设备、材料等货物的采购，单项合同估算价在人民币200万元以上的；勘察、设计、监理等服务的采购，单项合同估算价在人民币100万元以上的。

《招标投标法》规定，依法必须进行招标的项目，其招标投标活动不受地区或者部门的限制。任何单位和个人不得违法限制或者排斥本地区、本系统以外的法人或者其他组织参加投标，不得以任何方式非法干涉招标投标活动。

3）可以不招标的建设工程项目

《招标投标法》第六十六条规定，涉及国家安全、国家秘密、抢险救灾或者属于利用扶贫资金实行以工代赈、需要使用农民工等特殊情况，不适宜进行招标的项目，按照国家有关规定可以不进行招标。

《招标投标法实施条例》第九条规定，有下列情形之一的，可以不进行招标：需要采用不可替代的专利或者专有技术；采购人依法能够自行建设、生产或者提供；已通过招标方式选定的特许经营项目投资人依法能够自行建设、生产或者提供；需要向原中标人采购工程、货物或者服务,否则将影响施工或者功能配套要求;国家规定的其他特殊情形。

3. 建设工程招标

1) 招标人

《招标投标法》第八条规定:"招标人是依照本法规定提出招标项目、进行招标的法人或者其他组织。"招标人应当具备以下条件。

① 招标人应当是法人或者其他组织,而自然人则不能成为该法意义上的招标人。根据我国《民法通则》的有关规定,法人是指具有民事权利能力和民事行为能力,依法独立享有民事权利和承担民事义务的组织。其他组织,是指除法人以外的不具备法人条件的其他实体,包括合伙企业、个人独资企业和外国企业以及企业的分支机构等。

② 依法提出招标项目。这里有两层含义:一是要提出招标项目,即根据招标人的实际情况以及《招标投标法》的有关规定确定需要招标的具体项目,办理有关审批手续,落实项目的资金来源等。二是进行招标,即根据《招标投标法》规定的程序和实质内容确定招标方式,编制招标文件,发布招标公告,审查潜在投标人资格,进行开标、评标、确定中标人及订立书面合同等。

2) 招标条件

根据《工程建设项目施工招标投标办法》第七条规定,依法必须招标的工程建设项目,应当具备下列条件才能进行施工招标。

① 招标人已经依法成立。

② 初步设计及概算应当履行审批手续的,已经批准。

③ 有相应资金或资金来源落实。

④ 有招标所需的设计图纸及技术资料。

3) 自行招标与委托招标

具备招标条件后,招标人可以自主选择是自行招标或是委托招标代理机构代理招标。

(1) 自行招标

《招标投标法》第十二条规定,招标人具有编制招标文件和组织评标能力的,可以自行办理招标事宜。任何单位和个人不得强制其委托招标代理机构办理招标事宜。依法必须进行招标的项目,招标人自行办理招标事宜的,应当向有关行政监督部门备案。

《招标投标法实施条例》第十条进一步规定,招标人具有编制招标文件和组织评标能力,是指招标人具有与招标项目规模和复杂程度相适应的技术、经济等方面的专业人员。

《工程建设项目自行招标试行办法》第四条对自行招标方必须具备的条件作出了如下具体规定。

① 有项目法人资格(或者法人资格)。

② 具有与招标项目规模和复杂程度相适应的工程技术、概预算、财务和工程管理等专业技术力量。

③ 有从事同类工程建设项目招标的经验。

④ 设有专门的招标机构或者拥有3名以上专职招标业务人员。

⑤ 熟悉和掌握招标投标法及有关法规规章。

(2) 委托招标

招标人若不具备自行招标条件时,应当采用委托招标代理机构进行招标。

招标代理机构是指依法设立、从事招标代理业务并提供相关服务的社会中介组织。

《招标投标法》第十二条规定,招标人有权自行选择招标代理机构,委托其办理招标事宜。任何单位和个人不得以任何方式为招标人指定招标代理机构。

《招标投标法》第十三条规定,招标代理机构应当具备下列条件:有从事招标代理业务的营业场所和相应资金;有能够编制招标文件和组织评标的相应专业力量。

最新修改的《招标投标法》规定,招标代理机构资格认定取消。放开招标代理资质认定,打破了资质壁垒。对于行业来说,对招标代理业务的监管并不是削弱了,而是要通过加强招标代理机构信用体系建设,放开市场,更加强化对招标代理业务的监管,以促进行业自律。

4)招标方式

《招标投标法》第十条规定,招标分为公开招标和邀请招标。

(1)公开招标

公开招标,是指招标人以招标公告的方式邀请不特定的法人或者其他组织投标。依法必须进行招标的项目的招标公告,应当通过国家指定的报刊、信息网络或者其他媒介发布。

(2)邀请招标

邀请招标,是指招标人以投标邀请书的方式邀请特定的法人或者其他组织投标。《招标投标法》规定,招标人采用邀请招标方式的,应当向3个以上具备承担招标项目的能力、资信良好的特定的法人或者其他组织发出投标邀请书。

(3)招标方式的选择

《招标投标法实施条例》第八条明确规定,国有资金占控股或者主导地位的依法必须进行招标的项目,应当公开招标;但有下列情形之一的,可以邀请招标:技术复杂、有特殊要求或者受自然环境限制,只有少量潜在投标人可供选择;采用公开招标方式的费用占项目合同金额的比例过大。

国务院发展计划部门确定的国家重点项目和省、自治区、直辖市人民政府确定的地方重点项目不适宜公开招标的,经国务院发展计划部门或省、自治区、直辖市人民政府批准,可以进行邀请招标。

公开招标与邀请招标相比,具有信息公开、竞争范围广、公开程度高等优点,因此大大减少了作弊的可能;与此同时,也存在着耗费时间长、费用较高的缺点。

5)招标文件及标底、招标控制价的编制

(1)编制招标文件应遵循的原则

《招标投标法》规定:招标人应当根据招标项目的特点和需要编制招标文件。招标文件应当包括招标项目的技术要求、对投标人资格审查的标准、投标报价要求和评标标准等所有实质性要求和条件以及拟签订合同的主要条款。国家对招标项目的技术、标准有规定的,招标人应当按照其规定在招标文件中提出相应要求。

招标文件不得要求或者标明特定的生产供应者以及含有倾向或者排斥潜在投标人的其他内容。

(2)招标文件关于时间方面应遵守的规定

《招标投标法》规定:招标人对已发出的招标文件进行必要的澄清或者修改的,应当在招标文件要求提交投标文件截止时间至少15日前,以书面形式通知所有招标文件收受人。

该澄清或者修改的内容为招标文件的组成部分。

招标人应当确定投标人编制投标文件所需要的合理时间；但是，依法必须进行招标的项目，自招标文件开始发出之日起至投标人提交投标文件截止之日止，最短不得少于20日。

招标人可以对已发出的资格预审文件或者招标文件进行必要的澄清或者修改。澄清或者修改的内容可能影响资格预审申请文件或者投标文件编制的，招标人应当在提交资格预审申请文件截止时间至少3日前，或者投标截止时间至少15日前，以书面形式通知所有获取资格预审文件或者招标文件的潜在投标人；不足3日或者15日的，招标人应当顺延提交资格预审申请文件或者投标文件的截止时间。

潜在投标人或者其他利害关系人对招标文件有异议的，应当在投标截止时间10日前提出。招标人应当自收到异议之日起3日内作出答复；作出答复前，应当暂停招标投标活动。招标人编制招标文件的内容违反法律、行政法规的强制性规定，违反公开、公平、公正和诚实信用原则，影响潜在投标人投标的，依法必须进行招标的项目的招标人应当在修改招标文件后重新招标。

(3) 招标文件标段划分应遵循的规定

招标人对招标项目划分标段的，应当遵守《招标投标法》的有关规定，不得利用划分标段限制或者排斥潜在投标人。依法必须进行招标的项目的招标人不得利用划分标段规避招标。招标人应当在招标文件中载明投标有效期。投标有效期从提交投标文件的截止之日起算。

(4) 标底与招标控制价的编制规定

招标人可以自行决定是否编制标底。一个招标项目只能有一个标底。标底必须保密。接受委托编制标底的中介机构不得参加受托编制标底项目的投标，也不得为该项目的投标人编制投标文件或者提供咨询。

招标人设有招标控制价（最高投标限价）的，应当在招标文件中明确最高投标限价或者最高投标限价的计算方法。招标人不得规定最低投标限价。

6) 发布招标公告或投标邀请书

《招标投标法》规定，招标人采用公开招标方式的，应当发布招标公告。招标公告应当载明招标人的名称和地址，招标项目的性质、数量、实施地点和时间以及获取招标文件的办法等事项。

招标人采用邀请招标方式的，应当向3个以上具备承担招标项目的能力、资信良好的特定的法人或者其他组织发出投标邀请书。投标邀请书也应当载明招标人的名称和地址，招标项目的性质、数量、实施地点和时间以及获取招标文件的办法等事项。

招标人可以根据招标项目本身的要求，在招标公告或者投标邀请书中，要求潜在投标人提供有关资质证明文件和业绩情况，并对潜在投标人进行资格审查。招标人不得以不合理的条件限制或者排斥潜在投标人，不得对潜在投标人实行歧视待遇。

招标人不得向他人透露已获取招标文件的潜在投标人的名称、数量以及可能影响公平竞争的有关招标投标的其他情况。招标人设有标底的，标底必须保密。招标人根据招标项目的具体情况，可以组织潜在投标人踏勘项目现场。

《招标投标法实施条例》进一步规定，招标人应当按照资格预审公告、招标公告或者投标邀请书规定的时间、地点发售资格预审文件或者招标文件。资格预审文件或者招标文件的发售期不得少于5日。招标人发售资格预审文件、招标文件收取的费用应当限于补偿印刷、邮寄的成本支出，不得以营利为目的。

7）对潜在投标人的资格审查

资格审查分为资格预审和资格后审。

《招标投标法实施条例》规定，招标人采用资格预审办法对潜在投标人进行资格审查的，应当发布资格预审公告、编制资格预审文件。招标人应当合理确定提交资格预审申请文件的时间。依法必须进行招标的项目提交资格预审申请文件的时间，自资格预审文件停止发售之日起不得少于5日。

资格预审应当按照资格预审文件载明的标准和方法进行。国有资金占控股或者主导地位的依法必须进行招标的项目，招标人应当组建资格审查委员会审查资格预审申请文件。资格审查委员会及其成员应当遵守《招标投标法》和本条例有关评标委员会及其成员的规定。资格预审结束后，招标人应当及时向资格预审申请人发出《资格预审结果通知书》。未通过资格预审的申请人不具有投标资格。通过资格预审的申请人少于3个的，应当重新招标。

潜在投标人或者其他利害关系人对资格预审文件有异议的，应当在提交资格预审申请文件截止时间2日前提出。招标人应当自收到异议之日起3日内作出答复；作出答复前，应当暂停招标投标活动。招标人编制资格预审文件的内容违反法律、行政法规的强制性规定，违反公开、公平、公正和诚实信用原则，影响资格预审结果的，依法必须进行招标的项目的招标人应当在修改资格预审文件后重新招标。

招标人采用资格后审办法对投标人进行资格审查的，应当在开标后由评标委员会按照招标文件规定的标准和方法对投标人的资格进行审查。

8）招标文件的出售

根据《工程建设项目施工招标投标办法》第十五条规定，招标人应当按招标公告或者投标邀请书规定的时间、地点出售招标文件。自招标文件出售之日起至停止出售之日止，最短不得少于5个工作日。对招标文件的收费应当合理，不得以营利为目的。招标人在发布招标公告、发出投标邀请书后或者售出招标文件或资格预审文件后不得擅自终止招标。

4．建设工程投标

1）投标人

投标人是响应招标、参加投标竞争的法人或者其他组织。投标人应当具备承担招标项目的能力；国家有关规定对投标人资格条件或者招标文件对投标人资格条件有规定的，投标人应当具备规定的资格条件。

《招标投标法实施条例》进一步规定，投标人参加依法必须进行招标的项目的投标，不受地区或者部门的限制，任何单位和个人不得非法干涉。

与招标人存在利害关系可能影响招标公正性的法人、其他组织或者个人，不得参加投标。单位负责人为同一人或者存在控股、管理关系的不同单位，不得参加同一标段投标或者未划分标段的同一招标项目投标。违反以上规定的，相关投标均无效。

投标人发生合并、分立、破产等重大变化的，应当及时书面告知招标人。投标人不再具备资格预审文件、招标文件规定的资格条件或者其投标影响招标公正性的,其投标无效。

2) 投标文件的编制

根据《招标投标法》第二十七条规定,编制投标文件应当符合下述两项要求:①按照招标文件的要求编制投标文件。投标人应认真研究、正确理解招标文件的全部内容,并按照招标文件的要求来编制自己的投标文件,方有中标的可能。②对招标文件提出的实质性要求和条件做出响应。这里的"实质性要求和条件",是指招标文件中有关招标项目的技术要求、投标报价要求和评标标准、合同的主要条款等,投标人必须严格按招标文件的要求,一一作答,不得对招标文件进行修改,不得遗漏或回避招标文件中的问题,更不能提出任何附带条件,否则将有可能失去中标机会。

国家发改委、财政部、住建部等9个部门联合颁布的《〈标准施工招标资格预审文件〉和〈标准施工招标文件〉暂行规定》中进一步明确,投标文件应包括下列内容:①投标函及投标函附录;②法定代表人身份证明或附有法定代表人身份证明的授权委托书;③联合体协议书;④投标保证金;⑤已标价工程量清单;⑥施工组织设计;⑦项目管理机构;⑧拟分包项目情况表;⑨资格审查资料;⑩投标人须知前附表规定的其他材料。但是,投标人须知前附表规定不接受联合体投标的,或投标人没有组成联合体的,投标文件不包括联合体协议书。

3) 投标担保

(1) 投标担保的形式

在招标文件中可以要求投标人提交投标担保。投标担保可以采用投标保函或者投标保证金的方式。投标保证金的金额既要使保证金额具有一定的约束力,又不能令投标人负担过大。《招标投标法实施条例》第二十六条规定,招标人在招标文件中要求投标人提交投标保证金的,投标保证金不得超过招标项目估算价的2%。投标保证金有效期应当与投标有效期一致。依法必须进行招标的项目的境内投标单位,以现金或者支票形式提交的投标保证金应当从其基本账户转出。招标人不得挪用投标保证金。

(2) 投标担保的约束条件

由于投标担保是在投标截止日期以前,投标人随同投标文件一起提交给投标人,因此投标保证约束的是开标后投标人的行为。投标截止日期前,投标人的任何行为都可以自主决定而不构成投标人违约,如申请资格预审后不递交资格预审文件;资格预审合格者不购买招标文件;购买招标文件后不参与投标;递交投标文件后在投标截止日前以书面形式要求撤回投标书或更改其内容等均不能视为投标人违约。

投标人在投标截止日期后构成违约行为的,招标人可以没收投标保证金,具体情况包括:①投标截止日期后要求撤标;②开标日后坚持要求对投标文件作实质性修改;③对经评标委员会修正后的报价计算错误拒绝签字确认;④接到中标通知书后拒绝签订合同;⑤中标后不在招标文件规定的时间内向招标人提供履约保证。

4) 投标文件的补充、修改和撤回

《招标投标法》第二十九条规定:"投标人在招标文件要求提交投标的截止时间前,可以补充、修改或者撤回已提交的投标文件,并书面通知招标人。补充、修改内容为投标文件的组成部分。"

投标人在投标截止时间前,可以修改和补充投标文件。这些修改和补充的文件也应当以密封的方式在规定时间前送达，招标人要严格履行签收登记手续，并将其存放在安全保密的地方。但在提交投标文件截止时间后到招标文件规定的投标有效期终止之前，投标人不得补充、修改、替代或者撤回其投标文件。投标人补充、修改、替代投标文件的，招标人不予接受。

投标人有权撤回自己提交的投标文件。在投标截止日期之前，允许投标人撤回投标文件，但撤回已经提交的投标文件必须以书面形式通知招标人，以备案待查。投标人既可以在法定时间内重新编制投标文件，并在规定时间内送达指定地点；也可以放弃投标。

5）投标文件的送达与签收

《招标投标法》规定，投标人应当在招标文件要求提交投标文件的截止时间前，将投标文件送达投标地点。招标人收到投标文件后，应当签收保存，不得开启。投标人少于3人的，招标人应当依法重新招标。在招标文件要求提交投标文件的截止时间后送达的投标文件，招标人应当拒收。

《招标投标法实施条例》进一步规定，未通过资格预审的申请人提交的投标文件，以及逾期送达或者不按照招标文件要求密封的投标文件，招标人应当拒收。招标人应当如实记载投标文件的送达时间和密封情况，并存档备查。

5. 招投标中的禁止性规定

在建设工程招标投标活动中，投标人的不正当竞争行为主要有投标人相互串通投标、招标人与投标人串通投标、投标人以行贿手段牟取中标、投标人以低于成本的报价竞标、投标人以他人名义投标或者以其他方式弄虚作假骗取中标。

1）禁止投标人相互串通投标

《工程建设项目施工招标投标办法》第四十六条规定，下列行为均属于投标人串通投标：①投标人之间相互约定抬高或降低投标报价；②投标人之间相互约定，在招标项目中分别以高、中、低价位报价；③投标人之间先进行内部竞价，内定中标人，然后再参加投标；④投标人之间其他串通投标报价行为。

2）禁止招标人与投标人串通投标

《工程建设项目施工招标投标办法》第四十七条规定，下列行为均属于招标人与投标人串通投标：①招标人在开标前开启投标文件，并将投标情况告知其他投标人，或者协助投标人撤换投标文件，更改报价；②招标人向投标人泄露标底；③招标人与投标人商定，投标时压低或抬高标价，中标后再给投标人或招标人额外补偿；④招标人预先内定中标人；⑤其他串通投标行为。

3）禁止投标人以行贿手段牟取中标

投标人不得以向招标人或者评标委员会成员行贿的手段来牟取中标。投标人以行贿手段牟取中标是一种违法行为，其法律后果是中标无效，有关责任人和单位要承担相应的行政责任或刑事责任，给他人造成损失的还应承担民事赔偿责任。

4）禁止投标人以低于成本的价格竞标

低于成本的报价竞标不仅属于不正当竞争行为，还易导致中标后偷工减料，影响建设工程质量。由于每个投标人的管理水平、技术能力与条件不同，即使完成同样的招标项目，其个别成本也不可能完全相同。管理水平高、技术先进的投标人，生产、经营成本低，有条件以较低的报价参加竞争，这是其竞争实力强的表现，因此只要投标人的报价不低于自身的个别成本,即使是低于本行业平均成本,也不属于违法范围。

因此,《招标投标法》第三十三条规定,投标人不得以低于其自身完成投标项目所需的成本报价进行投标竞争。

5)禁止投标人以他人名义投标或者以其他方式弄虚作假骗取中标

《招标投标法》规定,投标人"不得以他人名义投标或者以其他方式弄虚作假,骗取中标"。

《招标投标法实施条例》进一步规定,使用通过受让或者租借等方式获取的资格、资质证书投标的,属于《招标投标法》第三十三条规定的以他人名义投标。

投标人有下列情形之一的,属于《招标投标法》第三十三条规定的以其他方式弄虚作假的行为:①使用伪造、变造的许可证件;②提供虚假的财务状况或者业绩;③提供虚假的项目负责人或者主要技术人员简历、劳动关系证明;④提供虚假的信用状况;⑤其他弄虚作假的行为。

小结

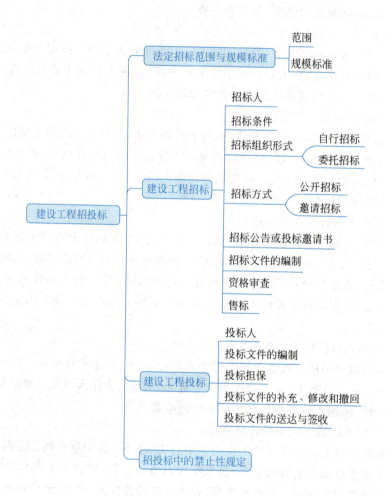

3.5 建设工程开标、评标与中标

导入案例

有一省重点工程项目由于工程复杂、技术难度高,一般施工队伍难以胜任,建设单位便自行决定采取邀请招标方式,于 9 月 28 日向通过资格预审的 A、B、C、D、E 5 家施工企业发出了投标邀请书。这 5 家施工企业均接受了邀请,并于规定时间购买了招标文件。按照招标文件的规定,10 月 18 日下午 4 时为提交投标文件的截止时间,10 月 21 日下午 2 时在建设单位办公大楼第 2 会议室开标。A、B、D、E 施工企业均在此截止时间之前提交了投标文件,但 C 施工企业却因中途堵车,于 10 月 18 日下午 5 时才将投标文件送达。10 月 21 日下午 2 时,当地招投标监管机构在该建设单位办公大楼第 2 会议室主持了开标。

问题:
(1) 建设单位是否可以接收 C 施工企业的投标文件?
(2) 开标应当由谁主持?
(3) 开标时间是否合适?

1. 开标

建设工程项目的开标、评标、定标由建设单位依法组织实施,并接受有关行政主管部门的监督。

1) 开标的时间和地点

根据《招标投标法》的规定,开标时间应当是招标文件确定的提交投标文件截止时间的同一时间;开标地点应当是招标文件中预先确定的地点。

2) 开标主持人与参与人

开标由招标人负责主持。招标人自行办理招标事宜的,自行主持开标;招标人委托招标代理机构办理招标事宜的,可以由招标代理机构按照委托招标合同的约定负责主持开标事宜。

招标人应邀请所有投标人参加开标。参加开标是每一投标人的法定权利,招标人不得以任何理由排斥、限制任何投标人参加开标。当然,投标人既可以参加也可以不参加。已通知而放弃参加开标的投标人不得对开标会的有效性提出异议。

除了通知所有投标人参与开标外,招标人还应邀请有关单位代表参加开标,以实现开标向社会公开,保证开标的公正性和合法性。有关单位代表一般包括负责本次招标的两名以上主管人员及其主管部门代表、咨询机构代表、公证机关代表等。

3) 开标的程序

招标人主持开标,应当严格按照法定程序和招标文件载明的规定进行,包括按照规定的开标时间宣布开标开始;核对出席开标的投标人身份和出席人数;安排投标人或代表检查投标文件密封情况后工作人员监督拆封;组织唱标、记录;维护开标活动的正常秩序等。

4）开标监督与开标过程的记录

开标时，由投标人或者其推选的代表检查投标文件的密封情况，也可以由招标人委托的公证机构检查并公证；经确认无误后，由工作人员当众拆封，宣读投标人名称、投标价格和投标文件的其他主要内容。招标人在招标文件要求提交投标文件的截止时间前收到的所有投标文件，开标时都应当众予以拆封、宣读。

开标过程应当记录，并存档备查。开标记录应包括开标时间、开标地点、开标时具体参加单位、人员、唱标的内容等开标过程中的重要事项。

5）不予受理的投标文件

不予受理的投标文件包括：①逾期送达的或者未送达指定地点的；②未按招标文件要求密封的。

2．评标

评标是指依据招标文件和法律法规的规定和要求，对投标文件所进行的审查、评审和比较。评标是整个招投标过程中的重要环节。

1）评标程序

评标程序如下：①组建评标委员会；②初步评审；③详细评审；④撰写评标报告。

2）评标委员会

《招标投标法》规定，评标由招标人依法组建的评标委员会负责。招标人应当采取必要的措施，保证评标在严格保密的情况下进行。任何单位和个人不得非法干预、影响评标的过程和结果。

依法必须进行招标的项目，其评标委员会由招标人的代表和有关技术、经济等方面的专家组成，成员人数为5人以上单数，其中技术、经济等方面的专家不得少于成员总数的2/3。

评标专家成员由招标人从建设行政主管部门的专家名册或各省市的专家库内的相关专家名单中随机抽取确定。技术特别复杂、专业性要求特别高或者国家有特殊要求的招标项目，上述方式确定的专家难以胜任的，可以由招标人直接确定。

与投标人有利害关系的人不得进入相关项目的评标委员会；已经进入的应当更换。评标委员会成员的名单在中标结果确定前应当保密。

3）评标原则

评标委员会成员应当依照《招标投标法》的规定，按照招标文件规定的评标标准和方法，客观、公正、独立地对投标文件提出评审意见。评标委员会成员不得私下接触投标人，不得收受投标人给予的财物或者其他好处，不得向招标人征询确定中标人的意向，不得接受任何单位或者个人明示或者暗示提出的倾向或者排斥特定投标人的要求，不得有其他不客观、不公正履行职务的行为。

评标的过程必须要在严格保密的情况下进行，这既要求评标委员会成员严格自律，恪守秘密，同时也要求招标人采取必要的保密措施。

4）评标标准

评标委员会应当按照招标文件确定的评标标准和方法，对投标文件进行评审和比较；设有标底的，应当参考标底。招标文件没有规定的评标标准和方法不得作为评标的依据。

5）投标文件的澄清

投标文件中有含义不明确的内容、明显文字或者计算错误，评标委员会认为需要投标人作出必要澄清、说明的，应当书面通知该投标人。投标人的澄清、说明应当采用书面形式，并不得超出投标文件的范围或者改变投标文件的实质性内容。评标委员会不得暗示或者诱导投标人作出澄清、说明，不得接受投标人主动提出的澄清、说明。

6）投标被否决的认定

有下列情形之一的，评标委员会应当否决其投标。

① 投标文件未经投标单位盖章和单位负责人签字。

② 投标联合体没有提交共同投标协议。

③ 投标人不符合国家或者招标文件规定的资格条件。

④ 同一投标人提交两个以上不同的投标文件或者投标报价，但招标文件要求提交备选投标的除外。

⑤ 投标报价低于成本或者高于招标文件设定的最高投标限价。

⑥ 投标文件没有对招标文件的实质性要求和条件作出响应。

⑦ 投标人有串通投标、弄虚作假、行贿等违法行为。

7）评标报告

评标完成后，评标委员会应当向招标人提交书面评标报告和中标候选人名单。中标候选人应当不超过3人，并标明排序。评标报告应当由评标委员会全体成员签字。对评标结果有不同意见的评标委员会成员应当以书面形式说明其不同意见和理由，评标报告应当注明该不同意见。评标委员会成员拒绝在评标报告上签字又不书面说明其不同意见和理由的，视为同意评标结果。

评标委员会经评审，认为所有投标都不符合招标文件要求的，可以否决所有投标。依法必须进行招标的项目的所有投标被否决的，招标人应当依法重新招标。

3. 中标

中标也称决标、定标。

1）中标条件

① 能够最大限度满足招标文件中规定的各项综合评价标准。

② 能够满足招标文件的实质性要求，并且经评审的投标价格最低；但是投标价格低于成本的除外。

2）确定中标人

招标人应根据评标委员会提出的书面评标报告和推荐的中标候选人确定中标人。招标人也可以授权评标委员会直接确定中标人。

使用国有资金投资或者国家融资的项目，招标人应当确定排名第一的中标候选人为中标人。排名第一的中标候选人放弃中标、因不可抗力提出不能履行合同，或者招标文件规定应当提交履约保证金而在规定的期限内未能提交的，招标人可以确定排名第二的中标候选人为中标人。排名第二的中标候选人因前款规定的同样原因不能签订合同的，招标人可以确定排名第三的中标候选人为中标人。

在确定中标人之前,招标人不得与投标人就投标价格、投标方案等实质性内容进行谈判。

3)中标通知书

中标人确定后,招标人应当向中标人发出中标通知书,并同时将中标结果通知所有未中标的投标人。

投标人提交的投标属于一种要约,招标人的中标通知书则为对投标人要约的承诺。中标通知书对招标人和投标人都具有法律效力。

4)签订合同

《招标投标法》第四十六条规定:"招标人和中标人应当自中标通知书发出之日起 30 日内,按照招标文件和中标人的投标文件订立书面合同。招标人和中标人不得再行订立背离合同实质性内容的其他协议。"

《招标投标法实施条例》进一步规定,招标人和中标人应当依照《招标投标法》和本条例的规定签订书面合同,合同的标的、价款、质量、履行期限等主要条款应当与招标文件和中标人的投标文件的内容一致。

招标人应在签订合同之日起 5 个工作日内,向中标人和未中标人退还投标保证金。招标文件要求中标人提交履约保证金的,中标人应当提交。履约保证金一般为中标合同金额的 10%。

中标人不履行与招标人订立合同的,投标保证金不予退还;给招标人造成的损失超过投标保证金数额的,还应对超过部分予以赔偿。

 知识链接:黑白合同

"黑白合同"又称"阴阳合同",是指建设工程施工合同的当事人出于某种利益考虑,就同一建设工程签订的两份或两份以上实质性内容相异的合同,通常把经过招标投标并经政府有关部门备案的合同称为"白合同",把实际履行的对"白合同"中实质性内容进行了重大变更的合同称为"黑合同"。

"黑白合同"处理原则:2004 年 10 月发布的《最高人民法院关于审理建设工程施工合同纠纷案件适用法律问题的解释》第二十一条规定:"当事人就同一建设工程另行订立的建设工程施工合同与经过备案的中标合同实质性内容不一致的,应当以备案的中标合同作为结算工程价款的根据。"

5)招标投标结果备案制度

依法必须招标的项目,招标人应当自确定中标人之日起 15 日内,向有关行政监督部门提交招标投标情况的书面报告。书面报告至少包含以下内容。

① 招标范围。

② 招标方式和发布招标公告。

③ 招标文件中的投标人须知、技术条款、评标标准和方法、合同主要条款等内容。

④ 评标委员会的组成和评标报告。

⑤ 中标结果。

小结

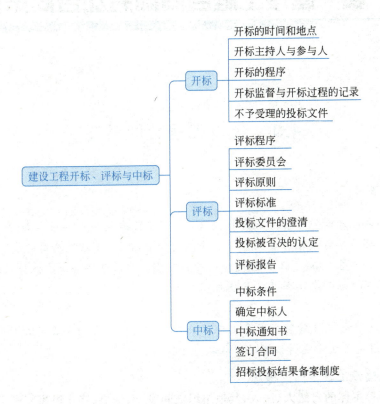

第 3 章　案例分析

第 4 章 建设工程合同和劳动合同法律制度

4.1 建设工程合同概述

 导入案例

A 建筑公司挂靠于一资质较高的 B 建筑公司,以 B 建筑公司名义承揽了一项工程,并与建设单位 C 公司签订了施工合同。但在施工过程中,由于 A 建筑公司的实际施工技术力量和管理能力都较差,造成了工程进度的延误和一些工程质量缺陷。C 公司以此为由,不予支付余下的工程款。A 建筑公司以 B 建筑公司名义将 C 公司告上了法庭。

问题:

(1) A 建筑公司以 B 建筑公司名义与 C 公司签订的施工合同是否有效?

(2) C 公司是否应当支付余下的工程款?

1. 合同、建设工程合同的概念

合同是平等主体的自然人、法人、其他组织之间设立、变更、终止民事权利义务关系的协议。婚姻、收养、监护等有关身份关系的协议,不适用于合同法。

建设工程合同是承包人进行工程建设,发包人支付价款的合同,通常包括建设工程勘察、设计、施工合同。建设工程合同是《合同法》明确规定的有名合同之一,为保护建设工程合同双方当事人的合法权益,规范交易双方的市场行为,提供了法律保障。

2. 合同的分类

根据不同标准,可以对合同进行不同的分类,对合同分类的意义在于确定不同类型合同的法律适用规则。

1) 有名合同与无名合同

根据法律是否规定一定名称并有专门规定为标准,合同可以分为有名合同与无名合同。

有名合同,也称典型合同,是法律上已经确定一定的名称,并设定具体合同规则,如《合同法》分则所规定的建设工程合同等 15 类合同。

无名合同,也称非典型合同,是法律上尚未确定专门名称和具体规则的合同。合同当事人可以自由决定合同的内容,即使当事人订立的合同不属于有名合同的范围,只要不违背法律的禁止性规定和社会公共利益,仍然是有效的。从实践来看,无名合同大量存在,是合同的常态。

建设工程合同是有名合同。

2) 双务合同与单务合同

根据当事人双方的义务是否存有对价关系为标准,合同可以分为双务合同与单务合同。

双务合同是当事人之间互负义务的合同,即双方当事人互享债权、互负债务,一方的合同权利正好是对方的合同义务,彼此形成对价关系。例如,买卖合同、租赁合同、借款合同等。又如,建设工程施工合同中,承包人有获得工程价款的权利,而发包人则有按约支付工程价款的义务。

单务合同是只有一方当事人负担义务的合同,而另一方只享有合同权利的合同。例如,在赠予合同中,受赠人享有接受赠予物的权利,但不负担任何义务。无偿委托合同、无偿保管合同均属于单务合同。

大部分合同都是双务合同。

3) 有偿合同与无偿合同

根据当事人是否可以从合同中获取某种利益为标准,可以将合同分为有偿合同与无偿合同。

有偿合同,是指当事人一方享有合同规定的权益,须向另一方付出相应代价的合同。有偿合同是商品交换最典型的法律形式。在实践中,绝大多数合同都是有偿的。有偿合同是常见的合同形式,诸如买卖、租赁、运输、承揽、建设工程合同等。

无偿合同,是一方当事人享有合同约定的权益,但无须向另一方付出相应对价的合同。如赠予合同、借用合同等。

4) 诺成合同与实践合同

根据合同的成立是否必须交付标的物为标准,合同分为诺成合同与实践合同。

诺成合同,是指当事人各方的意思表示一致即告成立的合同,大多数的合同都属于诺成合同,如建设工程合同、买卖合同、租赁合同等。

实践合同,又称要物合同,是指除双方当事人的意思表示一致以外,尚须交付标的物才能成立的合同,如保管合同、定金合同等。

5) 要式合同与不要式合同

根据合同的成立是否必须采取一定形式为标准,可以将合同划分为要式合同与不要式合同。

要式合同是指法律或当事人必须具备特定形式的合同,例如,建设工程合同应当采用书面形式,就是要式合同。

不要式合同是指法律或当事人不要求必须具备一定形式的合同。实践中,以不要式合同居多。

6) 格式合同与非格式合同

根据条款是否预先拟定为标准,可以将合同分为格式合同与非格式合同。

格式合同,又称为定式合同、附和合同或一般交易条件,它是当事人一方为与不特定的多数人进行交易而预先拟定的,且不允许相对人对其内容作任何变更的合同;反之,为非格式合同。

格式条款具有《合同法》规定的导致合同无效的情形的,或者提供格式条款一方免除其责任、加重对方责任、排除对方主要权利的,该条款无效。

对格式条款的理解发生争议的,应当按照通常理解予以解释。对格式条款有两种以上解释的,应当作出不利于提供格式条款一方的解释。格式条款和非格式条款不一致的,应当采用非格式条款。

7) 主合同与从合同

根据合同相互之间的主从关系为标准,可以将合同分为主合同与从合同。

主合同是指不需要其他合同存在即可独立存在的合同;从合同是指以其他合同为存在前提的合同。例如,发包人与承包人签订的建设工程施工合同为主合同,为确保该主合同的履行,发包人与承包人签订的履约保证合同为从合同。

3. 建设工程合同的分类

根据建设项目的承发包范围、建设阶段、计价方式等，建设工程合同可以划分为以下几种类型。

1）按承发包的工程范围进行分类

从承发包的不同范围和数量进行划分，可以将建设工程合同分为建设工程总承包合同、建设工程承包合同、建设工程分包合同。发包人将工程建设的全部工作发包给一个承包人的合同即为建设工程总承包合同。发包人如果将建设工程的勘察、设计、施工等的每一项分别发包给一个承包人的合同即为建设工程承包合同。经合同约定或发包人认可，总承包人（承包人）从所承揽的工程中将部分工程分包给其他单位完成而订立的合同即为建设工程分包合同。

2）按承包的专业进行分类

从所承揽业务的专业进行分类，建设工程合同可以分为建设工程勘察合同、建设工程设计合同、建设工程施工合同三类。

3）按工程计价与结算方式进行分类

建设工程合同按工程计价与结算方式的不同可以分为总价合同、单价合同和成本加酬金合同。

① 总价合同，是指支付给承包方的工程价款在合同中是一个"固定"的金额，并未对分部分项工程进行分项报价，或者即使报价，分部分项工程的单价也仅作为参考，并不进入竣工结算。这类合同适用于工程量确定或变化不大，承包商报价经验丰富的情形。竣工结算时工程量一般不予调整，由承包商承担工程量发生变化的风险。

② 单价合同，是指在合同内会体现出各分部分项工程的单价，并由分部分项工程的造价合计后成为合同总价。这类合同适用于工程复杂、设计变更较多的情形，双方可以在合同内约定工程量发生改变时工程价款的调整事宜。目前应用广泛的工程量清单报价就是一种单价合同。

③ 成本加酬金合同，是由业主向承包单位支付工程项目的实际成本，并按事先约定的某一种方式支付酬金的合同类型。在这类合同中，业主须承担项目实际发生的一切费用，因此也就承担了项目的全部风险。而承包单位由于无风险，其报酬往往也较低。这类合同的缺点是业主对工程总造价不易控制，承包商也往往不注意降低项目成本。这类合同主要适用于需要立即开展工作的项目，如震后的救灾工作、新型的工程项目或对项目工程内容及技术经济指标未确定的项目、风险很大的项目。

4. 建设工程合同的特征

1）合同主体的特殊性

建设工程合同主体只能是法人，而且只能是经过批准的具有相应资质的法人。建设工程合同的标的是建设工程，具有投资大、周期长、质量要求高、技术力量全面、影响国计民生等特点，作为公民个人是不能够独立完成的，所以，公民个人不能作为承建人。只有经过批准的持有相应资质证书的勘察、设计、施工单位等企业法人，才可以在其资质等级许可的范围内承揽工程，成为建设工程合同的主体。法律禁止企业无资质或超越本企业资质等级许可的范围承揽工程。农村工匠经过批准可以承揽农村三层以下的农民自住房屋的建设，但其不能承揽建设工程，不能成为建设工程合同的承包人。

2）政府监管的严格性

建设工程合同的订立和履行，受到国家的严格管理和监督。在我国，规范和调整建设工程合同的法律法规,除了《合同法》《建筑法》《招标投标法》等法律外,还存在着大量的行政法规、行政规章、地方性法规以及地方性规章。上述法规中以行政法规和部门规章为主,对工程建设的各个环节都进行严格管制,其间充斥着大量强制性规定和禁止性规定,违反其中任何一项都有可能导致建设工程合同效力的丧失。对建设工程合同实行国家管制的理由在于建设工程合同的标的物为不动产之工程,具有不可移动性,长期存在和发挥效用,事关国计民生。

此外,在政府作为工程建设投资者的政府工程,往往要纳入国家计划或地方政府计划,工程的立项、发包、承包、建设及验收都绝非仅由《合同法》等司法能够完全解决的。建设工程合同从订立到履行,从资金的投放到最终的竣工验收,都受到国家严格的管理和监督。

3）建设工程的计划性和次序性

在市场经济条件下,工程建设合同确实不像以前计划经济时期那样全部严格按照具体的建设计划制定,但国家仍需要对基建项目实行计划控制,这是实现国民经济高速有效、稳定发展的重要措施。所以,工程建设合同受国家计划的约束,对于计划外的工程项目,当事人不得签订建设工程合同,否则,该建设工程合同无效。

由于建设工程合同的建设周期长、质量要求高、涉及方面广,各阶段的工作之间有一定的严密顺序,因此,建设工程合同也就具有次序性强的特点。例如,未经立项,没有计划任务书,则不能进行签订勘察、设计合同的工作;没有完成勘察、设计工作,则不能进行施工图设计文件审查;没有经过招标施工图设计文件审查,则不能进行招标投标;没有经过投标,则不能签订施工合同等。

4）建设工程合同为要式合同

建设工程合同必须采用书面形式是国家对建设工程进行监督管理的需要,也是建设工程合同履行的特点所决定的。建设工程合同应为要式合同,不采用书面形式的建设工程合同不能有效成立。

小结

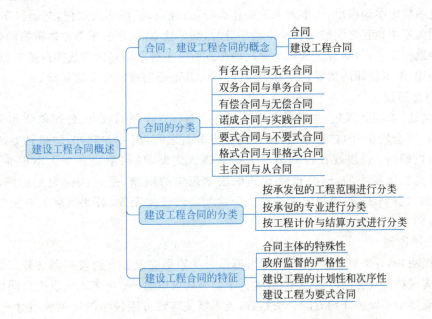

4.2　建设工程合同的订立

导入案例

2017年1月,D市二建公司(买方A)与该市某水泥厂(卖方B)签订一份水泥供货合同,约定卖方B在一年内分四批向买方A供水泥900吨,但未明确各期具体供货时间。第一批350吨于3月中旬交货,买方A支付了该批货款。第二批按照双方交易惯例及当地惯例,应于6月交付,而此时正值施工旺季,水泥需求量极大,卖方B为图更高利益,将库存水泥全部高价卖给其他单位。买方A因现场急需水泥,多次派人向卖方B催货无果,无奈之下只好向他处购买高价水泥。2017年9月,施工进入淡季,卖方B向买方A送去未交付的三批水泥,共计550吨,被买方拒收。双方为此出现争议,并诉至法院。卖方B认为,因合同未约定履行时间,所以其可以随时履行,并未违约,有权要求买方收货、付款。

问题:

(1)该案中,法院应当如何判令?

(2)承担违约责任的一方违背了《合同法》的什么原则?

1. 建设工程合同订立的原则

《合同法》的基本原则是制定和执行《合同法》的总的指导思想,是《合同法》的灵魂。《合同法》的基本原则是《合同法》区别于其他法律的标志,集中体现了《合同法》的基本特征。

1)平等原则

《合同法》第三条规定:"合同当事人的法律地位平等,一方不得将自己的意志强加给另一方。"此项规定明确指出,当事人无论是什么身份,地位、经济实力如何,均不得享有特权,其在合同关系中相互之间的法律地位是平等的,都是独立的、享有平等主体资格的合法当事人。法律地位平等,包括订立和履行合同两个方面。平等原则是民事法律的基本原则,是区别行政法律、刑事法律的重要特征,也是《合同法》其他原则赖以存在的基础。

2)自愿原则

《合同法》第四条规定:"当事人依法享有自愿订立合同的权利,任何单位和个人不得非法干预。"《合同法》的自愿原则,既表现在当事人之间,因一方欺诈、胁迫订立的合同无效或者可以撤销;也表现在合同当事人与其他人之间,任何单位和个人不得非法干预。自愿原则是法律赋予的,同时也受到其他法律规定的限制,是在法律规定范围内的"自愿"。例如,《合同法》明确规定损害社会公共利益的合同无效,对此当事人不能"自愿"认为该类合同有效。

3)公平原则

《合同法》第五条规定:"当事人应当遵循公平原则确定各方的权利和义务。"这里讲的公平,既表现在订立合同时的公平,显失公平的合同可以撤销;也表现在发生合同纠纷时公平处理,既要切实保护守约方的合法利益,也不能使违约方因较小的过失承担过重的责任;

还表现在极个别的情况下,因客观情势发生异常变化,履行合同使当事人之间的利益重大失衡,公平地调整当事人之间的利益。

4）诚实信用原则

《合同法》第六条规定:"当事人行使权利、履行义务应当遵循诚实信用原则。"在很多国家,诚实信用原则被尊称为民法中的"黄金法则"。诚实信用,主要包括三层含义：一是诚实,要表里如一,因欺诈订立的合同无效或者可以撤销。二是守信,要言行一致,不能反复无常,也不能口惠而实不至。三是从当事人协商合同条款时起,就处于特殊的合作关系中,当事人应当恪守商业道德,履行相互协助、通知、保密等义务。另外,由于《合同法》难以包容所有的情况,需要赋予法官一定的自由裁量权,法官可以根据诚实信用原则的要求,合理地解释合同、适用法律。

5）守法公益原则

《合同法》第七条规定:"当事人订立、履行合同,应当遵守法律、行政法规,尊重社会公德,不得扰乱社会经济秩序,损害社会公共利益。"该条规定,集中表明两层含义,一是遵守法律（包括行政法规）,二是不得损害社会公共利益。这一原则在一定程度上对合同的效力进行了规范,即合同并不是你情我愿就成立并生效的,还必须符合法律、行政法规的强制性规定,并接受社会公德的调整,个人利益要服从公众利益、社会利益。

2．建设工程合同的订立

合同的订立要经过两个必要的程序,即要约与承诺。只有掌握了要约与承诺的知识,才能避免在合同的订立阶段就为后面的合同管理留下隐患。

1）建设工程合同的形式

合同,有书面形式、口头形式和其他形式。法律、行政法规规定采用书面形式的,应当采用书面形式。当事人约定采用书面形式的,应当采用书面形式。

书面形式是指合同书、信件和数据电文（包括电报、电传、传真、电子数据交换和电子邮件）等可以有形地表现所载内容的形式。

建设工程合同的订立必须采取书面形式。

2）建设工程合同的一般条款

合同的内容由当事人约定,一般包括以下条款：

① 当事人的名称或者姓名和住所；

② 标的；

③ 数量；

④ 质量；

⑤ 价款或者报酬；

⑥ 履行期限、地点和方式；

⑦ 违约责任；

⑧ 解决争议的方法。当事人可以参照各类合同的示范文本订立合同。

《合同法》规定,施工合同的内容包括工程范围、建设工期、中间交工工程的开工和竣工时间、工程质量、工程造价、技术资料交付时间、材料和设备供应责任、拨款和结算、竣工验收、质量保修范围和质量保证期、双方相互协作等条款。

3) 建设工程合同发承包双方的主要义务

(1) 发包人的主要义务

① 不得违法发包。《合同法》规定,发包人不得将应当由一个承包人完成的建设工程肢解成若干部分发包给几个承包人。

② 提供必要的施工条件。发包人未按照约定的时间和要求提供原材料、设备、场地、资金、技术资料的,承包人可以顺延工程日期,并有权要求赔偿停工、窝工等损失。

③ 及时检查隐蔽工程。隐蔽工程在隐蔽以前,承包人应当通知发包人检查。发包人没有及时检查的,承包人可以顺延工程日期,并有权要求发包人赔偿停工、窝工等损失。

④ 及时验收工程。建设工程竣工后,发包人应当根据施工图纸及说明书、国家颁发的施工验收规范和质量检验标准及时进行验收。

⑤ 支付工程价款。发包人应当按照合同约定的时间、地点和方式等,向承包人支付工程价款。

(2) 承包人的主要义务

① 不得转包和违法分包工程。承包人不得将其承包的全部建设工程转包给第三人,不得将其承包的全部建设工程肢解以后以分包的名义分别转包给第三人。禁止承包人将工程分包给不具备相应资质条件的单位。禁止分包单位将其承包的工程再分包。

② 自行完成建设工程主体结构的施工。建设工程主体结构的施工必须由承包人自行完成。承包人将建设工程主体结构的施工分包给第三人的,该分包合同无效。

③ 接受发包人的检查。发包人在不妨碍承包人正常作业的情况下,可以随时对作业进度、质量进行检查。隐蔽工程在隐蔽以前,承包人应当通知发包人检查。

④ 交付竣工验收合格的建设工程。建设工程竣工验收合格后,方可交付使用;未经验收或者验收不合格的,不得交付使用。

⑤ 建设工程质量不符合约定的,无偿修理。因施工人的原因致使建设工程质量不符合约定的,发包人有权要求施工人在合理期限内无偿修理或者返工、改建。经过修理或者返工、改建后,造成逾期交付的,施工人应当承担违约责任。

4) 订立合同的方式

(1) 要约邀请

要约不同于要约邀请,要约邀请是希望他人向自己发出要约的意思表示。寄送的价目表、拍卖公告、招标公告、招股说明书、商业广告等为要约邀请。

要约邀请可以向特定人发出,也可以向不特定的人发出。要约邀请只是邀请他人向自己发出要约,如果自己接受了对方的要约,也就是进行了承诺,才成立合同。因此,要约邀请处于合同的准备阶段,没有法律约束力。

在建设工程招标投标活动中,招标文件是要约邀请,对招标人不具有法律约束力;投标文件是要约,应受自己作出的与他人订立合同的意思表示的约束。

(2) 要约

要约是指一方当事人向他方发出的以一定条件订立合同的意思表示,该意思表示应当符合下列规定:①内容具体确定;②表明经受要约人承诺,要约人即受该意思表示约束。

所谓内容具体,是指要约的内容须具有足以使合同成立的主要条款。如果没有包含合同的主要条款,受要约人难以作出承诺,即使作出了承诺,也会因为双方的这种合意不具备合同的主要条款而使合同不能成立。所谓内容确定,是指要约的内容须明确,不能含混不清,否则无法承诺。

要约的形式包括:①书面,如寄送订货单、信函、电报、传真、电子邮件等在内的数据电文;②口头,可以当面对话,也可以打电话;③行为。

《合同法》规定,要约到达受要约人时生效。要约的有效期间由要约人在要约中规定。要约人如果在要约中定有存续期间,受要约人必须在此期间内承诺。

要约可以撤回,但撤回要约的通知应当在要约到达受要约人之前或者与要约同时到达受要约人。

要约可以撤销,但撤销要约的通知应当在受要约人发出承诺通知之前到达受要约人。但有下列情形之一的,要约不得撤销:①要约人确定了承诺期限或者以其他形式明示要约不可撤销;②受要约人有理由认为要约是不可撤销的,并已经为履行合同作了准备工作。

采用数据电文形式订立合同,收件人指定特定系统接收数据电文的,该数据电文进入该特定系统的时间,视为到达时间;未指定特定系统的,该数据电文进入收件人的任何系统的首次时间,视为到达时间。

(3) 承诺

承诺是受要约人完全同意要约内容的意思表示。

承诺应当以通知的方式作出,但根据交易习惯或者要约表明可以通过行为作出承诺的除外。这里的行为通常是履行行为,如预付价款、工地上开始工作等。

承诺通知到达要约人时生效。承诺不需要通知的,根据交易习惯或者要约的要求作出承诺的行为时生效。

承诺的内容应当与要约的内容一致。受要约人对要约的内容作出实质性变更的,为新要约。有关合同标的、数量、质量、价款或者报酬、履行期限、履行地点和方式、违约责任和解决争议方法等的变更,是对要约内容的实质性变更。

要约以信件或者电报作出的,承诺期限自信件载明的日期或者电报交发之日开始计算。信件未载明日期的,自投寄该信件的邮戳日期开始计算。要约以电话、传真等快速通信方式作出的,承诺期限自要约到达受要约人时开始计算。

承诺生效时合同成立。

5) 合同成立的时间及地点

当事人采用合同书形式订立合同的,自双方当事人签字或者盖章时合同成立。

当事人采用信件、数据电文等形式订立合同的,可以在合同成立之前要求签订确认书。签订确认书时合同成立。

承诺生效的地点为合同成立的地点。

采用数据电文形式订立合同的,收件人的主营业地为合同成立的地点;没有主营业地的,其经常居住地为合同成立的地点。当事人另有约定的,按照其约定。

当事人采用合同书形式订立合同的,双方当事人签字或者盖章的地点为合同成立的地点。

法律、行政法规规定或者当事人约定采用书面形式订立合同,当事人未采用书面形式但一方已经履行主要义务,对方接受的,该合同成立。

采用合同书形式订立合同,在签字或者盖章之前,当事人一方已经履行主要义务,对方接受的,该合同成立。

国家根据需要下达指令性任务或者国家订货任务的,有关法人、其他组织之间应当依照有关法律、行政法规规定的权利和义务订立合同。

6) 缔约过失责任

当事人在订立合同过程中有下列情形之一,给对方造成损失的,应当承担损害赔偿责任。

① 假借订立合同,恶意进行磋商。
② 故意隐瞒与订立合同有关的重要事实或者提供虚假情况。
③ 有其他违背诚实信用原则的行为。

当事人在订立合同过程中知悉的商业秘密,无论合同是否成立,不得泄露或者不正当地使用。泄露或者不正当地使用该商业秘密给对方造成损失的,应当承担损害赔偿责任。

小结

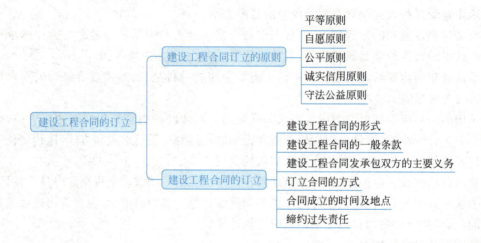

4.3 无效合同、效力待定合同

导入案例

某施工企业派出采购员王某去参加某次工业品展览会,并授权其采购一批外墙面砖。在展会期间,王某出示购买外墙面砖的授权委托书及确定样品后,与某建筑材料公司签订了一份外墙面砖供应合同。因洽谈顺利,王某发现该公司生产的卫生洁具质量上乘,且价格优惠,而现场正准备组织洁具供货,遂以公司名义又签订了50套洁具的供应合同。合同成立后,王某便随同建材公司送货车回到项目现场。施工企业以王某自作主张为由,不认其所签订的洁具合同,拒收货物。

问题:王某签订的外墙面砖供应合同、卫生洁具合同是否有效？为什么？

1. 合同成立与合同生效

合同生效是指已经成立的合同符合合同生效要件,能在当事人之间产生的法律约束力,得到法律的认可和保护。合同成立是合同当事人关于合同内容达成一致,是要约、承诺阶段的结束,合同成立意味着合同在客观上已产生,当事人之间存在合同关系。

合同生效的要件：第一,合同主体合法。自然人主体应当具备相应的民事行为能力,法人和其他组织应当在主体宗旨目的的范围内订立合同。第二,意思表示真实。合同主体在订立合同过程中未收到欺诈、胁迫等非正当因素影响,能够自主表达自己的意志,并能够清楚理解对方意志,最终达成合意。第三,内容合法。合同内容符合法律、行政法规强制性规定,符合社会公序良俗、社会公德、社会公共利益。

《合同法》规定了合同生效的三种情形。

1) 成立生效

对一般合同,只要当事人在合同主体、合同内容、合同形式等方面符合法律要求,经协商达成一致意见,合同成立即可生效。

2) 批准登记生效

《合同法》规定,法律、行政法规规定应当办理批准、登记等手续生效的,依照其规定。

按照我国现有的法律和行政法规的规定,有的将批准登记作为合同成立的条件,有的将批准登记作为合同生效的条件。比如,中外合资经营企业合同必须经过批准后才能生效。

3) 约定生效

约定生效是指合同当事人在订立合同时,约定附条件,自条件成就时生效。附解除条件的合同,自条件成就时失效。但是当事人为自己的利益不正当地阻止条件成就的,视为条件已成就；不正当地促成条件成就的,视为条件不成就。

当事人可以对合同的效力约定附期限。附生效期限的合同,自期限届至时生效。附终止期限的合同,自期限届满时失效。

2. 无效合同

1) 无效合同的确认

《合同法》规定,有下列情形之一的,合同无效。

① 一方以欺诈、胁迫的手段订立合同,损害国家利益。

② 恶意串通,损害国家、集体或者第三人利益。

③ 以合法形式掩盖非法目的。

④ 损害社会公众利益。

⑤ 违反法律、行政法规的强制性规定。

无效合同的确认权归合同管理机关和人民法院。

2) 无效合同的处理

① 无效合同自合同签订时就没有法律约束力。

② 合同无效分为整个合同无效和部分合同无效,如果合同部分无效的,不影响其他部分的法律效力。

③ 合同无效,不影响合同中独立存在的有关解决争议条款的效力。

④ 因该合同取得的财产,应予返还;有过错的一方应当赔偿对方因此所受到的损失。

3. 效力待定合同

合同或合同某些方面不符合合同的有效要件,但又不属于无效合同或撤销合同,应当采取补救措施,有条件的尽量促使其成为有效合同。

1) 限制民事行为能力人依法不能独立签订的合同

若限制民事行为能力人未经其法定代理人事先同意,独立签订了其依法不能独立签订的合同,则构成效力待定合同,但是纯获利益的合同除外。

此类效力待定合同须经过限制民事行为能力人的法定代理人行使追认权予以追认后才有效。相对人可以催告法定代理人在1个月内予以追认;法定代理人未作表示的,视为拒绝追认,合同没有效力。合同被追认之前,善意相对人有撤销的权利;撤销应当以通知的方式作出。

2) 无权代理人以被代理人的名义签订的合同

行为人没有代理权、超越代理权或代理权终止后仍以被代理人的名义与相对人订立合同,未经被代理人追认的,对被代理人不发生效力,由行为人承担责任。

相对人可以催告被代理人在1个月内予以追认;被代理人未作表示的,视为拒绝追认,合同没有效力。合同被追认之前,善意相对人有撤销的权利,撤销应当以通知的方式作出。

《合同法》四十九条规定:"行为人没有代理权、超越代理权或者代理权终止后以被代理人名义订立合同,相对人有理由相信行为人有代理权的,该代理行为有效。"这就是表见代理在合同领域的具体规定。可见,表见代理无须被代理人追认,产生代理效力,即由被代理人对第三人承担授权责任。因表见代理订立的合同,如果无其他导致合同无效的原因,则该合同有效。

3) 越权签订的合同

法人或者其他组织的法定代表人、负责人超越权限订立的合同,除相对人知道或者应当知道其超越权限的以外,该代表行为有效。

任何一个单位都有自己的组织结构,组织设计里面都包含组织权限分工。每个岗位都有自己的责任和权利。如果超越了自己的权力范围而为民事行为,其行为就不是必然有效的行为了。这种行为是否有效,需要结合其他因素确定。

超越权限订立的合同是否有效,取决于相对人是否知道行为人超越权限。如果明知其超越权限依然与之签订合同,合同就是无效的;如果不知道其越权而与之签订合同,则合同就是有效的。

4) 无处分权人签订的合同

所有权人或法律授权的人才能对财产行使处分权,如财产的转让、赠予等。无处分权人只能对财产享有占有、使用权。无处分权人处分他人财产与相对人订立的合同,经权利人追认或者无处分权人订立合同后取得处分权的,则该合同有效;无处分权人与相对人订立的合同,若未获追认或者无权处分人在订立合同后未获处分权的,则该合同不生效。

小结

4.4 合同的履行、变更、转让、撤销和终止

导入案例

2016年1月,甲、乙公司签订了一项建筑施工合同,合同约定乙公司于当年9月1日向甲公司交付一栋宿舍楼。甲公司则向乙公司分三次付款:第一期施工单位进场后支付400万元,第二期主体完工后支付600万元,余款待竣工结算完成付清。在签订合同后,甲公司按期支付了第一期款项,但第二期款项迟迟未到位,甲方以资金周转紧张为由要求乙公司继续施工,并承诺等竣工结算时一次性付清。但乙公司在主体完工未收到付款的情况下停止了施工。2016年9月15日,甲以乙未按期竣工为由将乙告上了法庭,要求乙赔偿损失。

问题:请根据合同履行抗辩规则分析本案。

1. 合同的履行

1) 合同的履行原则

合同的履行是指合同生效后,当事人双方按照合同约定的标的、数量、质量、价款、履行期限、履行地点和履行方式等,完成各自应承担的全部义务的行为。

合同履行的基本原则,根据《合同法》第六十条规定,在合同履行过程中必须遵守两个基本原则。

(1) 全面履行原则

全面履行原则是指合同当事人应当按照合同的约定全面履行自己的义务,包括履行义务的主体、标的、数量、质量、价款或者报酬以及履行的方式、地点、期限等,都应当按照合同的约定全面履行,不能以单方面的意思改变合同义务或者解除合同。

(2) 诚实信用原则

诚实信用原则是指在合同履行过程中,合同当事人讲究信用,恪守信用,以善意的方式履行其合同义务,不得滥用权力及规避法律或者合同规定义务。合同的履行应当严格遵循诚实信用原则。一方面,要求当事人除了应履行法律和合同规定的义务外,还应当履行依据诚实信用原则所产生的各种附随义务,包括相互协作和照顾义务、瑕疵的告知义务、使用方法的告知义务、重要事情的告知义务、保密义务等。另一方面,在法律有合同规定的内容不明确或者欠缺规定的情况下,当事人应当依据诚实信用原则履行义务。

2) 合同约定不明确时的履行规则

实践中,由于当事人主观判断、客观环境、法律常识等因素,在订立合同时难免考虑不周,导致合同标的、质量、数量等约定不明确。对此,《合同法》设立了合同约定不明确时的补救规则。

合同生效后,当事人就质量、价款或者报酬、履行地点等内容没有约定或者约定不明确的,可以补充协议;不能达成补充协议的,按照合同有关条款或者交易习惯确定,仍不能确定的,则按以下规定履行。

① 质量要求不明确的:按照国家标准、行业标准履行;没有国家标准、行业标准的,按照通常标准或者符合合同目的的特定标准履行。

② 价款或者报酬不明确的:按照订立合同时履行地的市场价格履行;依法应当执行政府定价或者政府指导价的,依照规定执行。在合同约定的交付期限内政府价格调整时,按照交付时的价格计价。逾期交付标的物的,遇价格上涨时,按照原价格执行;价格下降时,按照新价格执行。逾期提取标的物或者逾期付款的,遇价格上涨时,按照新价格执行;价格下降时,按照原价格执行。

③ 履行地点不明确的:给付货币的,在接受货币一方所在地履行;交付不动产的,在不动产所在地履行;其他标的,在履行义务一方所在地履行。

④ 履行期限不明确的:债务人可以随时履行,债权人也可以随时要求履行,但应当给予对方必要的准备时间。

⑤ 履行方式不明确的:按照有利于实现合同目的的方式履行。

⑥ 履行费用的负担不明确的:由履行义务一方负担。

3) 执行政府定价或者政府指导价的合同的履行规则

我国目前的价格分为市场调节价、政府指导价和政府定价。政府定价是指依照《中华人民共和国价格法》的规定,由政府价格主管部门或者其他有关部门,按照定价权限和范围制定的价格。这种定价是确定的,当事人不得另行约定价格。政府指导价是指依照规定,由政府价格主管部门或者其他有关部门,按照定价权限和范围规定基准价及其浮动幅度,指导经营者指定的价格。

该款规定履行的总原则就是:保护按约履行合同的一方,惩罚违约方,即价格惩罚。根据《合同法》第六十三条的规定,具体包括以下三个方面。

① 双方当事人均按期履行合同的,在履行中遇到政府定价或政府指导价作调整时,应按交付时的政府定价或政府指导价计价,即按新价格执行。交付货物时,货物提价的,按已提高的价格执行;降价的,按已降低的价格执行。例如,甲公司与某建筑公司签订施工合同,在签订合同时,政府发布的人工工日的最低工资标准是80元/工日,而在合同履行期内,如果人工单价上涨到90元/工日,那么就应按交付时的90元/工日计价;如果价格下降到70元/工日,那么就应按交付时的70元/工日计价。

② 当事人逾期交付标的物的,标的物的政府定价或政府指导价提高时,按原定的价格即原价格执行;价格降低时,按已降低的价格即新价格执行。例如,签订合同时政府发布的人工工日的最低工资标准是80元/工日,而在合同履行期内,建筑公司因自身原因不能按期竣工,如果人工单价上涨到90元/工日,那么仍应按80元/工日计价;如果价格下降到70元/工日,那么就应按70元/工日计价。

③ 当事人逾期提取标的物或逾期付款的,标的物的政府定价或政府指导价提高时,按已提高的价格即新价格执行;价格降低时,按原定的价格即原价格执行。例如,签订合同时政府发布的人工工日的最低工资标准是 80 元/工日,而在合同履行期内,甲公司因自身原因未能按期付款导致工程延期,如果人工单价上涨到 90 元/工日,那么就应按 90 元/工日计价;如果价格下降到 70 元/工日,那么仍应按 80 元/工日计价。

建筑业是实行政府指导价十分密集的行业。而且建设项目的建设周期较长,在合同履行期限内,各类建筑材料、机械台班甚至人工工日的市场价格都可能存在剧烈的波动,政府指导价也有可能随之发生变化。因此,业主单位和承包单位对此都要引起足够的重视。

4) 合同履行抗辩权

合同履行抗辩权,就是一方当事人有依法对抗对方要求或否认对方权力主张的权力。《合同法》规定了同时履行抗辩权和异时履行抗辩权。

同时履行抗辩权是指对于双方合同当事人双方应同时履行,一方在对方履行债务前或在对方履行债务不符合约定时,有权拒绝其相应的履行要求。

异时履行抗辩权分为后履行抗辩权和不安履行抗辩权。后履行抗辩权是指合同有先后履行顺序的,若先履行一方未履行债务,后履行一方有权拒绝其履行要求。不安履行抗辩权是指当事人互欠债务,如果应当先履行债务的当事人有确切证据证明对方有丧失或可能丧失履行债务能力情形时,可以中止履行债务。规定不安履行抗辩权是为了保护当事人的合法权益,防止合同欺诈,也可促使对方履行合同。

2. 合同的变更

工程项目的建设过程是复杂多变的,建设工程合同在签订后或者在履行过程中往往会与原合同约定的情况不一致,这种情况下如果仍按照原合同内容执行,必定会导致合同无法履行或者不能全面履行。因此,经双方当事人同意,依照法律规定的条件和程序,可以对原合同约定变更合同。合同变更应注意以下几点。

1) 合同变更须经当事人双方协商一致

如果双方当事人就变更事项达成一致意见,则变更后的内容取代原合同的内容,当事人应当按照变更后的内容履行合同。如果一方当事人未经对方同意就变更合同的内容,不仅变更的内容对另一方没有约束力,其做法还是一种违约行为,应当承担违约责任。

2) 合同变更须遵循法定的程序

法律、行政法规规定变更合同事项应当办理批准、登记手续的,应当依法办理相应手续。如果没有履行法定程序,即使当事人已协议变更了合同,其变更内容也不发生法律效力。

3) 对合同变更内容约定不明确的推定

合同变更的内容必须明确约定。如果当事人对于合同变更的内容约定不明确,则将被推定为未变更。任何一方不得要求对方履行约定不明确的变更内容。

具体到建设工程施工合同,根据国家发展和改革委员会等九部委联合编制的《标准施工招标文件》中的通用合同条款的规定,除专用合同条款另有约定外,在履行合同中发生以下情形之一的,均属于合同变更。

① 取消合同中任何一项工作,但被取消的工作不能转由发包人或其他人实施。

② 改变合同中任何一项工作的质量或其他特性。

③ 改变合同工程的基线、标高、位置或尺寸。
④ 改变合同中任何一项工作的施工时间或改变已批准的施工工艺或顺序。
⑤ 为完成工程需要追加的额外工作。

根据九部委《标准施工招标文件》中通用合同条款的规定,在履行合同过程中,经发包人同意,监理人可按合同约定的变更程序向承包人作出变更指示,承包人应遵照执行。没有监理人的变更指示,承包人不得擅自变更,即变更指示只能由监理人发出。

在履行合同过程中,承包人对发包人提供的图纸、技术要求以及其他合理化建议,均应以书面形式提交监理人。监理人应与发包人协商是否采纳建议。建议被采纳并构成变更的,应按合同约定的程序向承包人发出变更指示。

3. 合同的转让

合同的转让,是指当事人一方将合同的权利和义务转让给第三人,由第三人接受权利和承担义务的法律行为。合同转让可以部分转让,也可全部转让。

《合同法》规定了合同权利转让、合同义务转让和合同权利义务一并转让的三种情况。

1)合同权利的转让

合同权利的转让也称债权转让,是合同当事人将合同中权利全部或部分转让给第三方的行为。转让合同权利的当事人称为让与人,接受转让的第三人称为受让人。《合同法》规定如下:

① 不得转让的情形:根据合同性质不得转让;按照当事人约定不得转让;依照法律规定不得转让。

② 债权人转让权利的条件:债权人转让权利的,应当通知债务人。未经通知,该转让对债务人不发生效力。除非受让人同意,债权人转让权利的通知不得撤销。

2)合同义务的转让

合同义务的转让也称债务转让,是债务人将合同的义务全部或部分地转移给第三人的行为。《合同法》规定了债务人转让合同义务的条件:债务人将合同的义务全部或部分转让给第三人,应当经债权人同意。

合同义务转让分为两种情况:一种情况是合同义务的全部转让,在这种情况下,新的债务人完全取代了旧的债务人,新的债务人负责全面履行合同义务;另一种情况是合同义务的部分转让,即新的债务人加入原债务中,与原债务人一起向债权人履行义务。无论是转让全部义务还是部分义务,债务人都需要征得债权人同意。未经债权人同意,债务人转让合同义务的行为对债权人不发生效力。

3)合同权利和义务一并转让

《合同法》规定,当事人一方经对方同意,可以将自己在合同中的权利和义务一并转让给第三人。

权利和义务一并转让,是指合同一方当事人将其权利和义务一并转移给第三人,由第三人全部承受这些权利和义务。权利义务一并转让的后果,导致原合同关系的消灭,第三人取代了转让方的地位,产生出一种新的合同关系。只有经对方当事人同意,才能将合同的权利和义务一并转让。如果未经对方同意,一方当事人擅自一并转让权利和义务的,其转让行为无效,对方有权就转让行为对自己造成的损害,追究转让方的违约责任。

4. 合同的撤销

所谓可撤销合同,是指因意思表示不真实,通过有撤销权的机构行使撤销权,使已经生效的意思表示归于无效的合同。

1) 合同可撤销的情况分类

《合同法》规定,下列合同,当事人一方有权请求人民法院或者仲裁机构变更或者撤销:因重大误解订立的;在订立合同时显失公平的;一方以欺诈、胁迫的手段或者乘人之危,使对方在违背真实意思的情况下订立的合同,受损害方有权请求人民法院或者仲裁机构变更或者撤销。当事人请求变更的,人民法院或者仲裁机构不得撤销。

(1) 因重大误解订立的合同

所谓重大误解,是指误解者作出意思表示时,对涉及合同法律效果的重要事项存在着认识上的显著缺陷,其后果是使误解者的利益受到较大的损失,或者达不到误解者订立合同的目的。这种情况的出现,并不是由于行为人受到对方的欺诈、胁迫或者对方乘人之危而被迫订立的合同,而是由于行为人自己的大意、缺乏经验或者信息不通而造成的。

(2) 在订立合同时显失公平的合同

所谓显失公平的合同,就是一方当事人在紧迫或者缺乏经验的情况下订立的使当事人之间享有的权利和承担的义务严重不对等的合同。如标的物的价值与价款过于悬殊,承担责任或风险显然不合理的合同,都可称为显失公平的合同。

(3) 以欺诈、胁迫的手段或者乘人之危订立的合同

一方以欺诈、胁迫的手段订立合同,如果损害国家利益的,按照《合同法》的规定属无效合同。如果未损害国家利益,则受欺诈、胁迫的一方可以自主决定该合同有效或者请求撤销。

2) 合同撤销权的行使

《合同法》规定,有下列情形之一的,撤销权消灭:具有撤销权的当事人自知道或者应当知道撤销事由之日起一年内没有行使撤销权;具有撤销权的当事人知道撤销事由后明确表示或者以自己的行为放弃撤销权。

需要注意的是,行使撤销权应当在知道或者应当知道撤销事由之日起一年内行使,并应当向人民法院或者仲裁机构申请。

3) 被撤销合同的法律后果

《合同法》规定,无效的合同或者被撤销的合同自始没有法律约束力。合同无效、被撤销或者终止的,不影响合同中独立存在的有关解决争议方法的条款的效力。

5. 合同的终止

合同的终止是指合同当事人之间的合同关系由于某种原因不复存在,合同确立的权利义务消灭。《合同法》规定在下列情形下合同终止。

1) 合同履行

合同生效后,当事人双方按照约定履行自己的义务,实现了自己的全部权利,订立合同的目的已经实现,合同确立的权利义务关系消灭,合同因此而终止。

2) 合同解除

合同生效后,当事人一方不得擅自解除合同。但在履行过程中,有时会产生某些特定情

况，应当允许解除合同。《合同法》规定合同解除有两种情况。

（1）协议解除

当事人双方通过协议可以解除原合同规定的权利和义务关系。

（2）法定解除

合同成立后，没有履行或者没有完全履行以前，当事人一方可以行使法定解除权使合同终止。为了防止解除权的滥用，《合同法》规定了十分严格的条件和程序。有下列情形之一的，当事人可以解除合同。

① 因不可抗力致使不能实现合同目的。

② 在履行期限届满之前，当事人一方明确表示或者以自己的行为表示不履行主要债务。

③ 当事人一方迟延履行主要债务，经催告后合理期限内仍未履行。

④ 当事人一方迟延履行债务或者有其他违约行为致使不能实现合同目的。

⑤ 法律规定的其他情形。

关于合同解除的法律后果，《合同法》规定："合同解除后，尚未履行的，终止履行；已经履行的，根据履行情况和合同性质，当事人可以要求恢复原状、采取其他补救措施，并有权要求赔偿损失。"

合同终止后，虽然合同当事人的合同权利义务关系不复存在了，但合同责任并不一定消灭，因此，合同中结算和清理条款不因合同的终止而终止，仍然有效。

《合同法》规定，当事人一方主张解除合同的，应当通知对方。合同自通知到达对方时解除。对方有异议的，可以请求人民法院或者仲裁机构确认解除合同的效力。法律、行政法规规定解除合同应当办理批准、登记等手续的，依照其规定。

当事人对异议期限有约定的，依照约定；没有约定的，最长期为3个月。

小结

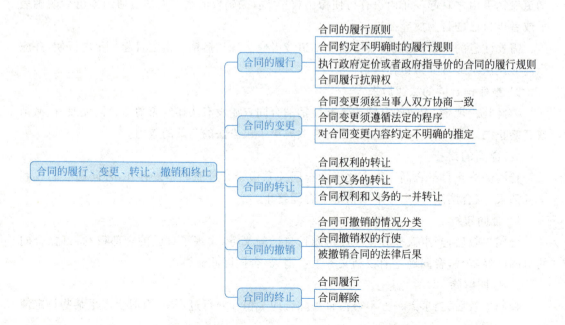

4.5 建设工程工期和价款支付的规定

 导入案例

某建筑公司承包了某房地产开发公司开发的商品房建设工程,并签订了施工合同,就工程价款、竣工日期等作了详细约定。该工程如期完成并经验收合格,但房地产开发公司尚欠建筑公司工程款 1 250 万元。建筑公司多次催要无果后,便将房地产开发公司起诉至法院。在诉讼中,房地产开发公司以还欠另一公司的债务为由,拒绝支付其尚欠的工程价款。

问题:
(1) 房地产开发公司不向建筑公司支付工程价款的理由是否成立?
(2) 建筑公司应当在什么时限内向法院提起诉讼?

1. 建设工程工期

《建设工程施工合同(示范文本)》规定,工期是指在合同协议书约定的承包人完成工程所需的期限,包括按照合同约定所作出的期限变更。

1) 开工日期

开工日期,包括计划开工日期和实际开工日期。计划开工日期是指合同协议书约定的开工日期。实际开工日期是指监理人按照约定发出的符合法律规定的开工通知中载明的开工日期。

经发包人同意后,监理人发出的开工通知应符合法律规定。监理人应在计划开工日期 7 天前向承包人发出开工通知,工期自开工通知中载明的开工日期起算。

2) 暂停施工

暂停施工包括发包人或承包人原因引起的暂停施工、指示暂停施工和紧急情况下的暂停施工。

因发包人原因引起的暂停施工,监理人经发包人同意后,应及时下达暂停施工指示。情况紧急且监理人未及时下达暂停施工指示的,按照紧急情况下的暂停施工执行。因发包人原因引起的暂停施工,发包人应承担由此增加的费用和(或)延误的工期,并支付承包人合理的利润。

因承包人原因引起的暂停施工,承包人应承担由此增加的费用和(或)延误的工期,且承包人在收到监理人复工指示后 84 天内仍未复工的,视为"承包人明确表示或者以其行为表明不履行合同主要义务的"承包人违约的情形。

指示暂停施工。监理人认为有必要时,并经发包人批准后,可向承包人作出暂停施工的指示,承包人应按监理人指示暂停施工。

因紧急情况需要暂停施工,且监理人未及时下达暂停施工指示的,承包人可先暂停施工,并及时通知监理人。监理人应在接到通知后 24 小时内发出指示,逾期未发出指示,视为同意承包人暂停施工。监理人不同意承包人暂停施工的,应说明理由,承包人对监理人的答复有异议,按照争议解决的约定处理。

3) 工期顺延

因发包人原因未按计划开工日期开工的,发包人应按实际开工日期顺延竣工日期,确保实际工期不低于合同约定的工期总日历天数。因发包人原因导致工期延误需要修订施工进度计划的,按照施工进度计划修订的约定执行。

以下原因造成的工期延误属于发包人违约或者是应当由发包人承担的风险,经工程师确认,工期相应顺延。

① 发包人未能按专用条款的约定提供图纸及开工条件。
② 发包人未能按约定日期支付工程预付款、进度款,致使施工不能正常进行。
③ 工程师未按合同约定提供所需指令、批准等,致使施工不能正常进行。
④ 设计变更和工程量增加。
⑤ 一周内非承包人原因停水、停电、停气造成停工累计超过 8 小时。
⑥ 不可抗力。
⑦ 合同专用条款中约定或工程师同意工期顺延的其他情况。

承包人在上述情况发生后 14 天内,就延误的工期以书面形式向工程师提出报告。工程师在收到报告后 14 天内予以确认,逾期不予确认也不提出修改意见,视为同意顺延工期。

因承包人原因造成工期延误的,可以在专用合同条款中约定逾期竣工违约金的计算方法和逾期竣工违约金的上限。承包人支付逾期竣工违约金后,不免除承包人继续完成工程及修补缺陷的义务。

4) 竣工日期

竣工日期,包括计划竣工日期和实际竣工日期。

计划竣工日期,是指合同协议书约定的竣工日期。实际竣工日期,是指工程经竣工验收合格的,以承包人提交竣工验收申请报告之日为实际竣工日期,并在工程接收证书中载明;因发包人原因,未在监理人收到承包人提交的竣工验收申请报告 42 天内完成竣工验收,或完成竣工验收不予签发工程接收证书的,以提交竣工验收申请报告的日期为实际竣工日期;工程未经竣工验收,发包人擅自使用的,以转移占有工程之日为实际竣工日期。

2004 年 10 月发布的《最高人民法院关于审理建设工程施工合同纠纷案件适用法律问题的解释》规定,当事人对建设工程实际竣工日期有争议的,按照以下情形分别处理:①建设工程经竣工验收合格的,以竣工验收合格之日为竣工日期;②承包人已经提交竣工验收报告,发包人拖延验收的,以承包人提交验收报告之日为竣工日期;③建设工程未经竣工验收,发包人擅自使用的,以转移占有建设工程之日为竣工日期。

2. 建设工程价款的支付

1) 支付工程竣工结算价款的前提条件和支付程序

《合同法》规定,验收合格的,发包人应当按照约定支付价款,并接收该建设工程。据此,工程经竣工验收合格是承包人取得工程价款的前提条件。

工程预付款、进度款的支付程序按照合同约定进行。工程竣工结算价款的支付程序一般为:①承包人向发包人递交竣工结算报告及完整的结算资料;②发包人对承包人的竣工结算报告及结算资料进行审核;③发包人确认竣工结算报告后通知经办银行向承包人支付工程竣工结算价款;④发包人、承包人对工程竣工结算价款发生争议时,按照合同约定的争议解决条款处理。

2) 合同价款的确定

招标工程的合同价款由发包人、承包人依据中标通知书中的中标价格在协议书内约定。

非招标工程的合同价款由发包人、承包人依据工程预算书在协议书内约定。合同价款在协议书内约定后,任何一方不得擅自改变。

3) 解决工程价款结算争议的规定

(1) 视为发包人认可承包人的单方结算价

《最高人民法院关于审理建设工程施工合同纠纷案件适用法律问题的解释》规定,当事人约定,发包人收到竣工结算文件后,在约定期限内不予答复,视为认可竣工结算文件的,按照约定处理。承包人请求按照竣工结算文件结算工程价款的,应予支持。

(2) 对工程量有争议的工程款结算

《最高人民法院关于审理建设工程施工合同纠纷案件适用法律问题的解释》规定,当事人对工程量有争议的,按照施工过程中形成的签证等书面文件确认。承包人能够证明发包人同意其施工,但未能提供签证文件证明工程量发生的,可以按照当事人提供的其他证据确认实际发生的工程量。

(3) 欠付工程款的利息支付

发包人拖欠承包人工程款,不仅应当支付工程款本金,还应当支付工程款利息。

《最高人民法院关于审理建设工程施工合同纠纷案件适用法律问题的解释》规定,当事人对欠付工程价款利息计付标准有约定的,按照约定处理;没有约定的,按照中国人民银行发布的同期同类贷款利率计息。

利息从应付工程价款之日起计付。当事人对付款时间没有约定或者约定不明的,下列时间视为应付款时间。

① 建设工程已实际交付的,为交付之日。

② 建设工程没有交付的,为提交竣工结算文件之日。

③ 建设工程没有交付,工程价款也未结算的,为当事人起诉之日。

4) 工程垫资的处理

《最高人民法院关于审理建设工程施工合同纠纷案件适用法律问题的解释》规定,当事人对垫资和垫资利息有约定,承包人请求按照约定返还垫资及其利息的,应予支持,但是约定的利息计算标准高于中国人民银行发布的同期同类贷款利率的部分除外。

当事人对垫资没有约定的,按照工程欠款处理。当事人对垫资利息没有约定,承包人请求支付利息的,不予支持。

5) 建设工程价款优先受偿权问题

在工程建设中,建设单位为了筹措资金,经常会向银行贷款。作为条件,银行会要求建设单位提供相应的担保。有的时候,建设单位可以以拟建的建设工程作为抵押来为贷款作担保。于是,在建设单位和银行之间就会签订一个抵押合同。

如果建设单位在应该偿还贷款的期限届满而没有清偿贷款,银行就可以将建成的工程项目折价、拍卖或者变卖,然后将所得的收入受偿。与此同时,《合同法》规定,如果建设单位不及时支付工程款,则施工单位可以将建成的建设项目折价、拍卖并将所得受偿。那么,究竟是银行还是施工单位有建设工程款的优先受偿权呢?

《最高人民法院关于建设工程价款优先受偿权问题的批复》认定,建筑工程的承包人的优先受偿权优于抵押权和其他债权。消费者交付购买商品房的全部或者大部分款项后,承包人就该商品房享有的工程价款优先受偿权不得对抗买受人。建筑工程价款包括承包人为建设工程应当支付的工作人员报酬、材料款等实际支出的费用,不包括承包人因发包人违约所造成的损失。建设工程承包人行使优先权的期限为6个月,自建设工程竣工之日或者建设工程合同约定的竣工之日起计算。

小结

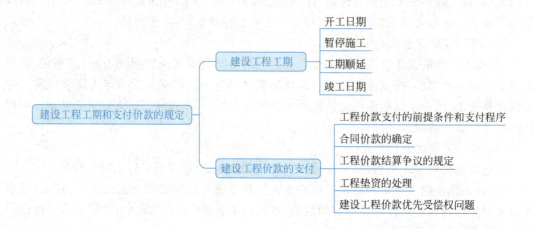

4.6 违约责任及违约责任的免除

> **导入案例**

建筑公司与河沙厂签订了一个购买河沙的合同,合同中约定了违约金的比例。为了确保合同的履行,双方还签订了定金合同。建筑公司支付了5万元定金。2016年8月5日是合同中约定交货的日期,但是河沙厂没能按时交货。建筑公司要求其支付违约金并返还定金。但是河沙厂认为如果建筑公司选择适用了违约金条款,就不可以要求返还定金了。

问题:河沙厂的观点正确吗?

1. 违约责任

违约责任是指合同当事人违反合同约定,不履行义务或者履行义务不符合约定所承担的责任。违约责任制度是保证当事人履行合同义务的重要措施,有利于促进合同的全部履行。

《合同法》第一百零七条规定,当事人一方不履行合同义务或者履行合同义务不符合约定的,应当承担继续履行、采取补救措施或者赔偿损失等违约责任。在这里不管主观上是否有过错,除不可抗力免责外,都要承担违约责任。

2. 违约责任应具备的条件

《合同法》规定,当事人一方明确表示或者以自己的行为表明不履行合同义务的,对方可以在履行期限届满之前要求其承担违约责任。

承担违约责任,首先是合同当事人发生了违约行为,即有违反合同义务的行为;其次是非违约方只需要证明违约方的行为不符合合同约定,便可以要求其承担违约责任,不需要证明其主观上是否具有过错;最后是违约方若想免于承担违约责任,必须举证证明其存在法定的或约定的免责事由,而法定免责事由主要限于不可抗力,约定的免责事由主要是合同中的免责条款。

3. 违约责任的承担形式

合同当事人违反合同义务,承担违约责任的种类主要有继续履行、采取补救措施、停止违约行为、赔偿损失、支付违约金或定金等。

守约方可以要求违约方停止违约行为,采取补救措施,继续履行合同约定;可以按照合同约定,要求违约方支付违约金或没收定金。如果守约方发生的经济损失大于违约金或定金的,守约方可以主张违约方按照实际损失予以赔偿。

1)违约金

违约金是指按照当事人的约定或者法律直接规定,一方当事人违约的,应向另一方支付的金钱。违约金的标的物是金钱,也可约定为其他财产。

违约金有法定违约金和约定违约金两种:由法律规定的违约金为法定违约金;由当事人约定的违约金为约定违约金。

《合同法》规定,当事人可以约定一方违约时应当根据违约情况向对方支付一定数额的违约金,也可以约定因违约产生的损失赔偿额的计算方法。

违约金同时具有补偿性、惩罚性。约定的违约金低于造成的损失的,当事人可以请求人民法院或者仲裁机构予以增加;约定的违约金过分高于造成的损失的,当事人可以请求人民法院或者仲裁机构予以适当减少。这保护了受损害方的利益、体现了违约金的惩罚性,有利于对违约者的制约,同时体现了公平原则。

2)定金

定金是在合同订立或在履行之前支付的一定数额的金钱作为担保的担保方式,又称保证金。给付定金的一方称为定金给付方,接受定金的一方称为定金接受方。定金的数额原则上是由当事人约定的,但《担保法》对其最高限额又作了限定,即不能超过主合同标的额的20%。

《合同法》第一百一十五条规定:当事人可以依照《担保法》约定一方向对方给付定金作为债权的担保。债务人履行债务后,定金应当抵作价款或者收回。给付定金的一方不履行约定的债务的,无权要求返还定金;收受定金的一方不履行约定的债务的,应当双倍返还定金。在未约定违约金的情况下,适用本条规定。

定金具有双重担保性,即同时担保合同双方当事人的债权。就是说,交付定金的一方不履行债务的,丧失定金;而收受定金的一方不履行债务的,则应双倍返还定金。当事人一方不完全履行合同的,应按照未履行部分所占合同约定内容的比例,适用定金罚则。

《合同法》第一百一十六条规定:"当事人既约定违约金,又约定定金的,一方违约时,对方可以选择适用违约金或者定金条款。"

3)赔偿损失

赔偿损失是指合同当事人就其违约而给对方造成的损失给予补偿的一种方法。《合同法》规定:"当事人一方不履行合同义务或者履行合同义务不符合约定的,在履行义务或者采取措施后,对方还有其他损失的应当赔偿损失。"

赔偿损失包括违约的赔偿损失、侵权的赔偿损失及其他的赔偿损失。承担赔偿损失责任由以下要件构成。

① 有违约行为,当事人不履行合同或者不适当履行合同。
② 有损失后果,违约责任行为给另一方当事人造成了财产等损失。
③ 违约行为与财产等损失之间有因果关系。
④ 违约人有过错,或者虽无过错,但法律规定应当赔偿。

赔偿损失的范围可由法律直接规定,或由双方约定。在法律没有特别规定和当事人没有另行约定的情况下,应按完全赔偿原则,赔偿全部损失,包括直接损失和间接损失。

赔偿损失的方式包括恢复原状、金钱赔偿、代物赔偿。

4) 采取补救措施

采取补救措施是在当事人违反合同后,为防止损失发生或者扩大,由其依照法律或者合同约定而采取的修理、更换、退货、减少价款或者报酬等措施。采用这一违约责任的方式,主要是在发生质量不符合约定的时候。《合同法》规定,质量不符合约定的,应当按照当事人的约定承担违约责任。对违约责任没有约定或者约定不明确,依照《合同法》的规定仍不能确定的,受损害方根据标的的性质以及损失的大小,可以合理选择要求对方承担修理、更换、退货、减少价款或报酬等违约责任。

5) 继续履行

《合同法》规定,当事人一方不履行合同义务或者履行合同义务不符合约定的,应当承担继续履行、采取补救措施或者赔偿损失等违约责任。

继续履行是一种违约后的补救方式,是否要求违约方继续履行是非违约方的一项权利。继续履行可以与违约金、定金、赔偿损失并用,但不能与解除合同的方式并用。

4. 违约责任的免除

在合同履行过程中,如果出现法定的免责条件或合同约定的免责事由,违约人将免于承担违约责任。我国的《合同法》仅承认不可抗力为法定的免责事由。

《合同法》规定,因不可抗力不能履行合同的,根据不可抗力的影响,部分或者全部免除责任,但法律另有规定的除外。当事人迟延履行后发生不可抗力的,不能免除责任。本法所称不可抗力,是指不能预见、不能避免且不能克服的客观情况。

当事人一方因不可抗力不能履行合同的,应当及时通知对方,以减轻可能给对方造成的损失,并应当在合理期限内提供证明。

小结

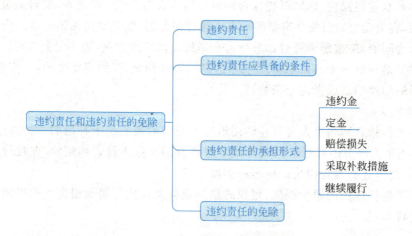

4.7 劳动合同的订立、履行、变更、解除和终止

> **导入案例**

2016年9月,某公司有3名员工已在该企业工作满10年,需要续签劳动合同,但该公司不打算再与这3名员工续签劳动合同。该公司人力资源部经理依据以前的各地关于无固定期限劳动合同的做法与规定,向3位员工下发了到期不再续签劳动合同的书面通知。但3位员工不服,认为在公司工作了这么多年,公司不应该这样做,于是他们向有关部门进行咨询。

问题:
(1) 该3位员工坚决要求与公司签订劳动合同,并且要求签订无固定期限劳动合同,依据《中华人民共和国劳动合同法》的规定,某公司是否应当与其签订无固定期限劳动合同?
(2) 在公司不同意的情况下,3位员工是否可以签订无固定期限劳动合同?

1. 劳动合同的种类

《中华人民共和国劳动合同法》(以下简称《劳动合同法》)规定,劳动合同分为固定期限劳动合同、无固定期限劳动合同和以完成一定工作任务为期限的劳动合同。

1) 劳动合同期限

劳动合同期限是指劳动合同的有效时间,是劳动关系当事人双方享有权利和履行义务的时间。它一般始于劳动合同的生效之日,终于劳动合同的终止之时。

劳动合同期限由用人单位和劳动者协商确定,是劳动合同的一项重要内容。无论劳动者与用人单位建立何种期限的劳动关系,都需要双方将该期限用合同的方式确认下来,否则就不能保证劳动合同内容的实现,劳动关系将会处于一个不确定状态。劳动合同期限是劳动合同存在的前提条件。

2) 固定期限劳动合同

固定期限劳动合同,是指用人单位与劳动者约定合同终止时间的劳动合同,即劳动合同双方当事人在劳动合同中明确规定了合同效力的起始和终止的时间。劳动合同期限届满,劳动关系即告终止。固定期限劳动合同可以是1年、2年,也可以是5年、10年,甚至更长时间。

3) 无固定期限劳动合同

无固定期限劳动合同,是指用人单位与劳动者约定无确定终止时间的劳动合同。无确定终止时间的劳动合同并不是没有终止时间,一旦出现了法定的解除情形(如到了法定退休年龄)或者双方协商一致解除的,无固定期限劳动合同同样可以解除。

用人单位与劳动者协商一致,可以订立无固定期限劳动合同。有下列情形之一,劳动者提出或者同意续订、订立劳动合同的,除劳动者提出订立固定期限劳动合同外,应当订立无固定期限劳动合同。

① 劳动者在该用人单位连续工作满10年的。
② 用人单位初次实行劳动合同制度或者国有企业改制重新订立劳动合同时,劳动者在

该用人单位连续工作满10年且距法定退休年龄不足10年的。

③ 连续订立两次固定期限劳动合同,且劳动者没有《劳动合同法》第三十九条和第四十条第1项、第2项规定的情形,续订劳动合同的。需要注意的是,用人单位自用工之日起满1年不与劳动者订立书面劳动合同的,则视为用人单位与劳动者已订立无固定期限劳动合同。

4) 以完成一定工作任务为期限的劳动合同

以完成一定工作任务为期限的劳动合同,是指用人单位与劳动者约定以某项工作的完成为合同期限的劳动合同。

2. 劳动合同的订立

1) 劳动合同的当事人及适用范围

中华人民共和国境内的企业、个体经济组织、民办非企业单位等组织(以下简称用人单位)与劳动者建立劳动关系,都应当订立劳动合同。

国家机关、事业单位、社会团体和与其建立劳动关系的劳动者,订立、履行、变更、解除或者终止劳动合同,依照《劳动合同法》执行。

禁止用人单位招用未满16周岁的未成年人。文艺、体育和特种工艺单位招用未满16周岁的未成年人,必须依照国家有关规定,履行审批手续,并保障其接受义务教育的权利。

2) 劳动关系建立时间的确认

用人单位自用工之日起即与劳动者建立劳动关系。用人单位应当建立职工名册备查。

3) 劳动关系建立时用人单位与劳动者的义务

用人单位招用劳动者时,应当如实告知劳动者工作内容、工作条件、工作地点、职业危害、安全生产状况、劳动报酬,以及劳动者要求了解的其他情况;用人单位有权了解劳动者与劳动合同直接相关的基本情况,劳动者应当如实说明。

用人单位招用劳动者,不得扣押劳动者的居民身份证和其他证件,不得要求劳动者提供担保或者以其他名义向劳动者收取财物。

4) 订立劳动合同的时间和形式限制

建立劳动关系,应当订立书面劳动合同。

已建立劳动关系,未同时订立书面劳动合同的,应当自用工之日起一个月内订立书面劳动合同。

用人单位与劳动者在用工前订立劳动合同的,劳动关系自用工之日起建立。

用人单位与劳动者未在用工的同时订立书面劳动合同,与劳动者约定的劳动报酬不明确的,新招用的劳动者的劳动报酬按照集体合同规定的标准执行;没有集体合同或者集体合同未规定的,实行同工同酬。

5) 劳动合同的生效

劳动合同由用人单位与劳动者协商一致,并经用人单位与劳动者在劳动合同文本上签字或者盖章生效。

劳动合同文本由用人单位和劳动者各执一份。

6) 劳动合同的基本条款

劳动合同应当具备以下条款:①用人单位的名称、住所和法定代表人或者主要负责人;

②劳动者的姓名、住址和居民身份证或者其他有效身份证件号码；③劳动合同期限；④工作内容和工作地点；⑤工作时间和休息休假；⑥劳动报酬；⑦社会保险；⑧劳动保护、劳动条件和职业危害防护；⑨法律、法规规定应当纳入劳动合同的其他事项。

劳动合同除上述规定的必备条款外，用人单位与劳动者可以约定试用期、培训、保守秘密、补充保险和福利待遇等其他事项。

7）试用期限

劳动合同期限3个月以上不满1年的，试用期不得超过1个月；劳动合同期限1年以上不满3年的，试用期不得超过2个月；3年以上固定期限和无固定期限的劳动合同，试用期不得超过6个月。同一用人单位与同一劳动者只能约定1次试用期。以完成一定工作任务为期限的劳动合同或者劳动合同期限不满3个月的，不得约定试用期。试用期包含在劳动合同期限内。劳动合同仅约定试用期的，试用期不成立，该期限为劳动合同期限。

劳动者在试用期的工资不得低于本单位相同岗位最低档工资或者劳动合同约定工资的80%，并不得低于用人单位所在地的最低工资标准。在试用期中，除劳动者有《劳动合同法》第三十九条和第四十条第1项、第2项规定的情形外，用人单位不得解除劳动合同。用人单位在试用期解除劳动合同的，应当向劳动者说明理由。

8）保密协议

用人单位与劳动者可以在劳动合同中约定保守用人单位的商业秘密和与知识产权相关的保密事项。

对负有保密义务的劳动者，用人单位可以在劳动合同或者保密协议中与劳动者约定竞业限制条款，并约定在解除或者终止劳动合同后，在竞业限制期限内按月给予劳动者经济补偿。劳动者违反竞业限制约定的，应当按照约定向用人单位支付违约金。

9）竞业限制

竞业限制的人员限于用人单位的高级管理人员、高级技术人员和其他负有保密义务的人员。竞业限制的范围、地域、期限由用人单位与劳动者约定，竞业限制的约定不得违反法律、法规的规定。

在解除或者终止劳动合同后，前款规定的人员到与本单位生产或者经营同类产品、从事同类业务的有竞争关系的其他用人单位，或者自己开业生产或者经营同类产品、从事同类业务的竞业限制期限，不得超过2年。

10）劳动合同无效

下列劳动合同无效或者部分无效：

① 以欺诈、胁迫的手段或者乘人之危，使对方在违背真实意思的情况下订立或者变更劳动合同的。

② 用人单位免除自己的法定责任、排除劳动者权利的。

③ 违反法律、行政法规强制性规定的。

对劳动合同无效或者部分无效有争议的，由劳动争议仲裁机构或者人民法院确认。

劳动合同部分无效，不影响其他部分效力的，其他部分仍然有效。

劳动合同被确认无效,劳动者已付出劳动的,用人单位应当向劳动者支付劳动报酬。劳动报酬的数额,参照本单位相同或者相近岗位劳动者的劳动报酬确定。

3. 劳动合同的履行和变更

1) 劳动合同的履行

用人单位与劳动者应当按照劳动合同的约定,全面履行各自的义务。

用人单位应当按照劳动合同约定和国家规定,向劳动者及时足额支付劳动报酬。用人单位拖欠或者未足额支付劳动报酬的,劳动者可以依法向当地人民法院申请支付令,人民法院应当依法发出支付令。

用人单位应当严格执行劳动定额标准,不得强迫或者变相强迫劳动者加班。用人单位安排加班的,应当按照国家有关规定向劳动者支付加班费。

劳动者拒绝用人单位管理人员违章指挥、强令冒险作业的,不视为违反劳动合同。劳动者对危害生命安全和身体健康的劳动条件,有权对用人单位提出批评、检举和控告。

用人单位发生变动不影响劳动合同的履行。

2) 劳动合同的变更

用人单位与劳动者协商一致,可以变更劳动合同约定的内容。变更劳动合同,应当采用书面形式。变更后的劳动合同文本由用人单位和劳动者各执一份。

变更劳动合同时应当注意:①必须在劳动合同依法订立之后,在合同没有履行或者尚未履行完毕之前的有效时间内进行;②必须坚持平等自愿、协商一致的原则,即须经用人单位和劳动者双方当事人的同意;③不得违反法律法规的强制性规定;④劳动合同的变更须采用书面形式。

4. 劳动合同的解除

劳动合同的解除,是指当事人双方提前终止劳动合同、解除双方权利义务关系的法律行为,可分为协商解除、法定解除和约定解除三种情况。

1) 劳动者可以单方解除劳动合同的规定

劳动者提前30日以书面形式通知用人单位,可以解除劳动合同。劳动者在试用期内提前3日通知用人单位,可以解除劳动合同。

《劳动合同法》第三十八条规定,用人单位有下列情形之一的,劳动者可以解除劳动合同:①未按照劳动合同约定提供劳动保护或者劳动条件的;②未及时足额支付劳动报酬的;③未依法为劳动者缴纳社会保险费的;④用人单位的规章制度违反法律、法规的规定,损害劳动者权益的;⑤因《劳动合同法》第二十六条第一款规定的情形致使劳动合同无效的;⑥法律、行政法规规定劳动者可以解除劳动合同的其他情形。

用人单位以暴力、威胁或者非法限制人身自由的手段强迫劳动者劳动的,或者用人单位违章指挥、强令冒险作业危及劳动者人身安全的,劳动者可以立即解除劳动合同,不需事先告知用人单位。

2) 用人单位可以单方解除劳动合同的规定

《劳动合同法》在赋予劳动者单方解除权的同时,也赋予用人单位对劳动合同的单方解除权,以保障用人单位的用工自主权。

《劳动合同法》第三十九条规定,劳动者有下列情形之一的,用人单位可以解除劳动合同:①在试用期间被证明不符合录用条件的;②严重违反用人单位的规章制度的;③严重失职,营私舞弊,给用人单位造成重大损害的;④劳动者同时与其他用人单位建立劳动关系,对完成本单位的工作任务造成严重影响,或者经用人单位提出,拒不改正的;⑤因《劳动合同法》第二十六条第一款规定的情形致使劳动合同无效的;⑥被依法追究刑事责任的。

《劳动合同法》第四十条规定,有下列情形之一的,用人单位提前30日以书面形式通知劳动者本人或者额外支付劳动者1个月工资后,可以解除劳动合同:①劳动者患病或者非因工负伤,在规定的医疗期满后不能从事原工作,也不能从事由用人单位另行安排的工作的;②劳动者不能胜任工作,经过培训或者调整工作岗位,仍不能胜任工作的;③劳动合同订立时所依据的客观情况发生重大变化,致使劳动合同无法履行,经用人单位与劳动者协商,未能就变更劳动合同内容达成协议的。

3) 经济性裁员

经济性裁员是指用人单位由于经营不善等经济原因,一次性辞退部分劳动者的情形。经济性裁员仍属用人单位单方解除劳动合同。

有下列情形之一,需要裁减人员20人以上或者裁减不足20人但占企业职工总数10%的,用人单位提前30日向工会或者全体职工说明情况,听取工会或者职工的意见后,裁减人员方案经向劳动行政部门报告,可以裁减人员。

① 依照《中华人民共和国企业破产法》规定进行重整的。

② 生产经营发生严重困难的。

③ 企业转产、重大技术革新或者经营方式调整,经变更劳动合同后,仍须裁减人员的。

④ 其他因劳动合同订立时所依据的客观经济情况发生重大变化,致使劳动合同无法履行的。

裁减人员时,应当优先留用下列人员。

① 与本单位订立较长期限的固定期限劳动合同的。

② 与本单位订立无固定期限劳动合同的。

③ 家庭无其他就业人员,有需要扶养的老人或者未成年人的。

④ 用人单位依照本条第一款规定裁减人员,在6个月内重新招用人员的,应当通知被裁减的人员,并在同等条件下优先招用被裁减的人员。

4) 不得解除劳动合同的情况

为了保护一些特殊群体劳动者的权益,《劳动合同法》第四十二条规定,劳动者有下列情形之一的,用人单位不得依照该法第四十条、第四十一条的规定解除劳动合同:①从事接触职业病危害作业的劳动者未进行离岗前职业健康检查,或者疑似职业病病人在诊断或者医学观察期间的;②在本单位患职业病或者因工负伤并被确认丧失或者部分丧失劳动能力的;③患病或者非因工负伤,在规定的医疗期内的;④女职工在孕期、产期、哺乳期的;⑤在本单位连续工作满15年,且距法定退休年龄不足5年的;⑥法律、行政法规规定的其他情形。

用人单位违反《劳动合同法》规定解除或者终止劳动合同,劳动者要求继续履行劳动合同的,用人单位应当继续履行;劳动者不要求继续履行劳动合同或者劳动合同已经不能继续履行的,用人单位当依法向劳动者支付赔偿金。赔偿金标准为经济补偿标准的2倍。

5. 劳动合同的终止

劳动合同的终止,是指劳动合同期满或者出现法定情形以及当事人约定的情形而导致劳动合同的效力消灭,劳动合同即行终止。

《劳动合同法》第四十四条规定,有下列情形之一的,劳动合同终止:①劳动合同期满的;②劳动者开始依法享受基本养老保险待遇的;③劳动者死亡,或者被人民法院宣告死亡或者宣告失踪的;④用人单位被依法宣告破产的;⑤用人单位被吊销营业执照、责令关闭、撤销或者用人单位决定提前解散的;⑥法律、行政法规规定的其他情形。

但是,在劳动合同期满时,有《劳动合同法》第四十二条规定的情形之一的,劳动合同应当继续延续至相应的情形消失时才能终止。但是,在本单位患有职业病或者因工负伤并被确认丧失或者部分丧失劳动能力的劳动者的劳动合同的终止,按照国家有关工伤保险的规定执行。

2010年12月经修改后颁布的《工伤保险条例》规定:①劳动者因工致残被鉴定为1级至4级伤残的,即丧失劳动能力的,保留劳动关系,退出工作岗位,用人单位不得终止劳动合同;②劳动者因工致残被鉴定为5级、6级伤残的,即大部分丧失劳动能力的,经工伤职工本人提出,该职工可以与用人单位解除或者终止劳动关系,否则,用人单位不得终止劳动合同;③职工因工致残被鉴定为7级至10级伤残的,即部分丧失劳动能力的,劳动合同期满终止。

有下列情形之一的,用人单位终止劳动合同应当向劳动者支付经济补偿:①劳动者依照《劳动合同法》第三十八条规定解除劳动合同的;②用人单位向劳动者提出解除劳动合同并与劳动者协商一致解除劳动合同的;③用人单位依照《劳动合同法》第四十条规定解除劳动合同的;④用人单位依照《劳动合同法》第四十一条第一款规定解除劳动合同的;⑤除用人单位维持或者提高劳动合同约定条件续订劳动合同,劳动者不同意续订的情形外,依照《劳动合同法》第四十四条第一款规定终止固定期限劳动合同的;⑥依照《劳动合同法》第四十四条第四款、第五款规定终止劳动合同的;⑦法律、行政法规规定的其他情形。

经济补偿的标准,按劳动者在本单位工作的年限,每满1年支付1个月工资的标准向劳动者支付。6个月以上不满1年的,按1年计算;不满6个月的,向劳动者支付半个月工资的经济补偿。劳动者月工资高于用人单位所在直辖市、设区的市级人民政府公布的本地区上年度职工月平均工资3倍的,向其支付经济补偿的标准按职工月平均工资3倍的数额支付,向其支付经济补偿的年限最高不超过12年。月工资是指劳动者在劳动合同解除或者终止前12个月的平均工资。

小结

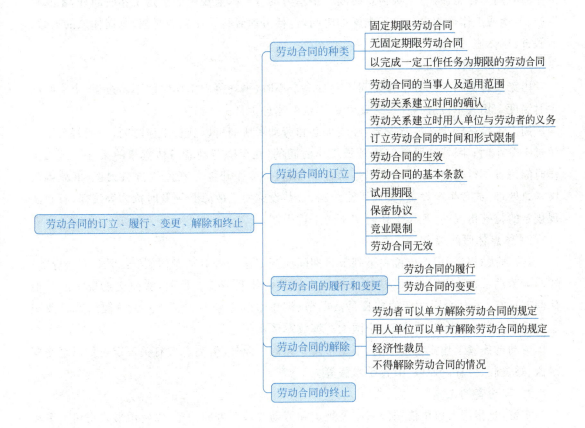

4.8 劳动保护的规定

导入案例

2016年1月,小明应聘到A建筑公司就职,但他工作8个月后就与A公司解除了劳动合同,于2016年9月又被B建筑公司聘用。2017年3月小明在B公司工作了6个月后,因家中有事,向B公司提出要求休带薪年假,但B公司说现在公司工作很忙,人手很缺,没有批准小明的休假申请,并说小明到B公司工作还没有满一年,不能享受带薪年假。

问题:
(1) 小明在B公司是否可以享受带薪年假?
(2) B公司是否可以不批准小明的休假申请?
(3) 如果小明全年未能享受带薪年假,B公司将按照什么标准向小明支付工资?

1. 劳动者的工作时间和休息休假

《中华人民共和国劳动法》(以下简称《劳动法》)对劳动者的工作时间、休息休假、工资、劳动安全卫生、女职工和未成年工特殊保护、社会保险和福利等作了法律规定。

工作时间(又称劳动时间),是指法律规定的劳动者在一昼夜和一周内从事生产、劳动或工作的时间。休息休假(又称休息时间),是指劳动者在国家规定的法定工作时间外,不从事生产、劳动或工作而由自己自行支配的时间,包括劳动者每天休息的时数、每周休息的天数、节假日、年休假、探亲假等。

1) 工作时间的规定

国家实行劳动者每日工作时间不超过 8 个小时、平均每周工作时间不超过 44 个小时的工时制度。用人单位应当保证劳动者每周至少休息 1 日。

用人单位由于生产经营需要,经与工会和劳动者协商可以延长工作时间,一般每日不得超过 1 个小时;因特殊原因需要延长工作时间的,在保障劳动者身体健康的条件下延长工作时间每日不得超过 3 个小时,但是每月不得超过 36 个小时。在发生自然灾害、事故等需要紧急处理,或者生产设备、交通运输线路、公共设施发生故障必须及时抢修等法律、行政法规规定的特殊情况的,延长工作时间不受上述限制。

2) 休息休假的规定

《劳动法》规定,用人单位在下列节日期间应当依法安排劳动者休假:①元旦;②春节;③国际劳动节;④国庆节;⑤法律法规规定的其他休假节日。目前,法律法规规定的其他休假节日有:全体公民放假的节日是清明节、端午节和中秋节;部分公民放假的节日及纪念日是妇女节、青年节、儿童节、中国人民解放军建军纪念日。

劳动者连续工作 1 年以上的,享受带薪年休假。此外,劳动者按有关规定还可以享受探亲假、婚丧假、生育(产)假、节育手术假等。

2. 劳动者的工资

工资,是指用人单位依据国家有关规定和劳动关系双方的约定,以货币形式支付给劳动者的劳动报酬,如计时工资、计件工资、奖金、津贴和补贴等。

1) 基本工资规定

《劳动法》规定,工资分配应当遵循按劳分配原则,实行同工同酬。工资水平在经济发展的基础上逐步提高。国家对工资总量实行宏观调控。用人单位根据本单位的生产经营特点和经济效益,依法自主确定本单位的工资分配方式和工资水平。

工资应当以货币形式按月支付给劳动者本人。不得克扣或者无故拖欠劳动者的工资。

《劳动法》规定,劳动者在法定休假日和婚丧假期间以及依法参加社会活动期间,用人单位应依法支付工资。用人单位应当按照下列标准支付高于劳动者正常工作时间工资的工资报酬:安排劳动者延长工作时间的,支付不低于工资的 150% 的工资报酬;休息日安排劳动者工作又不能安排补休的,支付不低于工资的 200% 的工资报酬;法定休假日安排劳动者工作的,支付不低于 300% 的工资报酬。

在我国,企业、机关(包括社会团体)、事业单位实行不同的基本工资制度。企业基本工资制度主要有等级工资制、岗位技能工资制、岗位工资制、结构工资制、经营者年薪制等。

2) 最低工资保障制度

最低工资标准,是指劳动者在法定工作时间或依法签订的劳动合同约定的工作时间内提供了正常劳动的前提下,用人单位依法应支付的最低劳动报酬。所谓正常劳动,是指劳动者按依法签订的劳动合同约定,在法定工作时间或劳动合同约定的工作时间内从事的劳动。劳动者依法享受带薪年休假、探亲假、婚丧假、生育(产)假、节育手术假等国家规定的假期间,以及法定工作时间内依法参加社会活动期间,视为提供了正常劳动。

《劳动法》规定,国家实行最低工资保障制度。最低工资的具体标准由省、自治区、直辖市人民政府规定,报国务院备案。用人单位支付劳动者的工资不得低于当地最低工资标准。

3. 劳动安全卫生制度

《劳动法》规定,用人单位必须建立健全劳动安全卫生制度,严格执行国家劳动安全卫生规程和标准,对劳动者进行劳动安全卫生教育,防止劳动过程中的事故,减少职业危害。

劳动安全卫生设施必须符合国家规定的标准。新建、改建、扩建工程的劳动安全卫生设施必须与主体工程同时设计、同时施工、同时投入生产和使用。用人单位必须为劳动者提供符合国家规定的劳动安全卫生条件和必要的劳动防护用品,对从事有职业危害作业的劳动者应当定期进行健康检查。

从事特种作业的劳动者必须经过专门培训并取得特种作业资格。劳动者在劳动过程中必须严格遵守安全操作规程,对用人单位管理人员违章指挥、强令冒险作业,有权拒绝执行;对危害生命安全和身体健康的行为,有权提出批评、检举和控告。

4. 女职工和未成年工的特殊保护

1) 女职工的特殊保护

《劳动法》规定,禁止安排女职工从事矿山井下、国家规定的第4级体力劳动强度的劳动和其他禁忌从事的劳动。不得安排女职工在经期从事高处、低温、冷水作业和国家规定的第3级体力劳动强度的劳动。不得安排女职工在怀孕期间从事国家规定的第3级体力劳动强度的劳动和孕期禁忌从事的劳动。对怀孕7个月以上的女职工,不得安排其延长工作时间和夜班劳动。女职工生育享受不少于90天的产假。不得安排女职工在哺乳未满1周岁的婴儿期间从事国家规定的第3级体力劳动强度的劳动和哺乳期禁忌从事的其他劳动,不得安排其延长工作时间和夜班劳动。

按照《体力劳动强度分级》(GB 3869—1997),体力劳动强度按劳动强度指数大小分为4级。

《女职工劳动保护特别规定》还规定,用人单位应当遵守女职工禁忌从事的劳动范围的规定。用人单位应当将本单位属于女职工禁忌从事的劳动范围的岗位书面告知女职工。用人单位不得因女职工怀孕、生育、哺乳降低其工资、予以辞退、与其解除劳动或者聘用合同。女职工生育享受98天产假,其中产前可以休假15天;难产的,增加产假15天;生育多胞胎的,每多生育1个婴儿,增加产假15天。女职工怀孕未满4个月流产的,享受15天产假;怀孕满4个月流产的,享受42天产假。用人单位违反本规定,侵害女职工合法权益的,女职工可以依法投诉、举报、申诉,依法向劳动人事争议调解仲裁机构申请调解仲裁,对仲裁裁决不服的,依法向人民法院提起诉讼。

2）未成年工的特殊保护

未成年工的特殊保护是针对未成年工处于生长发育期的特点，以及接受义务教育的需要，采取的特殊劳动保护措施。未成年工是指年满16周岁未满18周岁的劳动者。

《劳动法》规定，禁止用人单位招用未满16周岁的未成年人。不得安排未成年工从事矿山井下、有毒有害、国家规定的第4级体力劳动强度的劳动和其他禁忌从事的劳动。用人单位应对未成年工定期进行健康检查。

劳动部颁布的《未成年工特殊保护规定》中规定，用人单位应根据未成年工的健康检查结果安排其从事适合的劳动，对不能胜任原劳动岗位的，应根据医务部门的证明，予以减轻劳动量或安排其他劳动。对未成年工的使用和特殊保护实行登记制度。用人单位招收未成年工除符合一般用工要求外，还须向所在地的县级以上劳动行政部门办理登记。未成年工上岗前，用人单位应对其进行有关的职业安全卫生教育、培训。

5. 劳动者的社会保险与福利

《中华人民共和国社会保险法》（以下简称《社会保险法》）规定，国家建立基本养老保险、基本医疗保险、工伤保险、失业保险、生育保险等社会保险制度，保障公民在年老、疾病、工伤、失业、生育等情况下依法从国家和社会获得物质帮助的权利。

1）基本养老保险

职工应当参加基本养老保险，由用人单位和职工共同缴纳基本养老保险费。用人单位应当按照国家规定的本单位职工工资总额的比例缴纳基本养老保险费，计入基本养老保险统筹基金。职工应当按照国家规定的本人工资的比例缴纳基本养老保险费，计入个人账户。

2）基本医疗保险

职工应当参加基本医疗保险，由用人单位和职工按照国家规定共同缴纳基本医疗保险费。医疗机构应当为参保人员提供合理、必要的医疗服务。

3）工伤保险

职工应当参加工伤保险，由用人单位缴纳工伤保险费，职工不缴纳工伤保险费。此外，《建筑法》还规定，"鼓励企业为从事危险作业的职工办理意外伤害保险，支付保险费。"

4）失业保险

《社会保险法》规定，职工应当参加失业保险，由用人单位和职工按照国家规定共同缴纳失业保险费。职工跨统筹地区就业的，其失业保险关系随本人转移，缴费年限累计计算。

5）生育保险

《社会保险法》规定，职工应当参加生育保险，由用人单位按照国家规定缴纳生育保险费，职工不缴纳生育保险费。用人单位已经缴纳生育保险费的，其职工享受生育保险待遇；职工未就业配偶按照国家规定享受生育医疗费用待遇。所需资金从生育保险基金中支付。

6）福利

《劳动法》规定，国家发展社会福利事业，兴建公共福利设施，为劳动者休息、休养和疗养提供条件。用人单位应当创造条件，改善集体福利，提高劳动者的福利待遇。

小结

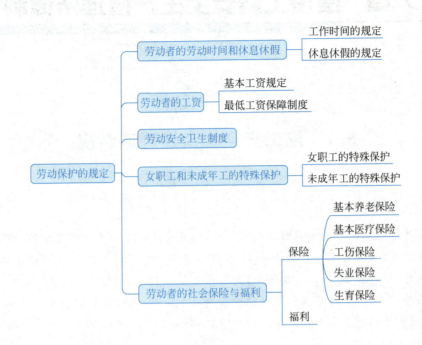

第 4 章 案例分析

第 5 章 建设工程安全生产管理法律制度

5.1 施工安全生产许可证制度

导入案例

国家对建筑施工安全的重视程度越来越高,建筑资质和安全生产许可证缺一不可,安全管理制度不完善、人员培训不到位的企业,难以取得安全生产许可证。对于责任单位,依法给予限制投标、停业整顿、降低资质等级,直至吊销资质证书的行政处罚。如果企业不具备安全生产条件,安全生产许可证很有可能被暂扣或吊销,工程项目限期整改。若整改仍不合格,严重的将被吊销安全生产许可证。简单地说,安全生产许可证有以下几个作用。

1. 承揽工程项目

根据《建筑施工企业安全生产许可证管理规定》的相关规定,建筑施工企业未取得安全生产许可证的,不能从事建筑施工活动。建筑施工企业如果没有安全生产许可证,就没有参加投标的资格,也就意味着企业将无法承揽工程。

2. 获取施工许可证

没有安全生产许可证的建筑施工企业,住建部门不会向其颁发施工许可证。安全生产许可证处于暂扣期内的,也不得向其颁发施工许可证。

3. 应对例行检查

工程项目施工过程中随时都有可能遇到安全大检查,而安全生产许可证随时会被检查到。在企业经营过程中,办理很多事项都要用到这张证书,没有安全生产许可证的企业寸步难行。

问题:为什么国家对安全生产许可证如此重视?

为了严格规范安全生产条件,进一步加强安全生产监督管理,防止和减少生产安全事故,根据《安全生产法》的有关规定,国家于 2004 年 1 月 13 日颁布并实施了《安全生产许可证条例》。《安全生产许可证条例》主要规定了安全生产许可证的管理要求,生产企业取得安全生产许可证的条件,安全生产许可证的申请、颁布、有效期、管理等安全生产许可证制度以及相关法律责任等方面的问题。

2004 年 7 月 5 日,根据《安全生产许可证条例》《建设工程安全生产管理条例》等有关行政法规,原建设部颁发了《建筑施工企业安全生产许可证管理规定》,对建筑企业的安全生产许可证作出进一步的规定。

1. 安全生产许可证的适用范围

《安全生产许可证条例》第二条规定，国家对矿山企业、建筑施工企业和危险化学品、烟花爆竹、民用爆破器材生产企业实行安全生产许可制度。企业未取得安全生产许可证的，不得从事生产活动。

《建筑施工企业安全生产许可证管理规定》第二条规定，国家对建筑施工企业实行安全生产许可制度。建筑施工企业未取得安全生产许可证的，不得从事建筑施工活动。

这里所称的建筑施工企业，是指从事土木工程、建筑工程、线路管道和设备安装工程及装修工程的新建、扩建、改建和拆除等有关活动的企业。

2. 取得安全生产许可证的条件

根据《建筑施工企业安全生产许可证管理规定》第五条，建筑施工企业从事建筑施工活动前，应当依照本规定向企业注册所在地省、自治区、直辖市人民政府住房城乡建设主管部门申请领取安全生产许可证。建筑施工企业取得安全生产许可证，应当具备下列安全生产条件。

① 建立健全安全生产责任制，制定完备的安全生产规章制度和操作规程。
② 保证本单位安全生产条件所需资金的投入。
③ 设置安全生产管理机构，按照国家有关规定配备专职安全生产管理人员。
④ 主要负责人、项目负责人、专职安全生产管理人员经建设主管部门或者其他有关部门考核合格。
⑤ 特种作业人员经有关业务主管部门考核合格，取得特种作业操作资格证书。
⑥ 管理人员和作业人员每年至少进行一次安全生产教育培训并考核合格。
⑦ 依法参加工伤保险，依法为施工现场从事危险作业的人员办理意外伤害保险，为从业人员交纳保险费。
⑧ 施工现场的办公、生活区及作业场所和安全防护用具、机械设备、施工机具及配件符合有关安全生产法律、法规、标准和规程的要求。
⑨ 有职业危害防治措施，并为作业人员配备符合国家标准或者行业标准的安全防护用具和安全防护服装。
⑩ 有对危险性较大的分部、分项工程及施工现场易发生重大事故的部位、环节的预防、监控措施和应急预案。
⑪ 有生产安全事故应急救援预案、应急救援组织或者应急救援人员，配备必要的应急救援器材、设备。
⑫ 法律、法规规定的其他条件。

3. 安全生产许可证申请的受理和颁发

① 建筑施工企业按《建筑施工企业安全生产许可证管理规定》第五条的要求，将申请材料报到企业注册所在地的建设主管部门。

② 安全生产许可证颁发管理机关对申请人提交的申请，应按照下列规定分别处理：对申请事项不属于本机关职权范围的申请，应当及时作出不予受理的决定，并告知申请人向有关安全生产许可证颁发管理机关申请；对材料存在可以当场更正错误的，应当允许申请人当场更正；申请材料不齐全或者不符合要求的，应当当场或者在5个工作日内书面告知一次申请人需要补正的全部内容，逾期不告知的，自收到申请材料之日起即为受理；申请材料

齐全、符合要求或者按照要求全部补正的,自收到申请材料或者全部补正之日起为受理。

③ 对于隐瞒有关情况或者提供虚假材料申请安全生产许可证的,安全生产许可证颁发管理机关不予受理,该企业1年之内不得再次申请安全生产许可证。

④ 对已经受理的申请,安全生产许可证颁发管理机关对申请材料进行审查,必要时应到企业施工现场进行抽查。涉及铁路、交通、水利等有关专业工程时,可以征求交通、水利等部门的意见。安全生产许可证颁发管理机关在受理申请之日起45个工作日内应作出颁发或者不予颁发安全生产许可证的决定。

4. 安全生产许可证的有效期

安全生产许可证的有效期为3年。安全生产许可证有效期满需要延期的,企业应当于期满前3个月向原安全生产许可证颁发管理机关办理延期手续。企业在安全生产许可证有效期内,严格遵守有关安全生产的法律、法规,未发生死亡事故的,安全生产许可证的有效期届满时,经原安全生产许可证颁发管理机关同意,不再审查,安全生产许可证有效期延期3年。

5. 申请材料

建筑施工企业申请安全生产许可证时,应向建设主管部门提供下列材料:建筑施工安全生产许可证申请表;企业法人营业执照;条件中所规定的相关文件、材料,包括以下几个方面。

① 各级安全生产责任制和安全生产规章制度目录及文件,操作规程目录。

② 保证安全生产投入的证明文件(包括企业保证安全生产投入的管理办法或规章制度、年度安全资金投入计划及实施情况)。

③ 设置安全生产管理机构和配备专职安全生产管理人员的文件(包括企业设置安全管理机构的文件、安全管理机构的工作职责、安全机构负责人的任命文件、安全管理机构组成人员明细表)。

④ 主要负责人、项目负责人、专职安全生产管理人员安全生产考核合格名单及证书(复印件)。

⑤ 本企业特种作业人员名单及操作资格证书。

⑥ 本企业管理人员和作业人员年度安全培训教育材料(包括企业培训计划、培训考核记录)。

⑦ 从业人员参加工伤保险以及施工现场从事危险作业人员参加意外伤害保险有关证明(复印件)。

⑧ 施工起重机械设备检测合格证明。

⑨ 职业危害防治措施(要针对本企业业务特点可能会导致的职业病种类制定相应的预防措施)。

⑩ 危险性较大的分部、分项工程及施工现场易发生重大事故的部位、环节的预防监控措施和应急预案(根据本企业业务特点,详细列出危险性较大的分部、分项工程和事故易发部位、环节及有针对性和可操作性的控制措施和应急预案)。

⑪ 生产安全事故应急救援预案(应本着事故发生后有效救援原则,列出救援组织人员详细名单、救援器材、设备清单和救援演练记录)。

⑫ 本企业上年度在建工程及竣工工程明细表。申请人应对申请材料实质内容的真实性负责。

小结

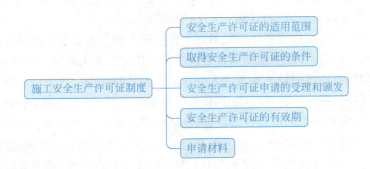

5.2 施工单位安全生产责任和安全生产教育培训制度

导入案例

2014年1月7日14点50分,某广场1号住宅商业楼施工现场,B区6层B2段卸料平台吊环螺栓发生断裂,造成平台侧翻,致使在平台上码放物料的2名工人随物料一同坠落至1号楼南侧基坑内,将正在基坑内进行清理作业的3名工人砸伤致死。事故共计造成5人死亡。卸料平台超载、未按照施工方案安装和吊环螺栓实际承载能力较差是造成此次事故的直接原因。卸料平台日常使用、安装和验收过程中各方管理不到位,是导致事故发生的间接原因。

问题:施工单位在本次事故中应当承担什么责任?吸取什么教训?

《建筑法》规定,建筑工程安全生产管理必须坚持"安全第一、预防为主"的方针,建立健全安全生产的责任制度和群防群治制度。建筑施工企业应当建立健全劳动安全生产教育培训制度,加强对职工安全生产的教育培训;未经安全生产教育培训的人员,不得上岗作业。

《建设工程安全生产管理条例》进一步规定,施工单位应当建立健全安全生产责任制度和安全生产教育培训制度,制定安全生产规章制度和操作规程,保证本单位安全生产条件所需资金的投入,对所承担的建设工程进行定期和专项安全检查,并做好安全检查记录。

施工安全生产责任制和安全生产教育培训制度,是建设工程施工活动应贯彻始终的法定基本制度。

1. 施工单位的安全生产责任

1)施工安全生产管理的基本方针

《建筑法》《安全生产法》《建设工程安全生产管理条例》中都规定了建设工程安全生产管理的方针。2011年11月颁布的《国务院关于坚持科学发展安全发展促进安全生产形势持续稳定好转的意见》进一步明确施工单位要自觉坚持"安全第一、预防为主、综合治理"方针。安全第一,就是要在建设工程施工过程中把安全放在第一重要的位置,贯彻以人为本的科学发展观,切实保护劳动者的生命安全和身体健康。

2) 施工单位的安全生产责任制度

《建筑法》规定,建筑施工企业必须依法加强对建筑安全生产的管理,执行安全生产责任制度,采取有效措施,防止伤亡和其他安全生产事故的发生。

安全生产责任制度是指将各种不同的安全责任落实到负有安全管理责任的人员和具体岗位人员身上的一种制度,主要包括从事建筑活动主体的负责人的安全生产责任制,从事建筑活动主体的职能机构或职能处室负责人及其工作人员的安全生产责任制和各相关岗位人员的安全生产责任制等。在建筑活动中,只有明确安全责任,分工负责,才能形成完整有效的安全管理体系,激发每个人的安全责任感,严格执行相关的安全法律、法规和安全规程、技术规范,防患于未然,减少和杜绝建筑工程安全事故,为建筑工程的生产创造一个良好的环境。因此,安全生产责任制度是建筑生产中最基本的安全管理制度,是所有安全规章制度的核心。该制度在《建筑法》和《安全生产法》中都有明确的体现。

(1) 施工单位主要负责人对安全生产工作全面负责

《建筑法》规定,建筑施工企业的法定代表人对本企业的安全生产负责。《建设工程安全生产管理条例》也规定,施工单位主要负责人对本单位的安全生产工作全面负责。

明确施工单位主要负责人的安全生产责任制,是贯彻"安全第一、预防为主、综合治理"方针的基本要求,也是经实践证明行之有效的"管生产必须同时管安全"原则的具体体现。不少施工安全事故都表明,如果施工单位主要负责人忽视安全生产,缺乏保证生产安全的有效措施,就会给企业职工的生命安全和身体健康带来威胁,给国家和人民的财产带来损失,企业的经济效益也得不到保障。

主要负责人应当依据施工单位的性质,以及不同施工单位的实际情况确定。总的原则是,对施工单位全面负责,有生产经营决策权的人,即为主要负责人。具体来说,可以是施工企业的董事长,也可以是总经理或总裁等。

(2) 施工单位安全生产管理机构和专职安全生产管理人员的职责

《建设工程安全生产管理条例》规定,施工单位应当设立安全管理机构,配备专职安全生产管理人员。专职安全生产管理人员负责对安全生产进行现场监督检查。发现安全事故隐患,应当及时向项目负责人和安全生产管理机构报告;对违章指挥、违章操作的,应当立即制止。

2008年5月,住房和城乡建设部经修改后发布的《建筑施工企业安全生产管理机构设置及专职安全生产管理人员配备办法》规定,建筑施工企业应当依法设置安全生产管理机构,在企业主要负责人的领导下开展本企业的安全生产管理工作。建筑施工企业安全生产管理机构具有以下职责:

① 宣传和贯彻国家有关安全生产法律法规和标准。
② 编制并适时更新安全生产管理制度并监督实施。
③ 组织或参与企业生产安全事故应急救援预案的编制及演练。
④ 组织开展安全教育培训与交流。
⑤ 协调配备项目专职安全生产管理人员。
⑥ 制订企业安全生产检查计划并组织实施。
⑦ 监督在建项目安全生产费用的使用。

⑧ 参与危险性较大工程专项施工方案专家论证会。
⑨ 通报在建项目违规违章查处情况。
⑩ 组织开展安全生产专项施工方案评优评先表彰工作。
⑪ 建立企业在建项目安全生产管理档案。
⑫ 考核评价分包企业安全生产业绩及项目安全生产管理情况。
⑬ 参加生产安全事故的调查和处理工作。
⑭ 企业明确的其他安全生产管理职责。

专职安全生产管理人员在施工现场检查过程中具有以下职责。
① 查阅在建项目安全生产有关资料、核实有关情况。
② 检查危险性较大工程安全专项施工方案落实情况。
③ 监督项目专职安全生产管理人员履责情况。
④ 监督作业人员安全防护用品的配备及使用情况。
⑤ 对发现的安全生产违章违规行为或安全隐患，有权当场予以纠正或作出处理决定。
⑥ 对不符合安全生产条件的设施、设备、器材，有权当场作出查封的处理决定。
⑦ 对施工现场存在的重大安全隐患有权越级报告或直接向建设主管部门报告。
⑧ 企业明确的其他安全生产管理职责。

建筑施工企业应当实行建设工程项目专职安全生产管理人员委派制度。建设工程项目的专职安全生产管理人员应定期将项目安全生产管理情况报告企业安全生产管理机构。

项目专职安全生产管理人员具有以下职责。
① 负责施工现场安全生产日常检查并做好检查记录。
② 现场监督危险性较大工程安全专项施工方案实施情况。
③ 对作业人员违规违章行为有权予以纠正或查处。
④ 对施工现场存在的安全隐患有权责令立即整改。
⑤ 对发现的重大安全隐患，有权向企业安全生产管理机构报告。
⑥ 依法报告生产安全事故情况。

（3）建设工程项目安全生产领导小组的职责

建筑施工企业应当在建设工程项目时组建安全生产领导小组。建设工程实行施工总承包的，安全生产领导小组由总承包、专业承包企业和劳务分包企业项目经理、技术负责人和专职生产管理人员组成。

安全生产领导小组具有以下主要职责。
① 贯彻落实国家有关安全生产法律、法规和标准。
② 组织制定项目安全生产管理制度并监督实施。
③ 编制项目生产安全事故应急救援预案并组织演练。
④ 保证项目生产费用的有效使用。
⑤ 组织编制危险性较大工程安全专项施工方案。
⑥ 开展项目安全教育培训。
⑦ 组织实施项目安全检查和隐患排查。
⑧ 建立项目安全生产管理档案。
⑨ 及时、如实报告安全生产事故。

（4）专职安全生产管理人员的配备要求

建筑施工企业安全生产管理机构专职安全生产管理人员的配备应满足下列要求，并应根据经营规模、设备管理和生产需要予以增加。

① 建筑施工总承包资质序列企业：特级资质不少于6人；一级资质不少于4人；二级和二级以下资质企业不少于3人。

② 建筑施工专业承包资质序列企业：一级资质不少于3人；二级和二级以下资质企业不少于2人。

③ 建筑施工劳务分包资质序列企业：不少于2人。

④ 建筑施工企业的分公司、区域公司等较大的分支机构：应依据实际生产情况配备不少于2人的专职安全生产管理人员。

总承包单位配备项目专职安全生产管理人员应当满足下列要求。

建筑工程、装修工程按照建筑面积配备：①1万平方米以下的工程不少于1人；②1万～5万平方米的工程不少于2人；③5万平方米及以上的工程不少于3人，且按专业配备专职安全生产管理人员。

土木工程、线路管道、设备安装工程按照工程合同价配备：①5 000万元以下的工程不少于1人；②5 000万～1亿元的工程不少于2人；③1亿元及以上的工程不少于3人，且按专业配备专职安全生产管理人员。

分包单位配备项目专职安全生产管理人员应当满足下列要求。

① 专业承包单位应当配置至少1人，并根据所承担的分部分项工程的工程量和施工危险程度增加。

② 劳务分包单位施工人员在50人以下的，应当配备1名专职安全生产管理人员；50～200人的，应当配备2名专职安全生产管理人员；200人及以上的，应当配备3名及以上专职安全生产管理人员，并根据所承担的分部分项工程施工危险实际情况增加，不得少于工程施工人员总人数的5‰。

采用新技术、新工艺、新材料或害因素多、施工作业难度大的工程项目，项目专职安全生产管理人员的数量应当根据施工实际情况，在以上规定的配备标准上增加。

施工作业班组可以设置兼职安全巡查员，对本班组的作业场所进行安全监督检查。建筑施工作业应当定期对兼职安全巡查员进行安全教育培训。

3）施工单位负责人施工现场带班制度

2010年7月颁发的《国务院关于进一步加强企业安全生产工作的通知》规定，强化生产过程管理的领导责任。企业主要负责人和领导班子成员要轮流现场带班。

2011年7月住建部发布的《建筑施工企业负责人及项目负责人施工现场带班暂行办法》进一步规定，企业负责人带班检查是指由建筑施工企业负责人带队实施对工程项目质量安全生产状况及项目负责人带班生产情况的检查。建筑施工负责人，是指企业的法定代表人、总经理、主管质量安全和生产工作的副总经理、总工程师和副总工程师。

建筑施工企业负责人要定期带班检查，每月检查时间不少于其工作日的25%。建筑施工企业负责人带班检查时，应认真做好检查记录，并分别在企业和工程项目存档备查。工程项目进行超过一定规模的危险性较大的分部分项工程施工时，建筑施工企业负责人应到施工现场进行带班检查。

对于有分公司(非独立法人)的企业集团,集团负责人因故不能到现场的,可书面委托工程所在地的分公司负责人对施工现场进行带班检查。

4) 重大隐患治理挂牌督办制度

在施工活动中那些可能导致事故发生的物的不安全状态、人的不安全行为和管理上的缺陷,都是事故隐患。《国务院关于进一步加强企业安全生产工作的通知》规定,对重大安全隐患治理实行逐级挂牌督办、公告制度。

2011年10月,住建部发布的《房屋市政工程生产安全重大隐患排查治理挂牌督办暂行办法》进一步规定,重大隐患是指在房屋建筑和市政工程施工过程中,存在的危害程度较大、可能导致群死群伤或造成重大经济损失的生产安全隐患。

建筑施工企业是房屋市政工程生产安全重大隐患排查治理的责任主体,应当建立健全重大隐患排查治理工作制度,并落实到每一个工程项目。企业及工程项目的主要负责人对重大隐患排查治理工作全面负责。建筑施工企业应当定期组织安全生产管理人员、工程技术人员和其他相关人员排查每一个工程项目的重大隐患,特别是对深基坑、高支模、地铁隧道等技术难度大、风险大的重要工程应重点定期检查。对排查的重要隐患,应及时实施治理消除,并将相关情况进行登记存档。

建筑施工企业应及时将工程项目重大隐患排查治理的有关情况向建设单位报告。建设单位应积极协调勘察、设计、施工、监理、检测等单位,并在资金、人员等方面积极配合做好重大隐患排查治理工作。

5) 建立健全群防群治制度

群防群治制度是《建筑法》中所规定的建筑工程安全生产管理的一项重要法律制度。它是施工企业进行民主管理的重要内容,也是群众路线在安全生产管理工作中的具体体现。广大职工群众在施工生产活动中既要遵守有关法律、法规和规章制度,不得违章作业,还拥有对于危及生命安全和身体健康的行为提出批评、检举和控告的权利。

2. 施工项目负责人的安全生产责任

施工项目负责人是指建设工程项目的项目经理。施工单位不同于一般的生产经营单位,通常会同时承建若干建设工程项目,且异地承建施工的现象很普遍。为了加强对施工现场的管理,施工单位都要向每个建设工程项目委派一名项目负责人即项目经理,由他对该项目的施工管理全面负责。

《建设工程安全生产管理条例》规定,施工单位的项目负责人应当由取得相应执业资格的人员担任,对建设工程项目的安全施工负责,落实安全生产责任制度、安全生产规章制度和操作规程,确保安全生产费用的有效使用,并根据工程的特点组织制定安全施工措施,消除安全事故隐患,及时、如实报告生产安全事故。

1) 施工项目负责人的职业资格和安全生产责任

施工项目负责人经施工单位法定代表人的授权,要选配技术、生产、材料、成本等管理人员组成项目管理班子,代表施工单位在本建设工程项目上履行管理职责。根据原人事部、原建设部《建造师职业资格制度暂行规定》中规定,建造师经注册后,有权以建造师名义担任建设工程项目施工的项目经理及从事其他施工活动的管理。

施工项目负责人的安全生产责任有以下几点。

① 对建设工程项目的安全施工负责。

② 落实安全生产责任制度、安全生产规章制度和操作规程。
③ 确保安全生产费用的有效使用。
④ 根据工程的特点组织制定安全施工措施,消除安全事故隐患。
⑤ 及时、如实报告生产安全事故情况。

2) 施工单位项目负责人施工现场带班制度

《建筑施工企业负责人及项目负责人施工现场带班暂行办法》规定,项目负责人是工程项目质量安全管理的第一责任人,应对工程项目落实带班制度负责。项目负责人带班生产是指项目负责人在施工现场组织协调工程项目的质量安全生产活动。

项目负责人在同一时期只能承担一个工程项目的管理工作。项目负责人带班生产时,要全面掌握工程项目质量安全生产状况,加强对重点部位、关键环节的控制,及时消除隐患。要认真做好带班生产记录并签字存档备查。项目负责人每月带班生产时间不得少于本月施工时间的80%。因其他事务须离开施工现场时,应向工程项目的建设单位请假,经批准后方可离开。离开期间应委托项目相关负责人负责其外出时的日常工作。

3. 施工总承包单位和分包单位的安全生产责任

《建筑法》规定,施工现场安全由建筑施工企业负责。实行施工总承包的,由总承包单位负责。分包单位向总承包单位负责,服从总承包单位对施工现场的安全生产管理。

1) 分包合同应当明确总分包双方的安全生产责任

《建设工程安全生产管理条例》规定,总承包单位依法将建设工程分包给其他单位的,分包合同中应明确各自的安全生产方面的权利、义务。

施工总承包单位与分包单位的安全生产责任,可分为法定责任和约定责任。所谓法定责任,是指法律、法规中明确规定的总承包单位、分包单位各自的安全生产责任。所谓约定责任,是指总承包单位与分包单位通过协商,在分包合同中约定各自应当承担的安全生产责任。但是,安全生产的约定责任不能与法定责任相抵触。

2) 统一组织编制建设工程生产安全应急救援预案

《建设工程安全生产管理条例》规定,施工单位应当根据建设工程施工的特点、范围,对施工现场易发生重大事故的部位、环节进行监控,制定施工现场生产安全事故应急救援预案。实行施工总承包的,由总承包单位统一组织编制建设工程生产事故应急救援预案,工程总承包单位和分包单位按照应急救援预案,各自建立应急救援组织或者配备应急救援预案,配备救援器材、设备并定期组织演练。

建设工程的施工属于高风险工作,极易发生安全事故。为了加强对施工安全突发事故的处理,提高应急救援快速反应能力,必须重视并编制施工安全事故应急救援预案。由于实行施工总承包的,是由总承包单位对施工现场的安全生产负总责,所以总承包单位要统一组织编制建设工程生产安全事故应急救援预案。

3) 负责上报施工生产安全事故

《建设工程安全生产管理条例》规定,实行施工总承包的建设工程,由总承包单位负责上报事故。据此,一旦发生施工生产安全事故,施工总承包单位应当依法向有关主管部门报告事故的基本情况。

4) 自行完成建设工程主体结构的施工

《建设工程安全生产管理条例》规定,总承包单位应当自行完成建设工程主体结构的施工。这是为了落实施工总承包单位的安全生产责任,防止因转包和违法分包等行为导致施工生产事故的发生。

5) 承担连带责任

《建设工程安全生产管理条例》规定,总承包单位和分包单位对分包工程的安全生产承担连带责任。该项规定既强化了总承包单位和分包单位双方的安全生产责任意识,也有利于保护受损害者的合法权益。

6) 分包单位应当承担的法定安全生产责任

《建筑法》规定,分包单位向总承包单位负责,服从总承包单位对施工现场的安全生产管理。《建设工程安全生产管理条例》进一步规定,分包单位应当服从总承包单位的安全生产管理,分包单位不服从管理导致生产事故的,由分包单位承担主要责任。

总承包单位依法对施工现场的安全生产负责,这就要求分包单位必须服从总承包单位的安全生产管理。在许多工地上,往往有若干分包单位同时在施工,如果缺乏统一的组织管理,很容易发生安全事故。因此,分包单位应服从总承包单位对施工现场的安全生产规章制度、岗位操作要求等安全生产管理。否则,一旦发生施工安全生产事故,分包单位要承担主要责任。

4. 施工作业人员安全生产的权利和义务

《建筑法》规定,建筑施工企业和作业人员在施工过程中,应当遵守有关安全生产的法律、法规和建筑行业安全规章、规程,不得违背指挥或者违章作业。作业人员有权对影响人身健康的作业程序和作业条件提出改进意见,有权获得安全生产所需的防护用品。作业人员对危及生命安全和人身健康的行为有权提出批评、检举和控告。

1) 施工作业人员应当享有的安全生产权利

按照《建筑法》《安全生产法》《建设工程安全生产管理条例》等法律、行政法规的规定,施工作业人员主要享有如下安全生产权利。

(1) 施工安全生产的知情权和建议权

施工作业人员是施工单位运行和施工生产活动的主体。充分发挥施工作业人员在企业中的主人翁作用,是搞好施工安全生产的重要保障。因此,施工作业人员对施工安全生产拥有知情权,并享有改进安全生产工作的建议权。

2002年6月颁布的《安全生产法》规定,生产经营单位的从业人员有权了解作业场所和工作岗位存在的危险因素、防范措施及事故应急措施,有权对本单位的安全生产工作提出建议。《建筑法》还规定,作业人员有权对影响人身健康的作业程序和作业条件提出改进意见。《建设工程安全生产管理条例》则进一步规定,施工单位应当向作业人员提供安全防护用具和安全防护服装,并书面告知危险岗位的操作规程和违章操作的危害。

(2) 施工安全防护用品的获得权

施工安全防护用品,一般包括安全帽、安全带、安全网、安全绳及其他个人防护用品等。它是保护施工作业人员安全健康所必需的防御性装备,可有效地预防或减少伤亡事故的发生。

《建筑法》规定,作业人员有权获得安全生产所需的防护用品。《安全生产法》还规定,生产经营单位必须为从业人员提供符合国家标准或者行业标准的劳动防护用品,并监督、教育从业人员按照使用规则佩戴、使用。《建设工程安全生产管理条例》进一步规定,施工单位应向作业人员提供安全防护用具和安全防护服装。

(3) 批评、检举、控告权及拒绝违章指挥权

《建筑法》规定,作业人员对危及生产安全和人身健康的行为有权提出批评、检举和控告。《安全生产法》还规定,从业人员有权对本单位生产工作中的问题提出批评、检举、控告,有权拒绝违章指挥和强令冒险作业。生产经营单位不得因而降低其工资、福利等待遇或者解除与其订立的劳动合同。《建设工程安全生产管理条例》进一步规定,作业人员有权对施工现场的作业条件、作业程序和作业方式中存在的安全问题提出批评、检举和控告,有权拒绝违章指挥和强令冒险作业。

(4) 紧急避险权

为了保证施工作业人员的安全,在施工中遇有直接危及人身安全的紧急情况时,施工作业人员享有停止作业和紧急撤离的权利。

《安全生产法》规定,从业人员发现直接危及人身安全的紧急情况时,有权停止作业或者在采取可能的应急措施后撤离作业场所。生产经营单位不得因从业人员在前款紧急情况下停止作业或者采取紧急撤离措施而降低其工资、福利等待遇或者解除与其订立的劳动合同。《建设工程安全生产管理条例》也规定,在施工中发生危及人身安全的紧急情况时,作业人员有权立即停止作业或者在采取必要的应急措施后撤离危险区域。

(5) 获得工伤保险和意外伤害保险赔偿的权利

2011年4月经修订后颁布的《建筑法》规定,建筑施工企业应当依法为职工参加工伤保险缴纳工伤保险费。鼓励企业为从事危险作业的职工办理意外伤害保险,支付保险费。

据此,施工作业人员除依法享有工伤保险的各项权利外,从事危险作业的施工人员还可以依法享有意外伤害保险的各项权利。

(6) 请求民事赔偿权

《安全生产法》规定,因生产安全事故受到损害的从业人员,除依法享有工商社会保险外,依照有关民事法律尚有获得赔偿的权利的,有权向本单位提出赔偿要求。

2) 施工作业人员应当履行的安全生产义务

按照《建筑法》《安全生产法》《建设工程安全生产管理条例》等法律、行政法规的规定,施工作业人员主要应当履行如下安全生产义务。

(1) 守法遵章和正确使用安全防护用具等的义务

施工单位要依法保障施工单位作业人员的安全,施工作业人员也必须遵守有关的规章制度,做到不违章作业。

《建筑法》规定,建筑施工企业和作业人员在施工过程中,应当遵守有关安全生产的法律、法规和建筑行业安全规章、规程,不得违章指挥或者违章作业。《安全生产法》规定,从业人员在作业过程中,应当遵守本单位的安全生产规章制度和操作规程,服从管理,正确佩戴和使用劳动防护用品。《建设工程安全生产管理条例》进一步规定,作业人员应当遵守安全施工的强行性标准、规章制度和操作规程,正确使用安全防护用具、机械设备等。

(2) 接受安全生产教育培训的义务

施工单位加强安全教育培训,使作业人员具备必要的施工安全生产知识,熟悉有关的规章制度和安全操作规程,掌握本岗位安全操作技能,是控制和减少施工安全事故的重要措施。

《安全生产法》规定,从业人员应当接受安全生产教育和培训,掌握本职工作所需的安全

生产知识,提高安全生产技能,增强事故预防和应急处理能力。《建设工程安全生产管理条例》也规定,作业人员进入新的岗位或者新的施工现场前,应当接受安全生产教育培训。未经教育培训或者教育培训考核不合格的人员,不得上岗作业。2012年11月颁布的《国务院安委会关于进一步加强安全培训工作的决定》进一步规定,严格落实"三项岗位"人员持证上岗和从业人员先培训后上岗制度,健全安全培训档案,劳务派遣单位要加强劳务派遣工基本安全知识培训,劳务使用单位要确保劳务派遣工与本企业职工接受同等安全培训。

(3) 施工安全事故隐患报告的义务

施工安全事故通常都是由事故隐患或者其他不安全因素所酿成的。因此,施工作业人员一旦发现事故隐患或者其他不安全因素,应当立即报告,以便及时采取措施,防患于未然。

《安全生产法》规定,从业人员发现事故隐患或者其他不安全因素,应当立即向现场安全生产管理人员或者本单位负责人报告,接到报告的人员应当及时予以处理。

5. 施工单位安全生产教育培训的规定

针对一些施工单位安全生产教育培训投入不足,许多新入场农民工未经培训即上岗作业,造成一线作业人员安全意识和操作技能普遍不足,往往出现违章作业、冒险蛮干的问题。《建筑法》明确规定,建筑施工企业应当建立健全劳动安全生产教育培训制度,加强对职工安全生产的教育培训;未经安全生产教育培训的人员,不得上岗作业。

《国务院安委会关于进一步加强安全培训工作的决定》指出,建立以企业投入为主、社会资金积极资助的安全培训投入机制。企业要在职工培训经费和安全费用中足额列支安全培训经费,实施技术改造和项目引进时要专门安排培训资金。

1) 施工单位三类管理人员与"三项岗位"人员的培训考核

(1) 三类管理人员的培训考核

《建设工程安全生产管理条例》规定,施工单位的主要负责人、项目负责人、专职安全生产管理人员应当经建设行政主管部门或者其他部门考核合格后方可任职。

施工单位的主要负责人要对本单位的安全生产工作全面负责,项目负责人对所负责的建设工程项目的安全生产工作全面负责,安全生产管理人员更是要具体承担本单位日常的安全生产管理工作。这三类人员的施工安全知识水平和管理能力直接关系到本单位、本项目的安全生产管理水平。如果这三类人员缺乏基本的施工安全生产知识,施工安全生产管理和组织能力不强,甚至违章指挥,将可能导致施工生产安全事故的发生。因此,他们必须经安全生产知识和管理能力考核合格后方可任职。

(2) "三项岗位"人员的培训考核

《国务院关于坚持科学发展安全发展促进安全生产形势持续稳定好转的意见》规定,企业主要负责人、安全管理人员、特种作业人员一律经严格考核、持证上岗。《国务院安委会关于进一步加强安全培训工作的决定》进一步指出,严格落实"三项岗位"人员持证上岗制度。企业新任用或者招录"三项岗位"人员,要组织其参加安全培训,经考试合格持证后上岗。对发生人员死亡事故负有责任的企业主要负责人、实际控制人和安全管理人员,要重新参加安全培训考试。

"三项岗位"人员中的企业主要负责人、安全管理人员已涵盖在三类管理人员之中。对于特种作业人员,因其从事直接对本人或他人及其周围设施的安全有着重大危险因素的作业,必须经专门的安全作业培训,并取得特种作业操作资格证书后,方可上岗作业。

按照《建设工程安全生产管理条例》的规定，垂直运输机械作业人员、安装拆卸工、爆破作业人员、起重信号工、登高架设作业人员等特种作业人员，必须按照国家有关规定经过专门的安全作业培训，并取得特种作业操作资格证书后，方可上岗作业。住建部2008年4月发布的《建筑施工特种作业人员管理规定》进一步规定，建筑施工特种作业包括：①建筑电工；②建筑架子工；③建筑起重信号司索工；④建筑起重机械司机；⑤建筑起重机械安装拆卸工；⑥高处作业吊篮安装拆卸工；⑦经省级以上人民政府建设主管部门认定的其他特种作业。

2）施工单位全员的安全生产教育培训

《建设工程安全生产管理条例》规定，施工单位应当对管理人员和作业人员每年至少进行一次安全生产教育培训，其教育培训情况记入个人工作档案。安全生产教育培训考核不合格的人员，不得上岗。《国务院关于坚持科学发展安全发展促进安全生产形势持续稳定好转的意见》规定，企业用工要严格依照劳动合同与职工签订劳动合同，职工必须全部经培训合格后上岗。

施工单位应当根据实际需要，对不同岗位、不同工种的人员进行因人施教。安全教育培训可采取多种形式，包括安全形势报告会、事故案例分析会、安全法制教育、安全技术交流、安全竞赛、师傅带徒弟等。

3）进入新岗位或者新施工现场前的安全生产教育培训

由于新岗位、新工地往往各有特殊性，施工单位须对新录用或转场的职工进行安全教育培训，包括施工安全生产法律法规、施工工地危险源识别、安全技术操作规程、机械设备电气及高处作业安全知识、防火防毒防尘防爆知识、紧急情况安全处理与安全疏散知识、安全防护用品知识以及发生事故时自救排险、抢救伤员、保护现场和及时报告等。

《建设工程安全生产管理条例》规定，作业人员进入新的岗位或者新的施工现场前，应当接受安全生产教育培训。未经教育或者教育培训考核不合格的人员，不得上岗作业。《国务院安委会关于进一步加强安全培训工作的决定》中指出，严格落实企业职工"先培训后上岗"制度。建筑企业要对新职工进行至少32学时的安全培训，每年进行至少20学时的再培训。

强化现场安全培训。高危企业要严格班前安全培训制度，有针对性地讲述岗位安全生产与应急救援知识、安全隐患和注意事项等，使班前安全培训成为安全生产第一道防线。要大力推广"手指口述"等安全确认法，帮助员工通过心想、眼看、手指、口述确保按规程作业。要加强班组长培训，提高班组长现场安全管理水平和现场安全风险管控能力。

4）采用新技术、新工艺、新设备、新材料前的安全生产教育培训

《安全生产管理条例》第三十七条规定，作业人员进入新的岗位或者新的施工现场前，应当接受安全生产教育培训。未经教育培训或者教育培训考核不合格的人员，不得上岗作业。

施工单位在采用新技术、新工艺、新设备、新材料时，应当对作业人员进行相应的安全生产教育培训。

5）安全教育培训方式

《国务院安委会关于进一步加强安全培训工作的决定》指出，完善和落实师傅带徒弟制度。高危企业新职工安全培训合格后，要在经验丰富的工人师傅带领下，实习至少2个月后方可独立上岗。工人师傅一般应当具备中级以上技能等级，3年以上相应工作经历，成绩突出，善于"传、帮、带"，没有发生过"三违"行为等条件。要组织签订师徒协议，建立师傅带徒

弟激励约束机制。支持大中型企业和欠发达地区建立安全培训机构,重点建设一批具有仿真、体感、实操特色的示范培训机构。加强远程安全培训。开发国家安全培训网和有关行业网络学习平台,实现优质资源共享。实行网络培训学时学分制,将学时和学分结果与继续教育、再培训挂钩。利用视频、电视、手机等拓展远程培训形式。

小结

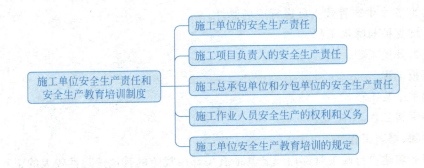

5.3 施工现场安全防护制度

导入案例

小姜经同乡介绍来到了本市某施工队,再由施工队的队长带队来到本市徐汇区龙吴路的一处工地干起了建筑工。没想到的是,今年9月底在工作中发生了一次小事故,让小姜右手手腕骨折。同事告诉他,因为他的这次事故属于在工作时间、工作地点、因工作原因发生的,所以应当可以认定为工伤,从而享受工伤待遇。但随之而来的问题又让小姜犯了难,他是经同乡介绍认识了施工队长,再由施工队长带队来到工地的,他的劳动关系究竟是怎么回事,他自己也搞不清楚。如果确认劳动关系比较复杂,势必影响他享受工伤相关待遇。

问题:如何看待小姜的疑惑?

1. 编制安全技术措施、专项施工方案和安全技术交底的规定

《建筑法》规定,建筑施工企业在编制施工组织设计时,应当根据建筑工程的特点制定相应的安全技术措施;对专业性较强的工程项目,应当编制专项施工组织设计,并采取安全技术措施。

1)编制安全技术措施和施工现场临时用电方案

根据《建筑法》和《安全生产管理条例》的规定,施工单位在施工组织设计中,应当编制安全技术措施和施工现场临时用电方案以及专项施工方案。

施工组织设计是规划和指导施工全过程的综合性技术经济文件,是施工准备工作的重要组成部分。它要保证施工准备阶段各项工作的顺利进行,各分包单位、各工种的有序衔接,以及各类材料、构件、机具等供应时间和顺序,并对一些关键部位和需要控制的部位提出相应的安全技术措施。

临时用电方案不仅直接关系到用电人员的安全,也关系到施工进度和工程质量。《施工现场临时用电安全技术规范》规定,施工现场临时用电设备在 5 台及以上或设备总容量在 50kW 及以上者,应编制用电组织设计。施工现场临时用电设备在 5 台以下或设备总容量在 50kW 以下者,应制定安全用电和电气防火措施。

2）编制安全专项施工方案

《建设工程安全生产管理条例》规定,对下列达到一定规模的危险性较大的分部分项工程编制专项施工方案,并附具安全验收结果,经施工单位技术负责人、总监理工程师签字后实施,由专职安全生产管理人员进行现场监督。

① 基坑支护与降水工程。
② 土方开挖工程。
③ 模板工程。
④ 起重吊装工程。
⑤ 脚手架工程。
⑥ 拆除、爆破工程。
⑦ 国务院建设行政主管部门或者其他有关部门规定的其他危险性较大的工程。

对以上所列工程中涉及深基坑、地下暗挖工程、高大模板工程的专项施工方案,施工单位还应当组织专家进行论证、审查。

所谓危险性较大的分部分项工程,是指建筑工程在施工过程中存在的、可能导致作业人员群死群伤或造成重大不良社会影响的分部分项工程。危险性较大的分部分项工程安全专项施工方案,是指施工单位在编制施工组织（总）设计的基础上,针对危险性较大的分部分项工程单独编制的安全技术措施文件。

（1）安全专项施工方案的编制

2009 年 5 月住建部发布的《危险性较大的分部分项工程安全管理办法》中规定,施工单位应当在危险性较大的分部分项工程施工前编制专项方案；对于超过一定规模的危险性较大的分部分项工程,施工单位应当组织专家对专项方案进行论证。

建筑工程实行施工总承包的,专项方案应当由施工总承包单位组织编制。其中,起重机械安装拆卸工程、深基坑工程、附着式升降脚手架等专业工程实行分包的,其专项方案可由专业承包单位组织编制。专项方案编制应当包括以下内容。

① 工程概况：危险性较大的分部分项工程概况、施工平面布置、施工要求和技术保证条件。
② 编制依据：相关法律、法规、规范性文件、标准、规范及图纸（国标图集）、施工组织设计等。
③ 施工计划：包括施工进度计划、材料与设备计划。
④ 施工工艺技术：技术参数、工艺流程、施工方法、检查验收等。
⑤ 施工安全保证措施：组织保障、技术措施、应急流程、检测监控等。
⑥ 劳动力计划：专职安全生产管理人员、特种作业人员等。
⑦ 计算书及相关图纸。

（2）安全专项施工方案的审核

专项方案应当由施工单位技术部门组织本单位施工技术、安全、质量等部门的专业技术人员进行审核。经审核合格的，由施工单位技术负责人签字。实行施工总承包的，专项方案应当由总承包单位技术负责人及相关专业承包单位技术负责人签字。不需要专家论证的专项方案，经施工单位审核合格后报监理单位，由项目总监理工程师审核签字。

超过一定规模的危险性较大的分部分项工程专项方案应当由施工单位组织召开专家论证会。实行施工总承包的，由施工总承包单位组织召开专家论证会。

施工单位应当根据论证报告修改完善专项方案，并经施工单位技术负责人、项目总监理工程师、建设单位项目负责人签字后，方可组织实施。实行施工总承包的，应当由施工总承包单位、相关专业承包单位技术负责人签字。

专项方案论证后须作重大修改的，施工单位应当按照论证报告修改，并重新组织专家论证。

（3）安全专项施工方案的实施

施工单位应当严格按照专项方案组织施工，不得擅自修改、调整专项方案。如因设计、结构、外部环境等因素发生变化确需修改的，修改后的专项方案应当按规定重新审核。对于超过一定规模的危险性较大工程的专项方案，施工单位应当重新组织专家进行论证。

施工单位应当指定专人对专项方案实施情况进行现场监督和按规定进行监测。发现不按照专项方案施工的，应当要求其立即整改；发现有危及人身安全紧急情况的，应当立即组织作业人员撤离危险区域。施工单位技术负责人应当定期巡查专项方案实施情况。

对于按规定需要验收的危险性较大的分部分项工程，施工单位、监理单位应当组织有关人员进行验收。验收合格的，经施工单位项目技术负责人及项目总监理工程师签字后，方可进入下一道工序。

3）安全施工技术交底方案

《建设工程安全生产管理条例》第二十七条规定："建设工程施工前，施工单位负责项目管理的技术人员应当对有关安全施工的技术要求向施工作业班组、作业人员作出详细说明，并由双方签字确认。"

施工现场高空与交叉作业及手工操作多、劳动强度大、作业环境复杂，作业人员的素质又普遍偏低，施工单位有必要对工程项目的概况、危险部位和施工技术要求、作业安全注意事项等向作业人员作出详细说明，以保证施工质量和安全生产。

2. 施工现场安全防护、特种设备安全管理等的规定

1）施工现场安全防护

《建筑法》第三十九条规定："建筑施工企业应当在施工现场采取维护安全、防范危险、预防火灾等措施；有条件的，应当对施工现场实行封闭管理。""施工现场对毗邻的建筑物、构筑物和特殊作业环境可能造成损害的，建筑施工企业应当采取安全防护措施。"所谓危险部位，是指存在着危险因素，容易造成施工作业人员或者其他人员伤亡的地点。尽管工地现场的情况千差万别，不同施工现场的危险源不尽相同，但施工现场入口处、施工起重机械、临时用电设施、脚手架、出入通道口、楼梯口、电梯井口、孔洞口、桥梁口、隧道口、基坑边沿、爆破物及有害危险气体和液体存放处等，通常都是容易出现生产安全事故的危险部位。

安全警示标志，则是提醒人们注意的各种标牌、文字、符号以及灯光等，一般由安全色、几何图形和图形符号构成。安全警示标志须符合国家标准《安全标志及其使用导则》的有关规定。

《建设工程安全生产管理条例》第三十条规定:"施工单位对因建设工程施工可能造成损害的毗邻建筑物、构筑物和地下管线等,应当采取专项防护措施。在城市市区内的建设工程,施工单位应当对施工现场实行封闭围挡。"

2) 暂停施工和不同施工环境下应采取的安全施工措施

《建设工程安全生产管理条例》规定,施工单位应当根据不同施工阶段和周围环境及季节、气候的变化,在施工现场采取相应的安全施工措施。施工现场暂时停止施工的,施工单位应当做好现场防护,所需费用由责任方承担,或者按照合同约定执行。

不同环境下要采取相应的安全施工措施。例如,夏季要防暑降暑,在特殊高温的天气下要调整施工时间、改变施工方式等;冬季要防寒防冻,防止煤气中毒,还应专门制定保证施工安全的安全技术措施;夜间施工应有足够的照明,在深坑、陡坡等危险地段应增设红灯标志;雨季和冬季施工时,应对道路采取防护措施;傍山沿河地区应制定防滑坡、防泥石流、防汛等措施;大风、大雨期间应暂停施工等。

3) 施工现场临时设施的安全卫生要求

《建设工程安全生产管理条例》第二十九条规定:"施工单位应当将施工现场的办公区、生活区与作业区分开设置,并保持安全距离;办公、生活区的选址应当符合安全性要求。职工的膳食、饮水、休息场所等应当符合卫生标准。施工单位不得在尚未竣工的建筑物内设置员工宿舍。施工现场临时搭建的建筑物应当符合安全使用要求。"

《建筑施工安全检查标准》(JGJ 59—2011)中对施工现场的临时设施和员工的生活条件,均制定了相关的强制性条款。法规从建设工程安全管理的角度,为了确保员工的生命安全与身体健康,制定了相应的规定。

① 施工作业区与办公区和生活区应有明显的划分隔离,并设有防护措施,保持一定的安全距离。所谓安全距离,是指即使发生事故,也不致损害员工的人身安全的最小距离。办公区和生活区应当处于在建建筑物的坠落半径之外。建筑物高度为2~5米,坠落半径为2米;高度30米,坠落半径为5米(因条件限制,办公区和生活区设置在坠落半径区域内的,必须有防护措施);根据《施工现场临时用电安全技术规范》(JGJ 46—2005)的规定,1千伏以下,安全距离为4米;330~550千伏,安全距离为15米。办公区和生活区与作业区应当有隔离,以避免人员误入危险区。

② 办公区和生活区的选址应当符合安全性要求。办公区和生活区首先应考虑与作业区相隔离,保持安全距离,其所处位置的周边环境必须具有安全性。例如,办公区和生活区不得设置在高压线下,也不得设置在边、崖边、河流边、强封口处、高墙下等,以保证办公区和生活区的安全可靠。

③ 职工的膳食、饮水、休息场所应符合卫生标准。职工的膳食、饮水、休息场所的卫生条件,直接影响职工的身心健康,因而必须符合国家规定的卫生标准。施工单位应尽可能地给员工创造一个良好的生活环境,这对保证安全生产也是十分重要的。基本要求:一是食堂应远离厕所、垃圾站、有毒有害场所;必须取得卫生许可证,炊事人员必须有身体健康证;卫生条件必须符合国家卫生防疫部门规定的标准等。二是员工的饮水应当设置符合卫生标准的饮水器,饮水器具应定期消毒,并有专人负责。三是员工宿舍内不得睡通铺、地铺,每个人的居住面积不得小于2.5平方米,室内应当限定人数,应设置外开门。寒冷季节应当有保暖和防煤气中毒措施;炎热季节应当有消暑和防蚊虫叮咬措施等。

④ 施工单位不得在尚未竣工的建筑物内设置员工集体宿舍。尚未竣工的建筑物内设置员工宿舍会带来各种危险，如建筑物本身在没有验收合格前很难确定其是否存在质量和结构安全问题，而防护不到位则容易发生坠物伤人、触电、高处坠落等事故。

施工现场临时搭设的办公室、员工宿舍、厕所、娱乐室等临时设施，必须符合国家标准，并符合消防、卫生要求。施工现场使用的装配式活动房屋，生产厂家应按照国家规定的相关标准进行生产，房屋的结构、消防、环保、卫生、材料的选用等方面必须符合国家规定的设计规范标准，出厂时应附有产品合格证等相关资料。

4) 施工现场周边的安全防护措施

《建设工程安全生产管理条例》规定，施工单位对因建设工程施工可能造成损害的毗邻建筑物、构筑物和地下管线等，应当采取专项防护措施。在城市市区内的建设工程，施工单位应当对现场实行封闭围挡。

施工现场围挡应沿工地四周连线设置，并根据地质、气候、围挡材料进行设计与计算，以确保围挡的安全性，并做到坚固、稳定、整洁、美观。施工现场位于一般路段的围挡应高于1.8米，在市区主要路段的围挡应高于2.5米。

5) 危险作业的施工现场安全管理

《安全生产法》规定，生产经营单位进行爆破、吊装等危险作业，应当安排专门人员进行现场安全管理，确保操作规程的遵守和安全措施的落实。

2013年12月经修改后颁布的《危险化学品安全管理条例》还规定，进行可能危及危险化学品管道安全的施工作业，施工单位应当在开工的7日前书面通知管道所属单位，并与管道所属单位共同制定应急预案，采取相应的安全防护措施。管道所属单位应当指派专门人员到现场进行管道安全保护指导。

爆破、吊装等作业具有较大的危险性，很容易发生事故；危险化学品，是指具有毒害、腐蚀、爆炸、燃烧、助燃等性质，对人体、设施、环境具有危害的剧毒化学品和其他化学品。因此，施工作业人员必须严格按照操作规程进行操作，施工单位也应当会同有关单位采取必要的防范措施，安排专门人员进行作业现场的安全管理。

6) 安全防护设备、机械设备等的安全管理

《建设工程安全生产管理条例》规定，施工单位采购、租赁的安全防护用具、机械设备、施工机具及配件，应当具有生产(制造)许可证、产品合格证，并在进入施工现场前进行查验。施工现场的安全防护用具、机械设备、施工机具及配件必须由专人管理，定期进行检查、维修和保养，建立相应的资料档案，并按照国家有关规定及时报废。

安全防护用具、机械设备、施工机具及配件质量的好坏，直接关系到施工作业人员的人身安全。因此，决不能让不合格的产品流入施工现场，并要加强日常的检查、维修和保养，保障这些设备和产品的正常使用和运转。

7) 施工起重机械设备等的安全使用管理

《建设工程安全生产管理条例》第三十五条规定：施工单位在使用施工起重机械和整体提升脚手架、模板等自升式架设设施前，应当组织有关单位进行验收，也可以委托具有相应资质的检验检测机构进行验收；使用承租的机械设备和施工机具及配件的，由施工总承包单位、分包单位、出租单位和安装单位共同进行验收，验收合格的方可使用。这里的验收指的是施工单位应当组织产权(生产、租赁)单位、安装单位的安全、设备管理人员和其他技术

人员参加验收。参与验收的单位和人员应当按照国家、行业的安全技术标准、检验规则等规定的检验项目进行验收。验收过程中应作记录,验收记录应当真实、准确。验收完毕后各参加验收方签署验收结论意见。验收合格后,方可投入使用。

《特种设备安全监察条例》规定,施工起重机械,在验收前应当经有相应资质的检验检测机构监督检验合格。施工单位应当自施工起重机械和整体提升脚手架、模板等自升式架设设施验收合格之日起30日内,向建设行政主管部门或者其他有关部门登记。登记标志应当置于或者附着于该设备的显著位置。

3. 施工现场消防安全职责和应采取的消防安全措施的规定

近年来,施工现场的火灾时有发生,甚至出现了特大恶性火灾事故。因此,施工单位必须建立健全消防安全责任制,加强消防安全教育培训,严格消防安全管理,确保施工现场的消防安全。

《安全生产管理条例》第三十一条规定:"施工单位应当在施工现场建立消防安全责任制度,确定消防安全责任人,制定用火、用电、使用易燃易爆材料等各项消防安全管理制度和操作规程,设置消防通道、消防水源、配备消防设施和灭火器材,并在施工现场入口处设置明显标志。"

1) 施工单位消防安全责任人和消防安全职责

施工单位的主要负责人是本单位的消防安全责任人;项目负责人则应是本项目施工现场的消防安全责任人。同时,要在施工现场实行和落实逐级防火责任制、岗位防火责任制。各部门、各班组负责人以及每个岗位人员都应对自己管辖工作范围内的消防安全负责,切实做到"谁主管,谁负责;谁在岗,谁负责"。

重点工程的施工现场多定为消防安全重点单位,按照《中华人民共和国消防法》的规定,除应当履行所有单位都应当履行的职责外,还应当履行下列消防安全责任。

① 确定消防安全管理人,组织实施本单位的消防安全管理工作。

② 建立消防档案,确定消防安全重点部位,设置防火标准,实行严格管理。

③ 实行每日防火巡查,并建立巡查记录。

④ 对职工进行岗前消防安全培训,定期组织消防安全培训和消防演习。

2) 施工现场的消防安全要求

《国务院关于加强和改进消防工作的意见》规定,公共建筑在营业、使用期间不得进行外保温材料施工作业,居住建筑进行节能改造作业期间应撤离居住人员,并设消防安全巡逻人员,严格分离用火用焊作业与保温施工作业,严禁在施工建筑内安排人员住宿。新建、改建、扩建工程的外保温材料一律不得使用易燃材料,严格限制使用可燃材料。建筑室内装修材料必须符合国家、行业标准和消防安全要求。

公安部、住建部于2009年3月发布的《关于进一步加强建设工程施工现场消防安全工作的通知》中规定,施工单位应当在施工组织设计中编制消防安全技术措施和专项施工方案,并由专职安全管理人员进行现场监督。

施工现场要设置消防通道并确保畅通。消防通道,是指供消防人员和消防车辆等消防装备进入或穿越建筑物或在建筑物内能够通行的道路。建筑工地要满足消防车通行、停靠和作业要求。在建筑内应设置标明楼梯间和出入口的临时醒目标志,视实际情况安装楼梯间和出入口的临时照明,及时清理建筑垃圾和障碍物,规范材料堆放,保证发生火灾时,现场施工人员疏散和消防人员扑救快捷畅通。

施工现场要按有关规定设置消防水源。应当在建设工程平地阶段按照总平面设置室外消火栓系统,并保持充足的管网压力和流量。根据在建工程施工进度,同步安装室内消火栓系统或设置临时消火栓,配备水枪水带,消防干管设置水泵接合器,满足施工现场火灾扑救的消防供水要求。施工现场应当配备必要的消防设施和灭火器材。

动用明火必须实行严格的消防安全管理,禁止在具有火灾、爆炸危险的场所使用明火;需要进行明火作业的,动火部门和人员应当按照用火管理制度办理审批手续,落实现场监护人,在确认无火灾、爆炸危险后方可动火施工;动火施工人员应当遵守消防安全规定,并落实相应的消防安全措施;易燃易爆危险物品和场所应有具体防火防爆措施;电焊、气焊、电工等特殊工种人员必须持证上岗;将容易发生火灾、一旦发生火灾后果严重的部位确定为重点防火部位,实行严格管理。

3) 施工单位的消防安全教育培训和消防演练

《国务院关于加强和改进消防工作的意见》指出,要加强对单位消防安全责任人、消防安全管理人、消防控制室操作人员和消防设计、施工、监理人员及保安、电(气)焊工、消防技术服务机构从业人员的消防安全培训。

公安部、住建部等九部委2009年5月发布的《社会消防安全教育培训规定》中规定,在建工程的施工单位应当开展下列消防安全教育工作:①建设工程施工前应当对施工人员进行消防安全教育;②在建设工地醒目位置、施工人员集中住宿场所设置安全宣传栏,悬挂消防安全挂图和消防安全警示标志;③对明火作业人员进行经常性的消防安全教育;④组织灭火和应急疏散演练。

《关于进一步加强建设工程施工现场消防安全工作的通知》规定,施工人员上岗前的安全培训应当包括以下消防内容:有关消防法规、消防安全制度和保证消防安全的操作规程,本岗位的火灾危险性和防火措施,有关消防设施的性能、灭火器材的使用方法,报火警、扑救初起火灾以及自救逃生的知识和技能等,保障施工现场人员具有相应的消防常识和逃生自救能力。

施工单位应当根据国家有关消防法规和建设工程安全生产法规的规定,建立施工现场消防组织,制定灭火和应急疏散预案,并至少每半年组织一次演练,提高施工人员及时报警、扑灭初期火灾和自救逃生的能力。

4. 工伤保险和意外伤害保险的规定

《建筑法》规定,建筑施工企业应当依法为职工参加工伤保险缴纳工伤保险费。鼓励企业为从事危险作业的职工办理意外伤害保险,支付保险费。工伤保险是强制性保险。意外保险则属于法定的鼓励性保险,其适用范围是施工现场从事危险作业的特殊职工群体,即在施工现场从事高处作业、深基坑作业、爆破作业等危险性较大的施工人员。尽管这部分人员可能已参加了工伤保险,但法律鼓励建筑施工企业再为其办理意外伤害保险,使他们能够比其他职工依法获得更多的权益保障。

1) 工伤保险的规定

2010年12月经修订后颁布的《工伤保险条例》规定,中华人民共和国境内的企业、律师事务所、会计师事务所等组织的职工和个体工商户的雇工,均有依照本条例的规定享受工伤保险待遇的权利。

2017年2月,国办《关于促进建筑业持续健康发展的意见》中提到,建立健全与建筑业相适应的社会保险参保缴费方式,大力推进建筑施工单位参加工伤保险。

2017年3月20日,人社部印发《关于进一步做好建筑业工伤保险工作的通知》,明确要求:继续提高新开工项目的参保率,目前全国平均参保率为94.96%;建立健全建筑业按项目参加工伤保险的长效工作机制;不提交建设项目工伤保险参保证明,不予核发施工许可证,不得开工建设。

(1) 工伤保险基金

工伤保险基金由用人单位缴纳的工伤保险费、工伤保险基金的利息和依法纳入工伤保险基金的其他资金构成,工伤保险费根据以支定收、收支平衡的原则,确定费率。国家根据不同行业的工伤风险程度确定行业的差别费率,并根据工伤保险费使用、工伤发生率等情况在每个行业内确定若干费率档次。行业差别费率及行业内费率档次由国务院社会保险行政部门制定,报国务院批准后公布施行。统筹地区经办机构根据用人单位工伤保险费使用、工伤发生率等情况,适用所属行业内相应的费率档次确定单位缴费费率。

用人单位应当按时缴纳工伤保险费,职工个人不缴纳工伤保险费。用人单位缴纳工伤保险费的数额为本单位职工工资总额乘以单位缴费费率之积。跨地区、生产流动性较大的行业,可以采取相对集中的方式异地参加统筹地区的工伤保险。

人力资源社会保障部、住建部、安全监管总局、全国总工会发布的《关于进一步做好建筑业工伤保险工作的意见》(人社部发〔2014〕103号),其中指出:对不能按用人单位参保、建筑项目使用的建筑业职工特别是农民工,按项目参加工伤保险。房屋建筑和市政基础设施工程实行以建设项目为单位参加工伤保险的,可在各项社会保险中优先办理参加工伤保险手续。建设单位在办理施工许可手续时,应当提交建设项目工伤保险参保证明,作为保证工程安全施工的具体措施之一。该意见同时也明确了工伤保险费计缴方式,确保了缴费资金来源:以项目为单位参保的,可按工程总造价一定比例计算缴纳工伤保险费;建设单位要在工程概算中将工伤保险费单独列支,作为不可竞争费参与竞标,并在开工前由施工总承包企业一次性代缴。

2018年1月人力资源社会保障部等六部门联合印发《关于铁路、公路、水运、水利、能源、机场工程建设项目参加工伤保险工作的通知》,将在各类工程建设项目中流动就业的农民工纳入工伤保险保障,要求未参加工伤保险的项目和标段,主管部门、监管部门要及时督促整改,即时补办参加工伤保险手续,杜绝"未参保,先开工"甚至"只施工,不参保"的现象。

(2) 工伤认定

职工有下列情形之一的,应当认定为工伤。

① 在工作时间和工作场所内,因工作原因受到事故伤害的。

② 工作时间前后在工作场所内,从事与工作有关的预备性或者收尾性工作受到事故伤害的。

③ 在工作时间和工作场所内,因履行工作职责受到暴力等意外伤害的;患职业病的。

④ 因工外出期间,由于工作原因受到伤害或者发生事故下落不明的。

⑤ 在上下班途中,受到非本人主要责任的交通事故或者城市轨道交通、客运轮渡、火车事故伤害的。

⑥ 法律、行政法规规定应当认定为工伤的其他情形。

职工有下列情形之一的,视同工伤。

① 在工作时间和工作岗位,突发疾病死亡或者在48小时之内抢救无效死亡的。

② 在抢险救灾等维护国家利益、公共利益活动中受到伤害的。

③ 职工原在军队服役,因战、因公负伤致残,已取得革命伤残军人证,到用人单位后旧伤复发的。

职工有以上第①项、第②项情形的,按照《工伤保险条例》的有关规定享受工伤保险待遇;职工有以上第③项情形的,按照《工伤保险条例》的有关规定享受除一次性伤残补助金以外的工伤保险待遇。

职工符合以上规定,但是有下列情形之一的,不得认定为工伤或者视同工伤:①故意犯罪的;②醉酒或者吸毒的;③自残或者自杀的。

(3) 工伤保险待遇

职工因工作遭受事故伤害或者患职业病进行治疗,享受工伤医疗待遇。

职工治疗应当在签订服务协议的医疗机构就医,情况紧急时可以先到就近的医疗机构急救。治疗工伤所需费用符合工伤保险治疗项目目录、工伤保险药品目录、工伤保险住院服务标准的,从工伤保险基金支付。职工住院治疗工伤的伙食补助费,以及经医疗机构出具证明,报经办机构同意,工伤职工到统筹地区以外就医所需的交通、食宿费用,从工伤保险基金支付,基金支付的具体标准由统筹地区人民政府规定。工伤职工到签订服务协议的医疗机构进行工伤康复的费用,符合规定的,从工伤保险基金支付。

工伤职工因日常生活或者就业需要,经劳动能力鉴定委员会确认,可以安装假肢、矫形器、假眼、假牙和配置轮椅等辅助器具,所需费用按照国家规定的标准从工伤保险基金中支付。

职工因工作遭受事故伤害或者患职业病需要暂停工作接受工伤医疗的,在停工留薪期内,原工资福利待遇不变,由所在单位按月支付。停工留薪一般不超过12个月。伤情严重或者情况特殊的,经设区的市级劳动能力鉴定委员会确认,可以适当延长,但延长不得超过12个月。

工伤职工评定伤残等级后,停发原待遇,按照有关规定享受伤残待遇。工伤职工在停工留薪期满后仍需治疗的,继续享受工伤医疗待遇。

2) 意外伤害保险的规定

根据《建筑法》第四十八条规定,建筑职工意外伤害保险是法定的鼓励性保险,也是保护建筑业从业人员合法权益,转移企业事故风险,增强企业预防和控制事故能力,促进企业安全生产的重要手段。《建筑法》规定,鼓励建筑施工企业为从事危险作业的职工办理意外伤害保险,支付保险费。

《建设工程安全生产管理条例》进一步规定,施工单位应当为施工现场从事危险作业的人员办理意外伤害保险。意外伤害保险费由施工单位支付。实行施工总承包的,由总承包单位支付意外伤害保险费。意外伤害保险期限自建设工程开工之日起,至竣工验收合格止。

建设部《关于加强建筑意外伤害保险工作的指导意见》也指出,建筑施工企业应当为施工现场从事施工作业和管理的人员,在施工活动过程中发生的人身意外伤亡事故提供保障,办理建筑意外伤害保险、支付保险费。范围应当覆盖工程项目。已在企业所在地参加工伤保险的人员,从事现场施工时仍可参加建筑意外伤害保险。

小结

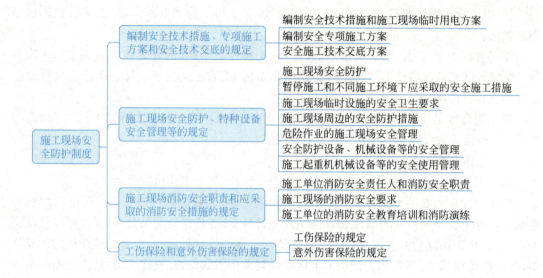

5.4 施工安全事故的应急救援与调查处理

导入案例

某中学体育馆及宿舍楼工程位于中学校园内,总建筑面积 20 660 平方米,是集体育、住宿、餐厅、车库为一体的综合楼。该建筑地上五层、地下两层。地上分体育馆和宿舍楼两栋单体,地下为车库及人防区。2014 年 2 月 27 日,教育部批复同意该工程初步设计及概算。2014 年 6 月 12 日,该工程取得市规划部门核发的《建设工程规划许可证》(2014 规建字 0037 号)。2014 年 7 月 18 日,取得市住房和城乡建设部门核发的《建筑工程施工许可证》(2014 施建字 0434 号)。

2014 年 12 月 29 日 8 时 20 分许,在该中学体育馆及宿舍楼工程工地,作业人员在基坑内绑扎钢筋过程中,筏板基础钢筋体系发生坍塌,造成 10 人死亡、4 人受伤。

问题:本次安全事故是什么等级?

1. 生产安全事故的等级划分标准

明确生产安全事故的分级,区分不同事故级别规定的报告和调查处理要求,是顺利开展生产安全事故报告和调查处理工作的前提,也是规范生产安全事故报告和调查处理的必然要求。

国务院《生产安全事故报告和调查处理条例》规定,根据生产安全事故(以下简称事故)造成的人员伤亡或者直接经济损失,事故一般分为以下等级。

① 特别重大事故,是指造成 30 人以上死亡,或者 100 人以上重伤(包括急性工业中毒,下同),或者 1 亿元以上直接经济损失的事故。

② 重大事故,是指造成 10 人以上 30 人以下死亡,或者 50 人以上 100 人以下重伤,或者 5 000 万元以上 1 亿元以下直接经济损失的事故。

③ 较大事故,是指造成 3 人以上 10 人以下死亡,或者 10 人以上 50 人以下重伤,或者 1 000 万元以上 5 000 万元以下直接经济损失的事故。

④ 一般事故,是指造成 3 人以下死亡,或者 10 人以下重伤,或者 1 000 万元以下直接经济损失的事故。

上述所称的"以上"包括本数,所称的"以下"不包括本数。

《生产安全事故报告和调查处理条例》还规定,没有造成人员伤亡,但是社会影响恶劣的事故,国务院或者有关地方人民政府认为需要调查处理的,依照本条例的有关规定执行。

事故等级划分要素的界定,应当从各类事故侵犯的相关主体、社会关系和危害后果等方面来考虑。《生产安全事故报告和调查处理条例》所规定的事故分级要素有 3 个,可以单独适用。

1) 人员伤亡的数量(人身要素)

安全生产和事故调查处理都要以人为本,最大限度地保护从业人员和其他人员的生命安全。生产安全事故危害的最严重后果,就是造成人员的死亡、重伤(中毒)。因此,人员伤亡数量应当列为事故分级的第一要素。

2) 直接经济损失的数额(经济要素)

生产安全事故不仅造成人员伤亡,还经常造成直接经济损失。要保护国家、单位和人民群众的财产权,还应根据造成直接经济损失的多少来划分事故等级。

3) 社会影响(社会要素)

有些生产安全事故的伤亡人数、直接经济损失数额虽然达不到法定标准,但是造成了恶劣的社会影响、政治影响和国际影响,也应当列为特殊事故进行调查处理,这是维护社会稳定的需要。

2. 生产安全事故报告及采取相应措施的规定

《建筑法》规定,施工中发生事故时,建筑施工企业应当采取紧急措施减少人员伤亡和事故损失,并按照国家有关规定及时向有关部门报告。

《建设工程安全生产管理条例》进一步规定,施工单位发生生产安全事故,应当按照国家有关伤亡事故报告和调查处理的规定,及时、如实地向负责安全生产监督管理的部门、建设行政主管部门或者其他有关部门报告;特种设备发生事故,还应当同时向特种设备安全监督管理部门报告。实行施工总承包的建设工程,由总承包单位负责上报事故。

1) 事故报告的基本要求

《安全生产法》规定,生产经营单位发生生产安全事故后,事故现场有关人员应当立即报告本单位负责人。单位负责人接到事故报告后,应当迅速采取有效措施,组织抢救,防止事故扩大,减少人员伤亡和财产损失,并按照国家有关规定立即如实报告当地负有安全生产监督管理职责的部门,不得隐瞒不报、谎报或者拖延不报,不得故意破坏事故现场、毁灭有关证据。

(1) 事故报告的时间要求

《生产安全事故报告和调查处理条例》规定,事故发生后,事故现场有关人员应当立即向本单位负责人报告;单位负责人接到报告后,应当于 1 小时内向事故发生地县级以上人民政府安全生产监督管理部门和负有安全生产监督管理职责的有关部门报告。情况紧急时,事故现场有关人员可以直接向事故发生地县级以上人民政府安全生产监督管理部门和负有安全生产监督管理职责的有关部门报告。

事故报告应当及时、准确、完整,任何单位和个人对事故不得迟报、漏报、谎报或者瞒报。

(2) 事故报告的内容要求

报告事故应当包括下列内容。

① 事故发生单位概况。

② 事故发生的时间、地点以及事故现场情况。

③ 事故的简要经过。

④ 事故已经造成或者可能造成的伤亡人数(包括下落不明的人数)和初步估计的直接经济损失。

⑤ 已经采取的措施。

⑥ 其他应当报告的情况。

(3) 事故补报的要求

事故报告后出现新情况的,应当及时补报。自事故发生之日起 30 日内,事故造成的伤亡人数发生变化的,应当及时补报。道路交通事故、火灾事故自发生之日起 7 日内,事故造成的伤亡人数发生变化的,应当及时补报。

2) 发生事故后应采取的相应措施

《建设工程安全生产管理条例》规定,发生生产安全事故后,施工单位应当采取措施防止事故扩大,保护事故现场。需要移动现场物品时,应当做出标记和书面记录,妥善保管有关证物。

事故发生后,有关单位和人员应当妥善保护事故现场以及相关证据,任何单位和个人不得破坏事故现场、毁灭相关证据。因抢救人员、防止事故扩大以及疏通交通等原因,需要移动事故现场物件的,应当做出标志,绘制现场简图并做出书面记录,妥善保存现场重要痕迹、物证。

事故现场保护的主要任务就是要在现场勘查之前,维持现场的原始状态,既不要减少任何痕迹、物品,也不能增加任何痕迹、物品。任何单位和个人,都不得破坏事故现场,毁灭相关证据。

保护事故现场,应当根据事故现场的具体情况和周围环境,划定保护区范围,布置警戒,必要时将事故现场封锁起来,禁止一切人进入保护区。即使是保护现场的人员,也不要无故进入,更不能擅自进行勘查,或者随意触摸、移动事故现场的任何物品。

特殊情况需要移动事故现场物件的,必须同时满足以下条件。

① 移动物件的目的是出于抢救人员、防止事故扩大以及疏通交通的需要。

② 移动物件必须经过事故单位负责人或者组织事故调查的安全生产监督管理部门和负有安全生产监督管理职责的有关部门的同意。

③ 移动物件应当作出标志,绘制现场简图,拍摄现场照片,对被移动物件应当贴上标签,并作出书面记录。

④ 移动物件应当尽量使现场少受破坏。

3. 生产安全事故的调查

《安全生产法》规定,事故调查处理应当按照实事求是、尊重科学的原则,及时、准确地查清事故原因,查明事故性质和责任,总结事故教训,提出整改措施,并对事故责任者提出处理意见。

1) 事故调查的管辖

《生产安全事故报告和调查处理条例》规定，特别重大事故由国务院或者国务院授权有关部门组织事故调查组进行调查。

重大事故、较大事故、一般事故分别由事故发生地省级人民政府、设区的市级人民政府、县级人民政府负责调查。省级人民政府、设区的市级人民政府、县级人民政府可以直接组织事故调查组进行调查，也可以授权或者委托有关部门组织事故调查组进行调查。未造成人员伤亡的一般事故，县级人民政府也可以委托事故发生单位组织事故调查组进行调查。上级人民政府认为必要时，可以调查由下级人民政府负责调查的事故。自事故发生之日起30日内（道路交通事故、火灾事故自发生之日起7日内），因事故伤亡人数变化导致事故等级发生变化，依照规定应当由上级人民政府负责调查的，上级人民政府可以另行组织事故调查组进行调查。

特别重大事故以下等级事故，事故发生地与事故发生单位不在同一个县级以上行政区域的，由事故发生地人民政府负责调查，事故发生单位所在地人民政府应当派人参加。

2) 事故调查组的组成与职责

事故调查组的组成应当遵循精简、效能的原则。

根据事故的具体情况，事故调查组由有关人民政府、安全生产监督管理部门、负有安全生产监督管理职责的有关部门、监察机关、公安机关以及工会派人组成，并应当邀请人民检察院派人参加。

事故调查组可以聘请有关专家参与调查。事故调查组成员应当具有事故调查所需要的知识和专长，并与所调查的事故没有直接利害关系。事故调查组组长由负责事故调查的人民政府指定。事故调查组组长主持事故调查组的工作。

① 查明事故发生的经过、原因、人员伤亡情况及直接经济损失。
② 认定事故性质和事故责任。
③ 提出对事故责任者的处理建议。
④ 总结事故教训，提出防范和整改措施。
⑤ 提交事故调查报告。

3) 事故调查报告的期限与内容

事故调查组应当自事故发生之日起60日内提交事故调查报告；特殊情况下，经负责事故调查的人民政府批准，提交事故调查报告的期限可以适当延长，但延长的期限最长不超过60日。

事故调查报告应当包括下列内容。

① 事故发生单位概况。
② 事故发生经过和事故救援情况。
③ 事故造成的人员伤亡和直接经济损失。
④ 事故发生原因和事故性质。
⑤ 事故责任的认定以及对事故责任者的处理建议。
⑥ 事故防范和整改措施。

事故调查报告应当附具有关证据材料。事故调查组成员应当在事故调查报告上签名。

4. 生产安全事故的处理

1）事故处理时限

《生产安全事故报告和调查处理条例》规定，重大事故、较大事故、一般事故，负责事故调查的人民政府应当自收到事故调查报告之日起 15 日内做出批复；特别重大事故，30 日内做出批复，特殊情况下，批复时间可以适当延长，但延长时间最长不超过 30 日。

2）对事故调查报告批复的落实

有关机构应当按照人民政府的批复，依照法律、行政法规的权限和程序，对事故发生单位和有关人员进行行政处罚，对负有事故责任的国家工作人员进行处分。

事故发生单位应当按照负责事故调查的人民政府的批示，对本单位负有事故责任的人员进行处理。

负有事故责任的人员涉嫌犯罪的，依法追究刑事责任。

3）事故发生单位落实防范和整改措施

事故发生单位应当认真吸取教训，落实防范和整改措施，防止事故再次发生。防范和整改措施的落实情况应当接受工会和职工的监督。安全生产监督管理部门和负有安全生产监督管理职责的有关部门应当对事故发生单位落实防范和整改措施的情况进行监督检查。

事故调查处理的最终目的是预防和减少事故。应该说，事故的调查不是为了调查事故而调查事故，事故的处理也不是为了追究责任而追究责任，其实只是要在查明事故原因、认定事故责任的基础上，提出防范和整改措施，进而防止事故的再次发生。因此，事故发生单位应当认真吸取教训，落实防范和整改措施，防止事故再次发生。

4）处理结果的公布

事故处理的情况由负责事故调查的人民政府或者其授权的有关部门、机构向社会公布，依法应当保密的除外。

多年的实践表明，事故调查处理的"四不放过"原则是行之有效的，即事故原因未查清不放过，事故责任者未受到处理不放过，事故责任人和周围群众未受到教育不放过，防范措施未落实不放过。"四不放过"原则应当继续在实践中贯彻。

小结

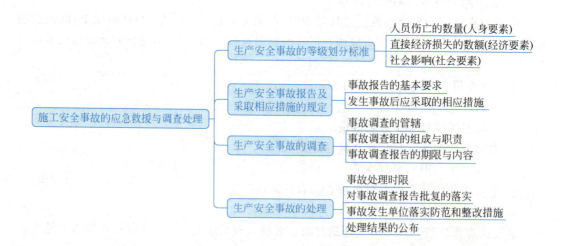

5.5 建设单位和相关单位的建设工程安全责任制度

导入案例

位于某市的某广场项目,目前施工打桩已完成,深基坑以及深基坑维护工程已完成,现场分别安装了3台塔式起重机。2017年5月14日9时30分左右,该项目1号楼施工现场发生一起塔式起重机倾覆坍塌事故,造成3人死亡,2人受伤。直接经济损失约360万元。相关单位情况如下。

1. 事故发生单位情况

A公司经营范围包括建筑设备的安装、租赁,建筑机械设备维修、建筑机械设备及配件的批发零售,建筑机械技术咨询与服务,建筑劳务。

2. 建设单位情况

B公司经营范围包括房地产开发及销售、自有房产租赁。

3. 施工单位情况

C公司经营范围包括房屋建筑工程、铁路工程、公路工程、市政公用工程、桥梁工程、隧道工程、室内外装修装饰工程、钢结构工程施工等。

4. 监理单位情况

D监理公司具有独立法人资格的专营性工程监理公司。公司具有房屋建筑甲级、机电安装甲级等工程监理资质,1999年通过了ISO 9001质量管理体系认证。

5. 涉及单位情况

E公司为合同中约定的设备安装、拆除单位,主项资质等级:起重设备安装工程专业承包壹级。经营范围包括制造生产、销售塔式起重机、建筑机械、施工升降机等。(经调查,原E公司外聘销售业务员杜某系冒用E公司资质手续,此起事故与该公司无关。)

6. 签订合同情况

(1) 某广场项目合同

2017年3月9日,B公司与C公司签订甲乙方工程合同(合同约定工期自2017年3月31日起至2018年12月31日止)。C公司于2017年2月28日成立"某广场项目部",由C公司具体负责承建该广场项目,C公司委派林某为该项目负责人。

(2) 工程监理合同

2017年3月25日,D监理公司与B公司签订了《建设工程监理合同》,委派公司人员周某为该广场工程的总监理工程师,全面负责监理合同中规定的各方面工作。监理期限自2017年3月31日始至2018年12月31日止。

(3) 设备租赁、安装、拆卸合同

2017年4月2日,C公司项目部与A公司高新分公司签订甲乙方设备租赁合同,合同中约定甲方租赁乙方5台塔式起重机用于某广场项目使用。后因项目施工现场需要,双方又于4月20日签订补充合同,约定将已签订租赁合同中(TC6015-10)塔式起重机更换为

(T7030-16)塔式起重机。4月26日,C公司同E公司签订了建筑起重机械安装、拆卸合同,并同E公司、A公司签订了塔式起重机安装三方安全协议,合同约定由E公司负责该广场项目QTZ250(T7030-16)塔式起重机的进场安装、拆卸、日常检查、维护及检修。

7. 事故3号塔式起重机情况

2017年4月20日,A公司同C公司签订补充租赁合同后,随即向北京某建筑机械租赁有限责任公司购买了由河北廊坊某公司生产的型号为QTZ250(T7030-16)的塔式起重机一台,同时将此台起重机相关报备手续向太原市建筑安全监督管理站进行了备案,备案编号:晋A-T40043。后因此台起重机一直未到货,A公司改为购买该公司另外一台二手塔式起重机(即坍塌3号塔式起重机)来替换此前未到货的塔式起重机,该机由山东某重工机械有限公司生产,出厂日期:2009年3月1日;型号:QTZ250(C7032);特种设备制造许可编号:TS2410B60-2011;北京市起重机械登记编号:京FS-T11411。A公司向C公司隐瞒了私自更换起重机的事实。

8. 相关情况

A公司只有起重设备安装工程专业承包叁级资质,不具备QTZ250塔式起重机(需要壹级资质)的安拆资质。后经A公司经理贾某与该公司法人代表范某商量后,贾某联系到原E公司外聘销售业务员杜某(2005年至2014年7月E公司销售人员,2014年12月31日,E公司同杜某解除销售合作关系),以每台起重机资质5000元(2台共计1万元)的价格,购买杜某提供的盖有"E公司重工机械有限公司"公章的虚假资质手续(E公司营业执照变更后,公章随之由"E公司重工机械有限公司"更改为"E重工股份有限公司",原有公章已作废,此章与E公司原有公章不符),4月26日,A公司以E公司名义同C公司签订了《建筑起重机械安装、拆卸合同》,并向C公司隐瞒了事实真相。E公司对杜某和A公司上述做法并不知情。

问题:相关单位应当承担哪些责任?

我国自1998年开始实施的《建筑法》中规定了有关部门和单位的安全生产责任。2004年开始实施的《建设工程安全生产管理条例》对于各级部门和建设工程有关单位的安全责任有了更为明确的规定。2014年住建部出台《建筑工程五方责任主体项目负责人质量终身责任追究暂行办法》,强化工程质量终身责任落实。

1. 建设单位的安全责任和义务

建设单位是建设工程项目的投资方或建设方,在整个工程建设中居于主导地位。建设单位必须遵守安全生产法律、法规的规定,保证建设工程安全生产,依法承担建设工程安全生产责任。

1)依法办理有关批准手续

《建筑法》规定,有下列情形之一的,建设单位应当按照国家有关规定办理申请批准手续。

① 需要临时占用规划批准范围以外场地的。
② 可能损坏道路、管线、电力、邮电通信等公共设施的。
③ 需要临时停水、停电、中断道路交通的。

④ 需要进行爆破作业的。

⑤ 法律、法规规定需要办理报批手续的其他情形。

2）向施工单位提供真实、准确和完整的有关资料

《建筑法》规定,建设单位应当向建筑施工企业提供与施工现场相关的地下管线资料,建筑施工企业应当采取措施加以保护。

《建设工程安全生产管理条例》进一步规定,建设单位应当向施工单位提供施工现场及毗邻区域的供水、排水、供电、供热、通信、广播电视等地下管线资料,气象和水温观测资料,相邻建筑物和构筑物、地下工程的有关资料,并保证资料的真实、准确、完整。建设单位因建设工程需要,向有关部门或者单位查询前款规定的资料时,有关部门或者单位应当及时提供。

3）不得提出违法要求和随意压缩合同工期

《建设工程安全生产管理条例》第七条规定："建设单位不得对勘察、设计、施工、工程监理等单位提出不符合建设工程安全生产法律、法规和强制性规定的要求,不得压缩合同约定的工期。"工程监理等单位提出不符合建设工程安全生产法律、法规和强制性标准规定的要求,不得压缩合同约定的工期。

合同约定的工期是建设单位与施工单位在工期定额的基础上,根据施工条件、技术水平等,经过双方平等协商而共同约定的工期。建设单位不得片面为了早日发挥建设项目的效益,迫使施工单位大量增加人力、物力投入,或者是简化施工程序,随意压缩合同约定的工期。任何违背科学和客观规律的行为,都是施工生产安全事故隐患,都有可能导致施工生产安全事故的发生。当然,在符合有关法律、法规和强制性标准的规定,并编制了赶工技术措施等前提下,建设单位和施工单位就提前工期的技术措施费和提前工期奖励等协商一致后,是可以对合同工期进行适当调整的。

4）确定建设工程安全作业环境及安全施工措施所需费用

《建设工程安全生产管理条例》第八条规定："建设单位在编制工程概算时,应当确定建设工程安全作业环境及安全施工措施所需费用。"

多年的实践表明,要保障施工安全生产,必须要有合理的安全投入。因此,建设单位在编制概算时,就应当合理确定保障建设工程施工安全所需的费用,并依法足额向施工单位提供。

5）不得要求购买、租赁和使用不符合安全施工要求的用具设备等

《建设工程安全生产管理条例》第九条规定："建设单位不得明示或者暗示施工单位购买、租赁、使用不符合安全施工要求的安全防护用具、机械设备、施工机具及配件、消防设施和器材。"

由于建设工程的投资、投资效益造成工程质量后果的都由建设单位承担或最终承担,因此建设单位对工程建设的各个环节都非常关心,包括对材料设备的采购、租赁等,建设单位或多或少都要对施工单位产生影响。这就要求建设单位与施工单位在合同中应当明确约定双方的权利义务,包括采用哪种供货方式等。无论施工单位在购买、租赁还是使用有关安全生产的材料设备时,建设单位都不得采用明示或者暗示的手段对施工单位施加影响,提出不

符合安全施工条件的要求。

6) 申领施工许可证时应当提供有关安全施工措施的资料

《建筑法》规定的申请领取施工许可证应当具备的条件之一,就是"有保证工程质量和安全的具体措施"。

《建设工程安全生产管理条例》第十条进一步规定:"建设单位在领取施工许可证时,应当提供有关安全施工措施的资料。依法批准开工报告的建设工程,建设单位应当自开工报告批准之日起15日内,将保证安全施工的措施报送建设工程所在地的县级以上地方人民政府建设行政主管部门或者其他有关部门备案。"

建设单位在领取施工许可证时,应当提供建设工程有关安全施工措施的资料,一般包括工程中标通知书,工程施工合同,施工现场总平面布置图,临时设施规划方案和已搭建情况,施工现场安全防护设施搭设(设置)计划、施工进度计划、安全措施费用计划,专项安全施工组织设计(方案、措施),拟进入施工现场使用的施工起重机械设备(塔式起重机、物料提升机、外用电梯)的型号、数量,工程项目负责人、安全管理人员及特种作业人员持证上岗情况,建设单位安全监督人员名册、工程监理单位人员名册,以及其他应提交的材料。

7) 依法实施装修工程和拆除工程

《建筑法》规定,涉及建筑主体和承重结构变动的装修工程,建设单位应当在施工前委托原设计单位或者具有相应资质条件的设计单位提出设计方案;没有设计方案的,不得施工。《建筑法》还规定,房屋拆除应当由具备保证安全条件的建筑施工单位承包。

《建设工程安全生产管理条例》第十一条进一步规定建设单位应当将拆除工程发包给具有相应资质等级的施工单位。建设单位应当在拆除工程施工15日前,将下列资料报送建设工程所在地的县级以上地方人民政府建设行政主管部门或者其他有关部门备案。

① 施工单位资质等级证明。
② 拟拆除建筑物、构筑物及可能危及毗邻建筑的说明。
③ 拆除施工组织方案。
④ 堆放、清除废弃物的措施。

实施爆破作业的,应当遵守国家有关民用爆破物品管理的规定。

2. 勘察、设计单位的安全责任和义务

1) 勘察单位的安全责任

《建设工程安全生产管理条例》第十二条规定:"勘察单位应当按照法律、法规和工程建设强制性标准进行勘察,提供的勘察文件应当真实、准确,满足建设工程安全生产的需要。勘察单位在勘察作业时,应当严格执行操作规程,采取措施保证各类管线、设施和周边建筑物、构筑物的安全。"

工程勘察是工程建设的先行程序,工程勘察成果是建设工程项目规划、选址、设计的重要依据,也是保证施工安全的重要因素和前提条件。因此,勘察单位必须按照法律、法规的规定以及工程建设强制性标准的要求进行勘察,并提供真实、准确的勘察文件,不能弄虚作假。

此外,勘察单位在进行勘察作业时,也易发生安全事故。为了保证勘察作业的安全,要求勘察人员必须严格执行操作规程,并应采取措施保证各类管线、设施和周边建筑物、构筑物的安全,为保障施工作业人员和相关人员的安全提供必要条件。

2)设计单位的安全责任

工程设计是工程建设的灵魂。在建设工程项目确定后,工程设计便成为工程建设中最重要、最关键的环节,对安全施工有着重要影响。

(1)按照法律、法规和工程建设强制性标准进行设计

《建设工程安全生产管理条例》第十三条第一款规定:"设计单位应当按照法律、法规和工程建设强制性标准进行设计,防止因设计不合理导致生产安全事故的发生。"工程建设强制性标准是工程建设技术和经验的总结和累计,对保证建设工程质量和施工安全起着至关重要的作用。从一些生产安全事故的原因分析,属于设计单位责任的,主要是没有按照强制性标准进行设计,由于设计得不合理导致施工过程中发生了安全事故。因此,设计单位在设计过程中必须考虑施工生产安全,严格执行强制性标准。

(2)提出防范生产安全事故的指导意见和措施建议

《建设工程安全生产管理条例》第十三条第二款和第三款规定:"设计单位应当考虑施工安全操作和防护的需要,对设计施工安全的重点部位和环节在设计文件中注明,并对防范生产安全事故提出指导意见。采用新结构、新材料、新工艺的建设工程在特殊结构的建设工程,设计单位应当在设计中提出保障施工作业人员安全和预防生产安全事故的措施建议。"

设计单位的工程设计文件对保证建设工程结构安全至关重要。同时,设计单位在编制设计文件时,还应当结合建设工程的具体特点和实际情况,考虑施工安全作业和安全防护的需要来制定安全防护措施,以提供技术保障。特别是对采用新结构、新材料、新工艺的建设工程和特殊结构的建设工程,设计单位应当在设计中提出保证施工作业人员安全和预防生产安全事故的措施建议。在施工单位作业前,设计单位还应当就设计意图、设计文件向施工单位作出说明和技术交底,并对防范生产安全事故提出指导意见。

(3)对设计成果承担责任

《建设工程安全生产管理条例》第十三条第四款规定:"设计单位和注册建筑师等注册执业人员应当对其设计负责。"

"谁设计,谁负责",这是国际通行做法。如果由于设计责任造成事故,设计单位就要承担法律责任,还应当对造成的损失进行赔偿。建筑师、结构工程师等注册执业人员应当在设计文件上签字盖章,对设计文件负责,并承担相应的法律责任。

3. 工程监理单位的安全责任和义务

工程监理单位应当审查施工组织设计中的安全技术措施或者专项施工方案是否符合工程建设强制性标准。

工程监理单位在实施监理过程中,发现存在安全事故隐患的,应当要求施工单位整改;情况严重的,应当要求施工单位暂时停止施工,并及时报告建设单位。施工单位拒不整改或者不停止施工的,工程监理单位应当及时向有关主管部门报告。

工程监理单位和监理工程师应当按照法律法规和工程建设强制性标准实施监理,并对建设工程安全生产承担监理责任。

4. 其他有关单位的安全责任

为建设工程提供机械设备和配件的单位,应当按照安全施工的要求配备齐全有效的保险、限位等安全设施和装置。出租的机械设备和施工机具及配件,应当具有生产(制造)许可证、产品合格证。

出租单位应当对出租的机械设备和施工机具及配件的安全性能进行检测,在签订租赁协议时,应当出具检测合格证明。禁止出租检测不合格的机械设备和施工机具及配件。

在施工现场安装、拆卸施工起重机械和整体提升脚手架、模板等自升式架设设施,必须由具有相应资质的单位承担。安装、拆卸施工起重机械和整体提升脚手架、模板等自升式架设设施,应当编制拆装方案,制定安全施工措施,并由专业技术人员现场监督。施工起重机械和整体提升脚手架、模板等自升式架设设施安装完毕后,安装单位应当自检,出具自检合格证明,并向施工单位进行安全使用说明,办理验收手续并签字。

5. 建设工程安全生产监督管理

1) 建设工程安全生产的行政监督管理的分级管理

(1) 建设工程安全生产的行政监督管理的概念

建设工程安全生产的行政监督管理,是指各级人民政府建设行政主管部门及其授权的建设工程安全生产监督机构,对建设工程安全生产所实施的行政监督管理。

(2) 建设工程安全生产的行政监督管理的分级管理

我国现行对建设工程安全生产的行政监督管理是分级进行的,建设行政主管部门因级别不同具有的管理职责也不完全相同。

国务院建设行政主管部门负责建设工程安全生产的统一监督管理,并依法接受国家安全生产综合管理部门的指导和监督。国务院交通、水利等有关部门按照国务院规定的职责分工,负责有关专业建设工程安全生产的监督管理。

县级以上地方人民政府建设行政主管部门负责本行政区域内的建设工程安全生产管理。县级以上地方人民政府交通、水利等有关部门在各自的职责范围内,负责本行政区域内的专业建设工程安全生产的监督管理。县级以上地方人民政府建设行政主管部门和地方人民政府交通、水利等有关部门应当设立建设工程安全监督机构,负责建设工程安全生产的日常监督管理工作。

2) 安全生产的四种监督方式

《安全生产法》中明确了以下四种监督方式。

(1) 工会民主监督

工会有权对建设项目的安全设施与主体工程同时设计、施工、投入生产和使用的情况进行监督,提出意见。

(2) 社会舆论监督

新闻、出版、广播、电影、电视等单位有权对违反安全生产法律、法规的行为进行舆论监督的权利。

(3) 公众举报监督

任何单位或者个人对事故隐患或者安全生产违法行为,均有权向负有安全生产监督管理职责的部门报告或者举报。

（4）社区报告监督

居民委员会、村民委员会发现其所在区域内的生产经营单位存在事故隐患或者安全生产违法行为时，有权向当地人民政府或者有关部门报告。

3）安全监督检查人员职权

安全监督检查人员的职权主要有以下三个方面。

（1）现场调查取证权

安全生产监督检查人员可以进入生产经营单位进行现场调查，单位不得拒绝，有权向被检查单位调阅资料，向有关人员（负责人、管理人员、技术人员）了解情况。

（2）现场处理权

现场处理权包括对安全生产违法作业当场纠正权，对现场检查出的隐患，限期改正、停产停业或停止使用的职权。

（3）责令紧急避险权和依法行政处罚权

查封、扣押行政强制措施权其对象是安全设施、设备、器材、仪表等；依据是不符合国家或行业安全标准；条件是必须按程序办事、有足够证据、经部门负责人批准、通知被查单位负责人到场、登记记录等，并必须在15日内作出决定。

4）安全监督检查人员义务

安全监督检查人员的义务主要有以下几个方面。

① 审查、验收禁止收取费用。

② 禁止要求被审查、验收的单位购买指定产品。

③ 必须遵循忠于职守、坚持原则、秉公执法的执法原则。

④ 监督检查时须出示有效的监督执法证件。

⑤ 对检查单位的技术秘密、业务秘密尽到保密之义务。

5）建筑安全生产监督机构的职责

建筑安全生产监督机构根据同级人民政府建设行政主管部门的授权，依据有关的法规、标准，对本行政区域内建筑安全生产实施监督管理。其职责如下：

① 贯彻执行党和国家的安全生产方针、政策和决议。

② 监察各工地对国家、建设部、省及市政府公布的安全法规、标准、办法和安全技术措施的执行情况。

③ 总结、推广建筑施工安全科学管理、先进安全装置、措施等经验，并及时给予奖励。

④ 制止违章指挥和违章作业行为，对情节严重者按处罚条例给予经济处罚，对隐患严重的现场或机械、电气设备等，及时签发停工指令，并提出改进措施。

⑤ 参加建筑行业重大伤亡事故的调查处理，对造成死亡1人、重伤3人、直接经济损失5万元以上的重大事故主要负责者，有权向检察院、法院提出控诉，追究刑事责任。

⑥ 对建筑施工队伍负责人、安全检查员、特种作业人员进行安全教育培训、考核、发证工作。

⑦ 参加建筑施工企业新建、扩建、改建和挖潜、革新、改造工程项目设计和竣工验收工作，负责安全卫生设施"三同时"（安全卫生设施同时设计、同时施工、同时投入使用）的审查工作。

⑧ 及时召开安全施工或重大伤亡事故现场会议。

小结

```
                              ┌─ 建设单位的安全责任和义务
                              ├─ 勘察、设计单位的安全责任和义务
建设单位和相关单位的 ────────┼─ 工程监理单位的安全责任和义务
建设工程安全责任制度          ├─ 其他有关单位的安全责任
                              └─ 建设工程安全生产监督管理
```

第 5 章 案例分析

第6章 建设工程质量法律制度

6.1 建设工程标准

导入案例

2016年3月14日,嘉兴支队在对某购物中心建设工程图纸消防设计审核时发现:该工程地下室与地上层共用楼梯间处未在首层与地下出入口处设置乙级防火门隔开。4月17日,嘉兴支队在对某大厦建设工程图纸消防设计审核时发现:该工程1号、2号疏散楼梯地上层与地下层共用楼梯间,其分割未设置在首层。4月19日,嘉兴消防支队在对某大酒店有限公司俱乐部内部装修建设工程图纸消防设计审核时发现:四层一个厅、室面积超过200平方米,未采用2.00h的隔墙和1.00h的楼板与其他场所隔开,包厢的门未使用乙级防火门,且4轴处敞开楼梯未与其他楼层进行分割;一层厨房的门、场所内封闭楼梯间的门未设置为乙级防火门;K210等三个包厢的两个疏散门最近边缘之间的水平距离小于5米;K114等11个包厢建筑面积超过50平方米只设置一个疏散门;疏散走道净宽度小于1.1米;经防火卷帘分割后无安全出口;敞开楼梯处使用乙级防火卷帘,耐火等级小于3小时;场所防火面积超过5 000平方米。

年初至今,嘉兴消防支队在对建设工程图纸消防设计审核时发现:某建筑设计有限公司等7家设计单位均存在不按照消防技术标准强制性要求进行消防设计的违法行为,严重违反消防技术标准强制性要求。处罚过程中,设计单位均表示将加强设计工作的内部审查,严格执行国家工程建设消防技术标准进行设计。在这7起违法案件中可以看出设计单位还存在诸多问题,如有的设计单位迁就建设单位意见,在设计中抱着侥幸心理故意降低消防设计要求;有的设计单位设计人员业务素质不高,造成设计质量不过关。

问题:建设工程标准的重要性有哪些?

1. 建设工程质量的概念

建设工程质量简称工程质量,是指工程满足业主需要的,符合国家法律、法规、技术规范标准、设计文件及合同规定的特性综合。

建设工程作为一种特殊的产品,除具有一般产品共有的质量特性,如性能、寿命、可靠性、安全性、经济性等满足社会需要的使用价值及其属性外,还具有特定的内涵。

2. 建设工程质量的特性

建设工程质量的特性主要表现在以下六个方面。

① 适用性即功能,是指工程满足使用目的的各种性能,包括理化性能、结构性能、使用

性能、外观性能等。

② 耐久性即寿命,是指工程在规定的条件下,满足规定功能要求使用的年限,也就是工程竣工后的合理使用寿命周期。

③ 安全性是指工程建成后在使用过程中保证结构安全、保证人身和环境免受危害的程度。

④ 可靠性是指工程在规定的时间和规定的条件下完成规定功能的能力。

⑤ 经济性是指工程从规划、勘察、设计、施工到整个产品使用寿命周期内的成本和消耗的费用。

⑥ 与环境的协调性是指工程与其周围生态环境协调,与所在地区经济环境协调以及与周围已建工程相协调,以适应可持续发展的要求。

上述六个方面的质量特性彼此之间是相互依存的,总体而言,适用、耐久、安全、可靠、经济、与环境适应性,都是必须达到的基本要求,缺一不可。

3. 影响建设工程质量的因素

影响建设工程质量的因素主要有人、材料、方法、机械和环境五个方面。对这五个方面因素严格控制,是保证工程质量的关键。

1) 人的因素

人的因素主要指领导者的素质,操作人员的理论、技术水平、生理缺陷、粗心大意、违纪违章等。施工时首先要考虑对人的因素的控制,因为人是施工过程的主体,工程质量的形成过程,受到所有参加工程项目施工工程技术人员、操作人员、服务人员的共同作用,所以他们是形成工程质量的主要因素。

2) 材料因素

材料(包括原材料、成品、半成品、构配件)是工程施工物质条件,材料质量是工程质量的基础,材料质量不符合要求,工程质量也就不可能符合标准。所以加强材料的质量控制,是提高工程质量的重要保证。影响材料质量的因素主要是材料的成分、物理性能、化学性能等。

据统计资料,建筑工程中材料费用占总投资的70%或更多,正因为这样,一些承包商在拿到工程后,为牟取更多利益,不按工程技术规范要求的品种、规格、技术参数等采购相应的成品或半成品,造成原材料的质量低劣,最终给工程留下质量隐患。

3) 方法因素

施工过程中的方法包含整个建设周期内所采取的技术方案、工艺流程、组织措施、检测手段、施工组织设计等。施工方案的正确与否,直接影响工程质量控制能否顺利实现。施工方案考虑不周全往往会拖延进度,影响质量,增加投资。因此,制定和审核施工方案时,必须结合工程实际,从技术、管理、工艺、组织、操作、经济等方面进行全面分析、综合考虑,力求方案技术可行、经济合理、工艺先进、措施得力、操作方便,有利于提高质量、加快进度、降低成本。

4) 机械因素

施工阶段必须综合考虑施工现场条件、建筑结构形式、施工工艺和方法、建筑技术经济等合理选择机械的类型和功能参数,合理使用机械设备,正确操作。操作人员必须认真执行各项规章制度,严格遵守操作规程,并加强对施工机械的维修、保养、管理。

5）环境因素

影响工程质量的环境因素较多，有工程地质、水文、气象、噪音、通风、振动、照明、污染等。环境因素对工程质量的影响具有复杂而多变的特点，如气象条件变化万千，温度、湿度、大雨、暴雨、酷暑、严寒都会直接影响工程质量。此外，冬雨期、炎热季节、雨季施工时，还应针对工程的特点，尤其是混凝土工程、土方工程、水下工程及高空作业等，拟定季节性施工质量的有效措施，以免工程质量受到冻害、干裂、冲刷等的危害。同时，要不断改善施工现场的环境，尽可能减少施工中产生的危害对环境的污染，健全施工现场管理制度，实行文明施工。

4. 工程建设标准的分类

根据《中华人民共和国标准化法》（以下简称《标准化法》）的规定，我国的标准分为国家标准、行业标准、地方标准和企业标准。国家标准、行业标准又分为强制性标准和推荐性标准。

保障人身健康，人身、财产安全的标准和法律、行政法规规定强制性执行的标准是强制性标准，其他标准是推荐性标准。强制性标准一经颁布，必须贯彻执行，否则对造成恶劣后果和重大损失的单位和个人，要受到经济制裁或承担法律责任。

1）工程建设国家标准

《标准化法》规定，对需要在全国范围内统一的技术要求，应当制定国家标准。

（1）工程建设国家标准的范围和类型

原建设部《工程建设国家标准管理办法》规定，对需要在全国范围内统一的下列技术要求，应当制定国家标准。

① 工程建设勘察、规划、设计、施工（包括安装）及验收等通用的质量要求。
② 工程建设通用的有关安全、卫生和环境保护的技术要求。
③ 工程建设通用的术语、符号、代号、量与单位、建筑模数和制图方法。
④ 工程建设通用的试验、检验和评定等方法。
⑤ 工程建设通用的信息技术要求。
⑥ 国家需要控制的其他工程建设通用的技术要求。

工程建设国家标准分为强制性标准和推荐性标准。下列标准属于强制性标准。

① 工程建设勘查、规划、设计、施工（包括安装）及验收等通用的综合标准和重要的通用的质量标准。
② 工程建设通用的有关安全、卫生和环境保护的标准。
③ 工程建设重要的通用的术语、符号、代号、量与单位、建筑模数和制图方法标准。
④ 工程建设重要的通用的试验、检验和评定方法等标准。
⑤ 工程建设重要的通用的信息技术标准。
⑥ 国家需要控制的其他工程建设通用的标准。

强制性标准以外的标准是推荐性标准。

（2）工程建设国家标准的审批发布和编号

工程建设国家标准由国务院工程建设行政主管部门审查批准，由国务院标准化行政主管部门统一编号，由国务院标准化行政主管部门和国务院工程建设行政主管部门联合发布。

工程建设国家标准的编号由国家标准代号、发布标准的数序号和发布标准的年号组成。强制性国家标准的代号为"GB"，推荐性国家标准的代号为"GB/T"。例如，《建筑工程施工质量评价标准范》（GB/T 50375—2016），其中 GB 表示强制性标准，50375 表示标准发布顺序号,2016 表示 2016 年批准发布。

(3) 国家标准的复审与修订

国家标准实施后,应当根据科学技术的发展和工程建设的需要,由该国家标准的管理部门适时组织有关单位进行复审。复审一般在国家标准实施后 5 年进行 1 次。复审可以采取函审或会议审查,一般由参加过该标准编制或审查的单位或个人参加。

国家标准复审后,标准管理单位应当提出其继续有效或者予以修订、废止的意见,经该国家标准的主管部门确认后报国务院工程建设行政主管部门批准。凡属下列情况之一的国家标准,应当进行局部修订。

① 国家标准的部分规定已制约了科学技术新成果的推广应用。
② 国家标准的部分规定经修订后可取得明显的经济效益、社会效益、环境效益。
③ 国家标准的部分规定有明显缺陷或与相关的国家标准相抵触。
④ 需要对现行的国家标准作局部补充规定。

2) 工程建设行业标准

《标准化法》规定,对没有国家标准而又需要在全国某个行业范围内统一的技术要求,可以制定行业标准。在公布国家标准之后,该行业标准即行废止。

(1) 工程建设行业标准的范围和类型

1992 年 12 月原建设部发布的《工程建设行业标准管理办法》规定,对没有国家标准而需要在全国某个行业范围内统一的下列技术要求,可以制定行业标准。

① 工程建设勘查、规划、设计、施工(包括安装)及验收等行业专用的质量要求。
② 工程建设行业专用的有关安全、卫生和环境保护的技术要求。
③ 工程建设行业专用的术语、符号、代号、量与单位和制图方法。
④ 工程建设行业专用的试验、检验和评定等方法。
⑤ 工程建设行业专用的信息技术要求。
⑥ 其他工程建设行业专用的技术要求。

工程建设行业标准也分为强制性标准和推荐性标准。下列标准属于强制性标准。

① 工程建设勘查、规划、设计、施工(包括安装)及验收等行业专用的综合性标准和重要的行业专用的质量标准。
② 工程建设行业专用的有关安全、卫生和环境保护的标准。
③ 工程建设重要的行业专用的术语、符号、代号、量与单位和制图方法标准。
④ 工程建设重要的行业专用的试验、检验和评定方法等标准。
⑤ 工程建设重要的行业专用的信息技术标准。
⑥ 行业需要控制的其他工程建设标准。

强制性标准以外的标准是推荐性标准。

行业标准不得与国家标准相抵触。行业标准的某些规定与国家标准不一致时,必须有充分的科学依据和理由,并经国家标准的审批部门批准。行业标准在相应的国家标准实施后,应当及时修订或废止。

(2) 工程建设行业标准的制订、修订程序与复审

工程建设行业标准的制订、修订程序,也可以按准备、征求意见、送审和报批四个阶段进行。

工程建设行业标准实施后,根据科学技术的发展和工程建设的实际需要,该标准的批准

部门应当适时进行复审,确认其继续有效或予以修改、废止。一般也是5年复审1次。

3) 工程建设地方标准

《标准化法》规定,对没有国家标准和行业标准而又需要在省、自治区、直辖市范围内统一的工业产品的安全、卫生要求,可以制定地方标准。在公布国家标准或者行业标准之后,该项地方标准即行废止。

(1) 工程建设地方标准制订的范围和权限

我国幅员辽阔,工程建设的自然环境差异很大。例如,我国的黄土地区、冻土地区以及膨胀土地区,对施工技术的要求有很大区别。因此,工程建设标准除国家标准、行业标准外,还需要有相应的地方标准。

2004年2月原建设部发布的《工程建设地方标准化工作管理规定》中规定,工程建设地方标准项目的确定,应当从本行政区域工程建设的需要出发,并应体现本行政区域的气候、地理、技术等特点。对没有国家标准、行业标准或国家标准、行业标准规定不具体,且需要在本行政区域内作出统一规定的工程建设技术要求,可制定相应的工程建设地方标准。

工程建设地方标准在省、自治区、直辖市范围内由省、自治区、直辖市建设行政主管部门统一计划、统一审批、统一发布、统一管理。

(2) 工程建设地方标准的实施和复审

工程建设地方标准不得与国家标准和行业标准相抵触。对与国家标准或行业标准相抵触的工程建设地方标准的规定,应当自行废止。工程建设地方标准应报国务院建设行政主管部门备案。未经备案的工程地方标准,不得在建设活动中使用。

工程建设地方标准中,对直接涉及人民生命财产安全、人体健康、环境保护和公共利益的条文,经国务院建设行政主管部门确定后,可作为强制性条文。在不违反国家标准和行业标准的前提下,工程建设地方标准可以独立实施。

工程建设地方标准实施后,应根据科学技术的发展、本行政区域工程建设的需要以及工程建设国家标准、行业标准的制定、修订情况,适时进行复审,复审周期一般不超过5年。对复审后需要修订或局部修订的工程建设地方标准,应当及时修订或局部修订。

4) 工程建设企业标准

《标准化法》规定,企业生产的产品没有国家标准和行业标准的,应当制定企业标准,作为组织生产的依据。已有国家标准或行业标准的,国家鼓励企业制定严于国家标准或者行业标准的企业标准,在企业内部适用。

1995年6月原建设部发布的《关于加强工程建设企业标准化工作的若干意见》指出,工程建设企业标准一般包括企业的技术标准、管理标准和工作标准。

需要说明的是,标准、规范、规程都是标准的表现方式,习惯上统称为标准。当针对产品、方法、符号、概念等基础标准时,一般采用"标准",如《工业建筑节能设计统一标准》《公路工程技术标准》《建筑抗震鉴定标准》等;当针对工程勘查、规划、设计、施工等通用的技术事项作出规定时,一般采用"规范",如《建设工程造价鉴定规范》《混凝土结构设计规范》《住宅设计规范》《建筑设计防火规范》等;当针对操作、工艺、管理等专用技术要求时,一般采用"规程",如《冲击回波法检测混凝土缺陷技术规程》《建筑安装工艺及操作规程》《建筑机械使用安全技术规程》等。

此外,在实践中还有推荐性的工程建设协会标准。

小结

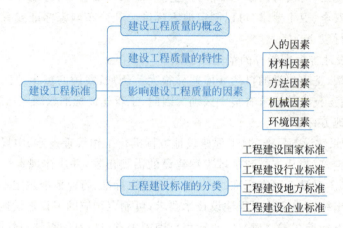

6.2 建设工程主体的质量责任和义务

导入案例

某写字楼建设项目,建设单位与施工单位签订土建和装饰装修施工合同,建设单位委托监理单位对该工程土建施工和装饰装修进行工程监理。在该工程装饰装修过程中发生了如下事件。

装饰装修合同中规定5 000平方米的花岗石石材由建设单位指定厂家,施工单位负责采购。当第一批石材运到工地时,施工单位认为,由建设单位指定用的石材,在检查产品合格证后即可用于工程;而监理工程师认为必须进行石材放射性检测。经抽样检验发现石材质量不合格。

问题:

(1) 施工单位针对建设单位指定厂家的装饰材料进场未予检测的做法是否正确?

(2) 若施工单位将该批材料用于工程造成质量问题,施工单位和建设单位各应该承担什么责任?

1. 建设单位的质量责任和义务

建设单位作为建设工程的投资人,是建设工程的重要责任主体。建设单位有权选择承包单位,有权对建设过程进行检查、控制,对建设工程进行验收,并按时支付工程款和费用等,在整个建设活动中居于主导地位。因此,要确保建设工程的质量,首先就要对建设单位的行为进行规范,对其质量责任予以明确。建设单位的质量责任和义务主要有以下几个方面。

1) 依法发包工程

《建设工程质量管理条例》第七条和第八条规定,建设单位应当将工程发包给具有相应资质等级的单位。建设单位不得将建设工程肢解发包。建设单位应当依法对工程建设项目的勘察、设计、施工、监理以及与工程建设相关的重要设备、材料等的采购进行招标。

建设单位发包工程时,应该根据工程特点,以有利于工程的质量、进度、成本控制为原则,合理划分标段,但不得肢解发包工程。如果将应当由一个承包单位完成的工程肢解成若干部分,分包发包给不同的承包单位,将使整个工程建设在管理和技术上缺乏应有的统筹协调,从而造成施工现场秩序混乱,责任不清,严重影响建设工程质量,一旦出现问题也很难找到责任方。

2) 依法向有关单位提供原始资料

《建设工程质量管理条例》第九条规定,建设单位必须向有关的勘察、设计、施工、工程监理等单位提供与建设工程有关的原始资料。原始资料必须真实、准确、齐全。依法向有关单位提供原始资料,是建设单位基本的责任和义务。

在工程实践中,建设单位根据委托任务必须向勘察单位提供如勘察任务书、项目规划总平面图、地下管线、地形地貌等在内的基础资料;向设计单位提供政府有关部门批准的项目建议书、可行性研究报告等立项文件,设计任务书,有关城市规划、专业规划设计条件,勘察成果及其他基础资料;向施工单位提供概算批准文件,建设项目正式列入国家、部门或地方的年度固定资产投资计划,建设用地的征用资料,施工图纸及技术资料,建设资金和主要建筑材料、设备的来源落实资料,建设项目所在地规划部门批准文件,施工现场完成"三通一平"的平面图等资料;向工程监理单位提供的原始资料,除包括给施工单位的资料外,还要有建设单位与施工单位签订的承包合同文本。

3) 限制不合理的干预行为

《建筑法》规定,建设单位不得以任何理由,要求建筑设计单位或者建筑施工企业在工程设计或者施工作业中,违反法律、行政法规、建筑工程质量和安全标准,降低工程质量。

《建设工程质量管理条例》第十条规定,建设工程发包单位不得迫使承包方以低于成本的价格竞标,不得任意压缩工期,建设单位不得明示或者暗示设计单位或者施工单位违反工程建设强制性标准,降低建设工程质量。

4) 依法报审施工图设计文件

《建设工程质量管理条例》第十一条规定,建设单位应当将施工图设计文件报县级以上人民政府建设行政主管部门或者其他有关部门审查。施工图设计文件未经审查批准的,不得使用。

建立和实施施工图设计文件审查制度,是许多国家确保建设单位质量的成功做法。我国于1998年开始进行建筑工程项目施工图设计文件审查试点工作,在节约投资、发现设计质量隐患和避免违法违规行为等方面都有明显的成效。

5) 依法实行工程监理

《建设工程质量管理条例》第十二条规定,实行监理的建设工程,建设单位应当委托具有相应资质等级的工程监理单位进行监理,也可以委托具有工程监理相应资质等级并与被监理工程的施工承包单位没有隶属关系或者其他利害关系的该工程设计单位进行监理。

《建设工程质量管理条例》规定,下列建设工程必须实行监理。

① 国家重点建设工程。

② 大中型公用事业工程。

③ 成片开发建设的住宅小区工程。

④ 利用外国政府或者国家组织贷款、援助资金的工程。
⑤ 国家规定必须实行监理的其他工程。

6）依法办理工程质量监督手续

《建设工程质量管理条例》第十三条规定，建设单位在领取施工许可证或者开工报告前，应当按照国家有关规定办理工程质量监督手续。

办理工程质量监督手续是法定程序，不办理质量监督手续的，不允许发施工许可证，工程不得开工。因此，建设单位在领取施工许可证或者开工报告之前，应当依法到建设行政主管部门或交通、水利等有关管理部门，或者委托的工程质量监督机构办理工程质量监督手续，接受政府主管部门的工程质量监督。

建设单位办理工程质量监督手续，应提供以下文件和资料。

① 工程规划许可证。
② 设计单位资质等级证书。
③ 监理单位资质等级证书，监理合同及工程项目监理登记表。
④ 施工单位资质等级证书及营业执照副本。
⑤ 工程勘察设计文件。
⑥ 中标通知书及施工承包合同等。

7）依法保证建筑材料等符合要求

《建设工程质量管理条例》第十四条规定，按照合同约定，由建设单位采购建筑材料、建筑构配件和设备的，建设单位应当保证建筑材料、建筑构配件和设备符合设计文件和合同要求。

在工程实际中，根据工程项目设计文件和合同要求的质量标准，哪些材料和设备由建设单位采购，哪些材料和设备由施工单位采购，应该在合同中明确约定，并且约定由谁采购、谁负责。

8）依法进行装修工程

随意拆改建筑主体结构和承重结构等，会危及建设工程安全和人民生命财产安全。因此，《建设工程质量管理条例》第十五条规定，涉及建筑主体和承重结构变动的装修工程，建设单位应当在施工前委托原设计单位或者相应资质等级的设计单位提出设计方案；没有设计方案的，不得施工。房屋建筑使用者在装修过程中，不得擅自变动房屋建筑主体和承重结构。

建筑设计方案是根据建筑物的功能要求，具体确定建筑标准、结构形式、建筑物的空间和平面布置以及建筑群体的安排。对于涉及建筑主体和承重结构变动的装修工程，设计单位应根据结构形式和特点，对结构受力进行分析，对构件的尺寸、位置、配筋等重新进行计算和设计。因此，建设单位应当委托该建筑工程的原设计单位或者具有相应资质条件的设计单位提出装修工程的设计方案。如果没有设计方案就擅自施工，则将留下质量隐患甚至造成质量事故，后果严重。

2. 勘察、设计单位的质量责任和义务

《建筑法》规定，建筑工程的勘察、设计单位必须对其勘察、设计的质量负责。勘察、设计文件应当符合有关法律、行政法规的规定和建筑工程质量、安全标准、建筑工程勘察、设计技术规范以及合同的约定。

勘察、设计单位的质量责任和义务主要有以下几个方面。

1) 依法承揽工程的勘察、设计业务

《建设工程质量管理条例》第十八条规定，从事建设工程勘察、设计的单位应当依法取得相应等级的资质证书，并在其资质等级许可的范围内承揽工程。禁止勘察、设计单位超越其资质等级许可的范围或者以其他勘察、设计单位的名义承揽工程。禁止勘察、设计单位允许其他单位或者个人以本单位的名义承揽工程。勘察、设计单位不得转包或者违法分包所承揽的工程。

2) 勘察、设计单位必须执行强制性标准

《建设工程质量管理条例》第十九条规定，勘察、设计单位必须按照工程建设强制性标准进行勘察、设计，并对其勘察、设计的质量负责。注册建筑师、注册结构工程师等注册执业人员应在设计文件上签字，对设计文件负责。

3) 勘察单位提供的勘察结果必须真实、准确

《建设工程质量管理条例》第二十条规定，勘察单位提供的地质、测量、水文等勘察成果必须真实、准确。

4) 设计依据和设计深度

《建设工程质量管理条例》第二十一条规定，设计单位应当根据勘察成果文件进行建设工程设计，设计文件应当符合国家规定的设计深度要求，注明工程合理使用年限。勘察成果文件是设计的基础资料，是设计的依据。因此，先勘察、后设计是工程建设的基本做法，也是基本建设程序的要求。我国对4类设计文件的编制深度都有规定，在实践中应当认真贯彻执行。工程合理使用年限是指从工程竣工验收合格之日起，工程的地基基础、主体结构能保证在正常情况下安全使用的年限。它与《建筑法》中的"建筑物合理寿命年限"、《合同法》中的"工程合理使用期限"等在概念上是一致的。

5) 依法规范设计对建筑材料等的选用

《建筑法》第五十六条、《建设工程质量管理条例》第二十二条都规定，设计单位在设计文件中选用的建筑材料、建筑构配件和设备，都应注明规格、型号、性能等技术指标，其质量要求必须符合国家规定的标准。除有特殊要求的建筑材料、专用设备、工艺生产线等外，设计单位不得指定生产厂、供应商。为了使建设工程的施工能准确满足设计意图，设计文件中必须注明所选用的建筑材料、建筑构配件和设备的规格、型号、性能等技术指标。这样是设计文件编制深度的要求。但是，在通用产品能保证工程质量的前提下，设计单位不可故意选用特殊要求的产品，也不能滥用权力限制建设单位或施工单位在材料等采购上的自主权。

6) 依法对设计文件进行技术交底

《建设工程质量管理条例》第二十三条规定，设计单位应当就审查合格的施工图设计文件向施工单位作出详细说明。设计文件的技术交底，通常的做法是设计文件完成后，通过建设单位发给施工单位，再由设计单位将设计的意图、特殊的工艺要求，以及建筑、结构、设备等各专业在施工中的难点、疑点和容易发生的问题等向施工单位作出详细说明，并负责解释施工单位对设计图纸的疑问。

7) 依法参与建设工程质量事故分析

《建设工程质量管理条例》第二十四条规定，设计单位应当参与建设工程质量事故分析，并对因设计造成的质量事故，提出相应的技术处理方案。工程质量的好坏，在一定程度上取决于工程建设是否准确贯彻了设计意图。因此，一旦发生了质量事故，该工程的设计单位最

有可能在短时间内发现存在的问题,对事故的分析具有权威性。这对及时进行事故处理十分有利。对因设计造成的质量事故,原设计单位必须提出相应的技术处理方案,这是设计单位的法定义务。

3. 施工单位的质量责任和义务

1) 对施工质量负责和总分包单位的质量责任

《建筑法》规定,建筑工程实行总承包的,工程质量由工程总承包单位负责,总承包单位将建筑工程分包给其他单位的,应当对分包工程的质量与分包单位承担连带责任。

同时,分包单位应当接受总承包单位的质量管理。总承包单位与分包单位对分包工程的质量还要依法承担连带责任。当分包工程发生质量问题时,建设单位或其他受害人既可以向分包单位请求赔偿,也可以向总承包单位请求赔偿;进行赔偿的一方,有权依据分包合同的约定,对不属于自己责任的那部分赔偿向对方追偿。

2) 按照工程设计图纸和施工技术标准施工的规定

《建筑法》规定,建筑施工企业必须按照工程设计图纸和施工技术标准施工,不得偷工减料。工程设计图纸的修改由原设计单位负责,建筑施工企业不得擅自修改工程设计。

《建设工程质量管理条例》第二十八条规定,施工单位必须按照工程设计图纸和施工技术标准施工,不得擅自修改工程设计,不得偷工减料。施工单位在施工过程中发现设计文件和图纸有差错的,应当及时提出意见和建议。这是对施工单位的施工依据以及有义务对设计文件和图纸及时提出意见和建议的规定。

3) 对建筑材料、设备等进行检验检测的规定

《建设工程质量管理条例》第二十九条规定,施工单位必须按照工程设计要求、施工技术标准和合同约定,对建筑材料、建筑构配件、设备和商品混凝土进行检验,检验应当有书面记录和专人签字;未经检验或者检验不合格的,不得使用。

(1) 建筑材料、建筑构配件、设备和商品混凝土的检验制度

施工单位对进入施工现场的建筑材料、建筑构配件、设备和商品混凝土实行检验的制度,是施工单位质量保证体系的重要组成部分,也是保证施工质量的重要前提。施工单位应当严把两道关:一是谨慎选择生产供应厂商;二是实行进场二次检验。

(2) 施工检测的见证取样和送检制度

《建设工程质量管理条例》规定,施工人员对涉及结构安全的试块、试件以及有关材料,应当在建设单位或者工程监理单位监督下现场取样,并送具有相应资质等级的质量检测单位进行检测。

① 见证取样和送检。所谓见证取样和送检,是指在建设单位或工程监理单位人员的见证下,由施工单位的现场试验人员对工程中涉及结构安全的试块、试件和材料在现场取样,并送至具有法定资格的质量检测单位进行检测的活动。

见证人员应由建设单位或该工程的监理单位中具备施工试验知识的专业技术人员担任,并由建设单位或该工程的监理单位书面通知施工单位、检测单位和负责该项工程的质量监督机构。

在施工过程中,见证人员应按照见证取样和送检计划,对施工现场的取样和送检进行见证。取样人员应在试样或其包装上作出标识、封志。标识和封志应标明工程名称、取样部位、取样日期、样品名称和样品数量,并由见证人员和取样人员签字。见证人员和取样人员

应对试样的代表性和真实性负责。

② 工程质量检测单位的资质和检测规定。原建设部发布的《建设工程质量检测管理办法》规定，工程质量检测机构是具有独立法人资格的中介机构。按照其承担的检测业务内容分为专项检测机构资质和见证取样检测机构资质。检测机构未取得相应的资质证书，不得承担本办法规定的质量检测业务。

质量检测业务由工程项目建设单位委托具有相应资质的检测机构进行检测。委托方与被委托方应当签订书面合同。

检测机构完成检测业务后，应当及时出具检测报告。检测报告经检测人员签字、检测机构法定代表人或者其授权的签字人签署，并加盖检测机构公章或者检测专用章后方可生效。检测报告经建设单位或者工程监理单位确认后，由施工单位归档。任何单位和个人不得明示或者暗示检测机构出具虚假检测报告，不得篡改或者伪造检测报告。如果检测结果利害关系人对检测结果发生争议的，由双方共同认可的检测机构复检，复检结果由提出复检方报当地建设主管部门备案。

检测机构应当将检测过程中发现的建设单位、监理单位、施工单位违反有关法律、法规和工程建设强制性标准的情况，以及涉及结构安全检测结果的不合格情况，及时报告工程所在地的建设主管部门。检测机构应当建立档案管理制度，并应当单独建立检测结果不合格项目台账。

检测人员不得同时受聘于两个或者两个以上的检测机构。检测机构和检测人员不得推荐或者监制建筑材料、构配件和设备。检测机构不得与行政机关，法律、法规授权的具有管理公共事务职能的组织，以及所检测工程项目相关的设计单位、施工单位、监理单位有隶属关系或者其他利害关系。

检测机构不得转包检测业务。检测机构应当对其检测数据和检测报告的真实性和准确性负责。检测机构违反法律、法规和工程建设强制性标准，给他人造成损失的，应当依法承担相应的赔偿责任。

4）施工质量检验和返修的规定

（1）施工质量检验制度

《建设工程质量管理条例》第三十条规定，施工单位必须建立健全施工质量的检验制度，严格工序管理，作好隐蔽工程的质量检查和记录。隐蔽工程在隐蔽前，施工单位应当通知建设单位和建设工程质量监督机构。

施工质量检验，通常是指工程施工过程中工序质量检验（或称为过程检验），包括预检、自检、交接检、专职检、分部工程中间检验以及隐蔽工程检验等。

隐蔽工程，是指在施工过程中某一道工序所完成的工程实物，被后一工序形成的工程实物所隐蔽，而且不可以逆向作业的那部分工程。例如，钢筋混凝土工程施工中，钢筋为混凝土所覆盖，前者即为隐蔽工程。

按照《建设工程施工合同文本》的规定，工程具备隐蔽条件或达到专用条款约定的中间验收部位，施工单位进行自检，并在隐蔽或中间部位验收前48小时以书面形式通知监理工程师验收。验收不合格的，施工单位在监理工程师限定的时间内修改并重新验收。如果工程质量符合标准规范和设计图纸等要求，验收24小时后，监理工程师不在验收记录上签字的，视为已经批准，施工单位可继续进行隐蔽或施工。

(2) 建设工程的返修

《建筑法》规定,对已发现的质量缺陷,建筑施工企业应当修复。《建设工程质量管理条例》进一步规定,施工单位对施工中出现质量问题的建设工程或者竣工验收不合格的建设工程,应当负责返修。

《合同法》也作了相应规定,因施工人的原因致使建设工程质量不符合约定的,发包人有权要求施工人在合理期限内无偿修理或者返工、改建。

返修作为施工单位的法定义务,其返修包括施工过程中出现质量问题的建设工程和竣工验收不合格的建设工程两种情形,对于非施工单位原因造成的质量问题,施工单位也应当负责返修,但是因此而造成的损失及返修费用由责任方负责。

5) 建立健全职工教育培训制度的规定

《建设工程质量管理条例》第三十三条规定,施工单位应当建立健全教育培训制度,加强对职工的教育培训,未经教育培训或者考核不合格的人员,不得上岗作业。

施工单位的教育培训通常包括各类质量教育和岗位技能培训等。

先培训、后上岗。特别是与质量工作有关的人员,如总工程师、项目经理、质量体系内审员、质量检查员、施工人员、材料试验及检测人员,关键技术工种如焊工、钢筋工、混凝土工等,未经培训或者培训考核不合格的人员,不得上岗工作或作业。

4. 工程监理单位的质量责任和义务

1) 依法承担工程监理业务

《建筑法》规定,工程监理单位应当在其资质等级许可的监理范围内,承担工程监理业务。工程监理单位不得转让工程监理业务。

《建设工程质量管理条例》第三十四条规定,工程监理单位应当依法取得相应等级的资质证书,并在其资质等级许可的范围内承担工程监理业务。禁止工程监理单位超越本单位资质等级许可的范围或者以其他工程监理单位的名义承担工程监理业务。禁止工程监理单位允许其他单位或者个人以本单位的名义承担工程监理业务。工程监理单位不得转让工程监理业务。

2) 对有隶属关系或其他利害关系的回避

《建筑法》第三十四条、《建设工程质量管理条例》第三十五条都规定,工程监理单位与被监理工程的施工单位以及建筑材料、建筑构配件和设备供应单位有隶属关系或者其他利害关系的,不得承担该项建设工程的监理业务。

为了保证客观、公正地执行监理任务,工程监理单位与上述单位不能有隶属关系或者其他利害关系。如果有这种关系,工程监理单位在接受监理委托前,应当自行回避;对于没有回避而被发现的,建设单位可以依法解除委托关系。

3) 监理工作的依据和监理责任

《建设工程质量管理条例》第三十六条规定,工程监理单位应当依照法律、法规以及有关技术标准、设计文件和建设工程承包合同,代表建设单位对施工质量实施监理,并对施工质量承担监理责任。监理单位对施工质量承担监理责任,包括违约责任和违反责任两个方面。

① 违约责任。如果监理单位不按照监理合同约定履行监理义务,给建设单位或者其他单位造成损失的,应当承担相应的赔偿责任。

② 违法责任。如果监理单位违法监理,或者降低工程质量标准,造成质量事故的,要承

担相应的法律责任。

4）工程监理的职责和权限

《建设工程质量管理条例》第三十七条规定，工程监理单位应当选派具有相应资格的总监理工程师和监理工程师进驻施工现场。未经监理工程师签字，建筑材料、建筑构配件和设备不得在工程上使用或者安装，施工单位不得进行下一道工序的施工。未经总监理工程师签字，建设单位不拨付工程款，不进行竣工验收。监理单位应根据所承担的监理任务，组建驻工地监理机构。监理机构一般由总监理工程师、监理工程师和其他监理人员组成。监理工程师拥有对建筑材料、建筑构配件和设备以及每道施工工序的检查权，对检查不合格的，有权决定是否允许在工程上使用或进行下一道工序的施工。工程监理实行总监理工程师负责制。总监理工程师依法在授权范围内可以发布有关指令，全面负责受委托的监理工程。

5）工程监理的形式

《建设工程质量管理条例》第三十八条规定，监理工程师应当按照工程监理规范的要求，采取旁站、巡视和平行检验等形式，对建设工程实施监理。

所谓旁站，是指对工程中有关地基和结构安全的关键工序和关键施工过程，进行连续不断的监督检查或检验的监理活动，有时甚至要连续跟班监理。

所谓巡视，主要是强调除了关键点的质量控制外，监理工程师还应对施工现场进行面上的巡查监理。

所谓平行检验，主要是强调监理单位对施工单位已经检验的工程应及时进行检验。对于关键性、较大体量的工程实物，采取分段平行检验的方式，有利于及时发现质量问题，及时采取措施予以纠正。

小结

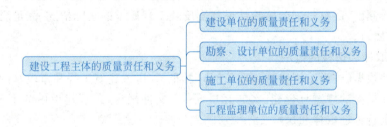

6.3 建设工程质量检测

 导入案例

某装饰公司承接了寒冷地区某商场的室内外装饰工程。其中，室内地面采用地面砖镶贴，吊顶工程部分采用木龙骨，室外部分墙面为铝板幕墙，采用进口硅酮结构密封胶、铝塑复合板，其余外墙为加气混凝土外镶贴陶瓷砖。施工过程中，发生如下事件：因木龙骨为甲供材料，施工单位未对木龙骨进行检验和处理就用到工程上。施工单位对新进场外墙陶瓷砖

和内墙砖的吸水率进行了复试,对铝塑复合板核对了产品质量证明文件。

问题：进口硅酮结构密封胶使用前应提供哪些质量证明文件和报告？

1. 建设工程质量检测试验的目的与重要性

建设工程质量检测机构是对社会出具建设工程检测数据或检测结论,具有独立法人资格的中介机构。它既要给施工过程提供质量控制数据,又要为工程竣工验收提供质量保证数据。建设工程质量检测所指的数据不是普通的数据,而是要求具有合法性、科学性、公正性、真实性、准确性、时效性等特征的数据。获取这些数据的途径就需要进行检测试验。

2. 建设工程质量检测试验的任务

建设工程质量检测是指检测机构、建筑企业、施工单位、监理单位、建设单位等依据国家有关法律法规、规范标准、规范性文件等的要求,确定建筑材料、构配件、设备器具及分部分项工程的质量或其他有关特性的全部活动。按检测对象的不同,建设工程检测可分为材料检测和工程检测;按检测地点的不同,建设工程检测可分为室内检测和现场检测。提供的数据类别可以分为以下几个方面。

① 为施工选用材料提供技术支持,用数据判定材料的可使用性能。

② 对进场的材料进行复查检测,判定是否符合产品质量标准。

③ 监测施工过程质量,判断是否符合施工规范要求。

④ 合理地设计现场拌制混凝土、沥青混合料等材料的配合比,保证施工成本的经济性。

⑤ 检验工程结构和构件成品、半成品的质量,确保其符合设计要求。

⑥ 配合施工要求研究新材料和地方性材料的使用,推行有关新技术、新工艺、新材料。

⑦ 参与施工有关的科研项目,并为研究活动提供技术数据。

3. 见证取样和送检

1) 实行见证取样和送检制度的意义

为了加强现有管理体制下材料取样和送检的监督控制,国家决定实行工程建设材料见证取样和送检制度,使材料试验检验结果真实反映工程质量的实际情况,满足质量控制的需求,保证工程质量。

2) 见证取样和送检的范围

原建设部根据《建设工程质量管理条例》,发布了《房屋建筑工程和市政基础设施工程实行见证取样和送检的规定》(建建〔2000〕211号)。文件规定,工程建设中的下列试块、试件和材料必须实行见证取样和送检。

① 用于承重结构的混凝土试块。

② 用于承重墙体的砌筑砂浆试块。

③ 用于承重结构的钢筋及连接接头试件。

④ 用于承重墙的砖和混凝土小型砌块。

⑤ 用于拌制混凝土和砌筑砂浆的水泥。

⑥ 用于承重结构的混凝土中使用的掺加剂。

⑦ 地下、屋面、厕浴间使用的防水材料。

⑧ 国家规定必须实行见证取样和送检的其他试块、试件和材料。

3) 见证取样和送检的程序

① 工程开工前,施工单位应依据国家建设标准关于试验检验的规定,结合工程实际情

况编制见证取样和送检计划。

见证取样和送检计划应经建设单位项目技术负责人或其委托的监理单位项目总监批准,报工程质量监督机构备案。

② 建设单位应向各施工现场委派或委托监理单位向各施工现场委派具备见证取样送检资格的见证人,见证工程施工现场试块、试件和材料的取样和送检。建设单位或监理单位确定见证人后,应向见证人发放"见证人员授权书"。"见证人员授权书"要送达施工单位、检测单位,并向工程质量监督机构备案。

③ 施工单位的试验人员(取样员)应当在见证人的见证下,进行现场取样。见证人要依据"计划书"的规定,在施工现场对取样和送检进行跟踪见证。完成取样后,见证人应在试块(试件)上粘贴标识封样,并填写封样标识上规定填写的内容。试件试样应在见证人的见证下,送至具有相应检测资质的试验室进行检测。

④ 见证人应在取样完成的当日,按规定填写"见证记录"。"见证记录"应报送项目负责人(建设单位)或项目总监(监理单位),并归集于施工技术档案。

⑤ 见证取样的试块、试件和材料送检时,送检单位应填写"见证取样送检委托单"。"见证取样送检委托单"上应有见证人和送检人的签名。

检测单位应检查委托单和试样标识封志,确认委托单和标识标志上填写正确,标识封志完整后,方可进行检测。

⑥ 检测单位应严格按国家检测标准的规定进行检测,及时出具公正、真实、准确的检测报告。检测报告应加盖见证取样检测专用章。

为保证见证取样和送检直至检测成果的科学性、公正性、权威性,检测机构应建立健全完善的检测工作制度和考核制度,提高检测水平,按国家检测标准的规定,及时出具规范的检测试验报告。不允许检测机构"仅对来样负责",杜绝检测机构与施工企业发生串通、弄虚作假的事件。

4. 建设工程检测结果处理

建设单位收到检测报告后,应及时将检测报告交监理单位确认检测结果,项目监理机构应建立检测报告确认台账,检测报告经监理工程师确认后,由施工单位归档。

1) 检测结果不合格的处理

建筑材料、建筑构配件、设备器具检测结果不合格的,监理工程师应签发"监理工程师通知单"书面通知施工单位限期将不合格品撤出施工现场,施工单位在监理人员的见证下完成不合格品撤离后,应由项目经理签发"监理工程师通知回复单"书面回复有关的处理情况,并附有关证明材料,监理工程师应对回复内容及有关证明材料进行确认。

检测结果不合格的,可按下列方式进行处理。

① 工程质量虽未达到标准或设计要求,但通过修补或更换设备器具后还可以达到要求的,经建设单位同意后,可以按一定的技术方案进行修补处理。

② 工程质量未达到标准或设计要求,对结构的安全和使用构成重大影响,且无法进行修补处理的,应对相应工程作返工处理。

③ 工程质量虽未达到标准或设计要求,但经过分析论证、检测鉴定,对工程结构安全及使用影响不大的,经设计单位、建设单位同意,并采取相应措施后,可以不作其他处理。

2）检测报告确认

在基桩、地基基础、主体结构、建筑节能及单位工程质量验收前,检测机构应向建设单位提交经单位负责人和技术负责人签认、加盖公章的《建设工程检测报告确认证明》。证明应对检测内容、项目和数量、检测结论进行汇总,并对以下情况进行详细说明：

① 检测结果不合格情况。
② 加倍复检或重新检测的情况。
③ 由于检测数量未达到规定要求,重新补充检测的情况。
④ 同一单位工程的同一检测项目重复出具检测报告的情况。
⑤ 相关规定、规范要求的检测参数的覆盖情况。
⑥ 在检测过程中发生的其他影响检测结论的情况。

小结

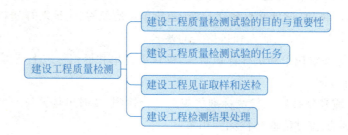

6.4 建设工程质量监督

导入案例

某市某小区住宅楼工程的建设单位为某房地产开发有限公司；设计单位为某设计院；监理单位为某工程监理公司；政府质量监督为某质量监督站；施工总承包单位是某建设集团公司；材料供应为某贸易公司,直供施工单位；装修工程由建设单位直接分包给某装饰公司。该工程由三幢框架结构楼房组成,每幢楼房作为一个施工段,施工过程划分为基础工程、主体结构、屋面工程和装修工程四项,基础工程在各幢的持续时间为6周、主体结构在各幢的持续时间为12周、屋面工程在各幢的持续时间为3周,装修工程在各幢的持续时间为9周。

问题：建设工程中有哪些监督关系？

《建设工程质量管理条例》第五十一条规定,供水、供电、供气、公安消防等部门或者单位不得明示或者暗示建设单位、施工单位购买其指定的生产供应单位的建筑材料、建筑构配件和设备。

《建设工程质量管理条例》第五十二条规定,建设工程发生质量事故,有关单位应当在24小时内向当地建设行政主管部门和其他有关部门报告。对重大质量事故,事故发生地的建设行政主管部门和其他有关部门应当按照事故类别和等级向当地人民政府和上级建设行政主管部门和其他有关部门报告。特别重大质量事故的调查程序按照国务院有关规定办理。根据国务院《生产安全事故报告和调查处理条例》规定，特别重大事故，是指造成30人以上死亡或者100人以上重伤或者1亿元以上直接经济损失的事故。特别重大事故、重大事故逐级上报至国务院安全生产监督管理部门和负有安全生产监督管理职责的有关部门。每级上报的时间不得超过2小时。必要时，安全生产监督管理部门和负有安全生产监督管理职责的有关部门可以越级上报事故情况。

《建设工程质量管理条例》规定，发生重大工程质量事故隐瞒不报、谎报或者拖延报告期限的，对直接负责的主管人员和其他责任人员依法给予行政处分。供水、供电、供气、公安消防等部门或者单位明示或者暗示建设单位或者施工单位购买其指定的生产供应单位的建筑材料、建筑构配件和设备的，责令改正。国家机关工作人员在建设工程质量监督管理工作中玩忽职守、滥用职权、徇私舞弊，构成犯罪的，依法追究刑事责任；尚不构成犯罪的，依法给予行政处分。

1. 我国的建设工程质量监督管理体制

《建设工程质量管理条例》第四十三条规定，国务院建设行政主管部门对全国的建设工程质量实施统一监督管理。国务院、交通、水利等有关部门按照国务院规定的职责分工，负责对全国的有关专业建设工程质量的监督管理。国务院发展计划部门按照国务院规定的职责，组织稽查特派员，对国家出资的重大建设项目实施监督检查。国务院经济贸易主管部门按照国务院规定的职责，对国家重大技术改造项目实施监督检查。县级以上地方人民政府建设行政主管部门对本行政区域内的建设工程质量实施监督管理。县级以上地方人民政府交通、水利等有关部门在各自的职责范围内，负责对本行政区域内的专业建设工程质量的监督管理。建设工程质量监督管理，可以由建设行政主管部门或者其他有关部门委托的建设工程质量监督机构具体实施。从事房屋建筑工程和市政基础设施工程质量监督的机构，必须按照国家有关规定经国务院建设行政主管部门或者省、自治区、直辖市人民政府建设行政主管部门考核；从事专业建设工程质量监督的机构，必须按照国家有关规定经国务院有关部门或者省、自治区、直辖市人民政府有关部门考核。经考核合格后，方可实施质量监督。在政府加强监督的同时，还要发挥社会监督的巨大作用，即任何单位和个人对建设工程的质量事故、质量缺陷都有权检举、控告、投诉。

2. 政府监督检查的内容和采取的措施

《建设工程质量管理条例》规定，国务院建设行政主管部门和国务院、交通、水利等有关部门以及县级以上地方人民政府建设行政主管部门和其他有关部门，应当加强对有关建设工程质量的法律、法规和强制性标准执行情况的监督检查。县级以上地方人民政府建设行政主管部门和其他有关部门履行监督检查职责时，有权采取下列措施。

① 要求被检查的单位提供有关工程质量的文件和资料。

② 进入被检查单位的施工现场进行检查。

③ 发现有影响工程质量的问题时，责令改正。

3. 建设工程质量监督的具体工作

根据国务院《建设工程质量管理条例》和原建设部《关于质量监督机构深化改革的指导意见》，政府质量监督机构必须建立和遵循严格的工程质量监督程序，以加大对建设工程质量监督的力度,保证建设工程质量。

1) 办理建设工程质量监督手续

① 建设工程质量监督机构是经省级以上建设行政主管部门考核认定具有独立法人资格的事业单位。根据建设行政主管部门的委托,依法办理建设工程项目质量监督登记手续。

② 凡新建、改建、扩建的建设工程,在工程项目施工招标投标工作完成后,建设单位申请领取施工许可证之前,应携有关资料到所在地建设工程质量监督机构办理工程质量监督登记手续,填写工程质量监督登记表并按规定交纳工程质监费用。

③ 建设单位办理建设工程质量监督登记时,应向工程质量监督机构提交以下有关资料:规划许可证;施工、监理中标通知书;施工、监理合同及其单位资质证书(复印件);施工图设计文件审查意见;其他规定需要的文件资料。

④ 7个工作日内审核完毕,符合规定的由监督机构发给《建筑工程质量监督书》和《工程质量监督计划》。

⑤ 建设单位凭《建筑工程质量监督书》,向建设行政主管部门申领施工许可证。

2) 开工前的监督准备工作

(1) 确定质量监督工程师

质量监督机构实行站长负责制。工程项目质量监督实行监督工程师责任制。站长根据工程的具体情况,确定以质量监督工程师为工程项目监督负责人的质量监督组,具体承担工程监督任务。项目质量监督工程师对监督的工程质量承担监督责任。

(2) 制定质量监督工作方案

项目质量监督工程师对负责监督的工程项目,应当依据工程建设项目各方责任主体,设计图纸及有关文件,工程的特点、规模和技术复杂程度等,编制质量监督工作方案。

工作方案根据有关法律、法规和工程建设强制性标准,针对工程特点,明确监督的具体内容、监督方式。要对地基基础、主体结构和其他涉及结构安全的重要部位、使用功能和关键工序作出监督计划,并应将必须监督的重要部位及安装中的重要环节,及时通知建设、勘察、设计、施工、监理等单位。

(3) 检查施工现场工程建设各方主体的质量行为

核查施工现场工程建设各方主体及有关人员的资质或资格。检查勘察、设计、施工、监理单位的质量保证体系和质量责任制落实情况,检查有关质量文件、技术资料是否齐全并符合规定。

3) 对工程参建各方主体质量行为的监督

(1) 对建设单位质量行为的监督

① 工程项目报建审批手续齐全。

② 基本建设程序及有关要求。

③ 按规定进行了施工图审查。

④ 按规定委托监理单位;建设单位自行管理工程的,应建立工程项目管理机构,配备相应的专业技术人员。

⑤ 无明示或者暗示勘察单位、设计单位、监理单位、施工单位违反强制性标准,降低工程质量和迫使承包方任意压缩合理工期等行为。

⑥ 按合同规定,由建设单位采购的建材、构配件和设备必须符合质量要求。

(2) 对勘察、设计单位质量行为的监督
① 依法承揽的工程勘察、设计任务与本单位资质相符。
② 主要项目负责人执业资格证书与承担任务相符。
③ 图纸及设计变更勘察、设计人员签字和图章手续齐全。
④ 设计单位无指定材料、设备生产厂家或供应商的行为。
(3) 对监理单位质量行为的监督
① 监理的工程项目有监理委托手续及合同,监理人员资格证书与承担任务相符。
② 工程项目的监理机构专业人员配套,责任制落实。
③ 现场监理采取旁站、巡视和平行检验等形式。
④ 制订监理规划,并按照监理规划进行监理。
⑤ 按照国家强制性标准或操作工艺,对分项工程或工序及时进行验收签认。
⑥ 对现场发现使用不合格材料、构配件、设备的现象和发生的质量事故,及时督促、配合责任单位调查处理。
(4) 对施工单位质量行为的监督
① 所承担的任务与其资质相符,项目经理与中标书中的相一致,有施工承包手续及合同。
② 项目经理、技术负责人、质检员等专业技术管理人员配套,并具有相应资格及上岗证书。
③ 有经过批准的施工组织设计或施工方案,并能贯彻执行。
④ 按有关规定进行各种检测,对工程施工中出现的质量事故按有关文件要求及时如实上报和认真处理。
⑤ 无违法分包、转包工程项目的行为。

小结

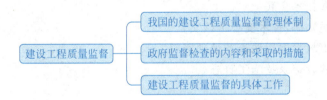

6.5 建设工程竣工验收制度

 导入案例

某高层建筑面积 30 000 平方米,地上 30 层,地下 2 层,现浇钢筋混凝土剪力墙结构,采用总承包管理模式。2014 年 6 月开工,8 月中旬完成基础底板混凝土浇筑,2015 年 3 月中旬完成基础工程全部施工,2016 年 10 月竣工。

问题:
(1) 工程验收的程序是什么?
(2) 该工程达到什么条件方可竣工验收?

1. 竣工验收的条件

1)建设工程竣工验收的主体

《建设工程质量管理条例》规定,建设单位收到建设工程竣工报告后,应当组织设计、施工、工程监理等有关单位进行竣工验收。

对工程进行竣工检查和验收,是建设单位法定的权利和义务。在建设工程完工后,承包单位应当向建设单位提供完整的竣工资料和竣工验收报告,提请建设单位组织竣工验收。建设单位收到竣工验收报告后,应及时组织设计、施工、工程监理等有关单位参加竣工验收,检查整个工程项目是否已按照设计要求和合同约定全部建设完成,是否符合竣工验收条件。

《建筑法》规定,交付竣工验收的建筑工程,必须符合规定的建筑工程质量标准,有完整的工程技术经济资料和经签署的工程保险书,并具备国家规定的其他竣工条件。建筑工程竣工验收合格后,方可交付使用;未经验收或者验收不合格的,不得交付使用。

2)建设工程竣工验收的条件

《建设工程质量管理条例》规定,建设工程竣工验收应当具备下列条件。

(1)完成建设工程设计和合同约定的各项内容

建设工程设计和合同约定的内容,主要是指设计文件所确定的已在承包合同"承包人承揽工程项目一览表"中载明的工作范围,也包括监理工程师签发的变更通知单中所确定的工作内容。承包单位必须按合同约定,按质、按量、按时完成上述工作内容,使工程具有正常的使用功能。

(2)有完整的技术档案和施工管理资料

① 工程项目竣工验收报告。
② 分项、分部工程和单位工程技术人员名单。
③ 图纸会审和技术交底记录。
④ 设计变更通知单,技术变更单核实。
⑤ 工程质量事故发生后调查和处理资料。
⑥ 隐蔽工程验收记录及施工日志。
⑦ 竣工图。
⑧ 质量检验评定资料。
⑨ 合同约定的其他资料。

(3)其他相关资料

① 有工程使用的主要建筑材料、建筑构配件和设备的进场试验报告。
② 有勘察、设计、施工、工程监理等单位分别签署的质量合格文件。
③ 有施工单位签署的工程保修书。
④ 建设工程竣工验收合格的,方可交付使用。

3)施工单位应提交的档案资料

《建设工程质量管理条例》规定,建设单位应当严格按照国家有关档案管理的规定,及时收集、整理建设项目各环节的文件资料,建立健全建设项目档案,并在建设工程竣工验收后,及时向建设行政主管部门或者其他有关部门移交建设项目档案。

一般的建筑物设计年限都在50~70年,重要的建筑物达百年以上。在建设工程投入使用之后，还要进行检查、维修、管理，还可能会遇到改建、扩建或者拆除活动，以及在其周围进行建设活动，这些都需要参考原始的勘察、设计、施工等资料。建设单位是建设活动的总负责方，应当在合同中明确要求勘察、设计、施工、监理等单位分别提供工程建设各环节的文件资料，及时收集整理，建立健全建设项目档案。

按照原建设部《城市建设档案管理规定》的规定，建设单位应当在工程竣工验收后3个月内，向城建档案馆报送一套符合规定的建设工程档案。凡建设工程档案不齐全的，应当限期补充。对改建、扩建和重要部位维修的工程，建设单位应当组织设计、施工单位据实修改、补充和完善原建设工程档案。

施工单位应当按照归档要求制定统一目录，有专业分包工程的，分包单位按照总承包单位的总体安排做好各项资料的整理工作，最后再由总承包单位进行审核、汇总，施工单位一般应当提交的档案资料有：工程技术档案资料；工程质量保证资料；工程检验评定资料；竣工图。

2. 竣工验收的程序

验收会议上，工程施工、监理、设计、勘察等各方的工程档案资料摆好备查，并设置验收人员登记表，做好登记手续。

① 由建设单位组织工程竣工验收并主持验收会议（建设单位应作会前简短发言、工程竣工验收程序介绍及会议结束总结发言）。

② 工程勘察、设计、施工、监理单位分别汇报工程合同履约情况和在工程建设各环节执行法律、法规和工程建设强制性标准情况。

③ 验收组审阅建设、勘察、设计、施工、监理单位的工程档案资料。

④ 验收组和专业组（由建设单位组织勘察单位、设计单位、施工单位、监理单位、监督站和其他有关专家组成）人员实地查验工程质量。

⑤ 专业组、验收组发表意见，分别对工程勘察、设计、施工、设备安装质量和各管理环节等方面作出全面评价；验收组形成工程竣工验收意见，填写《建设工程竣工验收报告》并签名（盖公章）。

参与工程竣工验收的各方不能形成一致意见时，应当协商提出解决的方法，待意见一致后，重新组织工程竣工验收。

3. 竣工验收备案

《建设工程质量管理条例》规定，建设单位应当自建设工程竣工验收合格之日起15日内，将建设竣工验收报告和规划、公安消防、环保等部门出具的认可文件或者准许使用文件报建设行政主管部门或者其他有关部门备案。建设行政主管部门或者其他有关部门发现建设单位在竣工验收过程中有违反国家有关建设工程质量管理规定行为的，责令停止使用，重新组织竣工验收。

1）竣工验收备案的时间及须提交的文件

① 工程竣工验收备案表。

② 工程竣工验收报告。应当包括工程报建日期，施工许可证号，施工图设计文件审查意见，勘察、设计、施工、工程监理等单位分别签署的质量合格文件及验收人员签署的竣工验收原始文件，市政基础设施的有关质量检测和功能性试验资料意见，备案机关认为需要提供的有关资料。

③ 法律、行政法规规定应当由规划、环保等部门出具的认可文件或者准许使用文件。

④ 法律规定应当由公安消防部门出具的对大型的人员密集场所和其他特殊建设工程验收合格的证明文件。

⑤ 施工单位签署的工程质量保修书。

⑥ 法规、规章规定必须提供的其他文件。

住宅工程还应当提交《住宅质量保证书》和《住宅使用说明书》。

2) 竣工验收备案文件的签收和处理

备案机关收到建设单位报送的竣工验收备案文件、验证文件齐全后,应当在工程竣工验收备案表上签署文件收讫。工程竣工验收备案表一式两份,一份由建设单位保存,一份留备案机关存档。工程质量监督机构应当在工程竣工验收之日起5日内,向备案机关提交工程质量监督报告。备案机关发现建设单位在竣工验收过程中有违反国家有关建设工程质量管理规定行为的,应当在收讫竣工验收备案文件15日内责令停止使用,重新组织竣工验收。

3) 竣工验收备案违反规定的处罚

住建部《房屋建筑工程和市政基础设施工程竣工验收备案管理暂行办法》规定,建设单位在工程竣工验收合格之日起15日内未办理工程竣工验收备案的,备案机关责令限期改正,处20万元以上50万元以下的罚款。建设单位将备案机关决定重新组织竣工验收的工程,在重新组织竣工验收前,擅自使用的,备案机关责令停止使用,处工程合同价款2%以上4%以下的罚款。建设单位采用虚假证明文件办理工程竣工验收备案的,工程竣工验收无效,备案机关责令停止使用,重新组织竣工验收,处20万元以上50万元以下的罚款;构成犯罪的,依法追究刑事责任。备案机关决定重新组织竣工验收并责令停止使用的工程,建设单位在备案之前已投入使用或者建设单位擅自继续使用造成使用人损失的,由建设单位依法承担赔偿责任。

小结

6.6 建设工程质量保修制度

导入案例

A公司与B公司签订建筑工程施工合同,由A公司承建B公司办公大楼。合同约定工程保修期为一年。后工程经竣工验收并交付B公司使用。B公司对大楼进行装修投入使后,大楼随即出现诸多质量问题,B公司遂停止支付剩余工程款。A公司遂向法院提起诉讼,要求B公司支付剩余款项。B公司以工程存在质量问题为由予以抗辩。经鉴定,工程存在以下质量问题:屋面、三层平台裂缝、渗漏;卫生间渗漏;墙面和窗边渗漏。质量问题系施工所致。修复费用鉴定为15万元。

问题:哪个单位应当承担修复责任?

1. 质量保修的含义

建设工程质量保修制度,是指建设工程竣工经验收后,在规定的保修期限内,因勘察、设计、施工、材料等原因造成的质量缺陷,应当由施工承包单位负责维修、返工或更换,由责任单位负责赔偿损失的法律制度。建设工程质量保修制度对于促进建设各方加强质量管理,保护用户及消费者的合法权益可起到重要的保障作用。

《建设工程质量管理条例》规定,建设工程承包单位在向建设单位提交工程竣工验收报告时,应当向建设单位出具质量保修书。

建设工程质量保修的承诺,应当由承包单位以建设工程保修书这一书面形式来体现。建设工程质量保修书是一项保修合同,是承包合同所约定双方权利义务的延续,也是施工单位对竣工验收的建设工程承担保修责任的法律文本。

2. 质量保修制度和原则

《最高人民法院关于审理建设工程施工合同纠纷案件适用法律问题的解释》规定,因保修人未及时履行保修义务,导致建筑物损毁或者造成人身、财产损失的,保修人应当承担赔偿责任。保修人与建筑物所有人或者发包人对建筑物损毁均有过错的,各自承担相应的责任。建设工程保修的质量问题是指在保修范围和保修期限内的质量问题。对于保修义务的承担和维修的经济责任承担应当按下述原则处理。

① 施工单位未按照国家有关标准规范和设计要求施工所造成的质量缺陷,由施工单位负责返修并承担经济损失。

② 由于设计问题造成的质量缺陷,先由施工单位负责维修,其经济责任按有关规定通过建设单位向设计单位索赔。

③ 因建筑材料、构配件和设备质量不合格引起的质量缺陷,先由施工单位负责维修,其经济责任属于施工单位采购的或经其验收同意的,由施工单位承担经济责任;属于建设单位采购的,由建设单位承担经济责任。

④ 因建设单位(含监理单位)错误管理而造成的质量缺陷,先由施工单位负责维修,其经济责任由建设单位承担;如属监理单位责任,则由建设单位向监理单位索赔。

⑤ 因使用单位使用不当造成的损坏问题,先由施工单位负责维修,其经济责任由使用单位自行负责。

⑥ 因地震、台风、洪水等自然灾害或其他不可抗拒原因造成的损坏问题,先由施工单位负责维修,建设参与各方再根据国家具体政策分担经济责任。

3. 质量保修的范围和期限

质量保修书中应当明确建设工程的保修范围、保修期限和保修责任等。工程质量保修包括如下主要内容。

1) 质量保修范围

《建筑法》规定，建筑工程的保修范围应当包括地基基础工程、主体结构工程、屋面防水工程和其他土建工程，即电气管线、上下水管线的安装工程，供热、供冷系统工程等项目。当然，不同类型的建设工程，其保修范围有所不同。

2) 质量保修期限

《建筑法》规定，保修的期限应当按照保证建筑物合理寿命的年限内正常使用，维护使用者合法权益的原则确定。具体的保修范围和最低保修期限由国务院规定。据此，国务院在《建设工程质量管理条例》中作了明确规定。

《建设工程质量管理条例》规定，在正常使用条件下，建设工程的最低保修期限规定如下：

① 基础设施工程、房屋建筑的地基基础工程和主体结构工程，为设计文件所规定的该工程的合理使用年限。基础设施工程、房屋建筑的地基基础工程和主体结构工程，直接关系到基础设施工程和房屋建筑的整体安全可靠性，必须在该工程的合理使用年限内予以保修，即实行终身负责制。可以说，工程合理使用年限就是该工程勘察、设计、施工等单位的质量责任年限。

② 屋面防水工程，有防水要求的卫生间、房间和外墙面的防渗漏，为 5 年。《建设工程质量管理条例》对屋面防水工程、供热与供冷系统、电气管线、给排水管道、设备安装和装修工程等的最低保修期限分别作出了规定。如果建设单位与施工单位经平等协商另行签订保修合同的，其保修期限可以高于法定的最低保修期限，但不能低于最低保修期限，否则视作无效。建设工程保修期的起始日是竣工验收合格之日。对于重新组织竣工验收的工程，其保修期的起始日期为各方都认可的重新组织竣工验收的日期。

③ 供热与供冷系统，为 2 个采暖期、供冷期。

④ 电气管线、给排水管道、设备安装和装修工程，为 2 年。

其他项目的保修期限由发包方与承包方约定。

《建设工程质量管理条例》规定，建设工程在超过合理使用年限后需要继续使用的，产权所有人应当委托具有相应资质等级的勘察、设计单位鉴定，并根据鉴定结果采取加固、维修等措施，重新界定使用期。各类工程根据其重要程度、结构类型、质量要求和使用性能等所确定的使用年限是不同的。确定建设工程的合理使用年限，并不意味着超过合理使用年限后，建设工程就一定要报废、拆除。建设工程经过具有相应资质的勘察、设计单位鉴定，提出技术加固措施，在设计文件中重新界定使用期，并经有相应资质等级的施工单位进行加固、维修和补强，达到能继续使用条件的可以继续使用。否则，如果违法继续使用的，所产生的后果由产权所有人负责。

4. 建设工程质量保证金

1) 缺陷责任期的确定

缺陷是指建设工程质量不符合工程建设强制性标准、设计文件，以及承包合同的约定。根据《建设工程质量保证金管理办法》（建质〔2017〕138 号）的规定，缺陷责任期一般为 1 年，最长不超过 2 年，由发、承包双方在合同中约定。

缺陷责任期从工程通过竣工验收之日起计。由于承包人原因导致工程无法按规定期限进行竣工验收的，缺陷责任期从实际通过竣工验收之日起计。由于发包人原因导致工程无法按规定期限进行竣工验收的,在承包人提交竣工验收报告 90 天后,工程自动进入缺陷责任期。

2) 建设工程质量保证金的比例

根据 2017 年 7 月 1 日起实行的《建设工程质量保证金管理办法》,建设工程质量保证金是指发包人与承包人在建设工程承包合同中约定,从应付的工程款中预留,用以保证承包人在缺陷责任期内对建设工程出现的缺陷进行维修的资金。

发包人应按照合同约定方式预留保证金,保证金总预留比例不得高于工程价款结算总额的 3%。合同约定由承包人以银行保函代替预留保证金的,保函金额不得高于工程价款结算总额的 3%。

社会投资项目采用预留保证金方式的,发、承包双方可以约定将保证金交由第三方金融机构托管。

缺陷责任期内,由承包人原因造成的缺陷,承包人应负责维修,并承担鉴定及维修费用。如承包人不维修也不承担费用,发包人可按合同约定从保证金或银行保函中扣除,费用超出保证金额的,发包人可按合同约定向承包人进行索赔。承包人维修并承担相应费用后,不免除对工程的损失赔偿责任。

由他人原因造成的缺陷,发包人负责组织维修,承包人不承担费用,且发包人不得从保证金中扣除费用。

3) 质量保证金的返还

发包人在接到承包人返还保证金申请后,应于 14 天内会同承包人按照合同约定的内容进行核实。如无异议,发包人应当按照约定将保证金返还给承包人。对返还期限没有约定或者约定不明确的,发包人应当在核实后 14 天内将保证金返还承包人,逾期未返还的,依法承担违约责任。发包人在接到承包人返还保证金申请后 14 天内不予答复,经催告后 14 天内仍不予答复的,视同认可承包人的返还保证金申请。

小结

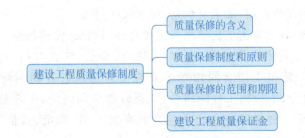

第 6 章 案例分析

第 7 章　解决建设工程纠纷法律制度

7.1　建设工程纠纷的主要种类和法律解决途径

导入案例

某项目的工期延长、工程量增加,在监理方继续履行监理义务是否应获得延期监理费以及具体金额计算等问题上,由于双方当事人未在监理合同中事先明确约定而引发纷争。监理方要求按延长的期限以及增加的工程量作为计算依据主张相应费用;业主方则以仅部分工程竣工验收延迟,而按整个工程延迟时间计算增加监理费用显失公平为由要求调整。

问题:这种情况属于哪种纠纷?

1. 建设工程纠纷的主要种类

在建设工程领域里常见的是民事纠纷和行政纠纷。

1) 建设工程民事纠纷

建设工程民事纠纷,是在建设工程活动中平等主体之间发生的以民事权利义务法律关系为内容的争议。民事纠纷主要是因为违反了民事法律规范或者合同约定而引起的。民事纠纷可分为两大类:一类是财产关系方面的民事纠纷,如合同纠纷、损害赔偿纠纷等;另一类是人身关系方面的民事纠纷,如名誉纠纷、继承权纠纷等。

在建设工程领域,较为普遍的民事纠纷主要是合同纠纷、侵权纠纷。

(1) 合同纠纷,是指因合同的生效、解释、履行、变更、终止等行为而引起的合同当事人之间的所有争议。建设工程合同纠纷主要有工程总承包合同纠纷、工程勘察合同纠纷、工程设计合同纠纷、工程施工合同纠纷、工程监理合同纠纷、工程分包合同纠纷、材料设备采购合同纠纷等。例如发包人和承包人就有关工期、质量、造价等产生的建设工程合同争议。

(2) 侵权纠纷,是指一方当事人不法侵害他人财产权或者人身权而产生的纠纷。建设工程领域常见的侵权纠纷,如施工中对他人财产或者人身造成损害而产生的侵权纠纷,未经许可使用他人的专利、工法等而造成的知识产权侵权纠纷等。

2) 建设工程行政纠纷

建设工程行政纠纷,是在建设工程活动中行政机关之间或行政机关同公民、法人和其他组织之间由于行政行为而引起的纠纷。在各种行政纠纷中,既有因行政机关超越职权、滥用职权、行政不作为、违反法定程序、事实认定错误、适用法律错误等所引起的纠纷,也有公民、法人或其他组织逃避监督管理、非法抗拒监督管理或误解法律规定而产生的纠纷。

在建设工程领域,行政机关易引发行政纠纷的具体行政行为主要有如下几种。

(1) 行政许可,即行政机关根据公民、法人或者其他组织的申请,经依法审查、准予其从事特定活动的行政管理行为,如施工许可、专业人员职业资格注册、企业资质等级核准、安全生产许可等。行政许可易引发的行政纠纷通常是行政机关的行政不作为、违反法定程序等。

(2) 行政处罚,即行政机关或其他行政主体依照法定职权、程序对于违法但尚未构成犯罪的相对人给予行政制裁的具体行政行为。常见的行政处罚为警告、罚款、没收违法所得、取消投标资格、责令停止施工、责令停业整顿、降低资质等级、吊销资质证书等。行政处罚易导致的行政纠纷,通常是行政处罚超越职权、滥用职权、违反法定程序、事实认定错误、适用法律错误等。

(3) 行政奖励,即行政机关依照条件和程序,对为国家、社会和建设事业作出重大贡献的单位和个人,给予物质或精神鼓励的具体行政行为,如表彰建设系统先进集体、劳动模范和先进工作者等。行政奖励易引发的行政纠纷,通常是违反程序、滥用职权、行政不作为等。

(4) 行政裁决,即行政机关或法定授权的组织,依照法律授权,对平等主体之间发生的与行政管理活动密切相关的、特定的民事纠纷(争议)进行审查,并作出裁决的具体行政行为,如对特定的侵权纠纷、损害赔偿纠纷、权属纠纷、国有资产产权纠纷以及劳动工资、经济补偿纠纷等的裁决。行政裁决易引发的行政纠纷通常是行政裁决违反法定程序、事实认定错误、适用法律错误等。

2. 民事纠纷的法律解决途径

《合同法》规定,当事人可以通过和解或者调解解决合同争议。当事人不愿和解、调解或者和解、调解不成的,可以根据仲裁协议向仲裁机构申请仲裁。涉外合同的当事人可以根据仲裁协议向中国仲裁机构或者其他仲裁机构申请仲裁。当事人没有订立仲裁协议或者仲裁协议无效的,可以向人民法院起诉。当事人应当履行发生法律效力的判决、仲裁裁决、调解书;拒不履行的,对方可以请求人民法院执行。

民事纠纷的法律解决途径主要有四种,即和解、调解、仲裁、诉讼。

小结

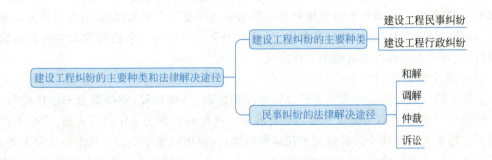

7.2 和解制度

李某诉王某的案子已经有了结果,法院终审判决,王某偿还李某人民币10万元,由于王某未自动履行判决,李某向法院申请了强制执行。过了几天,王某找到李某说想和解,王某说他的钱现在都押在了股市里,无法一次性给付10万元,王某想让李某宽限一下,并答应从下个月起,每个月给付1万元。

问题:该案件在执行中可以和解吗?

1. 和解的概念

和解是民事纠纷的当事人在自愿互谅的基础上,就已经发生的争议进行协商、妥协与让步并达成协议,无须第三方介入,完全自行解决争议的一种方式。它不仅从形式上,而且从心理上消除了当事人之间的对抗。

和解可以在民事纠纷的任何阶段进行,无论是否已经进入诉讼或者仲裁程序,只要终审裁判未生效或者仲裁裁决未作出,当事人均可自行和解。例如,诉讼当事人之间达成了解决争议问题的妥协或协议,其结果是撤回起诉或中止诉讼而无须判决。和解也可与仲裁、诉讼程序相结合:当事人达成和解协议、已提请仲裁的,可以请求仲裁庭根据和解协议作出裁决书或者调解书;已经提起诉讼的,可以请求法庭在和解协议基础上制作调解书,或者由当事人双方达成和解协议,由人民法院记录在卷。

和解达成的协议不具有强制执行力,在性质上仍属于当事人之间的约定。如果一方当事人不按照和解协议执行,另一方当事人不能直接申请人民法院强制执行,但可要求对方承担不履行和解协议的违约责任。

2. 和解的类型

和解达成协议,在形式上既可以是口头的,也可以是书面的。和解的应用也很灵活,可以在各个阶段达成和解协议。

1)诉讼前的和解

诉讼前的和解是指发生诉讼以前,双方当事人互相协商达成协议,自行解决争执的行为。这是当事人依法处分自己民事实体权利的民事法律行为。

和解成立后,当事人所争执的权利即归确定,所抛弃的权利随即消失,当事人不得任意反悔要求撤销。但是,如果事后发现和解所依据的文件是伪造或涂改的,或者当事人在和解时不知道该和解时间已为法院判决所确定,或者当事人对重要的争执有重大误解而达成和解协议的,当事人都可以要求撤销和解协议。

2)诉讼中的和解

诉讼中的和解是指当事人在诉讼进行中互相协商,达成协议,解决双方的争执的行为。《民事诉讼法》规定:"双方当事人可以自行和解。"这种和解在法院作出判决前,当事人都可以进行。当事人可以就全部诉讼请求达成和解协议,也可以就个别诉讼请求达成和解协议。

当事人达成和解协议后,原告既可以撤诉,双方也可以请求人民法院对和解事项制作调解书，经当事人签名盖章产生法律效力。

3）执行中的和解

执行中的和解，是人民法院在执行已发生法律效力的民事判决、裁定过程中，当事人自行达成协议，自动履行生效和解协议的行为。

《民事诉讼法》规定，在执行中，双方当事人自行和解达成协议的，执行员应当将协议内容记入笔录，由双方当事人签名或者盖章。一方当事人不履行和解协议或者反悔的，对方当事人可以申请人民法院按照原生效法律文书强制执行。

4）仲裁中的和解

《仲裁法》规定，当事人申请仲裁后，可以自行和解。

和解是双方当事人的自愿行为，不需要仲裁庭的参与。达成和解协议的，可以请求仲裁庭根据和解协议作出裁决书，也可以撤回仲裁申请。当事人达成和解协议，撤回仲裁申请后又反悔的，可以根据仲裁协议申请仲裁。

3. 和解的效力

和解达成的协议不具有强制执行效力，如果一方当事人不按照和解协议履行，另一方当事人不可以请求人民法院强制执行，但可以向法院提起诉讼，也可以根据约定申请仲裁。

法院或仲裁庭通过对和解协议的审查，对于意思真实而又不违反法律强制性或禁止性规定的和解协议予以支持，也可以支持遵守协议方要求违反协议方就不执行该和解协议承担违约责任的请求。但是，对于一方非自愿作出的或者违反法律强制性或禁止性规定的和解协议，不予支持。

小结

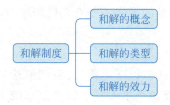

7.3 调解制度

导入案例

吴某与某公司法人谭某是朋友关系。某公司是一小区项目开发单位。

2007年7月、8月，吴某向某公司分别交了房款各1万元，某公司与吴某分别签订了两份《意向协议书》，实际是约定4套房产选购事宜。房屋建成后，某公司将上述房产交由吴某管理使用。吴某将房屋进行装修后一直居住。双方没有签订正式合同或办理房产登记交易手续。2009年，吴某将其中两套房屋卖给陆某。陆某向吴某支付了42万元的购房款、装修费、物业费等款项。

随着经济发展，房价也随之上涨。2015年，某公司以排除妨害纠纷为由向肥西法院起诉，要求吴某还房子。肥西法院一审认为，吴某当时在合肥经商时无固定居所，与某公司签订《意向协议书》，意向选购某公司所开发的小区项目4套房产。虽然双方后期未正式签订商品房买卖预售合同，但某公司将房屋实际交付给吴某管理使用，并认可其进行装修等。自2010年起，某公司所属部门一直向吴某收取物业管理费、水电费用等，双方之间已实际形成了房屋买卖合同关系，法院驳回起诉。某公司不服，2016年上诉至合肥中级人民法院要求对4套房屋享有财产权利，被驳回，维持原判。

此后，2016年某公司以解除房屋买卖合同为由再次将吴某诉至肥西法院。经调解，双方达成解除4套房屋买卖合同，某公司自愿将其中两套房产无偿交付吴某居住使用至百年归世，吴某归还另两套房产给某公司。

2017年4月，法院送达执行书，陆某方得知自己购买的房屋已经被某公司和吴某协商处置，于是将某公司、吴某起诉至肥西法院要求享有合法财产所有权。

肥西法院及时受理了该案，承办法官在了解相关案情后意识到，一判了之，并不能解决三方矛盾。法官先后多次前往当事人所在地，全面了解案情，并多次组织双方当事人进行调解。经过法官的多次努力，三方被感化，最终同意作出让步，最终达成调解协议：吴某向陆某支付42万元（其中吴某自筹资金20万元，某公司向吴某出借22万元），陆某搬离涉案房屋，不再主张该房屋的所有权。近日，承办法官、某公司负责人、陆某等来到涉案房屋，陆某将房屋钥匙交还给某公司，42万元款项也顺利打入法院专户，耗时3年的纠纷案件圆满解决。

问题：调解的现实意义是什么？

调解是指双方当事人以外的第三方应纠纷当事人的请求，以法律、法规、政策或合同约定以及社会公德为依据，居中调停，对纠纷双方进行疏导、劝说，促使其互谅互让，自愿协商达成协议，解决纠纷的一种方式。

根据调解人的不同，我国调解的形式主要有人民调解、行政调解、仲裁调解、法院调解和专业机构调解等。

1. 人民调解

《中华人民共和国人民调解法》（以下简称《人民调解法》）规定，人民调解是指人民调解委员会通过说服、疏导等方式，促使当事人在平等协商基础上自愿达成调解协议，解决民间纠纷的活动。人民调解制度作为一种司法辅助制度，是人民群众自己解决纠纷的法律制度，也是一种具有中国特色的司法制度。

人民调解的基本原则：当事人自愿原则；当事人平等原则；合法原则；尊重当事人权利原则。

人民调解的组织形式是人民调解委员会。《人民调解法》规定，人民调解委员会是村民委员会和居民委员会下设的调解民间纠纷的群众性自治组织，在人民政府和基层人民法院指导下进行工作。人民调解委员会由3~9人组成，设主任1人，必要时可以设副主任若干人。

人民调解员由人民调解委员会委员和人民调解委员会聘任的人员担任。人民调解员应当具备的基本条件是：①公道正派；②热心人民调解工作；③具有一定的文化水平；④有一定的法律知识和政策水平；⑤成年公民。

人民调解应当遵循的程序主要是：①当事人申请调解；②人民调解委员会主动调解；③指定调解员或由当事人选定调解员进行调解；④达成协议；⑤调解结束。

经人民调解委员会调解达成调解协议的,可以制作调解协议书。当事人认为无须制作调解协议的,可以采取口头协议的方式,人民调解员应当记录协议内容。经人民调解委员会调解达成的调解协议对当事人双方具有法律约束力,当事人应当履行。当事人就调解协议的履行或者调解协议的内容发生争议的,一方当事人可以向法院提起诉讼。

经人民调解委员会调解达成调解协议后,双方当事人认为有必要的,可以按照《民事诉讼法》的规定,自调解协议生效之日起 30 日内共同向调解组织所在地基层人民法院申请司法确认调解协议。人民法院受理申请后,经审查,符合法律规定的,裁定调解协议有效,一方当事人拒绝履行或者未全部履行的,对方当事人可以向人民法院申请强制执行;不符合法律规定的,裁定驳回申请,当事人可以通过调解方式变更原调解协议或者达成新的调解协议,也可以向人民法院起诉。

2. 行政调解

行政调解是指有关国家行政机关应纠纷当事人的请求,依据法律、法规、规章和政策,对属于其职权管辖范围内的纠纷,通过耐心的说服教育,使纠纷的双方互相谅解,在平等协商的基础上达成一致协议,促成当事人解决纠纷的活动。

行政调解可分为两种:一是基层人民政府,即乡、镇人民政府对一般民间纠纷的调解;二是国家行政机关依照法律规定对某些特定民事纠纷、经济纠纷或劳动纠纷等进行的调解。

行政调解达成的协议也不具有强制约束力。

3. 仲裁调解

仲裁调解是仲裁机构对受理的仲裁案件进行的调解。

仲裁庭在作出裁决前,可以先行调解。当事人自愿调解的,仲裁庭应当调解。调解不成的,应当及时作出裁决。调解达成协议的,仲裁庭应当制作调解书或者根据协议的结果制作裁决书。调解书与裁决书具有同等法律效力。调解书经双方当事人签收后,即发生法律效力。在调解书签收前当事人反悔的,仲裁庭应当及时作出裁决。

仲裁与调解书相结合是仲裁制度的特点,该做法将仲裁和调解的优点结合起来。不仅有助于解决当事人之间的争议,还有助于保持当事人的友好合作关系,具有很大的灵活性和便利性。

4. 法院调解

《中华人民共和国民事诉讼法》(以下简称《民事诉讼法》)规定,人民法院审理民事案件。根据当事人自愿的原则,在事实清楚的基础上,分清是非,进行调解。法院调解是人民法院对受理的民事案件、经济纠纷案件和轻微刑事案件在双方当事人自愿的基础上进行的调解,是诉讼内调解。法院调解书经双方当事人签收后,即具有法律效力,效力与判决书相同。在民事诉讼中,除适用特别程序的案件和当事人有严重违法行为须给予行政处罚的经济纠纷案件的情形外,其他案件均可适用调解。

《民事诉讼法》规定,人民法院进行调解,可以由审判员一人主持,也可以由合议庭主持,并尽可能就地进行。人民法院进行调解可以邀请有关单位和个人协助。被邀请的单位和个人,应当协助人民法院进行调解。

调解达成协议,必须双方自愿,不得强迫。调解协议的内容不得违反法律规定。

调解达成协议,人民法院应当制作调解书。调解书应当写明诉讼请求、案件的事实和调解结果。调解书由审判员、书记员署名,加盖人民法院印章,送达双方当事人。调解书经双方当事人签收后,即具有法律效力。

但是,下列案件调解达成协议,人民法院可以不制作调解书:①调解和好的离婚案件;②调解维持收养关系的案件;③能够即时履行的案件;④其他不需要制作调解书的案件。对不需要制作调解书的协议,应当记入笔录,由双方当事人、审判人员、书记员签名或者盖章后,即具有法律效力。

调解未达成协议或者调解书送达前一方反悔的,人民法院应当及时判决。

5. 专业机构调解

《人民调解法》实施以来,我国出现了一批以处理民商事法律纠纷的专业调解机构,如中国国际商会(中国贸促会)调解中心、北京仲裁委员会调解中心等。专业机构调解是当事人在发生争议前或争议后,协议约定由依法成立的具有独立调解规则的机构按照其调解规则进行调解。所谓调解规则,即调解机构、调解员以及调解当事人之间在调解过程中所应遵守的程序性规范。

专业调解机构备有调解员名单,供当事人在个案中选定。调解员由专业调解机构聘请经济、贸易、金融、投资、知识产权、工程承包、运输、保险、法律等领域里具有专门知识及实际经验、公道正派的人士担任。专业调解机构进行调解达成的调解协议对当事人双方均有约束力。

和解和调解的区别在于:和解是当事人之间自愿协商,达成协议,没有第三人参加;而调解是在第三人支持下进行疏导、劝说,使之相互谅解,自愿达成协议。

小结

7.4 仲 裁 制 度

导入案例

2018年中国承包商以EPC(EPC是指公司受业主委托,按照合同约定对工程建设项目的设计、采购、施工、试运行等实行全过程或若干阶段的承包)方式在某"一带一路"国家承担大型工业项目,在工程完工后与东道国业主产生争议。在随之而来的纠纷中,中国承包商按照合同约定向斯德哥尔摩商会仲裁机构提起申请仲裁,东道国业主则提出了工期延误巨额索赔反请求。巴黎国际商会仲裁院对一起"一带一路"工程项目纠纷作出裁决,接受了中国专家证人关于该案工期延误的分析结论,驳回了东道国业主对中国承包商的工期延误巨额索赔。

问题:仲裁具有什么特点?

仲裁是解决民事纠纷的重要方式之一。我国仲裁活动主要的法律依据有《中华人民共和国仲裁法》(以下简称《仲裁法》)、《民事诉讼法》、《最高人民法院关于适用〈中华人民共和国仲裁法〉若干问题的解释》(以下简称《仲裁法》司法解释),以及我国签署加入的国际公约《承认和执行外国仲裁裁决公约》也称《纽约公约》。仲裁是当事人根据在纠纷发生前或纠纷发生后达成的协议,自愿将纠纷提交中立第三方作出裁决,纠纷各方都有义务执行该裁决的一种解决纠纷的方式。仲裁与法院审判不同。法院行使国家所赋予的审判权,向法院起诉不需要双方当事人在诉讼前达成协议,只要一方当事人向有审判管辖权的法院起诉,经法院受理后,另一方必须应诉。仲裁具有民间性质,其受理案件的管辖权来自双方协议。有效的仲裁协议可以排除法院的管辖权;纠纷发生后,一方当事人提起仲裁的,另一方必须仲裁。但是,没有仲裁协议,就不能启动仲裁程序。

根据《仲裁法》的规定,该法的调整范围仅限于民商事仲裁,即"平等主体的公民、法人和其他组织之间发生的合同纠纷和其他财产纠纷";对于婚姻、收养、监护、抚养、继承纠纷以及依法应当由行政机关处理的行政争议等不能仲裁。此外,劳动争议仲裁不受《仲裁法》的调整。

1. 仲裁的特点

1) 自愿性

当事人的自愿性是仲裁最突出的特点。仲裁是最能充分体现当事人意思自治原则的争议解决方式。仲裁以当事人的自愿为前提,即是否将纠纷提交仲裁,向哪个仲裁委员会申请仲裁,仲裁庭如何组成,仲裁员的选择,以及仲裁的审理方式、开庭形式等,都是在当事人自愿的基础上,由当事人协商确定的。

2) 专业性

专家裁案,是民商事仲裁的重要特点之一。民商事仲裁往往涉及不同行业的专业知识,如建设工程纠纷的处理不仅涉及与工程建设有关的法律法规,还常常需要运用大量的工程造价、工程质量方面的专业知识以及建筑业自身特有的交易习惯和行业惯例。仲裁机构的仲裁员是各行业具有一定专业水平的专家,精通专业知识、熟悉行业规则,对确保仲裁结果的公正准确发挥着关键作用。

3) 独立性

《仲裁法》规定,仲裁委员会独立于行政机关,与行政机关没有隶属关系。仲裁委员会之间也没有隶属关系。

在仲裁过程中,仲裁庭独立进行仲裁,不受任何行政机关、社会团体和个人的干涉,也不受其他仲裁机构的干涉,具有独立性。

4) 保密性

仲裁以不公开审理为原则。同时,当事人及其代理人、证人、翻译、仲裁员、仲裁庭咨询的专家和指定的鉴定人、仲裁委员会有关工作人员也要遵守保密义务,不得对外界透露案件实体和程序的有关情况。因此,可以有效地保护当事人的商业秘密和商业信誉。

5) 快捷性

仲裁实行一裁终局制度,仲裁裁决一经作出即发生法律效力。仲裁裁决不能上诉,这使得当事人之间的纠纷能够迅速得以解决。

6) 强制性

对于生效的仲裁裁决书和调解书,当事人有权向人民法院申请强制执行。

7) 国际性

中国是《纽约公约》的缔约国。根据公约,中国仲裁机构作出的涉外仲裁裁决书和调解书,可在所有缔约国之间得到承认和执行。截至2018年已有159个国家和地区加入《纽约公约》。

2. 仲裁的基本制度

1) 协议仲裁制度

仲裁协议是当事人自愿原则的体现,当事人申请仲裁、仲裁委员会受理仲裁以及仲裁庭对仲裁案件的审理和裁决,都必须以当事人依法订立的仲裁协议为前提。《仲裁法》规定,没有仲裁协议,一方申请仲裁的,仲裁委员会不予受理。

2) 排除法院管辖制度

仲裁和诉讼是两种不同的争议解决方式,当事人只能选用其中的一种。《仲裁法》规定:"当事人达成仲裁协议,一方向人民法院起诉的,人民法院不予受理,但仲裁协议无效的除外。"因此,有效的仲裁协议可以排除法院对案件的司法管辖权,只有在没有仲裁协议或者仲裁协议无效的情况下,法院才可以对当事人的纠纷予以受理。

3) 一裁终局制度

仲裁实行一裁终局的制度。裁决作出后,当事人就同一纠纷再申请仲裁或者向人民法院起诉的,仲裁委员会或者人民法院不予受理。但是,裁决被人民法院依法撤销或者不予执行的,当事人就该纠纷可以根据双方重新达成的仲裁协议申请仲裁,也可以向人民法院起诉。

3. 仲裁协议和仲裁受理

1) 仲裁协议

(1) 仲裁协议的形式

《仲裁法》规定:"仲裁协议包括合同中订立的仲裁条款和其他以书面形式在纠纷发生前或者纠纷发生后达成的请求仲裁的协议。"据此,仲裁协议应当以书面形式表示,口头方式达成的仲裁意思表示无效。仲裁协议既可以表现为合同中的仲裁条款,也可以表现为独立于合同而存在的仲裁协议书。实践中,在合同中约定仲裁条款的形式最为常见。

《仲裁法》司法解释规定:"仲裁法第十六条规定的'其他书面形式'的仲裁协议,包括以合同书、信件和数据电文(包括电报、电传、传真、电子数据交换和电子邮件)等形式达成的请求仲裁的协议。"此外,《中华人民共和国电子签名法》还规定,能够有形地表现所载内容,并可以随时调取查用的数据电文,视为符合法律、法规要求的书面形式;可靠的电子签名与手写签名或者盖章具有同等的法律效力。

(2) 仲裁协议的内容

合法有效的仲裁协议应当具有下列法定内容。

① 请求仲裁的意思表示。请求仲裁的意思表示,是指条款中应当有"仲裁"两字,表明当事人的仲裁意愿。该意愿应当是确定的,而不是模棱两可的。有的当事人在合同中约定发生争议可以提交仲裁,也可提交诉讼,根据这种约定就无法判定当事人有明确的仲裁意愿。因此,《仲裁法》司法解释规定,这样的仲裁协议无效。

② 仲裁事项。仲裁事项,可以是当事人之间合同履行过程中的或与合同有关的一切争

议,也可以是合同中某一特定问题的争议;既可以是事实问题的争议,也可以是法律问题的争议。其范围取决于当事人在仲裁协议中的约定。

③ 选定的仲裁委员会。选定的仲裁委员会,是指仲裁协议中约定的仲裁委员会的名称应该准确。《仲裁法》司法解释规定,仲裁协议约定的仲裁机构名称不准确,但能够确定具体的仲裁机构的,双方应当沟通明确仲裁机构。仲裁协议约定两个以上仲裁机构的,当事人可以协议选择其中的一个仲裁机构申请仲裁;当事人不能就仲裁机构选择达成一致的,仲裁协议无效。仲裁协议约定由某地的仲裁机构仲裁且该地仅有一个仲裁机构的,该仲裁机构视为决定的仲裁机构。该地有两个以上仲裁机构的,当事人可以协议选择其中的一个仲裁机构申请仲裁;当事人不能就仲裁机构选择达成一致的,仲裁协议无效。

上述三项内容必须同时具备,仲裁协议才能有效。我国许多仲裁机构都列出了示范仲裁条款,如北京仲裁委员会示范仲裁条款写明:"因本合同引起的或与本合同有关的任何争议。提请北京仲裁委员会按照该会的仲裁规则进行仲裁。仲裁裁决是终局的,对双方都有约束力。"当然,如果合同当事人较多,也可以将其表述为"仲裁裁决对各方均有约束力"。

(3) 仲裁协议的效力

① 对当事人的法律效力。仲裁协议合法有效,即对当事人产生法律约束力。发生纠纷后,一方当事人只能向仲裁协议约定的仲裁机构申请仲裁,而不能就该纠纷向人民法院提起诉讼。

② 对法院的约束力。有效的仲裁协议排除了人民法院对仲裁协议约定的争议事项的司法管辖权。《仲裁法》规定,当事人达成仲裁协议,一方向人民法院起诉未声明有仲裁协议,人民法院受理后,另一方在首次开庭前提交仲裁协议的,人民法院应当驳回起诉,但仲裁协议无效的除外。

③ 对仲裁机构的法律效力。仲裁协议是仲裁委员会受理仲裁案件的前提,是仲裁庭受理和裁决案件的依据。没有有效的仲裁协议,仲裁委员会就不能获得对争议案件的管辖权。同时,仲裁委员会只能对当事人在仲裁协议中约定的争议事项进行仲裁,对超过仲裁协议约定范围的其他争议事项无权仲裁。

④ 仲裁协议的独立性。仲裁协议独立存在,合同的变更、解除、终止或者无效,以及合同成立后未生效、被撤销等,均不影响仲裁协议的效力。当事人在订立合同时就争议达成仲裁协议的,合同未成立也不影响仲裁协议的效力。

(4) 仲裁协议效力的确认

当事人对仲裁协议效力有异议的,应当在仲裁庭首次开庭前提出。当事人既可以请求仲裁委员会作出决定,也可以请求人民法院裁定。一方请求仲裁委员会作出决定,另一方请求人民法院裁定的,由人民法院裁定。

当事人向人民法院申请确认仲裁协议效力的案件,由仲裁协议约定的仲裁机构所在地的中级人民法院管辖;仲裁协议约定的仲裁机构不明确的,由仲裁协议签订地或者被申请人住所地的中级人民法院管辖。

2) 仲裁受理

(1) 申请仲裁的条件

① 有效的仲裁协议。

② 有具体的仲裁请求和事实、理由。

③ 属于仲裁委员会的受理范围。

(2) 申请仲裁的方式

当事人申请仲裁,应当向仲裁委员会递交仲裁协议或者合同仲裁条款、仲裁申请书及副本。其中,仲裁申请书应当载明的事项包括以下几个方面。

① 当事人的姓名、性别、年龄、职业、工作单位和住所,法人或者其他组织的名称、住所和法定代表人或者主要负责人的姓名、职务。

② 仲裁请求和所依据的事实、理由。

③ 证据和证据来源、证人姓名和住所。

对于申请仲裁的具体要求和审查标准,各仲裁机构在《仲裁法》规定的范围内会有所不同,一般可以登录其网站进行查询。

(3) 审查与受理

仲裁委员会收到仲裁申请书之日起5日内经审查认为符合受理条件的,应当受理,并通知当事人;认为不符合受理条件的,应当书面通知当事人不予受理,并说明理由。

仲裁委员会受理仲裁申请后,应当在仲裁规则规定的期限内向仲裁委员会提交答辩书。仲裁委员会收到答辩书后,应当在仲裁规则规定的期限内将答辩书副本送达申请人。被申请人未提交答辩书的,不影响仲裁程序的进行。被申请人有权在答辩期内提出反请求。

(4) 财产保全和证据保全

为保证仲裁程序顺利进行、仲裁案件公正审理以及仲裁裁决有效执行,当事人有权审理财产保全和证据保全。当事人要求采取保全措施的,应向仲裁委员会提出书面申请,由仲裁委员会将保全申请转交被申请人住所地或其财产所在地或证据所在地有管辖权的人民法院作出裁定;当事人也可以直接向有管辖权的人民法院提出保全申请。

申请人在人民法院采取保全措施后30日内不依法申请仲裁的,人民法院应当解除保全。

4. 仲裁审理的法定程序

仲裁审理的法定程序主要包括仲裁庭的组成、开庭和审理、仲裁和解与调解、仲裁裁决等过程。

1) 仲裁庭的组成

仲裁案件采用普通程序或者简易程序来审理。采用普通程序审理仲裁案件,由3名仲裁员组成合议仲裁庭;采用简易程序审理仲裁案件,由1名仲裁员组成独任仲裁庭。但是,经当事人协商达成一致,应当采用普通程序审理的案件,也可以采用简易程序审理。

(1) 合议仲裁庭

当事人约定由3名仲裁员组成仲裁庭的,应当各自选定1名或者各自委托仲裁委员会主任指定1名仲裁员,第三名仲裁员由当事人共同选定或者共同委托仲裁委员会主任指定。第三名仲裁员是首席仲裁员。

(2) 独任仲裁庭

当事人约定1名仲裁员成立仲裁庭的,应当由当事人共同选定或者共同委托仲裁委员会主任指定仲裁员。

当事人没有在仲裁规定的期限内约定仲裁庭的组成方式或者选定仲裁员的,由仲裁委员会主任指定。

仲裁员有下列情形之一的,必须回避,当事人也有权提出回避申请:①本案当事人或者当事人、代理人的近亲属；②与本案有利害关系；③与本案当事人、代理人有其他关系，可能影响公正仲裁的；④私自会见当事人、代理人或者接受当事人、代理人请客送礼的。

当事人提出回避申请，应当说明理由，在首次开庭前提出。回避事由在首次开庭后知道的，可以在最后一次开庭结束前提出。

2）开庭和审理

仲裁审理方式分为开庭审理和书面审理两种。仲裁应当开庭审理作出裁决，这是仲裁审理的主要方式。但是，当事人协议不开庭的，仲裁庭可以根据仲裁申请书、答辩书以及其他材料作出裁决，即书面审理方式。为了保护当事人的商业秘密和商业信誉，仲裁不公开进行，当事人协议公开的，可以公开进行，但涉及国家秘密的除外。

当事人应当对自己的主张提供证据。仲裁庭认为有必要收集的证据，可以自行收集。证据应当在开庭时出示，当事人可以质证。当事人在仲裁过程中有权进行辩论。

仲裁庭可以作出缺席裁决。申请人经书面通知，无正当理由开庭时不到庭或者未经仲裁庭许可中途退庭的，可以视为撤回仲裁申请；如果被申请人提出了反请求，也不影响仲裁庭反请求进行审理并作出裁决。被申请人经书面通知，无正当理由不到庭或者未经仲裁庭许可中途退庭的，仲裁庭可以进行缺席审理并作出裁决；如果被申请人提出了反请求的，可以视为撤回仲裁反请求。

3）仲裁和解与调节

当事人申请仲裁后，可以自行和解。当事人自行达成和解协议的，可以请求仲裁庭根据和解协议制作裁决书，也可以撤回仲裁申请。当事人撤回仲裁申请后反悔的，仍可以根据原仲裁协议另行申请仲裁。

仲裁庭在作出裁决前，可以根据当事人的请求或者在征得当事人同意的情况下按照其认为适当的方式主持调解。调解达成协议的，当事人可以撤回仲裁申请，也可以请求仲裁庭根据调解协议的内容制作调解书或者裁决书。调解不成的，应当及时作出裁决。调解书经双方当事人签收后即与裁决书具有同等法律效力。在调解书签收前当事人反悔的，仲裁庭应当及时作出裁决。

4）仲裁裁决

仲裁裁决是由仲裁庭作出的具有强制执行效力的法律文书。独任仲裁庭审理的案件由独任仲裁员作出仲裁裁决，合议仲裁庭审理的案件由3名仲裁员集体作出仲裁裁决。裁决应当按照多数仲裁员的意见作出，少数仲裁员的不同意见可以记入笔录。仲裁员无法形成多数意见时，按照首席仲裁员的意见作出。仲裁裁决书由仲裁员签名，加盖仲裁委员会的印章。对裁决持不同意见的仲裁员可以签名，也可以不签名。有些仲裁机构的仲裁规则中规定，不签名的仲裁员应当出具个人意见，仲裁机构将其个人意见随同裁决书送达当事人，但该意见不构成裁决书的一部分。裁决书自作出之日起发生法律效力。仲裁实行一裁终局制度。当事人不得就已经裁决的事项再行申请仲裁，也不得就此提起诉讼；当事人申请人民法院撤销裁决的，应当依法进行。

5．仲裁裁决的执行

1）仲裁裁决的执行效力

仲裁裁决作出后，当事人应当履行裁决。一方当事人不履行的，另一方当事人可以依照我国《民事诉讼法》的规定，向人民法院申请执行。根据我国最高人民法院的相关司法解释，当事人申请执行仲裁裁决案件,由被执行人所在地或者被执行财产所在地的中级人民法院管辖。

仲裁裁决在所有《承认和执行外国仲裁裁决公约》缔约国或者地区,均可以得到承认和执行。

申请仲裁裁决强制执行必须在法律规定的期限内提出(按照《民事诉讼法》的规定,申请执行的期间为2年)。申请执行时效的中止、中断,应适用法律有关诉讼时效中止、中断的规定。申请仲裁裁决强制执行的2年期间,自仲裁裁决书规定履行期限或仲裁机构的仲裁规定履行期间的最后1日起计算。仲裁裁决书规定分期履行的,依规定的每次履行期间的最后1日起计算。

2)仲裁裁决的不予执行

根据《仲裁法》《民事诉讼法》的规定,被申请人提出证据证明裁决有下列情形之一的,经人民法院组成合议庭审查核实,裁定不予执行。

① 当事人在合同中没有仲裁条款或者事后没有达成书面仲裁协议的。
② 裁决的事项不属于仲裁协议的范围或者仲裁机构无权仲裁的。
③ 仲裁庭的组成或者仲裁的程序违反法定程序的。
④ 裁决所根据的证据是伪造的。
⑤ 对方当事人向仲裁机构隐瞒了足以影响公正裁决的证据的。
⑥ 仲裁员在仲裁该案时有索贿受贿、徇私舞弊、枉法裁决行为的。

仲裁裁决被法院依法裁定不予执行的,当事人就该纠纷可以重新达成仲裁协议,并依据该仲裁协议申请仲裁,也可以向法院提起诉讼。

小结

7.5　民事诉讼制度

导入案例

原告甲公司为购买一间厂房,与乙公司签订了《工业用房买卖合同》。合同第十六条约定了争议解决方式:"本合同在履行过程中发生的争议,由双方当事人协商解决,协商不成的,依法向乙方所在地人民法院起诉。"双方在合同履行过程中发生纠纷,甲公司以合同约定的管辖违反了专属管辖规定为由,认为案件应由不动产所在地人民法院管辖而诉至重庆市北碚区人民法院。被告乙公司在提交答辩状期间对本案的管辖权提出异议,认为本案对管辖进行了约定,应由合同乙方所在地即重庆市沙坪坝区人民法院管辖。

问题:本案应当由哪个法院管辖?

1. 民事诉讼的管辖

民事诉讼中的管辖是指各级人民法院之间和同级人民法院之间受理第一审民事案件的分工和权限。

我国《民事诉讼法》规定的民事案件的管辖,包括级别管辖、地域管辖、移送管辖、指定管辖和管辖权转移。人民法院受理案件后,被告有权针对人民法院对案件是否有管辖权提出管辖权异议,这是当事人的一项诉讼权利。

1) 级别管辖

级别管辖,是指按照一定的标准,划分上下级人民法院之间受理第一审民事案件的分工和权限。我国法院有四级,分别是基层人民法院、中级人民法院、高级人民法院和最高人民法院,每一级均受理一审民事案件。我国《民事诉讼法》主要根据案件的性质、影响和诉讼标的金额等来确定级别管辖。在实践中,争议的金额的大小,往往是确定级别管辖的重要依据,但各地人民法院确定的级别争议标的数额标准不尽相同。

2) 地域管辖

地域管辖,就是根据人民法院的辖区范围和民事案件的隶属关系,划分同级人民法院之间审判第一审民事案件的权限。级别管辖则是确定民事案件由哪一级人民法院管辖。就是说,级别管辖是确定纵向的审判分工,地域管辖是确定横向的审判分工,地域管辖主要包括如下几种情况。

(1) 一般地域管辖

一般地域管辖,是以当事人与法院的隶属关系来确定诉讼管辖,通常实行"原告就被告"原则,即以被告住所地作为确定管辖的标准。

对公民提起的民事诉讼,由被告住所地人民法院管辖;被告住所地与经常居住地不一致,由经常居住地人民法院管辖。其中,公民的住所地是指该公民的户籍所在地。经常居住地是指公民离开住所地至起诉时已连续居住满1年的地方,但公民住院就医的地方除外。

对法人或者其他组织提起的民事诉讼,由被告住所地人民法院管辖。被告住所地是指法人或者其他组织的主要办事机构所在地或者主要营业地。

同一诉讼的几个被告住所地、经常住所地在两个以上人民法院辖区的,原告可以向任何被告住所地或经常居住地人民法院起诉。

(2) 特殊地域管辖

特殊地域管辖,是指以诉讼标的所在地、引起民事法律关系发生、变更、消灭的法律事实所在地为标准确定的管辖。我国《民事诉讼法》规定了10种特殊地域管辖,其中与工程建设领域关系最为密切的是因合同纠纷提起诉讼的管辖。

《民事诉讼法》规定:"因合同纠纷提起的诉讼,由被告住所地或合同履行地人民法院管辖。"合同履行地是指合同约定的履行义务的地点,主要是指合同标的的交付地点。合同履行地应当在合同中明确约定,没有约定或约定不明,当事人既不能协商确定,又不能按照合同有关条款和交易习惯确定的,按照《合同法》第六十二条的有关规定确定。对于购销合同纠纷,《最高人民法院关于在确定经济纠纷案件管辖中如何确定购销合同履行地的规定》中规定:"对当事人在合同中明确约定履行地点的,以约定的履行地点为合同履行地。当事人在合同中未明确约定履行地点的,以约定的交货地点为合同履行地。合同中约定的货物到达地、到站地、验收地、安装调试地等,均不应视为合同履行地。"对于建设工程施工合同纠纷,《最高人民法院关于审理建设工程施工合同纠纷案件适用法律问题的解释》中规定:"建设工程施工合同纠纷以施工行为地为合同履行地。"

发生合同纠纷或者其他财产权益纠纷的,《民事诉讼法》还规定了协议管辖制度。所谓协议管辖,是指合同当事人在纠纷发生前后,在法律允许的范围内,以书面形式约定案件的管辖法院。协议管辖适用于合同纠纷或者其他财产权益纠纷,其他财产权益纠纷包括因物权、知识产权中的财产权而产生的民事纠纷管辖。

《民事诉讼法》规定,合同的当事人可以在书面合同中协议选择被告住所地、合同履行地、合同签订地、原告住所地、标的物所在地等与争议有实际联系的地点的人民法院管辖,但不得违反本法对级别管辖和专属管辖的规定。"与争议有实际联系的地点"还包括侵犯物权或者知识产权等财产权益的行为发生地等。

(3) 专属管辖

专属管辖,是指法律规定某些特殊类型的案件专门由特定的法院管辖。专属管辖是排他性管辖,排除了诉讼当事人协议选择管辖法院的权利。专属管辖与一般地域管辖和特殊地域管辖的关系是:凡法律规定为专属管辖的诉讼,均使用专属管辖。

《民事诉讼法》中规定了3种适用专属管辖的案件,其中因不动产纠纷提出的诉讼,由不动产所在地人民法院管辖,如房屋买卖纠纷、土地使用权转让纠纷等。

(4) 移送管辖和指定管辖

人民法院发现受理的案件不属于本院管辖的,应当移送有管辖权的人民法院,受移送的人民法院应当受理。受移送的人民法院认为受移送的案件依照规定不属于本院管辖的,应当报请上级人民法院指定管辖,不得再自行移送。

移送管辖有两种:一种是同级人民法院间的移送管辖,一般是由于地域管辖的原因引起的;另一种是上下级人民法院间的移送管辖,一般是由于级别管辖的原因引起的。

有管辖权的人民法院由于特殊原因,不能行使管辖权的,由上级人民法院指定管辖。人民法院之间因管辖权发生争议,由争议双方协商解决;协商解决不了的,报请其共同上级人民法院指定管辖。

(5) 管辖权转移

所谓管辖权转移,是指上级人民法院有权审理下级人民法院管辖的第一审民事案件;确有必要将本院管辖的第一审民事案件交下级人民法院审理的,应当报请其上级人民法院批准。

下级人民法院对其所管辖的第一审民事案件,认为需要由上级人民法院审理的,可以报请上级人民法院审理。

管辖权转移不同于移送管辖:移送管辖是没有管辖权的人民法院把案件移送给有管辖权的人民法院审理,而管辖权转移是有管辖权的人民法院把案件转移给原来没有管辖权的人民法院审理;移送管辖可能在上下级人民法院之间或者在同级人民法院间发生,而管辖权转移仅限于上下级人民法院之间;二者在程序上不完全相同。

3) 管辖权异议

管辖权异议,是指当事人向受诉人民法院提出的该法院对案件无管辖权的主张。《民事诉讼法》规定,人民法院受理案件后,当事人对管辖权有异议的,应当在提交答辩状期间提出。人民法院对当事人提出的异议,应当审查。异议成立的,裁定将案件移交有管辖权的人民法院;异议不成立的,裁定驳回。

一般来说,当事人可以就以下情形提出管辖权异议:就地域管辖权提出异议;就级别管辖权提出异议;仲裁协议或仲裁条款有效的,为排除法院管辖而提出异议等。另外,《民事诉讼法》还规定了应诉管辖制度,即当事人未提出管辖权异议并应诉管辖的,视为受诉人民法院有管辖权,但违反级别管辖和专属管辖规定的除外。

《最高人民法院关于审理民事级别管辖异议案件若干问题的规定》指出,受诉人民法院应当在受理异议之日起15日内作出裁定;对人民法院级别管辖异议作出的裁定,当事人不服提起上诉的,第二审人民法院应当依法审理并作出裁定。

2. 民事诉讼的当事人和代理人

1) 当事人

民事诉讼中的当事人,是指因民事权利和义务发生争议,以自己的名义进行诉讼,请求人民法院进行裁判的公民、法人或其他组织。狭义的民事诉讼当事人包括原告和被告。广义的民事诉讼当事人包括原告、被告、共同诉讼人和第三人。外国人、无国籍人、外国企业和组织在人民法院起诉、应诉,同中华人民共和国公民、法人和其他组织有同等的诉讼权利义务。

外国法院对中华人民共和国公民、法人和其他组织的民事诉讼权利加以限制的,中华人民共和国人民法院对该国公民、企业和组织的民事诉讼权利,实行对等原则。

(1) 原告和被告

原告,是指维护自己的权益或自己所管理的他人权益,以自己的名义起诉,从而引起民事诉讼程序的当事人。被告,是指原告诉称侵犯原告公民权益而由法院通知其应诉的当事人。

《民事诉讼法》规定,公民、法人和其他组织可以作为民事诉讼的当事人。法人由其法定代表人进行诉讼,其他组织由其主要负责人进行诉讼。

公民、法人和其他组织虽然都可以成为民事诉讼中的原告或被告,但在实践中,情况还是比较复杂,需要进一步结合《最高人民法院关于适用〈中华人民共和国民事诉讼法〉若干问题的意见》及相关规定进行正确认定。

随着我国经济社会的快速发展和变化,出现了一些环境污染、侵害众多消费者权益等严重损害社会公共利益的行为。为保护社会公共利益,除了加强行政监管外,《民事诉讼法》还初步确立了我国的民事公益诉讼制度。根据《民事诉讼法》规定,对污染环境、侵害众多消费者合法权益等损害社会公共利益的行为,法律规定的机关和有关组织可以向人民法院提起诉讼。

(2) 共同诉讼人

共同诉讼人,是指当事人一方或双方为两人以上(含两人),其诉讼标的是共同的,或者诉讼标的是同一种类、人民法院认为可以合并审理并经当事人同意,共同在人民法院进行诉讼的人。

(3) 第三人

第三人，是指对他人争议的诉讼标的有独立的请求权，或者虽无独立的请求权，但案件的处理结果与其有法律上的利害关系，而参加到原告、被告已经开始的诉讼中进行诉讼的人。

《民事诉讼法》规定，对当事人双方的诉讼标的，第三人认为有独立请求的，有权提起诉讼。对当事人双方诉讼标的，第三人虽然没有独立请求权，但与案件处理结果有法律上的利害关系的，可以申请参加诉讼，或者由人民法院通知参加诉讼。人民法院判决承担民事责任的第三人，有当事人的诉讼权利和义务。

以上规定的第三人，因不能归责于本人的事由未参加诉讼，但有证据证明发生法律效力的判决、裁定、调解书和部分或者全部内容错误，损害其民事权益的，可以自知道或者应当知道其民事权益受到损害之日起6个月内，向作出该判决、裁定、调解书的人民法院提起诉讼。人民法院经审理，诉讼请求成立的，应当改变或者撤销原判决、裁定、调解书；诉讼请求不成立的，驳回诉讼请求。

2) 诉讼代理人

诉讼代理人，是指根据法律规定或当事人的委托，代理当事人进行民事诉讼活动的人。民事法律行为代理分为法定代理、委托代理和指定代理。与此相对应，民事诉讼代理人也可分为法定诉讼代理人、委托诉讼代理人和指定诉讼代理人。在建设工程领域的民事诉讼代理中，最常见的是委托诉讼代理人。

当事人、法定代理人可以委托1或2人作为其诉讼代理人。新修订的《民事诉讼法》规定，下列人员可以被委托为诉讼代理人。

① 律师、基层法律服务工作者。

② 当事人的近亲属或工作人员。

③ 当事人所在社区、单位以及有关社会团体推荐的公民。

委托他人代为诉讼的，须向人民法院提交由委托人签名或盖章的授权委托书，授权委托书必须记明委托事项和权限。《民事诉讼法》规定，"诉讼代理人代为承认、放弃、变更诉讼请求，进行和解、提起诉讼或者上诉，必须有委托人的特别授权"。针对实践中经常出现的授权委托书仅写"全权代理"而无具体授权的情形，最高人民法院还特别规定，在这种情况下不能认定诉讼代理人已获得特别授权，即诉讼代理人无权代为承认、放弃、变更诉讼请求，进行和解、提起反诉或者上诉。

3. 民事诉讼的证据

证据，是指在诉讼中能够证明案件真实情况的各种资料。当事人要证明自己提出的主张，需要向法院提供相应的证据资料。

掌握证据的种类才能正确收集证据；掌握证据的保全才能不使对自己有利的证据灭失；掌握证据的应用才能真正发挥证据的作用。

根据新修订的《民事诉讼法》，证据包括当事人的陈述、书证、物证、视听资料、电子数据、证人证言、鉴定意见、勘验笔录。证据必须查证属实，才能作为认定事实的根据。

1) 当事人的陈述

当事人陈述，是指当事人在诉讼或仲裁中，就本案中的事实向法院或仲裁机构所作的陈述。《民事诉讼法》规定，人民法院对当事人的陈述，应当结合本案的其他证据，审查确定能否作为认定事实的根据。当事人拒绝陈述的，不影响人民法院根据证据认定案件事实。《最高人民法院关于民事诉讼证据的若干规定》还规定，当事人对自己的主张，只有本人陈述而不能提出其他相关证据的，其主张不予支持。但对方当事人认可的除外。

2）书证

书证，是指以文字、符号所记录或表示的，以证明待证事实的文书，如合同、书信、文件、票据等。书证是民事诉讼和仲裁中普遍并大量应用的一种证据。

3）物证

物证，是指用物品的外形、特征、质量等说明待证事实的一部分或全部的物品。在工程实践中，建筑材料、设备以及工程质量等，往往表现为物证这种形式。

在民事诉讼和仲裁过程中，应当遵循"优先提供原件或者原物"的原则。《民事诉讼法》规定："书证应当提交原件。物证应当提交原物。提交原件或原物确有困难的，可以提交复制品、照片、副本、节录本。"需要说明的是，根据《最高人民法院关于民事诉讼证据的若干规定》的规定，当事人"如需自己保存证据原件、原物或者提供原件、原物确有困难的，可以提供经人民法院核对无异的复制件或者复制品"。但是，无法与原件、原物核对的复印品、复印件，不能单独作为认定案件事实的依据。

4）视听资料

视听资料，是指利用录音、录像等方法记录下来的有关案件事实的材料，如用录音机录制的当事人的谈话、用摄像机拍摄的人物形象及其活动等。

视听资料虽然具有易于保存、生动逼真等优点，但也有容易通过技术手段被篡改的缺点。《民事诉讼法》规定，人民法院对视听资料，应当辨别真伪，并结合本案的其他证据，审查确定能否作为认定事实的根据。

同时，《最高人民法院关于民事诉讼证据的若干规定》规定，存在疑点的视听资料，不能单独作为认定案件事实的依据。

对于未经对方当事人同意私自录制其谈话取得的资料的效力，《最高人民法院关于民事诉讼证据的若干规定》规定，对于一方当事人提出的，有其他证据佐证并以合法手段取得的、无疑点的视听资料或者与视听资料核对无误的复制件，对方当事人提出异议但没有足以反驳的相反证据的，人民法院应当确认其证明力。

5）电子数据

电子数据，是指与案件实施有关的电子邮件、网上聊天记录、电子签名、网络访问记录等以电子形式存在的证据，如储存在计算机等电子设备的软盘、硬盘或光盘中的电子数据信息。

6）证人证言

证人证言，是指证人以口头或书面方式向人民法院所作的对案件事实的陈述。证人所作的陈述，既可以是亲自听到、看到的，也可以是从其他人、其他地方间接得知的。人民法院认定证人证言，可以通过对证人的智力状况、品德、知识、经验、法律意识和专业技能等的综合分析作出判断。

《民事诉讼法》规定，凡是知道案件情况的单位和个人，都有义务出庭作证。有关单位的负责人应当支持证人作证。不能正确表达意志的人，不能作证。

经人民法院通知，证人应当出庭作证。有下列情形之一的，经人民法院许可，可以通过书面证言、视听传输技术或者视听资料等方式作证。

① 因健康原因不能出庭的。

② 因路途遥远,交通不便不能出庭的。

③ 因自然灾害等不可抗力不能出庭的。

④ 其他有正当理由不能出庭的。

《最高人民法院关于民事诉讼证据的若干规定》还规定,与一方当事人或者其代理人有利害关系的证人出具的证言,以及无正当理由未出庭作证的证人证言,不能单独作为认定案件事实的依据。

7) 鉴定意见

鉴定意见,是指具备相应资格的鉴定人对民事案件中出现的专门性问题,通过鉴别和判断后作出的书面意见。在建设工程领域,较常见的有工程质量鉴定、技术鉴定、工程造价鉴定、伤残鉴定、笔迹鉴定等。由于鉴定意见是运用专业知识所作出的鉴别和判断,所以具有科学性和较强的证明力。

《民事诉讼法》规定,当事人可以就查明事实的专门问题向人民法院申请鉴定。当事人申请鉴定的,由双方当事人协商确定具备资格的鉴定人;协商不成的由人民法院指定。当事人未申请鉴定,人民法院对专门性问题认为需要鉴定的,应当委托具备资格的鉴定人进行鉴定。

当事人对鉴定意见有异议或者人民法院认为鉴定人有必要出庭的,鉴定人应当出庭作证。经人民法院通知,鉴定人拒不出庭作证的,鉴定意见不得作为认定事实的根据;支付鉴定费用的当事人可以要求返还鉴定费用。

8) 勘验笔录

勘验笔录,是指人民法院为了查明案件的真相,指派勘验人员对与案件争议有关的现场、物品或物体进行查验、拍照、测量,并将查验的情况与结果制成的记录。《民事诉讼法》规定,勘验物证或者现场,勘验人必须出示人民法院的证件,并邀请当地基层组织或者当事人所在单位派人参加。当事人或者当事人的成年家属应当到场,拒不到场的,不影响勘验的进行。勘验笔录应由勘验人、当事人和被邀参加人签名或者盖章。

4. 民事诉讼的时效

1) 诉讼时效的概念

诉讼时效,是指权利人在法定的时效期间内,未行使其权利的,依据法律规定消灭其胜诉权的制度。

超过诉讼时效期间,在法律上发生的效力是权利人的胜诉权消灭。超过诉讼时效期间权利人行使权利的,如果符合《民事诉讼法》规定的起诉条件,法院仍然应当受理。如果法院经受理后查明无中止、中断、延长事由的,判决驳回诉讼请求。但是,依照2008年8月发布的《最高人民法院关于审理民事案件适用诉讼时效制度若干问题的规定》,当事人未提出诉讼时效抗辩,法院不应对诉讼时效问题进行释明及主动适用诉讼时效的规定进行裁判。当事人违反法律规定,约定延长或者缩短诉讼时效期间、预先放弃诉讼时效利益的,法院不予认可。

应当注意的是,根据《民法总则》的规定,超过诉讼时效期间,当事人自愿履行的,不受诉讼时效限制。《最高人民法院关于贯彻执行〈中华人民共和国民法通则〉若干问题的意见(试行)》中规定,超过诉讼时效期间,义务人履行义务后又以超过诉讼时效为由反悔的,不予支持。

2) 不适用于诉讼时效的情形

当事人可以对债权请求权提出诉讼时效抗辩。但对下列债权请求权提出诉讼时效抗辩的,法院不予支持。

① 支付存款本金及利息请求权。

② 兑付国债、金融债券以及向不特定对象发行的企业债券本息请求权。

③ 基于投资关系产生的缴付出资请求权。

④ 其他依法不适用诉讼时效规定的债权请求权。

3) 诉讼时效期间的种类

根据我国《民法总则》及有关法律的规定,诉讼时效期间通常可划分为4类。

① 普通诉讼时效,即向人民法院请求保护民事权利的期间,普通诉讼时效期间通常为3年。

② 短期诉讼时效。下列诉讼时效期间为1年:身体受到伤害要求赔偿的;延付或拒付租金的;出售质量不合格的商品未声明的;寄存财物被丢失或损毁的。

③ 特殊诉讼时效。特殊诉讼时效不是由民法规定的,而是有特别规定的诉讼时效。例如,《合同法》规定,因国际货物买卖合同和技术进出口合同争议的时效期间为4年;《海商法》规定,就海上货物运输向承运人要求赔偿的请求权,时效期间为1年。

④ 权利的最长保护期限。诉讼时效期间从当事人知道或应当知道其权利被侵害时起计算。但是,从权利被侵害之日起超过20年的,法院不予保护。

4) 诉讼时效期间的起算

《民法总则》规定,诉讼时效期间从当事人知道或者应当知道其权利被侵害时起计算。《最高人民法院关于贯彻执行〈中华人民共和国民法通则〉若干问题的意见(试行)》和《最高人民法院关于审理民事案件适用诉讼时效制度若干问题的规定》中规定,在下列情况下,诉讼时效期间的计算方法有以下几种。

① 人身损害赔偿的诉讼时效期间,伤害明显的,从受伤之日起算;伤害当时未曾发现,后经检查确诊并能证明是由侵害引起的,从伤害确诊之日起算。

② 当事人约定同一债务分期履行的,诉讼时效期间从最后一期履行期限届满之日起计算。

③ 未约定履行期限和合同,依照《合同法》第六十一条、第六十二条的规定,可以确定履行期限的,诉讼时效期间从履行期限届满之日起计算;不能确定履行期限的,诉讼时效期间从债权人要求债务人履行义务的宽限期届满之日起计算,但债务人在债权人第一次向其主张权利之日明确表示不履行义务的,诉讼时效期间从债务人明确表示不履行义务之日起计算。

④ 合同被撤销。返还财产、赔偿损失请求权的,诉讼时效期间从合同被撤销之日起计算。

⑤ 返还不当得利请求权的诉讼时效期间,从当事人一方知道或者应当知道不当得利事实及对方当事人之日起计算。

⑥ 管理人因无因管理行为产生的给付必要管理费用、赔偿损失请求权的诉讼时效期

间,从无因管理行为结束并且管理人知道或者应当知道本人之日起计算。

⑦ 本人因不当无因管理行为产生的赔偿损失请求权的诉讼时效期间,从其知道或者应当知道管理人及损害事实之日起计算。

5)诉讼时效的中止和中断

(1)诉讼时效中止

《民法总则》规定,在诉讼时效期间的最后6个月内,因不可抗力或者其他障碍不能行使请求权的,诉讼时效中止。从中止时效的原因消除之日起,诉讼时效期间继续计算。

根据上述规定,诉讼时效中止,应当同时满足两个条件:权利人由于不可抗力或者其他障碍,不能行使请求权;导致权利人不能行使请求权的事由发生在诉讼时效期间的最后6个月内。

诉讼时效中止,即诉讼时效期间暂时停止计算。在导致诉讼时效中止的原因消除后,也就是权利人开始可以行使请求权时起,诉讼时效期间继续计算。《最高人民法院关于审理民事案件适用诉讼时效制度若干问题的规定》中规定了诉讼时效中止的特殊情形:权利被侵害的无民事行为能力人、限制民事行为能力人没有法定代理人,或者法定代理人死亡、丧失代理权、丧失行为能力;继承开始后未确定继承人或者遗产管理人;权利人被义务人或者其他人控制无法主张权利;其他导致权利人不能主张权利的客观情形。

(2)诉讼时效中断

《民法总则》规定,诉讼时效因提起诉讼、当事人一方提出要求或者同意履行义务而中断。从中断起时,诉讼时效期间重新计算。

《最高人民法院关于审理民事案件适用诉讼时效制度若干问题的规定》中规定了诉讼时效中断的特殊情形,具有下列情形之一的,应当认定为《民法总则》第一百四十条规定的"当事人一方提出要求",产生诉讼时效中断的效力。

① 当事人一方直接向对方当事人送交主张权利文书,对方当事人在文书上签字、盖章或者虽未签字、盖章但能够以其他方式证明该文书到达对方当事人的。

② 当事人一方以发送信件或者数据电文方式主张权利,信件或者数据电文到达或者应当达到对方当事人的。

③ 当事人一方为金融机构,依照法律规定或者当事人约定从对方当事人账户中扣收欠款利息的。

④ 当事人一方下落不明,对方当事人在国家级或者下落不明的当事人一方住所地的省级有影响的媒体上刊登具有主张权利内容的公告的,但法律和司法解释另有特别规定的,适用其规定。

⑤ 权利人对同一债权中的部分债权主张权利的,诉讼时效中断的效力及剩余债权,但权利人明确表示放弃剩余债权的情形除外。

⑥ 当事人一方向法院提交起诉状或者口头起诉的,诉讼时效从提交起诉状或者口头起诉之日起中断。

下列事项之一,法院应当认定与提起诉讼具有同等诉讼时效中断的效力:①申请仲裁;②申请支付令;③申请破产、申报破产债权;④为主张权利而申请宣告义务人失踪或死亡;⑤申请诉前财产保全、诉前临时禁令等诉前措施;⑥申请强制执行;⑦申请追加当事人或者被通知参加诉讼;⑧在诉讼中主张抵销;⑨其他与提起诉讼具有同等诉讼时效中断效力的事项。

权利人向人民调解委员会以及其他依法有权解决相关民事纠纷的国家机关、事业单位、社会团体等社会组织提出保护相应民事权利的请求,诉讼时效从提出请求之日起中断。

权利人向公安机关、人民检察院、人民法院报案或者控告,请求保护其民事权利的,诉讼时效从其报案或者控告之日起中断。上述机关决定不立案、撤销案件、不起诉的,诉讼时效期间从权利人知道或者应当知道不立案、撤销案件或者不起诉之日起重新计算;刑事案件进入审理阶段,诉讼时效期间从刑事裁判文书生效之日起重新计算。

义务人作出分期履行、部分履行、提供担保、请求延期履行、制订清偿债务计划等承诺或者行为的,应当认定为《民法总则》第一百四十条规定的当事人一方"同意履行义务"。

对于连带债权人中的一人发生诉讼时效中断效力的事由,应当认定对其他连带债权人也发生诉讼时效中断的效力。

债权人提起代位权诉讼的,应当认定对债权人的债权和债务人的债权均发生诉讼时效中断的效力。

债权转让的,应当认定诉讼时效从债权转让通知达到债务人之日中断。债务承担情形下,构成原债务人对债务承认的,应当认定诉讼时效从债务承担意思表示达到债权人之日起中断。

此外,《最高人民法院关于贯彻执行〈中华人民共和国民法通则〉若干问题的意见(试行)》规定,诉讼时效因权利人主张权利或者义务人同意履行义务而中断后,权利人在新的诉讼时效期间内,再次主张权利或者义务人再次同意履行义务的,可以认定为诉讼时效再次中断。权利人向债务保证人、债务人的代理人或者财产代管人主张权利的,可以认定诉讼时效中断。

小结

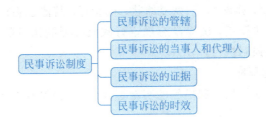

7.6 行政强制、行政复议和行政诉讼制度

导入案例

2016 年 7 月 19 日,福建省连江县市场监管局根据佛山市禅城区某不锈钢厂投诉举报,对凤城镇陈某铝合金加工店进行检查,发现当事人陈某涉嫌销售假冒伪劣不锈钢管,遂依法对部分不锈钢管采取扣押行政强制措施。2016 年 8 月 8 日,当事人对行政强制措施提出行政复议申请。

问题: 这种行政强制措施是否合法?

1. 行政强制的种类和法定程序

《中华人民共和国行政强制法》(以下简称《行政强制法》)规定,行政强制包括行政强制措施和行政强制执行。

行政强制措施,是指行政机关在行政管理过程中,为制止违法行为、防止证据损毁、避免危害发生、控制危险扩大等情形,依法对公民的人身自由实施暂时性限制,或者对公民、法人或者其他组织的财务实施暂时性控制的行为;行政强制执行,是指行政机关或者行政机关申请人民法院对不履行行政决定的公民、法人或其他组织,依法强制履行义务的行为。

1)行政强制的种类

(1)行政强制措施

行政强制措施包括限制公民人身自由;查封场所、设施或者财物;扣押财物;冻结存款、汇款;其他行政强制措施。

行政强制措施由法律设定;尚未制定法律,且属于国务院行政管理职权事项的,行政法规可以设定除限制公民人身自由、冻结存款、汇款和应当由法律规定的行政强制措施以外的其他行政强制措施;尚未制定法律、行政法规,且属于地方性事务的,地方性法规可以设定查封场所、设施或财物和扣押财物的行政强制措施。法律、法规以外的其他规范性文件不得设定行政强制措施。

法律对行政强制措施的对象、条件、种类作了规定的,行政法规、地方性法规不得作出扩大规定;法律中未设定行政强制措施的,行政法规、地方性法规不得设定行政强制措施。但是,法律规定特定事项由行政法规规定具体管理措施的,行政法规可以设定除限制公民人身自由、冻结存款、汇款和应当由法律规定的行政强制措施以外的其他行政强制措施。

(2)行政强制执行

行政强制执行包括加处罚款或者滞纳金;划拨存款、汇款;拍卖或者依法处理查封、扣押的场所、设施或者财物;排除妨碍、恢复原状;代履行;其他强制执行方式。

行政强制执行由法律设定;法律没有规定行政机关强制执行的,作出行政决定的行政机关应当申请人民法院强制执行。

2)行政强制的法定程序

行政强制的程序包括行政强制措施的实施程序、行政强制执行的实施程序和申请法院强制执行程序。

(1)行政强制措施的实施程序

一般规定是行政机关履行行政管理职责,依照法律、法规的规定,实施行政强制措施。但违法行为情节显著轻微或者没有明显社会危害的,可以不采取行政强制措施。

实施主体方面,行政强制措施由法律、法规规定的行政机关在法定职权范围内实施。行政强制措施权不得委托;依据《行政处罚法》的规定行使相对集中行政处罚权的行政机关,可以实施法律、法规规定的与行政处罚权有关的行政强制措施。此外,行政强制措施应当由行政机关具备资格的行政执法人员实施,其他人员不得实施。

实施过程中,行政机关实施行政强制措施应遵守下列规定:实施前须向行政机关负责人报告并经批准;由两名以上行政执法人员实施;出示执法身份证件;通知当事人到场;当场告知当事人采取行政强制措施的理由、依据以及当事人依法享有的权利、救济途径;听取当事人的陈述和申辩;制作现场笔录;现场笔录由当事人和行政执法人员签名或者盖章,当事人拒绝的,在笔录中予以证明;当事人不到场的,邀请见证人到场,由见证人和行政执法人员在现场笔录上签名或者盖章;法律、法规规定的其他程序。

此外,依照法律规定实施限制公民人身自由的行政强制措施,还应当当场告知或者实施行政强制措施后立即通知当事人家属实施行政强制措施的行政机关、地点和期限;在紧急情况下当场实施行政强制措施再返回行政机关的,立即向行政机关负责人报告并补办批准手续;履行法律规定的其他程序。

查封、扣押的实施方面,查封、扣押由法律、法规规定的行政机关实施。其他任何行政机关或者组织不得实施。

查封、扣押限于涉案的场所、设施或者财物,不得查封、扣押与违法行为无关的场所、设施或者财物,以及公民个人及其所扶养家属的生活必需品。当事人的场所、设施或者财物已被其他国家机关依法查封的,不得重复查封。

行政机关决定实施查封、扣押的,应当遵守前述有关行政强制措施程序规定,制作并当场交付查封、扣押决定书和清单。查封、扣押的期限不得超过30日;情况复杂的,经行政机关负责人批准,可以延长,但是延长期限不得超过30日,法律、行政法规另有规定的除外。

查封、扣押对象的保管。对查封、扣押的场所、设施或者财物,行政机关应当妥善保管,不得使用或者损毁;造成损失的,应当承担赔偿责任;对查封的场所、设施或者财物,行政机关可以委托第三人保管。第三人不得损毁或者擅自转移、处置。因第三人的原因造成的损失,行政法规规定应当销毁的,依法销毁;应当解除查封、扣押的,应做出解除查封、扣押的决定。

实施冻结的主体必须是应当由法律规定的行政机关实施,不得委托给其他行政机关或者组织;其他任何行政机关或者组织不得冻结存款、汇款。

行政机关依照法律规定决定实施冻结存款、汇款的,应当履行下列程序:①实施前须向行政机关负责人报告并经批准;②由两名以上行政执法人员实施;③出示执法身份证件;④制作现场笔录。

此外,还应当向金融机构交付冻结通知书。金融机构在接到行政机关依法作出的冻结通知书后,应当立即予以冻结,不得拖延,不得在冻结前向当事人泄露信息;法律规定以外的行政机关或者组织要求冻结当事人存款、汇款的,金融机构应当拒绝。

自冻结存款、汇款之日起30日内,行政机关应当作出处理决定或者作出解除冻结决定;情况复杂的,经行政机关负责人批准,可以延长,但是延长期限不得超过30日,法律另有规定的除外。延长冻结的决定应当及时书面告知当事人,并说明理由。

(2) 行政强制执行的实施程序

一般程序是行政机关依法作出行政决定后,当事人在行政机关决定的期限内不履行义务的,具有行政强制执行权的行政机关依照《行政强制法》规定强制执行。

行政机关作出强制执行决定前,应当事先催告当事人履行义务。经催告,当事人逾期仍不履行行政决定,且无正当理由的,行政机关可以作出强制执行决定。催告期间,对有证据证明有转移或者隐蔽财物迹象的,行政机关可以作出立即强制执行决定。

此外,划拨存款、汇款应当由法律规定的行政机关决定,并书面通知金融机构。金融机构接到行政机关依法作出划拨存款、汇款的决定后,应当立即划拨。

代履行的执行。行政机关依法作出要求当事人履行排除妨碍、恢复原状等义务的行政决定,当事人逾期不履行,经催告仍不履行,其后果已经或者将危害交通安全、造成环境污染或者破坏自然资源的,行政机关可以代履行,或者委托没有利害关系的第三人代履行。

(3) 申请法院强制执行程序

申请人民法院强制执行程序的,当事人在法定期限内不申请行政复议或者提起行政诉讼,又不履行行政决定的,没有行政强制执行权的行政机关可以自期限届满之日起3个月内,按照《行政强制法》有关规定申请人民法院强制执行。

人民法院接到行政机关强制执行的申请,应当在5日内受理。人民法院对行政机关强制执行的申请进行书面审查,对符合强制执行规定,且行政决定具备法定执行效力的,除依法可以听取被执行人和行政机关意见的情形外,应当自受理之日起7日内作出执行裁定。此外,因情况紧急,为保障公共安全,行政机关可以申请人民法院立即执行。

2. 行政复议的范围、受理和复议决定

行政复议,是指行政机关根据上级行政机关对下级行政机关的监督权,在当事人的申请和参加下,按照行政复议程序对具体行政行为进行合法性和适当性审查,并作出决定以解决行政侵权争议的活动。

1) 行政复议的范围

行政复议的目的是防止和纠正违法的或者不当的具体行政行为,保护公民、法人和其他组织的合法权益,保障和监督行政机关依法行使职权。因此,只要是公民、法人或者其他组织认为行政机关的具体行政行为侵犯其合法权益,就有权向行政机关提出行政复议申请。

根据《行政复议法》的规定,有11项可申请行政复议的情形,结合建设工程实践,其中7种尤为重要。

① 对行政机关作出的警告、罚款、没收违法所得、没收非法财物、责令停产停业、暂扣或者吊销许可证、暂扣或者吊销执照、行政拘留等行政处罚决定不服的。

② 对行政机关作出的限制人身自由或者查封、扣押、冻结财产等行政强制措施决定不服的。

③ 对行政机关作出的有关许可证、执照、资质证、资格证等证书变更、中止、撤销的决定不服的。

④ 认为行政机关侵犯合法的经营自主权的。

⑤ 认为行政机关违法集资、征收财物、摊派费用或者违法要求履行其他义务的。

⑥ 认为符合法定条件,申请行政机关颁发许可证、执照、资质证、资格证等证书,或者申请行政机关审批、登记有关事项,行政机关没有依法办理的。

⑦ 认为行政机关的其他具体行政行为侵犯其合法权益的。

此外,公民、法人或者其他组织认为行政机关的具体行政行为所依据的下列规定不合法,在对具体行政行为申请行政复议时,可以一并向行政复议机关提出对该规定的审查申请:①国务院部门的规定;②县级以上地方各级人民政府及其工作部门的规定;③乡、镇人民政府的规定。但以上规定不含国务院部、委员会规章和地方人民政府规章。规章的审查依照法律、行政法规办理。

下列事项应按规定的纠纷处理方式解决,不能提起行政复议:①不服行政机关作出的行政处分或者其他人事处理决定的,应当按照有关法律、行政法规的规定提起申诉;②不服行政机关对民事纠纷作出的调解或者其他处理,应当依法申请仲裁或者向法院提起诉讼。

公民、法人或者其他组织认为具体行政行为侵犯其合法权益的,可以自知道该具体行政行为之日起60日内提出行政复议申请;但法律规定的申请期限超过60日的除外。因不可抗力或者其他正当理由耽误法定申请期限的,申请期限自障碍消除之日起继续计算。

依法申请行政复议的公民、法人或者其他组织是申请人。作出具体行政行为的行政机关是被申请人。申请人可以委托代理人代为参加行政复议。申请人申请行政复议,可以书面申请,也可以口头申请。

2) 行政复议受理

行政复议机关收到行政复议申请后,应当在5日内进行审查,依法决定是否受理,并书面告知申请人;对符合行政复议申请条件,但不属于本机关受理范围的,应当告知申请人向有关行政复议机关提出。

在行政复议期间,行政机关不停止执行具体行政行为。但有下列情形之一的,可以停止执行。

① 被申请人认为需要停止执行的。
② 行政复议机关认为需要停止执行的。
③ 申请人申请停止执行,行政复议机关认为其要求合理,决定停止执行的。
④ 法律规定停止执行的。

3) 行政复议决定

行政复议原则上采取书面审查的办法,但申请人提出要求或者行政复议机关负责法制工作的机构认为有必要时,可以向有关组织和人员调查情况,听取申请人、被申请人和第三人的意见。行政复议决定作出前,申请人要求撤回行政复议申请的,经说明理由,可以撤回;撤回行政复议申请的,行政复议终止。

申请人、第三人可以查阅被申请人提出的书面答复、作出具体行政行为的证据、依据和其他有关材料,除涉及国家秘密、商业秘密或者个人隐秘外,行政复议机关不得拒绝。在行政复议过程中,被申请人不得自行向申请人和其他有关组织或者个人收集证据。

行政复议机关应当在受理行政复议申请之日起60日内作出行政复议决定,其主要类型有以下几种。

① 对于具体行政行为认定事实清楚,证据确凿,适用依据正确,程序合法,内容适当的,决定维持。
② 对于被申请人不履行法定职责的,决定其在一定期限内履行。
③ 对于具体行政行为有下列情形之一的,决定撤销、变更或者确认该具体行政行为违法:主要事实不清、证据不足的;适用依据错误的;违反法定程序的;超越或者滥用职权的;具体行政行为明显不当的。
④ 对于决定撤销或者确认该具体行政行为违法的,可以责令被申请人在一定期限内重新作出具体行政行为。

被申请人不按照法律规定提出书面答复、提交当初作出具体行政行为的证据、依据和其他材料的,视为该具体行政行为没有证据、依据,决定撤销该具体行政行为。

申请人在申请行政复议时可以一并提出行政赔偿请求,行政复议机关对符合国家赔偿法有关规定应当给予赔偿的,在决定撤销、变更具体行政行为或者确认具体行政行为违法时,应同时决定被申请人依法给予赔偿。

3. 行政诉讼的受案范围、审理程序和判决执行

行政诉讼,是指人民法院应当事人的请求,通过审查具体行政行为合法性的方式,解决特定范围内行政争议的活动。

1)行政诉讼受案范围

行政诉讼受案范围确定了行政机关具体行政行为受司法监督的限度,以及公民、法人或其他组织获得司法救济的范围。

《行政诉讼法》规定,人民法院受理公民、法人和其他组织对下列具体行政行为不服提起的诉讼。

① 对拘留、罚款、吊销许可证和执照、责令停产停业、没收财物等行政处罚不服的。

② 对限制人身自由(如强制隔离、强制约束)或者对财产的查封、扣押、冻结等行政强制措施不服的。

③ 认为行政机关侵犯法律规定的经营自主权的。

④ 认为符合法定条件申请行政机关颁发许可证和执照,行政机关拒绝颁发或者不予答复的。

⑤ 申请行政机关履行保护人身权、财产权的法定职责,行政机关拒绝履行或者不予答复的。

⑥ 认为行政机关没有依法发给抚恤金、遗属抚恤金、福利金、救济金等的。

⑦ 认为行政机关违法要求履行义务的(如财产义务、行为义务,典型表现为乱收费、乱摊派)。

⑧ 认为行政机关侵犯其他人身权、财产权的。

⑨ 法律、法规规定可以提起行政诉讼的其他行政案件。

人民法院不受理公民、法人或者其他组织对下列事项提起的诉讼。

① 国防、外交等国家行为。

② 行政法规、规章或者行政机关制定、发布的具有普遍约束力的决定、命令。

③ 行政机关对行政机关工作人员的奖惩、任免等决定。

④ 法律规定由行政机关最终裁决的具体行政行为。

行政诉讼主要适用于一般地域管辖。行政案件由最初作出具体行政行为的行政机关所在地人民法院管辖。经复议的案件,复议机关改变原具体行政行为的,也可以由复议机关所在地人民法院管辖。对限制人身自由的行政强制措施不服提起的诉讼,由被告所在地或者原告所在地人民法院管辖。因不动产提起的行政诉讼,由不动产所在地人民法院管辖。

两个以上人民法院都有管辖权的案件,原告可以选择其中一个人民法院提起诉讼。原告向两个以上有管辖权的人民法院提起诉讼的,由最先收到起诉状的人民法院管辖。

2)行政案件的审理程序

(1)起诉与受理

提起行政诉讼应当符合下列条件。

① 原告是认为具体行政行为侵犯其合法权益的公民、法人或者其他组织。

② 有明确的被告。

③ 有具体的诉讼请求和事实根据。
④ 属于人民法院受案范围和受诉人民法院管辖。

行政争议未经行政复议，由当事人直接向法院提起行政诉讼的，除法律另有规定的外，应当在知道作出具体行政行为之日 3 个月内起诉。经过行政复议但对行政复议决定不服而依法提起行政诉讼的，应当在收到行政复议决定书之日起 15 日内起诉；若行政复议机关逾期不作复议决定的，除法律另有规定的外，应当在行政复议期满之日起 15 日内起诉。人民法院接到起诉状后应当在 7 日内审查立案或者裁定不予受理。原告对裁定不服的，可以提起上诉。

（2）审理

《行政诉讼法》规定，行政诉讼期间，除该法规规定的情形外，不停止具体行政行为的执行。除涉及国家秘密、个人隐私和法律另有规定的外，人民法院应当公开审理行政案件。人民法院审理行政案件，不适用调解。

人民法院审理行政诉讼案件，以法律和行政法规、地方性法规为依据。地方性法规适用于本行政区域内发生的行政案件；审理民族自治地方的行政案件，应以该民族自治地方的自治条例和单行条例为依据。人民法院审理行政案件，参照国务院部、委根据法律和国务院的行政法规、决定、命令制定、发布的规章以及省、自治区、直辖市和省、自治区的人民政府所在地的市和经国务院批准的较大的市的人民政府根据法律和国务院的行政法规制定、发布的规章。

经人民法院两次合法传唤，原告无正当理由拒不到庭的，视为申请撤诉；被告无正当理由拒不到庭的，可以缺席判决。

（3）判决

法院经过审理，根据不同情况，分别就行政案件作出如下判决。

① 认为具体行政行为证据确凿，适用法律、法规正确，符合法定程序的，判决维持。
② 认为具体行政行为有下列情形之一的，判决撤销或者部分撤销，并可以判决被告重新作出具体行政行为：a) 主要证据不足的；b) 适用法律、法规错误的；c) 违反法定程序的；d) 超越职权的；e) 滥用职权的。
③ 认为被告不履行或拖延履行法定职责，判决其在一定期限内履行。
④ 认为行政处罚显失公平（即同类型的行政处罚畸轻畸重，明显的不公平）的，可以判决变更。
⑤ 认为原告的诉讼请求依法不能成立，直接判决否定原告的诉讼请求。
⑥ 通过对被诉行政行为的审查，确认被诉具体行政行为合法或违法的判决。

当事人不服人民法院第一审判决的，有权在判决书送达之日起 15 日内提起上诉；不服人民法院第一审裁定的，有权在裁定书送达之日 10 日内提起上诉。逾期不提起上诉的，人民法院的第一审判决或者裁定发生法律效力。

第二审判决、裁定，是终审判决、裁定。当事人对已经发生法律效力的行政判决、裁定，认为确有错误的，可以向原审人民法院或者上一级人民法院提出申诉，但判决、裁定不停止执行。

（4）执行

当事人必须履行人民法院发生法律效力的行政判决、裁定。公民、法人或者其他组织拒绝履行判决、裁定的,行政机关可以向第一审人民法院申请强制执行,或者依照强制执行。

行政机关拒绝履行判决、裁定的,第一审人民法院可以采取以下措施:①对应当归还的罚款或者应当给付的赔偿金,通知银行从该行政机关的账户内划拨。②在规定期限内不执行的,从期满之日起,对该行政机关按日处50元至100元的罚款。③向该行政机关的上一级行政机关或者监察、人事机关提出司法建议。接受司法建议的机关,根据有关规定进行处理,并将处理情况告知人民法院。④拒不执行判决、裁定,情节严重构成犯罪的,依法追究主管人员和直接责任人员的刑事责任。

小结

```
行政强制、行政复议和行政诉讼制度 ─┬─ 行政强制的种类和法定程序
                                  ├─ 行政复议的范围、受理和复议决定
                                  └─ 行政诉讼的受案范围、审理程序和判决执行
```

第 7 章　案例分析

第8章 建设工程施工环境保护、节约能源和文物保护法律制度

8.1 施工现场噪声污染防治的规定

导入案例

某建筑公司在开工前,未向该市环境保护行政主管部门进行申报。环保部门到工地查处时,发现工地正在夜间施工,对此该建筑公司负责人申辩:他们并未在夜间大规模施工,只是混凝土浇筑因工艺的特殊需要,开始之后就无法中止,即便是夜间也不能停工。但是该建筑公司并没有办理相关的夜间开工手续。经环保部门监测,该工地昼间噪声为70分贝,夜间噪声为54分贝,未超过国家规定的建筑施工噪声源的噪声排放标准。于是环保部门进行了调解,并对该建筑公司未依法进行申报和办理夜间开工手续作出处罚。但是,建筑工地的噪声污染并没有得到改善,广大居民依然处于噪声污染之中。在向律师事务所咨询以后,天通花园小区27户居民以相邻权受到侵害为由向人民法院提起诉讼,要求法院判令被告停止噪音污染,赔偿损失。

问题:本案中,该建筑公司的行为是否合法?如违法,则说明理由。

1996年10月颁布的《中华人民共和国环境噪声污染防治法》(以下简称《环境噪声污染防治法》)指出,环境噪声,是指在工业生产、建筑施工、交通运输和社会生活中所产生的干扰周围生活环境的声音。环境噪声污染,则是指产生的环境噪声超过国家规定的环境噪声排放标准,并干扰他人正常生活、工作和学习的现象。

在工程建设领域中,环境噪声污染的防治主要包括两个方面:一是施工现场环境噪声污染的防治;二是建设项目环境噪声污染的防治。前者主要是解决建设项目建成后使用过程中可能产生的环境噪声污染问题,后者则是要解决建设工程施工过程中产生的施工噪声污染问题。

1. 施工现场环境噪声污染的防治

建筑工地由于各种施工机械的存在以及施工工艺的要求会产生各种各样的噪声,如土方开挖时拉土车发动机产生的轰鸣,打桩机在打桩过程中产生的噪声,以及加工钢筋、切削木材时都会产生噪声,这些噪声大小不一、形式各种各样,是一种客观存在又无法避免的危害。随着城市的进程及建设的快速发展,建筑施工的噪声污染问题也日益突出,尤其是城市人口稠密地区的建设项目施工中产生的噪声污染,不仅影响周围居民的正常生活,而且严重影响城市环境形象。工程施工单位与周围居民因噪声而引发的纠纷时有发生,群众投诉日渐增多。加强城市建筑施工噪声管理,采取有效措施防治噪声污染,给居民一个宁静的生活

环境已成为一项重要的工作。

1) 排放建筑施工噪声应当符合建筑施工场界环境噪声排放标准

《环境噪声污染防治法》规定,建筑施工噪声,是指在建筑施工过程中产生的干扰周围生活环境的声音。在城市市区范围内向周围生活环境排放建筑施工噪声的,应当符合国家规定的建筑施工场界环境噪声排放标准。

所谓噪声排放,是指噪声源向周围生活环境辐射噪声。2011年12月经修改后颁布的《建筑施工场界环境噪声排放标准》(GB 12523—2011)中规定,建筑施工过程中场界环境噪声不得超过规定的排放限值。建筑施工场界环境噪声排放限值,昼间70dB(A),夜间55dB(A)。夜间噪声最大声级超过限值的幅度不得高于15dB(A)。dB是英文Decibel的缩写,是声音的单位。(A)是指频率加权特性为A,A计权声级是目前世界上噪声测量中应用最广泛的一种。"昼间"是指6:00—22:00的时段;"夜间"是指22:00—次日6:00的时段。县级以上人民政府为环境噪声污染防治的需要(如考虑时差、作息习惯差异等)而对昼间、夜间的划分另有规定的,应按其规定执行。

2) 使用机械设备可能产生环境噪声污染的申报

《环境噪声污染防治法》规定,在城市市区范围内,建筑施工过程中使用机械设备,可能产生环境噪声污染的,施工单位必须在工程开工15日以前向工程所在地县级以上地方人民政府环境保护行政主管部门申报该工程的项目名称、施工场所和期限、可能产生的环境噪声值以及所采取的环境噪声污染防治措施等情况。

国家对环境噪声污染严重的落后设备实行淘汰制度。国务院经济综合主管部门应当会同国务院有关部门公布限期禁止生产、禁止销售、禁止进口的环境噪声污染严重的设备名录。

3) 禁止夜间进行产生环境噪声污染施工作业的规定

《环境噪声污染防治法》规定,在城市市区噪声敏感建筑物集中区域内,禁止夜间进行产生环境噪声污染的建筑施工作业,但抢修、抢险作业和因生产工艺上要求或者特殊需要必须连续作业的除外。因特殊需要必须连续作业的,必须有县级以上人民政府或者其有关主管部门的证明。以上规定的夜间作业,必须公告附近居民。

所谓噪声敏感建筑物集中区域,是指医疗区、文教科研区和以机关或者居民住宅为主的区域。所谓噪声敏感建筑物,是指医院、学校、机关、科研单位、住宅等需要保持安静的建筑物。

4) 政府监管部门的现场检查

《环境噪声污染防治法》规定,县级以上人民政府环境保护行政主管部门和其他环境噪声污染防治工作的监督管理部门、机构,有权依据各自的职责对管辖范围内排放环境噪声的单位进行现场检查。

被检查的单位必须如实反映情况,并提供必要的资料。检查部门、机构应当为被检查的单位保守技术秘密和业务秘密。检查人员进行现场检查,应当出示证件。

2. 建设项目环境噪声污染的防治

《环境噪声污染防治法》规定,新建、改建、扩建的建设项目,必须遵守国家有关建设项目环境保护管理的规定。

建设项目可能产生环境噪声污染的,建设单位必须提出环境影响报告书,规定环境噪声污染的防治措施,并按照国家规定的程序报环境保护行政主管部门批准。环境影响报告书中,应当有该建设项目所在地单位和居民的意见。

建设项目的环境噪声污染防治设施必须与主体工程同时设计、同时施工、同时投产使用。

建设项目在投入生产或者使用之前,其环境噪声污染防治设施必须经原审批环境影响报告书的环境保护行政主管部门验收;达不到国家规定要求的,该建设项目不得投入生产或者使用。

建设经过已有的噪声敏感建筑物集中区域的高速公路和城市高架、轻轨道路,有可能造成环境噪声污染的,应当设置噪声屏障或者采取其他有效的控制环境噪声污染的措施;在已有的城市交通干线的两侧建设噪声敏感建筑物的,建设单位应当按照国家规定间隔一定距离,并采取减轻、避免交通噪声影响的措施等。

3. 交通运输噪声污染的防治

由于在建设工程施工过程中有着大量的运输任务,因此不可避免会产生许多交通运输噪声。《环境噪声污染防治法》指出,所谓交通运输噪声,是指机动车辆、铁路机车、机动船舶、航空器等交通运输工具在运行时所产生的干扰周围生活环境的声音。

《环境噪声污染防治法》规定,在城市市区范围内行驶的机动车辆的消声器和喇叭必须符合国家规定的要求。机动车辆必须加强维修和保养,保持技术性能良好,防治环境噪声污染。

警车、消防车、工程抢险车、救护车等机动车辆安装、使用警报器,必须符合国务院公安部门的规定;在执行非紧急任务时,禁止使用警报器。

4. 对产生环境噪声污染企事业单位的规定

《环境噪声污染防治法》规定,产生环境噪声污染的企事业单位,必须保持防治环境噪声污染的设施的正常使用;拆除或者闲置环境噪声污染防治设施的,必须事先报经所在地的县级以上地方人民政府环境保护行政主管部门批准。

产生环境噪声污染的单位,应当采取措施进行治理,并按照国家规定缴纳超标准排污费。征收的超标准排污费必须用于污染的防治,不得挪作他用。

对于在噪声敏感建筑物集中区域内造成严重环境噪声污染的企事业单位,限期治理。被限期治理的单位必须按期完成治理任务。

在城市范围内从事生产活动确需排放偶发性强烈噪声的,必须事先向当地公安机关提出申请,经批准后方可进行。当地公安机关应当向社会公告。

5. 对环境保护行政主管部门及其他有关部门的规定

《环境噪声污染防治法》规定,国务院环境保护行政主管部门应当建立环境噪声监测制度,制定监测规范,并会同有关部门组织监测网络。环境噪声监测机构应当按照国务院环境保护行政主管部门的规定报送环境噪声监测结果。

县级以上人民政府环境保护行政主管部门和其他环境噪声污染防治工作的监督管理部门、机构,有权依据各自的职责对管辖范围内排放环境噪声的单位进行现场检查。被检查的单位必须如实反映情况,并提供必要的资料。检查部门、机构应当为被检查的单位保守技术秘密和业务秘密。检查人员进行现场检查,应当出示证件。

6. 施工现场噪声污染防治违法行为应承担的法律责任

《环境噪声污染防治法》规定,未经环境保护行政主管部门批准,擅自拆除或者闲置环境噪声污染防治设施,致使环境噪声排放超过规定标准的,由县级以上地方人民政府环境保护行政主管部门责令改正,并处罚款。

排放环境噪声的单位违反规定,拒绝环境保护行政主管部门或者其他依照本法规定行使环境噪声监督管理权的部门、机构现场检查或者在被检查时弄虚作假的,环境保护行政主管部门或者其他依照本法规定行使环境噪声监督管理权的监督管理部门、机构可以根据不同情节,给予警告或者处以罚款。

建筑施工单位违反规定,在城市市区噪声敏感建筑物集中区域内,夜间进行禁止进行的产生环境噪声污染的建筑施工作业的,由工程所在地县级以上地方人民政府环境保护行政主管部门责令改正,可以并处罚款。

机动车辆不按照规定使用声响装置的,由当地公安机关根据不同情节给予警告或者处以罚款。

受到环境噪声污染危害的单位和个人,有权要求加害人排除危害;造成损失的,依法赔偿损失。赔偿责任和赔偿金额的纠纷,可以根据当事人的请求,由环境保护行政主管部门或者其他环境噪声污染防治工作的监督管理部门、机构调解处理;调解不成的,当事人可以向人民法院起诉。当事人也可以直接向人民法院起诉。

小结

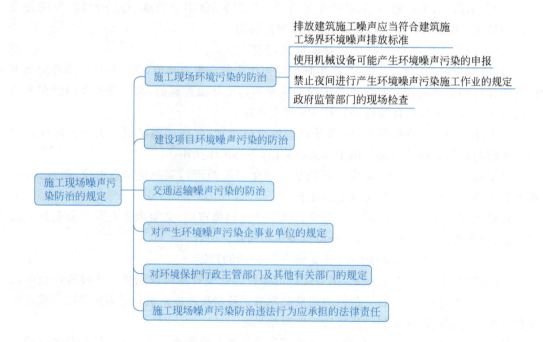

8.2 施工现场废气、废水污染防治的规定

2017年4月25日,南方某市突降大雨,环保局执法人员巡查时发现市区某路段有大面

积的积水,便及时上报该局。不久,市政部门派人来疏通管道,从管道中清出大量的泥沙、水泥块,还发现井口内有一个非市政部门设置的排水口,其方向紧靠某工地一侧。经执法人员调查确认,该工地的排水管道于2017年2月份打桩时铺设,工地内没有任何污水处理设施,其施工废水直接排放到工地外。工地的排污口通向该路段一侧的雨水井,但未办理任何审批手续。

问题:
(1) 施工单位向道路雨水井排放施工废水的行为是否构成水污染违法行为?
(2) 其行为应受到何种处罚?

在工程建设领域,对于废气、废水污染的防治,也包括建设项目和施工现场两大方面。

1. 大气污染的防治

大气污染通常是指由于人类活动或自然过程引起某些物质进入大气中,呈现出足够的浓度,达到足够的时间,并因此危害了人体的舒适、健康和福利或环境污染的现象。如果不对大气污染物的排放总量加以控制和防治,将会严重破坏生态系统和人类生存条件。2017年10月27日,世界卫生组织国际癌症研究机构公布的致癌物清单初步整理参考,室外空气污染在一类致癌物清单中。防治大气污染,对保护和改善环境,保障公众健康,推进生态文明建设,促进经济社会可持续发展有着重要的意义。

2015年8月29日修改公布的《中华人民共和国大气污染防治法》(以下简称《大气污染防治法》)指出,防治大气污染,应当以改善大气环境质量为目标,坚持源头治理,规划先行,转变经济发展方式,优化产业结构和布局,调整能源结构。

1) 施工现场大气污染的防治

施工现场大气污染的防治,重点是防治扬尘污染。《大气污染防治法》规定,施工单位应当制定具体的施工扬尘污染防治实施方案。

从事房屋建筑、市政基础设施建设、河道整治以及建筑物拆除等施工单位,应当向负责监督管理扬尘污染防治的主管部门备案。

施工单位应当在施工工地设置硬质围挡,并采取覆盖、分段作业、择时施工、洒水抑尘、冲洗地面和车辆等有效防尘降尘措施。建筑土方、工程渣土、建筑垃圾应当及时清运;在场地内堆存的,应当采用密闭式防尘网遮盖。工程渣土、建筑垃圾应当进行资源化处理。施工单位应当在施工工地公示扬尘污染防治措施、负责人、扬尘监督管理主管部门等信息。

暂时不能开工的建设用地,建设单位应当对裸露地面进行覆盖;超过3个月的,应当进行绿化、铺装或者遮盖。

另外,《大气污染防治法》还规定,运输煤炭、垃圾、渣土、砂石、土方、灰浆等散装、流体物料的车辆应当采取密闭或者其他措施防止物料遗撒造成扬尘污染,并按照规定路线行驶。装卸物料应当采取密闭或者喷淋等方式防治扬尘污染。城市人民政府应当加强道路、广场、停车场和其他公共场所的清扫保洁管理,推行清洁动力机械化清扫等低尘作业方式,防治扬尘污染。

储存煤炭、煤矸石、煤渣、煤灰、水泥、石灰、石膏、砂土等易产生扬尘的物料应当密闭;不能密闭的,应当设置不低于堆放物高度的严密围挡,并采取有效覆盖措施防治扬尘污染。

码头、矿山、填埋场和消纳场应当实施分区作业,并采取有效措施防治扬尘污染。

2007年9月原建设部颁发的《绿色施工导则》中作了如下规定。

（1）运送土方、垃圾、设备及建筑材料等，不污损场外道路。运输容易散落、飞扬、流漏的物料的车辆，必须采取措施封闭严密，保证车辆清洁。施工现场出口应设置洗车槽。

（2）土方作业阶段，采取洒水、覆盖等措施，达到作业区目测扬尘高度小于1.5米，不扩散到场区外。

（3）结构施工、安装装饰装修阶段，作业区目测扬尘高度小于0.5米。对易产生扬尘的堆放材料应采取覆盖措施；对粉末状材料应封闭存放；场区内可能引起扬尘的材料及建筑垃圾搬运应有降尘措施，如覆盖、洒水等；浇筑混凝土前清理灰尘和垃圾时尽量使用吸尘器，避免使用吹风器等易产生扬尘的设备；机械剔凿作业时可用局部遮挡、掩盖、水淋等防护措施；高层或多层建筑清理垃圾应搭设封闭性临时专用道或采用容器吊运。

（4）施工现场非作业区达到目测无扬尘的要求。对现场易飞扬物质采取有效措施，如洒水、地面硬化、围挡、密网覆盖、封闭等，以防止扬尘产生。

（5）构筑物机械拆除前，作好扬尘控制计划，可采用清理积尘、拆除体洒水、设置隔挡等措施。

（6）构筑物爆破拆除前，作好扬尘控制计划，可采用清理积尘、淋湿地面、预湿墙体、屋面敷水袋、楼面蓄水、建筑外设高压喷雾状水系统、搭设防尘排栅和直升机投水弹等综合降尘。另外，应选择风力小的天气进行爆破作业。

（7）在场界四周隔挡高度位置测得的大气总悬浮颗粒物（TSP）月平均浓度与城市背景值的差值不大于0.08毫克/立方米。

2）建设项目大气污染的防治

《大气污染防治法》规定，企事业单位和其他生产经营者建设对大气环境有影响的项目，应当依法进行环境影响评价、公开环境影响评价文件；向大气排放污染物的，应当符合大气污染物排放标准，遵守重点大气污染物排放总量控制要求。

建设单位应当将防治扬尘污染的费用列入工程造价，并在施工承包合同中明确施工单位扬尘污染防治责任。

3）交通运输大气污染的防治

《大气污染防治法》规定，机动车船、非道路移动机械不得超过标准排放大气污染物。禁止机动车所有人以临时更换机动车污染控制装置等弄虚作假的方式通过机动车排放检验。

国家倡导环保驾驶，鼓励燃油机动车驾驶人在不影响道路通行且须停车3分钟以上的情况下熄灭发动机，减少大气污染物的排放。

在用重型柴油车、非道路移动机械未安装污染控制装置或者污染控制装置不符合要求，不能达标排放的，应当加装或者更换符合要求的污染控制装置。

在用机动车排放大气污染物超过标准的，应当进行维修；经维修或者采用污染控制技术后，大气污染物排放仍不符合国家在用机动车排放标准的，应当强制报废。其所有人应当将机动车交售给报废机动车回收拆解企业，由报废机动车回收拆解企业按照国家有关规定进行登记、拆解、销毁等处理。

4）施工现场大气污染防治违法行为应承担的法律责任

《大气污染防治法》规定，违反本法规定，有下列行为之一的，由县级以上人民政府环境保护主管部门责令改正或者限制生产、停产整治，并处10万元以上100万元以下罚款；情节严重的，报经有批准权的人民政府批准，责令停业、关闭：①未依法取得排污许可证排放大气污染物的；②超过大气污染物排放标准或者超过重点大气污染物排放总量控制指标排放大气污染物的；③通过逃避监管的方式排放大气污染物的。

施工单位有下列行为之一的，由县级以上人民政府住房和城乡建设等主管部门按照职责责令改正，处 1 万元以上 10 万元以下的罚款；拒不改正的，责令停工整治：①施工工地未设置硬质密闭围挡，或者未采取覆盖、分段作业、择时施工、洒水抑尘、冲洗地面和车辆等有效防尘降尘措施的；②建筑土方、工程渣土、建筑垃圾未及时清运，或者未采用密闭式防尘网遮盖的。建设单位未对暂时不能开工的建设用地的裸露地面进行覆盖，或者未对超过 3 个月不能开工的建设用地的裸露地面进行绿化、铺装或者遮盖的，由县级以上人民政府住房和城乡建设等主管部门依照前款规定予以处罚。

运输煤炭、垃圾、渣土、砂石、土方、灰浆等散装、流体物料的车辆，未采取密闭或者其他措施防止物料遗撒的，由县级以上地方人民政府确定的监督管理部门责令改正，处 2 000 元以上 2 万元以下的罚款；拒不改正的，车辆不得上道路行驶。

违反本法规定，有下列行为之一的，由县级以上人民政府环境保护等主管部门按照职责责令改正，处 1 万元以上 10 万元以下的罚款；拒不改正的，责令停工整治或者停业整治：①未密闭煤炭、煤矸石、煤渣、煤灰、水泥、石灰、石膏、砂土等易产生扬尘的物料的；②对不能密闭的易产生扬尘的物料，未设置不低于堆放物高度的严密围挡，或者未采取有效覆盖措施防治扬尘污染的；③装卸物料未采取密闭或者喷淋等方式控制扬尘排放的；④存放煤炭、煤矸石、煤渣、煤灰等物料，未采取防燃措施的；⑤码头、矿山、填埋场和消纳场未采取有效措施防治扬尘污染的；⑥排放有毒有害大气污染物名录中所列有毒有害大气污染物的企事业单位，未按照规定建设环境风险预警体系或者对排放口和周边环境进行定期监测、排查环境安全隐患并采取有效措施防范环境风险的；⑦向大气排放持久性有机污染物的企事业单位和其他生产经营者以及废弃物焚烧设施的运营单位，未按照国家有关规定采取有利于减少持久性有机污染物排放的技术方法和工艺，配备净化装置的；⑧未采取措施防止排放恶臭气体的。

在人口集中地区和其他依法需要特殊保护的区域内，焚烧沥青、油毡、橡胶、塑料、皮革、垃圾以及其他产生有毒有害烟尘和恶臭气体的物质的，由县级人民政府确定的监督管理部门责令改正，对单位处 1 万元以上 10 万元以下的罚款，对个人处 500 元以上 2 000 元以下的罚款。

造成大气污染事故的单位，由县级以上人民政府环境保护主管部门依法处以罚款；对直接负责的主管人员和其他直接责任人员可以处上一年度从本企事业单位取得收入 50% 的罚款。

对造成一般或者较大大气污染事故的，按照污染事故造成直接损失的 1 倍以上 3 倍以下计算罚款；对造成重大或者特大大气污染事故的，按照污染事故造成的直接损失的 3 倍以上 5 倍以下计算罚款。

2. 水污染的防治

2017 年 6 月修改公布的《中华人民共和国水污染防治法》（以下简称《水污染防治法》）指出，水污染，是指水体因某种物质的介入，而导致其化学、物理、生物或者放射性等方面特性的改变，从而影响水的有效利用，危害人体健康或者破坏生态环境，造成水质恶化的现象。水污染防治包括江河、湖泊、运河、渠道、水库等地表水体以及地下水体的污染防治。

《水污染防治法》规定，水污染防治应当坚持预防为主、防治结合、综合治理的原则，优先保护饮用水水源,严格控制工业污染、城镇生活污染,防治农业水源污染,积极推进生态治理工程建设,预防、控制和减少水环境污染和生态破坏。

1) 施工现场水污染的防治

《水污染防治法》规定,排放水污染物,不得超过国家或者地方规定的水污染物排放标准和重点水污染物排放总量控制标准。

禁止向水体排放油类、酸液、碱液或者剧毒废液。禁止在水体清洗装贮过油类或者有毒污染物的车辆和容器。禁止向水体排放、倾倒放射性固体废物或者含有高放射性和中放射性物质的废水。向水体排放含低放射性物质的废水,应当符合国家有关放射性污染防治的规定和标准。

禁止向水体排放、倾倒工业废渣、城镇垃圾和其他废弃物。禁止将含有汞、镉、砷、铬、铅、氰化物、黄磷等的可溶性剧毒废渣向水体排放、倾倒或者直接埋入地下。存放可溶性剧毒废渣的场所,应当采取防水、防渗漏、防流失的措施。禁止在江河、湖泊、运河、渠道、水库最高水位线以下的滩地和岸坡堆放、存贮固体废弃物和其他污染物。

禁止利用渗井、渗坑、裂隙、溶洞,私设暗管,篡改、伪造监测数据,或者不正常运行水污染防治设施等逃避监管的方式排放水污染物。禁止利用无防渗漏措施的沟渠、坑塘等输送或者贮存含有毒污染物的废水、含病原体的污水和其他废弃物。

兴建地下工程设施或者进行地下勘探、采矿等活动,应当采取防护性措施,防止地下水污染。人工回灌补给地下水,不得恶化地下水质。

在饮用水水源保护区内,禁止设置排污口。在风景名胜区水体、重要渔业水体和其他具有特殊经济文化价值的水体的保护区内,不得新建排污口。在保护区附近新建排污口,应当保证保护区水体不受污染。

2013年10月颁布的《城镇排水与污水处理条例》规定,城镇排水主管部门应当会同有关部门,按照国家有关规定划定城镇排水与污水处理设施保护范围,并向社会公布。在保护范围内,有关单位从事爆破、钻探、打桩、顶进、挖掘、取土等可能影响城镇排水与污水处理设施安全的活动的,应当与设施维护运营单位等共同制定设施保护方案,并采取相应的安全防护措施。

建设工程开工前,建设单位应当查明工程建设范围内地下城镇排水与污水处理设施的相关情况。城镇排水主管部门及其他相关部门和单位应当及时提供相关资料。建设工程施工范围内有排水管网等城镇排水与污水处理设施的,建设单位应当与施工单位、设施维护运营单位共同制订设施保护方案,并采取相应的安全保护措施。因工程建设需要拆除、改动城镇排水与污水处理设施的,建设单位应当制定拆除、改动方案,报城镇排水主管部门审核,并承担重建、改建和采取临时措施的费用。

《绿色施工导则》进一步规定水污染控制:①施工现场污水排放应达到国家标准《污水综合排放标准》(GB 8978—1996)的要求。②在施工现场应针对不同的污水,设置相应的处理设施,如沉淀池、隔油池、化粪池等。③污水排放应委托有资质的单位进行废水水质检测,提供相应的污水检测报告。④保护地下水环境,采用隔水性能好的边坡支护技术。在缺水地区或地下水位持续下降的地区,基坑降水尽可能少地抽取地下水;当基坑开挖抽水量大于50万立方米时,应进行地下水回灌,并避免地下水被污染。⑤对于化学品等有毒材料、油料的储存地,应有严格的隔水层设计,作好渗漏液收集和处理。

2）建设项目水污染的防治

《水污染防治法》规定，新建、改建、扩建直接或者间接向水体排放污染物的建设项目和其他水上设施，应当依法进行环境影响评价。

建设单位在江河、湖泊新建、改建、扩建排污口的，应当取得水行政主管部门或者流域管理机构同意；涉及通航、渔业水域的，环境保护主管部门在审批环境影响评价文件时，应当征求交通、渔业主管部门的意见。

建设项目的水污染防治设施，应当与主体工程同时设计、同时施工、同时投入使用。水污染防治设施应当符合经批准或者备案的环境影响评价文件的要求。

禁止在饮用水水源一级保护区内新建、改建、扩建与供水设施和保护水源无关的建设项目；已建成的与供水设施和保护水源无关的建设项目，由县级以上人民政府责令拆除或者关闭。禁止在饮用水水源二级保护区内新建、改建、扩建排放污染物的建设项目；已建成的排放污染物的建设项目，由县级以上人民政府责令拆除或者关闭。

禁止在饮用水水源准保护区内新建、扩建对水体污染严重的建设项目；改建建设项目，不得增加排污量。

3）发生事故或者其他突发性事件的规定

《水污染防治法》规定，企事业单位发生事故或者其他突发性事件，造成或者可能造成水污染事故的，应当立即启动本单位的应急方案，采取隔离等应急措施，防止水污染物进入水体，并向事故发生地的县级以上地方人民政府或者环境保护主管部门报告。环境保护主管部门接到报告后，应当及时向本级人民政府报告，并抄送有关部门。

4）施工现场水污染防治违法行为应承担的法律责任

《水污染防治法》规定，有下列行为之一的，由县级以上人民政府环境保护主管部门责令改正或者责令限制生产、停产整治，并处10万元以上100万元以下的罚款；情节严重的，报经有批准权的人民政府批准，责令停业、关闭：①未依法取得排污许可证排放水污染物的；②超过水污染物排放标准或者超过重点水污染物排放总量控制指标排放水污染物的；③利用渗井、渗坑、裂隙、溶洞，私设暗管，篡改、伪造监测数据，或者不正常运行水污染防治设施等逃避监管的方式排放水污染物的；④未按照规定进行预处理，向污水集中处理设施排放不符合处理工艺要求的工业废水的。

另外，有下列行为之一的，由县级以上人民政府环境保护主管部门责令限期改正，处2万元以上20万元以下的罚款；逾期不改正的，责令停产整治：①未按照规定对所排放的水污染物自行监测，或者未保存原始监测记录的；②未按照规定安装水污染物排放自动监测设备，未按照规定与环境保护主管部门的监控设备联网，或者未保证监测设备正常运行的；③未按照规定对有毒有害水污染物的排污口和周边环境进行监测，或者未公开有毒有害水污染物信息的。

在饮用水水源保护区内设置排污口的，由县级以上地方人民政府责令限期拆除，处10万元以上50万元以下的罚款；逾期不拆除的，强制拆除，所需费用由违法者承担，处50万元以上100万元以下的罚款，并可以责令停产整顿。

除上述规定外，违反法律、行政法规和国务院环境保护主管部门的规定设置排污口的，由县级以上地方人民政府环境保护主管部门责令限期拆除，处2万元以上10万元以下的罚款；逾期不拆除的，强制拆除，所需费用由违法者承担，处10万元以上50万元以下的罚款；

情节严重的,可以责令停产整治。

未经水行政主管部门或者流域管理机构同意,在江河、湖泊新建、改建、扩建排污口的,由县级以上人民政府水行政主管部门或者流域管理机构依据职权,依照前款规定采取措施、给予处罚。

有下列行为之一的,由县级以上地方人民政府环境保护主管部门责令停止违法行为,限期采取治理措施,消除污染,处以罚款;逾期不采取治理措施的,环境保护主管部门可以指定有治理能力的单位代为治理,所需费用由违法者承担:①向水体排放油类、酸液、碱液的;②向水体排放剧毒废液,或者将含有汞、镉、砷、铬、铅、氰化物、黄磷等的可溶性剧毒废渣向水体排放、倾倒或者直接埋入地下的;③在水体清洗装贮过油类、有毒污染物的车辆或者容器的;④向水体排放、倾倒工业废渣、城镇垃圾或者其他废弃物,或者在江河、湖泊、运河、渠道、水库最高水位线以下的滩地、岸坡堆放、贮存固体废弃物或者其他污染物的;⑤向水体排放、倾倒放射性固体废物或者含有高放射性、中放射性物质的废水的;⑥违反国家有关规定或者标准,向水体排放含低放射性物质的废水、热废水或者含病原体的污水的;⑦未采取防渗漏等措施,或者未建设地下水水质监测井进行监测的;⑧加油站等的地下油罐未使用双层罐或者采取建造防渗池等其他有效措施,或者未进行防渗漏监测的;⑨未按照规定采取防护性措施,或者利用无防渗漏措施的沟渠、坑塘等输送或者贮存含有毒污染物的废水、含病原体的污水或者其他废弃物的。

有以上第③项、第④项、第⑥项、第⑦项、第⑧项行为之一的,处2万元以上20万元以下的罚款。有以上第①项、第②项、第⑤项、第⑨项行为之一的,处10万元以上100万元以下的罚款;情节严重的,报经有批准权的人民政府批准,责令停业、关闭。

有下列行为之一的,由县级以上地方人民政府环境保护主管部门责令停止违法行为,处10万元以上50万元以下的罚款;并报经有批准权的人民政府批准,责令拆除或者关闭:①在饮用水水源一级保护区内新建、改建、扩建与供水设施和保护水源无关的建设项目的;②在饮用水水源二级保护区内新建、改建、扩建排放污染物的建设项目的;③在饮用水水源准保护区内新建、扩建对水体污染严重的建设项目,或者改建建设项目增加排污量的。

企事业单位有下列行为之一的,由县级以上人民政府环境保护主管部门责令改正;情节严重的,处2万元以上10万元以下的罚款:①不按照规定制定水污染事故的应急方案的;②水污染事故发生后,未及时启动水污染事故的应急方案,采取有关应急措施的。

小结

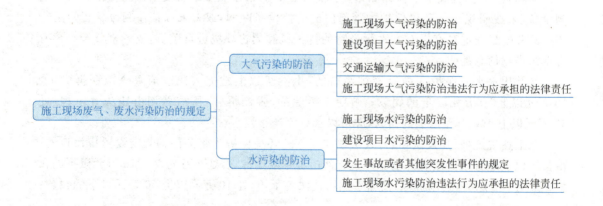

8.3 施工现场固体废弃物污染防治的规定

导入案例

2017年6月2日,某工地的一车建筑垃圾被倾倒在某市大街的道路两侧;污染面积75平方米,被该市环保局执法人员当场查获。经查,该工地已依法办理渣土消纳许可证,施工单位与某运输公司签订了建筑垃圾运输合同,约定由该运输公司按照渣土消纳许可证的要求,负责该工地的建筑垃圾渣土清运处置,在垃圾渣土清运过程中出现的问题由运输公司全权负责。但是,该运输公司没有取得从事建筑垃圾运输的核准证件。

问题:
(1) 如何确定该建筑垃圾污染事件的责任主体?
(2) 运输公司与施工单位分别应受到何种处罚?

2016年11月经修改后公布的《中华人民共和国固体废物污染环境防治法》(以下简称《固体废物污染环境防治法》)指出:固体废物,是指在生产、生活和其他活动中产生的丧失原有利用价值或者虽未丧失利用价值但被抛弃或者放弃的固态、半固态和置于容器中的气态的物品、物质以及法律、行政法规规定纳入固体废物管理的物品、物质。固体废物污染环境,是指固体废物在产生、收集、贮存、运输、利用、处置的过程中产生的危害环境的现象。

《固体废物污染环境防治法》规定,国家对固体废物污染环境的防治,实行减少固体废物的产生量和危害性、充分合理利用固体废物和无害化处置固体废物的原则,促进清洁生产和循环经济发展。国家采取有利于固体废物综合利用活动的经济、技术政策和措施,对固体废物实行充分回收和合理利用。国家鼓励、支持采取有利于保护环境的集中处置固体废物的措施,促进固体废物污染环境防治产业发展。

1. 施工现场固体废物污染环境的防治

施工现场的固体废物主要是建筑垃圾和生活垃圾。固体废物又分为一般固体废物和危险废物。所谓危险废物,是指列入国家危险废物名录或者根据国家规定的危险废物鉴别标准和鉴别方法认定的具有危险特性的固体废物。

1) 一般固体废物污染环境的防治

《固体废物污染环境防治法》规定,产生固体废物的单位和个人,应当采取措施,防止或者减少固体废物对环境的污染。

收集、贮存、运输、利用、处置固体废物的单位和个人,必须采取防扬散、防流失、防渗漏或者其他防止污染环境的措施,不得擅自倾倒、堆放、丢弃、遗撒固体废物。禁止任何单位和个人向江河、湖泊、运河、渠道、水库及其最高水位线以下的滩地和岸坡等法律、法规规定禁止倾倒、堆放废弃物的地点倾倒、堆放固体废物。

转移固体废物出省、自治区、直辖市行政区域贮存、处置的,应当向固体废物移出地的省、自治区、直辖市人民政府环境保护行政主管部门提出申请。移出地的省、自治区、直辖市人民政府环境保护行政主管部门应当经接受地的省、自治区、直辖市人民政府环境保护行政主管部门同意后,方可批准转移该固体废物出省、自治区、直辖市行政区域。未经批准的,不得转移。

工程施工单位应当及时清运工程施工过程中产生的固体废物,并按照环境卫生行政主管部门的规定进行利用或者处置。

2) 危险废物污染环境防治的特别规定

对危险废物的容器和包装物以及收集、贮存、运输、处置危险废物的设施、场所,必须设置危险废物识别标志。以填埋方式处置危险废物不符合国务院环境保护行政主管部门规定的,应当缴纳危险废物排污费。危险废物排污费征收的具体办法由国务院规定。危险废物排污费用于污染环境的防治,不得挪作他用。

禁止将危险废物提供或者委托给无经营许可证的单位从事收集、贮存、利用、处置的经营活动。运输危险废物,必须采取防止污染环境的措施,并遵守国家有关危险货物运输管理的规定,禁止将危险废物与旅客在同一运输工具上载运。

收集、贮存、运输、处置危险废物的场所、设施、设备和容器、包装物及其他物品转作他用时,必须经过消除污染的处理,方可使用。

产生、收集、贮存、运输、利用、处置危险废物的单位,应当制定意外事故的防范措施和应急预案,并向所在地县级以上地方人民政府环境保护行政主管部门备案;环境保护行政主管部门应当进行检查。因发生事故或者其他突发性事件,造成危险废物严重污染环境的单位,必须立即采取措施消除或者减轻对环境的污染危害,及时通报可能受到污染危害的单位和居民,并向所在地县级以上地方人民政府环境保护行政主管部门和有关部门报告,接受调查处理。

3) 施工现场固体废物的减量化和回收再利用

《绿色施工导则》规定,制订建筑垃圾减量化计划,如住宅建筑,每万平方米的建筑垃圾不宜超过 400 吨。

加强建筑垃圾的回收再利用,力争建筑垃圾的再利用和回收率达到 30%,建筑物拆除产生的废弃物的再利用和回收率大于 40%。对于碎石类、土石方类建筑垃圾,可采用地基填埋、铺路等方式提高再利用率,力争再利用率大于 50%。

施工现场生活区设置封闭式垃圾容器,施工场地生活垃圾实行袋装化,及时清运。对建筑垃圾进行分类,并收集到现场封闭式垃圾站,集中运出。

2. 建设项目固体废物污染环境的防治

《固体废物污染环境防治法》规定,建设产生固体废物的项目以及建设贮存、利用、处置固体废物的项目,必须依法进行环境影响评价,并遵守国家有关建设项目环境保护管理的规定。

建设项目的环境影响评价文件确定需要配套建设的固体废物污染环境防治设施,必须与主体工程同时设计、同时施工、同时投入使用。固体废物污染环境防治设施必须经原审批环境影响评价文件的环境保护行政主管部门验收合格后,该建设项目方可投入生产或者使用。对固体废物污染环境防治设施的验收应当与对主体工程的验收同时进行。

在国务院和国务院有关主管部门及省、自治区、直辖市人民政府划定的自然保护区、风景名胜区、饮用水水源保护区、基本农田保护区和其他需要特别保护的区域内,禁止建设工业固体废物集中贮存、处置的设施、场所和生活垃圾填埋场。

3. 施工现场固体废物污染环境防治违法行为应承担的法律责任

《固体废物污染环境防治法》规定,违反本法规定,有下列行为之一的,由县级以上人民政府环境保护行政主管部门责令停止违法行为,限期改正,处以罚款:①不按照国家规定申报登记工业固体废物,或者在申报登记时弄虚作假的;②对暂时不利用或者不能利用的工业固体废物未建设贮存的设施、场所安全分类存放,或者未采取无害化处置措施的;③将列入限期淘汰名录被淘汰的设备转让给他人使用的;④擅自关闭、闲置或者拆除工业固体废物污染环境防治设施、场所的;⑤在自然保护区、风景名胜区、饮用水水源保护区、基本农田保护区和其他需要特别保护的区域内,建设工业固体废物集中贮存、处置的设施、场所和生活垃圾填埋场的;⑥擅自转移固体废物出省、自治区、直辖市行政区域贮存、处置的;⑦未采取相应防范措施,造成工业固体废物扬散、流失、渗漏或者造成其他环境污染的;⑧在运输过程中沿途丢弃、遗撒工业固体废物的。

有以上第①项、第⑧项行为之一的,处5000元以上5万元以下的罚款;有以上第②项、第③项、第④项、第⑤项、第⑥项、第⑦项行为之一的,处1万元以上10万元以下的罚款。

建设项目需要配套建设的固体废物污染环境防治设施未建成、未经验收或者验收不合格,主体工程即投入生产或者使用的,由审批该建设项目环境影响评价文件的环境保护行政主管部门责令停止生产或者使用,可以并处10万元以下的罚款。

另外,拒绝县级以上人民政府环境保护行政主管部门或者其他固体废物污染环境防治工作的监督管理部门现场检查的,由执行现场检查的部门责令限期改正;拒不改正或者在检查时弄虚作假的,处2000元以上2万元以下的罚款。

生产、销售、进口或者使用淘汰的设备,或者采用淘汰的生产工艺的,由县级以上人民政府经济综合宏观调控部门责令改正;情节严重的,由县级以上人民政府经济综合宏观调控部门提出意见,报请同级人民政府按照国务院规定的权限决定停业或者关闭。

违反有关城市生活垃圾污染环境防治的规定,有下列行为之一的,由县级以上地方人民政府环境卫生行政主管部门责令停止违法行为,限期改正,处以罚款:①随意倾倒、抛撒或者堆放生活垃圾的;②擅自关闭、闲置或者拆除生活垃圾处置设施、场所的;③工程施工单位不及时清运施工过程中产生的固体废物,造成环境污染的;④工程施工单位不按照环境卫生行政主管部门的规定对施工过程中产生的固体废物进行利用或者处置的;⑤在运输过程中沿途丢弃、遗撒生活垃圾的。

单位有以上第①项、第③项、第⑤项行为之一的,处5000元以上5万元以下的罚款;有以上第②项、第④项行为之一的,处1万元以上10万元以下的罚款。个人有以上第①项、第⑤项行为之一的,处200元以下的罚款。

违反有关危险废物污染环境防治的规定,有下列行为之一的,由县级以上人民政府环境保护行政主管部门责令停止违法行为,限期改正,处以罚款:①不设置危险废物识别标志的;②不按照国家规定申报登记危险废物,或者在申报登记时弄虚作假的;③擅自关闭、闲置或者拆除危险废物集中处置设施、场所的;④不按照国家规定缴纳危险废物排污费的;⑤将危险废物提供或者委托给无经营许可证的单位从事经营活动的;⑥不按照国家规定填写危险废物转移联单或者未经批准擅自转移危险废物的;⑦将危险废物混入非危险废物中贮存的;⑧未经安全性处置,混合收集、贮存、运输、处置具有不相容性质的危险废物的;⑨将危险废物与旅客在同一运输工具上载运的;⑩未经消除污染的处理将收集、贮存、运输、处置危险废物的场所、设施、设备和容器、包装物及其他物品转作他用的;⑪未采取相应防范措施,造成危险废物扬散、流失、渗漏或者造成其他环境污染的;⑫在运输过程中沿途丢弃、遗撒危险废物的；⑬未制定危险废物意外事故防范措施和应急预案的。

有以上第①项、第②项、第⑦项、第⑧项、第⑨项、第⑩项、第⑪项、第⑫项、第⑬项行为之一的，处1万元以上10万元以下的罚款；有以上第③项、第⑤项、第⑥项行为之一的，处2万元以上20万元以下的罚款；有以上第④项行为的，限期缴纳，逾期不缴纳的，处应缴纳危险废物排污费金额1倍以上3倍以下的罚款。

危险废物产生者不处置其产生的危险废物又不承担依法应当承担的处置费用的，由县级以上地方人民政府环境保护行政主管部门责令限期改正，处代为处置费用1倍以上3倍以下的罚款。

造成固体废物严重污染环境的，由县级以上人民政府环境保护行政主管部门按照国务院规定的权限决定限期治理；逾期未完成治理任务的，由本级人民政府决定停业或者关闭。

造成固体废物污染环境事故的，由县级以上人民政府环境保护行政主管部门处2万元以上20万元以下的罚款；造成重大损失的，按照直接损失的30%计算罚款，但是最高不超过100万元，对负有责任的主管人员和其他直接责任人员，依法给予行政处分；造成固体废物污染环境重大事故的，并由县级以上人民政府按照国务院定的权限决定停业或者关闭。

收集、贮存、利用、处置危险废物，造成重大环境污染事故，构成犯罪的，依法追究刑事责任。

小结

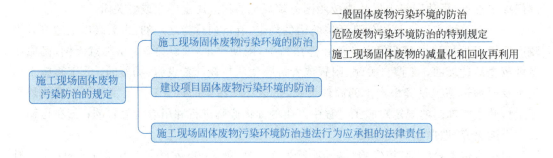

8.4 施工节约能源制度

导入案例

2016年年底某住宅小区一期工程完成设计；2017年开始施工。按当地规定，所有新建、改建、扩建的住宅建设项目，必须按照《夏热冬冷地区居住建筑节能设计标准》的要求进行建筑节能设计、施工。在施工过程中，建设单位按设计图纸规定的规格、数量要求采购了墙体材料、保温材料、采暖制冷系统等，并声称是优质产品；施工单位在以上材料设备进入施工现场后，便直接用于该项目的施工并形成工程实体，导致一期工程验收不合格。经有关部门检验，建设单位购买的墙体材料、保温材料、采暖制冷系统存在严重质量问题，根本不符合该项目设计图纸规定的质量要求。

问题:
(1) 施工单位的行为是否违法?
(2) 施工单位应承担哪些法律责任?

2016年7月经修改后公布的《中华人民共和国节约能源法》(以下简称《节约能源法》)指出:能源,是指煤炭、石油、天然气、生物质能和电力、热力以及其他直接或者通过加工、转换而取得有用能的各种资源。节约能源(以下简称节能),是指加强用能管理,采取技术上可行、经济上合理以及环境和社会可以承受的措施,从能源生产到消费的各个环节,降低消耗、减少损失和污染物排放、制止浪费,有效、合理地利用能源。

节约资源是我国的基本国策。国家实施节约与开发并举、把节约放在首位的能源发展战略。

1. 施工合理使用与节约能源的规定

在工程建设领域,节约能源主要包括建筑节能和施工节能两个方面。

建筑节能是解决建设项目建成后使用过程中的节能问题。2008年8月颁布的《民用建筑节能条例》指出:"民用建筑节能,是指在保证民用建筑使用功能和室内热环境质量的前提下,降低其使用过程中能源消耗的活动。"施工节能则是要解决施工过程中的节约能源问题,如《绿色施工导则》规定:"绿色施工是指工程建设中,在保证质量、安全等基本要求的前提下,通过科学管理和技术进步,最大限度地节约资源与减少对环境负面影响的施工活动,实现四节一环保(节能、节地、节水、节材和环境保护)。"它涉及可持续发展的各个方面,包括减少物质化生产、可循环再生资源利用、清洁生产、能源消耗最小化、生态环境的保护等。绿色施工对保障城市环境秩序良好和城市发展有着极其重要的意义。

1) 合理使用与节约能源的一般规定

(1) 节能的产业政策

《节约能源法》规定,国家实行有利于节能和环境保护的产业政策,限制发展高耗能、高污染行业,发展节能环保型产业。国家鼓励、支持开发和利用新能源、可再生能源。

国家鼓励企业制定严于国家标准、行业标准的企业节能标准。省、自治区、直辖市制定严于强制性国家标准、行业标准的地方节能标准,由省、自治区、直辖市人民政府报经国务院批准,《节约能源法》另有规定的除外。禁止使用国家明令淘汰的用能设备、生产工艺。

(2) 用能单位的法定义务

用能单位应当按照合理用能的原则,加强节能管理,制订并实施节能计划和节能技术措施,降低能源消耗。用能单位应当建立节能目标责任制,对节能工作取得成绩的集体、个人给予奖励。用能单位应当定期开展节能教育和岗位节能培训。

用能单位应当加强能源计量管理,按照规定配备和使用经依法检定合格的能源计量器具。用能单位应当建立能源消费统计和能源利用状况分析制度,对各类能源的消费实行分类计量和统计,并确保能源消费统计数据真实、完整。任何单位不得对能源消费实行包费制。

2) 建筑节能的规定

《节约能源法》规定,建筑工程的建设、设计、施工和监理单位应当遵守建筑节能标准。不符合建筑节能标准的建筑工程,建设主管部门不得批准开工建设;已经开工建设的,应当责令停止施工、限期改正;已经建成的,不得销售或者使用。

使用空调采暖、制冷的公共建筑应当实行室内温度控制制度,具体办法由国务院建设主管部门制定。

国家采取措施,对实行集中供热的建筑分步骤实行供热分户计量、按照用热量收费的制度。新建建筑或者对既有建筑进行节能改造,应当按照规定安装用热计量装置、室内温度调控装置和供热系统调控装置,具体办法由国务院建设主管部门会同国务院有关部门制定。

县级以上地方各级人民政府有关部门应当加强城市节约用电管理,严格控制公用设施和大型建筑物装饰性景观照明的能耗。

国家鼓励在新建建筑和既有建筑节能改造中使用新型墙体材料等节能建筑材料和节能设备,安装和使用太阳能等可再生能源利用系统。

(1) 采用太阳能、地热能等可再生能源

《民用建筑节能条例》规定,国家鼓励和扶持在新建建筑和既有建筑节能改造中采用太阳能、地热能等可再生能源。

在具备太阳能利用条件的地区,有关地方人民政府及其部门应当采取有效措施,鼓励和扶持单位、个人安装使用太阳能热水系统、照明系统、供热系统、采暖制冷系统等太阳能利用系统。

(2) 新建建筑节能的规定

国家推广使用民用建筑节能的新技术、新工艺、新材料和新设备,限制使用或者禁止使用能源消耗高的技术、工艺、材料和设备。国家限制进口或者禁止进口能源消耗高的技术、材料和设备。

建设单位、设计单位、施工单位不得在建筑活动中使用列入禁止使用目录的技术、工艺、材料和设备。

① 施工图设计文件审查机构的节能义务。施工图设计文件审查机构应当按照民用建筑节能强制性标准对施工图设计文件进行审查;经审查不符合民用建筑节能强制性标准的,县级以上地方人民政府建设主管部门不得颁发施工许可证。

② 建设单位的节能义务。建设单位不得明示或者暗示设计单位、施工单位违反民用建筑节能强制性标准进行设计、施工,不得明示或者暗示施工单位使用不符合施工图设计文件要求的墙体材料、保温材料、门窗、采暖制冷系统和照明设备。

按照合同约定由建设单位采购墙体材料、保温材料、门窗、采暖制冷系统和照明设备的,建设单位应当保证其符合施工图设计文件要求。

建设单位组织竣工验收,应当对民用建筑是否符合民用建筑节能强制性标准进行查验;对不符合民用建筑节能强制性标准的,不得出具竣工验收合格报告。

③ 设计单位、施工单位、工程监理单位的节能义务。设计单位、施工单位、工程监理单位及其注册执业人员,应当按照民用建筑节能强制性标准进行设计、施工、监理。

施工单位应当对进入施工现场的墙体材料、保温材料、门窗、采暖制冷系统和照明设备进行查验;不符合施工图设计文件要求的,不得使用。

工程监理单位发现施工单位不按照民用建筑节能强制性标准施工的,应当要求施工单位改正;施工单位拒不改正的,工程监理单位应当及时报告建设单位,并向有关主管部门报告。

墙体、屋面的保温工程施工时,监理工程师应当按照工程监理规范的要求,采取旁站、巡视和平行检验等形式实施监理。未经监理工程师签字,墙体材料、保温材料、门窗、采暖制冷系统和照明设备不得在建筑上使用或者安装,施工单位不得进行下一道工序的施工。

对具备可再生能源利用条件的建筑,建设单位应当选择合适的可再生能源,用于采暖、制冷、照明和热水供应等;设计单位应当按照有关可再生能源利用的标准进行设计。建设可再生能源利用设施,应当与建筑主体工程同步设计、同步施工、同步验收。

(3) 既有建筑节能的规定

既有建筑节能改造,是指对不符合民用建筑节能强制性标准的既有建筑的围护结构、供热系统、采暖制冷系统、照明设备和热水供应设施等实施节能改造的活动。

实施既有建筑节能改造,应当符合民用建筑节能强制性标准,优先采用遮阳、改善通风等低成本改造措施。既有建筑围护结构的改造和供热系统的改造,应当同步进行。

对实行集中供热的建筑进行节能改造,应当安装供热系统调控装置和用热计量装置;对公共建筑进行节能改造,还应当安装室内温度调控装置和用电分项计量装置。

3) 施工节能的规定

(1) 节材与材料资源利用

《绿色施工导则》进一步规定,图纸会审时,应审核节材与材料资源利用的相关内容,达到材料损耗率比定额损耗率降低30%;根据施工进度、库存情况等合理安排材料的采购、进场时间和批次,减少库存;现场材料堆放有序;储存环境适宜,措施得当;保管制度健全,责任落实;材料运输工具适宜,装卸方法得当,防止损坏和遗洒;根据现场平面布置情况就近卸载,避免和减少二次搬运;采取技术和管理措施提高模板、脚手架等的周转次数;优化安装工程的预留、预埋、管线路径等方案;应就地取材,力争施工现场500千米以内生产的建筑材料用量占建筑材料总重量的70%以上。

此外,还分别就结构材料、围护材料、装饰装修材料、周转材料提出了明确要求。例如,结构材料节材与材料资源利用的技术要点是:①推广使用预拌混凝土和商品砂浆。准确计算采购数量、供应频率、施工速度等,在施工过程中动态控制。结构工程使用散装水泥。②推广使用高强钢筋和高性能混凝土,减少资源消耗。③推广钢筋专业化加工和配送。④优化钢筋配料和钢构件下料方案。钢筋及钢结构制作前应对下料单及样品进行复核,无误后方可批量下料。⑤优化钢结构制作和安装方法。大型钢结构宜采用工厂制作,现场拼装;宜采用分段吊装、整体提升、滑移、顶升等安装方法,减少方案的措施用材量。⑥采取数字化技术,对大体积混凝土、大跨度结构等专项施工方案进行优化。

(2) 节水与水资源利用

《绿色施工导则》进一步对提高用水效率、非传统水源利用和安全用水作出规定。

① 提高用水效率:a)施工中采用先进的节水施工工艺。b)施工现场喷洒路面、绿化浇灌不宜使用市政自来水。现场搅拌用水、养护用水应采取有效的节水措施,严禁无措施浇水养护混凝土。c)施工现场供水管网应根据用水量设计布置,管径合理、管路简捷,采取有效措施减少管网和用水器具的漏损。d)现场机具、设备、车辆冲洗用水必须设立循环用水装置。施工现场办公区、生活区的生活用水采用节水系统和节水器具,提高节水器具配置比率。项目临时用水应使用节水型产品,安装计量装置,采取针对性的节水措施。e)施工现场建立可再利用水的收集处理系统,使水资源得到梯级循环利用。f)施工现场分别对生活用水与工程用水确定用水定额指标,并分别计量管理。g)大型工程的不同单项工程、不同标段、不同分包生活区,凡具备条件的应分别计量用水量。在签订不同标段分包或劳务合同时,将节水定额指标纳入合同条款,进行计量考核。h)对混凝土搅拌站点等用水集中的

区域和工艺点进行专项计量考核。施工现场建立雨水、中水或可再利用水的搜集利用系统。

② 非传统水源利用：a)优先采用中水搅拌、中水养护，有条件的地区和工程应收集雨水养护。b)处于基坑降水阶段的工地，宜优先采用地下水作为混凝土搅拌用水、养护用水、冲洗用水和部分生活用水。c)现场机具、设备、车辆冲洗，喷洒路面，绿化浇灌等用水，优先采用非传统水源，尽量不使用市政自来水。d)大型施工现场，尤其是雨量充沛地区的大型施工现场建立雨水收集利用系统，充分收集自然降水用于施工和生活中适宜的部位。e)力争施工中非传统水源和循环水的再利用量大于30%。

③ 用水安全：在非传统水源和现场循环再利用水的使用过程中，应制定有效的水质检测与卫生保障措施，确保避免对人体健康、工程质量以及周围环境产生不良影响。

（3）节能与能源利用

《绿色施工导则》对节能措施，机械设备与机具，生产、生活及办公临时设施，施工用电及照明分别作出以下规定。

① 节能措施：a)制订合理施工能耗指标，提高施工能源利用率。b)优先使用国家、行业推荐的节能、高效、环保的施工设备和机具，如选用变频技术的节能施工设备等。c)施工现场分别设定生产、生活、办公和施工设备的用电控制指标，定期进行计量、核算、对比分析，并有预防与纠正措施。d)在施工组织设计中，合理安排施工顺序、工作面，以减少作业区域的机具数量，相邻作业区充分利用共有的机具资源。安排施工工艺时，应优先考虑耗用电能的或其他能耗较少的施工工艺。避免设备额定功率远大于使用功率或超负荷使用设备的现象。e)根据当地气候和自然资源条件，充分利用太阳能、地热等可再生能源。

② 机械设备与机具：a)建立施工机械设备管理制度，开展用电、用油计量，完善设备档案，及时做好维修保养工作，使机械设备保持低耗、高效的状态。b)选择功率与负载相匹配的施工机械设备，避免大功率施工机械设备低负载长时间运行。机电安装可采用节电型机械设备，如逆变式电焊机和能耗低、效率高的手持电动工具等，以利节电。机械设备宜使用节能型油料添加剂，在可能的情况下，考虑回收利用，节约油量。c)合理安排工序，提高各种机械的使用率和满载率，降低各种设备的单位耗能。

③ 生产、生活及办公临时设施：a)利用场地自然条件，合理设计生产、生活及办公临时设施的体形、朝向、间距和窗墙面积比，使其获得良好的日照、通风和采光。南方地区可根据需要在其外墙窗设遮阳设施。b)临时设施宜采用节能材料，墙体、屋面使用隔热性能好的材料，减少夏天空调、冬天取暖设备的使用时间及耗能量。c)合理配置采暖、空调、风扇数量，规定使用时间，实行分段分时使用，节约用电。

④ 施工用电及照明：a)临时用电优先选用节能电线和节能灯具，临电线路合理设计、布置，临电设备宜采用自动控制装置。采用声控、光控等节能照明灯具。b)照明设计以满足最低照度为原则，照度不应超过最低照度的20%。

（4）节地与施工用地保护

《绿色施工导则》对临时用地指标、临时用地保护、施工总平面布置分别作出以下规定。

① 临时用地指标：a)根据施工规模及现场条件等因素合理确定临时设施，如临时加工厂、现场作业棚及材料堆场，办公生活设施等的占地指标。临时设施的占地面积应按用地指标所需的最低面积设计。b)要求平面布置合理、紧凑，在满足环境、职业健康与安全及文明

施工要求的前提下尽可能减少废弃地和死角,临时设施占地面积有效利用率大于90%。

② 临时用地保护:a)应对深基坑施工方案进行优化,减少土方开挖和回填量,最大限度地减少对土地的扰动,保护周边自然生态环境。b)红线外临时占地应尽量使用荒地、废地,少占用农田和耕地。工程完工后,及时对红线外占地恢复原地形、地貌,使施工活动对周边环境的影响降至最低。c)利用和保护施工用地范围内原有绿色植被。对于施工周期较长的现场,可按建筑永久绿化的要求,安排场地新建绿化。

③ 施工总平面布置:a)施工总平面布置应做到科学、合理,充分利用原有建筑物、构筑物、道路、管线为施工服务。b)施工现场搅拌站、仓库、加工厂、作业棚、材料堆场等布置应尽量靠近已有交通线路或即将修建的正式或临时交通线路,缩短运输距离。c)临时办公和生活用房应采用经济、美观、占地面积小、对周边地貌环境影响较小,且适合于施工平面布置动态调整的多层轻钢活动板房、钢骨架水泥活动板房等标准化装配式结构。生活区与生产区应分开布置,并设置标准的分隔设施。d)施工现场围墙可采用连续封闭的轻钢结构预制装配式活动围挡,减少建筑垃圾,保护土地。e)施工现场道路按照永久道路和临时道路相结合的原则布置。施工现场内形成环形通路,减少道路占用土地。f)临时设施布置应注意远近结合(本期工程与下期工程),努力减少和避免大量临时建筑拆迁和场地搬迁。

2. 施工节能技术进步和节能激励措施的规定

1)节能技术进步

《节约能源法》规定,国家鼓励、支持节能科学技术的研究、开发、示范和推广,促进节能技术创新与进步。国家开展节能宣传和教育,将节能知识纳入国民教育和培训体系,普及节能科学知识,增强全民的节能意识,提倡节约型的消费方式。

国务院管理节能工作的部门会同国务院科技主管部门发布节能技术政策大纲,指导节能技术研究、开发和推广应用。县级以上各级人民政府应当把节能技术研究开发作为政府科技投入的重点领域,支持科研单位和企业开展节能技术应用研究,制定节能标准,开发节能共性和关键技术,促进节能技术创新与成果转化。

国务院管理节能工作的部门会同国务院有关部门制定并公布节能技术、节能产品的推广目录,引导用能单位和个人使用先进的节能技术、节能产品。

国务院管理节能工作的部门会同国务院有关部门组织实施重大节能科研项目、节能示范项目、重点节能工程。

2)节能激励措施

按照《节约能源法》的规定,主要有如下相关的节能激励措施。

(1)财政安排节能专项资金

中央财政和省级地方财政安排节能专项资金,支持节能技术研究开发、节能技术和产品的示范与推广、重点节能工程的实施、节能宣传培训、信息服务和表彰奖励等。

国家通过财政补贴支持节能照明器具等节能产品的推广和使用。

(2)税收优惠

国家实行有利于节约能源资源的税收政策,健全能源矿产资源有偿使用制度,促进能源资源的节约及其开采利用水平的提高。

国家运用税收等政策,鼓励先进节能技术、设备的进口,控制在生产过程中耗能高、污染重的产品的出口。

(3) 信贷支持

国家引导金融机构增加对节能项目的信贷支持,为符合条件的节能技术研究开发、节能产品生产以及节能技术改造等项目提供优惠贷款。国家推动和引导社会有关方面加大对节能的资金投入,加快节能技术改造。

(4) 价格政策

国家实行有利于节能的价格政策,引导用能单位和个人节能。国家运用财税、价格等政策,支持推广电力需求侧管理、合同能源管理、节能自愿协议等节能办法。

(5) 表彰奖励

各级人民政府对在节能管理、节能科学技术研究和推广应用中有显著成绩以及检举严重浪费能源行为的单位和个人,给予表彰和奖励。

3. 违法行为应承担的法律责任

1) 违反建筑节能标准的违法行为应承担的法律责任

《节约能源法》规定,设计单位、施工单位、监理单位违反建筑节能标准的,由建设主管部门责令改正,处 10 万元以上 50 万元以下罚款;情节严重的,由颁发资质证书的部门降低资质等级或者吊销资质证书;造成损失的,依法承担赔偿责任。

《民用建筑节能条例》规定,施工单位未按照民用建筑节能强制性标准进行施工的,由县级以上地方人民政府建设主管部门责令改正,处民用建筑项目合同价款 2% 以上 4% 以下罚款;情节严重的,由颁发资质证书的部门责令停业整顿,降低资质等级或者吊销资质证书;造成损失的,依法承担赔偿责任。

注册执业人员未执行民用建筑节能强制性标准的,由县级以上人民政府建设主管部门责令停止执业 3 个月以上 1 年以下;情节严重的,由颁发资格证书的部门吊销执业资格证书,5 年内不予注册。

2) 其他施工节能违法行为应承担的法律责任

《民用建筑节能条例》规定,施工单位有下列行为之一的,由县级以上地方人民政府建设主管部门责令改正,处 10 万元以上 20 万元以下的罚款;情节严重的,由颁发资质证书的部门责令停业整顿,降低资质等级或者吊销资质证书;造成损失的,依法承担赔偿责任:①未对进入施工现场的墙体材料、保温材料、门窗、采暖制冷系统和照明设备进行查验的;②使用不符合施工图设计文件要求的墙体材料、保温材料、门窗、采暖制冷系统和照明设备的;③使用列入禁止使用目录的技术、工艺、材料和设备的。

3) 用能单位其他违法行为应承担的法律责任

《节约能源法》规定,固定资产投资项目建设单位开工建设不符合强制性节能标准的项目或者将该项目投入生产、使用的,由管理节能工作的部门责令停止建设或者停止生产、使用,限期改造;不能改造或者逾期不改造的生产性项目,由管理节能工作的部门报请本级人民政府按照国务院规定的权限责令关闭。

使用国家明令淘汰的用能设备或者生产工艺的,由管理节能工作的部门责令停止使用,没收国家明令淘汰的用能设备;情节严重的,可以由管理节能工作的部门提出意见,报请本级人民政府按照国务院规定的权限责令停业整顿或者关闭。

用能单位未按照规定配备、使用能源计量器具的,由产品质量监督部门责令限期改正;逾期不改正的,处 1 万元以上 5 万元以下罚款。

瞒报、伪造、篡改能源统计资料或者编造虚假能源统计数据的,依照《中华人民共和国统计法》的规定处罚。

无偿向本单位职工提供能源或者对能源消费实行包费制的,由管理节能工作的部门责令限期改正;逾期不改正的,处5万元以上20万元以下罚款。

小结

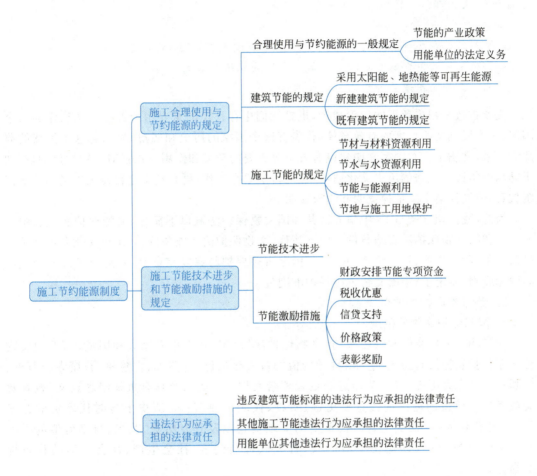

8.5 施工文物保护制度

导入案例

2017年5月28日,某市文物局接到群众举报,某高速铁路某段施工人员在取土区挖出沉船遗骸和部分文物,随之出现了民工滥挖和哄抢状况。该县文保所接到市文物局电话后,即刻赶到现场,经查情况属实。市文物局责成县文保所速报省文物局,省文物研究所3位专业人员于2017年5月30日到现场进行勘察。

这一事件引起高铁管理部门、市发改委、市文物局的高度重视。为配合高速铁路建设，同时保护好地下文物，避免施工中再次发生类似事件，经市文物局提议，3家单位迅速联合举办高铁文物保护学习班，15位沿线施工单位负责人参加了学习。各施工单位反复告诫作业人员，不论在哪里发现文化遗存，都应立即停工，保护好现场，并在第一时间通报文物部门；如不及时上报，造成文物被破坏，就会触犯刑律。培训工作很快显现积极效果，6月6日，高铁某段施工人员向市文物局报告，施工中发现了古墓葬；不到2小时，此信息上报到省文物局，文物部门对现场采取了保护性措施。

　　问题：

　　(1) 本案中哪些行为违反了《中华人民共和国文物保护法》的规定？

　　(2) 施工过程中发现文物时施工单位应该采取什么措施？

　　(3) 对文物保护违法行为应如何处理？

　　文物古迹是祖先留下的宝贵遗产，也是我们生存环境的重要组成部分。文物作为一个国家、一个民族文明程度的有效载体，代表着这个国家的历史和底蕴，显示着这个民族的渊源和风采，文物工作对国家文明建设有着十分重要的意义和作用。加强对文物的保护，有利于继承中华民族优秀的历史文化遗产，促进科学研究工作，更有利于进行爱国主义和革命传统教育，建设社会主义精神文明和物质文明。

　　为此，我国相继颁布了《中华人民共和国文物保护法》(以下简称《文物保护法》)、《中华人民共和国文物保护法实施条例》(以下简称《文物保护法实施条例》)《历史文化名城名镇名村保护条例》等法律、行政法规，并参照《国际古迹保护与修复宪章》(《威尼斯宪章》)为代表的国际原则，制定了《中国文物古迹保护准则》。

1. 受国家保护的文物范围

1) 国家保护文物的范围

2017年11月经修改后公布的《文物保护法》规定，在中华人民共和国境内，下列文物受国家保护：①具有历史、艺术、科学价值的古文化遗址、古墓葬、古建筑、石窟寺和石刻、壁画；②与重大历史事件、革命运动或者著名人物有关的以及具有重要纪念意义、教育意义或者史料价值的近代现代重要史迹、实物、代表性建筑；③历史上各时代珍贵的艺术品、工艺美术品；④历史上各时代重要的文献资料以及具有历史、艺术、科学价值的手稿和图书资料等；⑤反映历史上各时代、各民族社会制度、社会生产、社会生活的代表性实物。

具有科学价值的古脊椎动物化石和古人类化石同文物一样受国家保护。

2) 文物保护单位和文物的分级

《文物保护法》规定，古文化遗址、古墓葬、古建筑、石窟寺、石刻、壁画、近代现代重要史迹和代表性建筑等不可移动文物，根据它们的历史、艺术、科学价值，可以分别确定为全国重点文物保护单位，省级文物保护单位，市、县级文物保护单位。

历史上各时代重要实物、艺术品、文献、手稿、图书资料、代表性实物等可移动文物，分为珍贵文物和一般文物；珍贵文物分为一级文物、二级文物、三级文物。

3) 属于国家所有的文物范围

中华人民共和国境内地下、内水和领海中遗存的一切文物，属于国家所有。国有文物所有权受法律保护，不容侵犯。

(1) 属于国家所有的不可移动文物范围

古文化遗址、古墓葬、石窟寺属于国家所有。国家指定保护的纪念建筑物、古建筑、石刻、壁画、近现代代表性建筑等不可移动文物，除国家另有规定的以外，属于国家所有。

国有不可移动文物的所有权不因其所依附的土地所有权或者使用权的改变而改变。

(2) 属于国家所有的可移动文物范围

下列可移动文物，属于国家所有：①中国境内出土的文物，国家另有规定的除外；②国有文物收藏单位以及其他国家机关、部队和国有企事业组织等收藏、保管的文物；③国家征集、购买的文物；④公民、法人和其他组织捐赠给国家的文物；⑤法律规定属于国家所有的其他文物。

属于国家所有的可移动文物的所有权不因其保管、收藏单位的终止或者变更而改变。

4) 属于集体所有和私人所有的文物范围

《文物保护法》规定，属于集体所有和私人所有的纪念建筑物、古建筑和祖传文物以及依法取得的其他文物，其所有权受法律保护。文物的所有者必须遵守国家有关文物保护的法律、法规的规定。

2. 在文物保护单位保护范围和建设控制地带施工的规定

《文物保护法》规定，一切机关、组织和个人都有依法保护文物的义务。

1) 文物保护单位的保护范围

2017年10月经修改后颁布的《文物保护法实施条例》规定，文物保护单位的保护范围，是指对文物保护单位本体及周围一定范围实施重点保护的区域。文物保护单位的保护范围，应当根据文物保护单位的类别、规模、内容以及周围环境的历史和现实情况合理划定，并在文物保护单位本体之外保持一定的安全距离，确保文物保护单位的真实性和完整性。

全国重点文物保护单位和省级文物保护单位自核定公布之日起1年内，由省、自治区、直辖市人民政府划定必要的保护范围，作出标志说明，建立记录档案，设置专门机构或者指定专人负责管理。

设区的市、自治州级和县级文物保护单位自核定公布之日起1年内，由核定公布该文物保护单位的人民政府划定保护范围，作出标志说明，建立记录档案，设置专门机构或者指定专人负责管理。

文物保护单位的标志说明，应当包括文物保护单位的级别、名称、公布机关、公布日期、立标机关、立标日期等内容。民族自治地区的文物保护单位的标志说明，应当同时用规范汉字和当地通用的少数民族文字书写。

2) 文物保护单位的建设控制地带

《文物保护法实施条例》规定，文物保护单位的建设控制地带，是指在文物保护单位的保护范围外，为保护文物保护单位的安全、环境、历史风貌对建设项目加以限制的区域。文物保护单位的建设控制地带，应当根据文物保护单位的类别、规模、内容以及周围环境的历史和现实情况合理划定。

全国重点文物保护单位的建设控制地带，经省、自治区、直辖市人民政府批准，由省、自治区、直辖市人民政府的文物行政主管部门会同城乡规划行政主管部门划定并公布。

省级、设区的市、自治州级和县级文物保护单位的建设控制地带，经省、自治区、直辖市人民政府批准，由核定公布该文物保护单位的人民政府的文物行政主管部门会同城乡规划行政主管部门划定并公布。

3) 历史文化名城、名镇、名村的保护

《文物保护法》规定,保存文物特别丰富并且具有重大历史价值或者革命纪念意义的城市,由国务院核定公布为历史文化名城。

保存文物特别丰富并且具有重大历史价值或者革命纪念意义的城镇、街道、村庄,由省、自治区、直辖市人民政府核定公布为历史文化街区、村镇,并报国务院备案。

2008年4月颁布的《历史文化名城名镇名村保护条例》进一步规定,具备下列条件的城市、镇、村庄,可以申报历史文化名城、名镇、名村:①保存文物特别丰富;②历史建筑集中成片;③保留着传统格局和历史风貌;④历史上曾经作为政治、经济、文化、交通中心或者军事要地,或者发生过重要历史事件,或者其传统产业、历史上建设的重大工程对本地区的发展产生过重要影响,或者能够集中反映本地区建筑的文化特色、民族特色。

保护规划由省、自治区、直辖市人民政府审批。保护规划的组织编制机关应当将经依法批准的历史文化名城保护规划和中国历史文化名镇、名村保护规划,报国务院建设主管部门和国务院文物主管部门备案。

4) 在文物保护单位保护范围和建设控制地带施工的规定

《文物保护法》规定,在文物保护单位的保护范围和建设控制地带内,不得建设污染文物保护单位及其环境的设施,不得进行可能影响文物保护单位安全及其环境的活动。对已有的污染文物保护单位及其环境的设施,应当限期治理。

(1) 对文物保护单位实施原址保护

建设工程选址,应当尽可能避开不可移动文物;因特殊情况不能避开的,对文物保护单位应当尽可能实施原址保护。实施原址保护的,建设单位应当事先确定保护措施,根据文物保护单位的级别报相应的文物行政部门批准;未经批准的,不得开工建设。

无法实施原址保护,必须迁移异地保护或者拆除的,应当报省、自治区、直辖市人民政府批准;迁移或者拆除省级文物保护单位的,批准前须征得国务院文物行政部门同意。全国重点文物保护单位不得拆除;需要迁移的,须由省、自治区、直辖市人民政府报国务院批准。对原址保护、迁移、拆除所需费用,由建设单位列入建设工程预算。

不可移动文物已经全部毁坏的,应当实施遗址保护,不得在原址重建。但是,因特殊情况需要在原址重建的,由省、自治区、直辖市人民政府文物行政部门报省、自治区、直辖市人民政府批准;全国重点文物保护单位需要在原址重建的,由省、自治区、直辖市人民政府报国务院批准。

(2) 承担文物保护单位的修缮、迁移、重建工程的单位应当具有相应的资质证书

《文物保护法实施条例》规定,承担文物保护单位的修缮、迁移、重建工程的单位,应当同时取得文物行政主管部门发给的相应等级的文物保护工程资质证书和建设行政主管部门发给的相应等级的资质证书。其中,不涉及建筑活动的文物保护单位的修缮、迁移、重建,应当由取得文物行政主管部门发给的相应等级的文物保护工程资质证书的单位承担。

申领文物保护工程资质证书,应当具备下列条件:①有取得文物博物专业技术职务的人员;②有从事文物保护工程所需的技术设备;③法律、行政法规规定的其他条件。

申领文物保护工程资质证书,应当向省、自治区、直辖市人民政府文物行政主管部门或者国务院文物行政主管部门提出申请。省、自治区、直辖市人民政府文物行政主管部门或者

国务院文物行政主管部门应当自收到申请之日起 30 个工作日内作出批准或者不批准的决定。决定批准的,发给相应等级的文物保护工程资质证书;决定不批准的,应当书面通知当事人并说明理由。文物保护工程资质等级的分级标准和审批办法,由国务院文物行政主管部门制定。

(3) 在历史文化名城、名镇、名村保护范围内从事建设活动的相关规定

《历史文化名城名镇名村保护条例》规定,在历史文化名城、名镇、名村保护范围内禁止进行下列活动:①开山、采石、开矿等破坏传统格局和历史风貌的活动;②占用保护规划确定保留的园林绿地、河湖水系、道路等;③修建生产、储存爆炸性、易燃性、放射性、毒害性、腐蚀性物品的工厂、仓库等;④在历史建筑上刻画、涂污。

在历史文化名城、名镇、名村保护范围内进行下列活动,应当保护其传统格局、历史风貌和历史建筑;制定保护方案,经城市、县人民政府城乡规划主管部门会同同级文物主管部门批准,并依照有关法律、法规的规定办理相关手续:①改变园林绿地、河湖水系等自然状态的活动;②在核心保护范围内进行影视摄制、举办大型群众性活动;③其他影响传统格局、历史风貌或者历史建筑的活动。

在历史文化街区、名镇、名村核心保护范围内,不得进行新建、扩建活动,但是新建、扩建必要的基础设施和公共服务设施除外。

在历史文化街区、名镇、名村核心保护范围内,拆除历史建筑以外的建筑物、构筑物或者其他设施的,应当经城市、县人民政府城乡规划主管部门会同同级文物主管部门批准。

任何单位或者个人不得损坏或者擅自迁移、拆除历史建筑。

(4) 在文物保护单位保护范围和建设控制地带内从事建设活动的相关规定

《文物保护法》规定,文物保护单位的保护范围内不得进行其他建设工程或者爆破、钻探、挖掘等作业。但是,因特殊情况需要在文物保护单位的保护范围内进行其他建设工程或者爆破、钻探、挖掘等作业的,必须保证文物保护单位的安全,并经核定公布该文物保护单位的人民政府批准,在批准前应当征得上一级人民政府文物行政部门同意;在全国重点文物保护单位的保护范围内进行其他建设工程或者爆破、钻探、挖掘等作业的,必须经省、自治区、直辖市人民政府批准,在批准前应当征得国务院文物行政部门同意。

在文物保护单位的建设控制地带内进行建设工程,不得破坏文物保护单位的历史风貌;工程设计方案应当根据文物保护单位的级别,经相应的文物行政部门同意后,报城乡建设规划部门批准。

(5) 文物修缮保护工程的设计施工管理

全国重点文物保护单位和国家文物局认为有必要由其审查批准的省、自治区、直辖市级文物保护单位的修缮计划和设计施工方案,由国家文物局审查批准。省、自治区、直辖市级和县、自治县、市级文物保护单位的修缮计划和设计施工方案,由省、自治区、直辖市人民政府文物行政管理部门审查批准。文物修缮保护工程应当接受审批机关的监督和指导。工程竣工时,应当报审批机关验收。

文物修缮保护工程的勘察设计单位、施工单位应当执行国家有关规定,保证工程质量。

3. 施工发现文物报告和保护的规定

《文物保护法》规定,地下埋藏的文物,任何单位或者个人都不得私自发掘。考古发掘的文物,任何单位或者个人不得侵占。

1) 配合建设工程进行考古发掘工作的规定

进行大型基本建设工程,建设单位应当事先报请省、自治区、直辖市人民政府文物行政部门组织从事考古发掘的单位在工程范围内有可能埋藏文物的地方进行考古调查、勘探。

确因建设工期紧迫或者有自然破坏危险,对古文化遗址、古墓葬急需进行抢救发掘的,由省、自治区、直辖市人民政府文物行政部门组织发掘,并同时补办审批手续。

2) 施工发现文物的报告和保护

《文物保护法》规定,在进行建设工程或者在农业生产中,任何单位或者个人发现文物,应当保护现场,立即报告当地文物行政部门,文物行政部门接到报告后,如无特殊情况,应当在 24 小时内赶赴现场,并在 7 日内提出处理意见。文物行政部门可以报请当地人民政府通知公安机关协助保护现场;发现重要文物的,应当立即上报国务院文物行政部门,国务院文物行政部门应当在接到报告后 15 日内提出处理意见。

依照以上规定发现的文物属于国家所有,任何单位或者个人不得哄抢、私分、藏匿。

4. 违法行为应承担的法律责任

1) 哄抢、私分国有文物等违法行为应承担的法律责任

《文物保护法》规定,有下列行为之一,构成犯罪的,依法追究刑事责任:①盗掘古文化遗址、古墓葬的;②故意或者过失损毁国家保护的珍贵文物的;③将国家禁止出境的珍贵文物私自出售或者送给外国人的;④以牟利为目的倒卖国家禁止经营的文物的;⑤走私文物的;⑥盗窃、哄抢、私分或者非法侵占国有文物的;⑦应当追究刑事责任的其他妨害文物管理的行为。

造成文物灭失、损毁的,依法承担民事责任。构成违反治安管理行为的,由公安机关依法给予治安管理处罚。构成走私行为,尚不构成犯罪的,由海关依照有关法律、行政法规的规定给予处罚。

有下列行为之一,尚不构成犯罪的,由县级以上人民政府文物主管部门会同公安机关追缴文物;情节严重的,处 5 000 元以上 5 万元以下的罚款:①发现文物隐匿不报或者拒不上交的;②未按照规定移交拣选文物的。

2) 在文物保护单位的保护范围和建设控制地带内进行建设工程违法行为应承担的法律责任

《文物保护法》规定,有下列行为之一,尚不构成犯罪的,由县级以上人民政府文物主管部门责令改正,造成严重后果的,处 5 万元以上 50 万元以下的罚款;情节严重的,由原发证机关吊销资质证书:①擅自在文物保护单位的保护范围内进行建设工程或者爆破、钻探、挖掘等作业的;②在文物保护单位的建设控制地带内进行建设工程,其工程设计方案未经文物行政部门同意、报城乡建设规划部门批准,对文物保护单位的历史风貌造成破坏的;③擅自迁移、拆除不可移动文物的;④擅自修缮不可移动文物,明显改变文物原状的;⑤擅自在原址重建已全部毁坏的不可移动文物,造成文物破坏的;⑥施工单位未取得文物保护工程资质证书,擅自从事文物修缮、迁移、重建的。

刻画、涂污或者损坏文物尚不严重的,或者损毁依法设立的文物保护单位标志的,由公安机关或者文物所在单位给予警告,可以并处罚款。

在文物保护单位的保护范围内或者建设控制地带内建设污染文物保护单位及其环境的设施的,或者对已有的污染文物保护单位及其环境的设施未在规定的期限内完成治理的,由

环境保护行政部门依照有关法律、法规的规定给予处罚。

3) 未取得相应资质证书擅自承担文物保护单位修缮、迁移、重建工程违法行为应承担的法律责任

《文物保护法实施条例》规定,未取得相应等级的文物保护工程资质证书,擅自承担文物保护单位的修缮、迁移、重建工程的,由文物行政主管部门责令限期改正;逾期不改正,或者造成严重后果的,处5万元以上50万元以下的罚款;构成犯罪的,依法追究刑事责任。

未取得建设行政主管部门发给的相应等级的资质证书,擅自承担含有建筑活动的文物保护单位的修缮、迁移、重建工程的,由建设行政主管部门依照有关法律、行政法规的规定予以处罚。

4) 历史文化名城、名镇、名村保护范围内违法行为应承担的法律责任

《历史文化名城名镇名村保护条例》规定,在历史文化名城、名镇、名村保护范围内有下列行为之一的,由城市、县人民政府城乡规划主管部门责令停止违法行为、限期恢复原状或者采取其他补救措施;有违法所得的,没收违法所得;逾期不恢复原状或者不采取其他补救措施的,城乡规划主管部门可以指定有能力的单位代为恢复原状或者采取其他补救措施,所需费用由违法者承担;造成严重后果的,对单位并处50万元以上100万元以下的罚款,对个人并处5万元以上10万元以下的罚款;造成损失的,依法承担赔偿责任:①开山、采石、开矿等破坏传统格局和历史风貌的;②占用保护规划确定保留的园林绿地、河湖水系、道路等的;③修建生产、储存爆炸性、易燃性、放射性、毒害性、腐蚀性物品的工厂、仓库等的。

未经城乡规划主管部门会同同级文物主管部门批准,有下列行为之一的,由城市、县人民政府城乡规划主管部门责令停止违法行为、限期恢复原状或者采取其他补救措施;有违法所得的,没收违法所得;逾期不恢复原状或者不采取其他补救措施的,城乡规划主管部门可以指定有能力的单位代为恢复原状或者采取其他补救措施,所需费用由违法者承担;造成严重后果的,对单位并处5万元以上10万元以下的罚款,对个人并处1万元以上5万元以下的罚款;造成损失的,依法承担赔偿责任:①改变园林绿地、河湖水系等自然状态的;②拆除历史建筑以外的建筑物、构筑物或者其他设施的;③对历史建筑进行外部修缮装饰、添加设施以及改变历史建筑的结构或者使用性质的;④其他影响传统格局、历史风貌或者历史建筑的。有关单位或者个人经批准进行上述活动,但是在活动过程中对传统格局、历史风貌或者历史建筑构成破坏性影响的,依照以上规定予以处罚。

损坏或者擅自迁移、拆除历史建筑的,由城市、县人民政府城乡规划主管部门责令停止违法行为、限期恢复原状或者采取其他补救措施;有违法所得的,没收违法所得;逾期不恢复原状或者不采取其他补救措施的,城乡规划主管部门可以指定有能力的单位代为恢复原状或者采取其他补救措施,所需费用由违法者承担;造成严重后果的,对单位并处20万元以上50万元以下的罚款,对个人并处10万元以上20万元以下的罚款;造成损失的,依法承担赔偿责任。

擅自设置、移动、涂改或者损毁历史文化街区、名镇、名村标志牌的,由城市、县人民政府城乡规划主管部门责令限期改正;逾期不改正的,对单位处1万元以上5万元以下的罚款,对个人处1000元以上1万元以下的罚款。

对历史文化名城、名镇、名村中的文物造成损毁的,依照文物保护法律、法规的规定给予处罚;构成犯罪的,依法追究刑事责任。

小结

```
                              ┌─ 国家保护文物的范围
                              ├─ 文物保护单位和文物的分级
         ┌─ 受国家保护的文物范围 ┤
         │                    ├─ 属于国家所有的文物范围
         │                    └─ 属于集体所有和私人所有的文物范围
         │
         │                              ┌─ 文物保护单位的保护范围
         │  在文物保护单位保护范围和      ├─ 文物保护单位的建设控制地带
         ├─ 建设控制地带施工的规定       ┤
施工文物   │                             ├─ 历史文化名城、名镇、名村的保护
保护制度  ─┤                             └─ 在文物保护单位保护范围和建设控制地带施工的规定
         │
         │  施工发现文物报告             ┌─ 配合建设工程进行考古发掘工作的规定
         ├─ 和保护的规定                ┤
         │                              └─ 施工发现文物的报告和保护
         │
         │                              ┌─ 哄抢、私分国有文物等违法行为应承担的法律责任
         └─ 违法行为应承担的法律责任    ┤
                                        └─ 在文物保护单位的保护范围和建设控制地带内进行
                                           建设工程违法行为应承担的法律责任
```

第 8 章　案例分析

参 考 文 献

[1] 赵平.建设法规[M].北京：中国建筑工业出版社,2015.
[2] 王照雯.建设法规[M].大连：大连理工大学出版社,2016.
[3] 刘文峰.建设法规教程[M].2版.北京：中国建材工业出版社,2011.
[4] 高玉兰.建设工程法规[M].北京：北京大学出版社,2010.
[5] 葛书环,刘楠.建设法规[M].北京：中国时代经济出版社,2013.
[6] 董良峰,张志友.建设法规[M].南京：东南大学出版社,2013.
[7] 金国辉.新编建设法规教程与案例[M].北京：机械工业出版社,2017.
[8] 郑润梅.建设法规教程[M].北京：化学工业出版社,2012.
[9] 胡成建.建设工程法规教程[M].北京：中国建筑工业出版社,2015.
[10] 刘红霞.建设法规[M].北京：北京大学出版社,2016.